济南大学高等教育研究中心青龙书系

大学崛起

—— 大学教育理念与模式的冷思考、热争论与务实践

蔡先金 / 著

山东人民出版社

全国百佳图书出版单位　国家一级出版社

图书在版编目(CIP)数据

大学崛起／蔡先金著．—济南：山东人民出版社，2012.10

ISBN 978-7-209-06544-3

Ⅰ.①大… Ⅱ.①蔡… Ⅲ.①高等学校—学校管理—研究—中国 Ⅳ.①G647

中国版本图书馆 CIP 数据核字(2012)第 126406 号

责任编辑：杨　刚
封面设计：彭　路

大学崛起
蔡先金　著

山东出版集团
山东人民出版社出版发行
社　址：济南市经九路胜利大街 39 号　邮　编：250001
网　址：http://www.sd-book.com.cn
发行部：(0531)82098027　82098028

新华书店经销
莱芜市华立印务有限公司印装

规　格　16 开(169mm×239mm)
印　张　21.75
字　数　350 千字
版　次　2012 年 10 月第 1 版
印　次　2012 年 10 月第 1 次
ISBN 978-7-209-06544-3
定　价　32.00 元

如有印装质量问题，请与印刷单位联系调换。　电话：(0634)6216033

序

我很喜欢《大学崛起》这个书名，因为它饱含深意。一方面，它反映了中外大学发展的必然规律。有的大学历史久远，在发展进程中适时崛起；有的大学历史短促，但顺势崛起，给人以大学“新贵”的强烈印象。另一方面，它关照和预示了我国大学的发展前景。在国泰民安、中华振兴的时代，我国高等教育正经历有史以来发展的黄金时期，高等教育发展表现出良好的态势，一批大学正在强势崛起。当然，它也描绘了作者所在大学的现实发展景况和未来趋势。一石三鸟，作者在这个题目上的匠心独运达到了其期望的效果！

书名好，内容亦好，名实相符，相得益彰，这是我阅读后的直接感受。全书分为反思、研讨和附录三个部分，看似互不相干，实则内在勾连，浑然一体。反思部分涉及了当下的境况、大学传统、无用论批判、最优理念、模式构建、课程体系、教学策略等问题，从背景到理念到模式到策略，既有对我国高等教育发展宏观环境的广域透视，又有对大学传统、大学理念、大学功用等的冷静透析，还有对大学教育模式、课程体系、教学策略等的谨慎透视。研讨部分是三次学术沙龙的文字整理稿，主题都是关于大学人才培养模式的，与反思部分相映成趣，共同解析和阐发了我国大学教育教学改革的时代背景和历史使命，但侧重点不同，表达方式亦不同，反思更富理性、更聚焦，研讨更随性、更发散。附录部分实际是作者关于其所在大学教育教学改革的理论设计与实践探讨，其中，既有理论创新的困惑与突破，又有实践探索的总结与再思。全书以大学教育教学为核心，以提高人才培养质量为着眼点，不论是反思、研讨还是附录，从应然和实然两个维度，洞悉了我国大学教育教学的内在矛盾与外在吁求，在一定程度上对“钱学森之问”作出了理论和实践的回答，给人以诸多启迪。

众所周知，经过30多年的累积式发展，尤其是大扩招以后的快速发展，我国高等教育发展进入了一个新的历史阶段。大众化成为我国高等教育最典型的时代特征。根据美国高等教育社会学家马丁·特罗的观察，从精英高等教育阶段迈入大众高等教育阶段，既包括了学生规模的增长，又包括了高等教育质的变革，包括结构、形式、功能等变化或转型。另外，我个人的研究也发现，从精英化进入大众化只是完成了一个阶段的过渡，而大众化本身又是一个过程，高等教育毛入学率达到15％至50％之间都属于大众化阶段。单纯地从统计的角度看，精英化只有15个百分点，而大众化有35个百分点，也就是说，从进入大众化阶段到全部完成大众化的任务，其总体工作量可能远远大于精英化阶段，当然，其所需要的时间并不必然长于精英化阶段。为了便于理解大众化发展程度的差异，可以将大众化阶段细分为初期、中期和后期三个阶段。具体而言，高等教育毛入学率在15％至30％之间为大众化初期阶段，31％至40％之间为中期阶段，41％至50％之间为后期阶段。根据世界一些国家高等教育大众化发展的经验，高等教育进入大众化初期阶段后，往往会经历一个快速增长的过程，而进入大众化中期前后，高等教育发展的速度便呈缓慢或稳定态势。而与之相对照的是，很多国家在这个时候都出现了少子化现象，导致适龄人口减少。这一状况对大学发展战略的选择无疑有着重大影响。

我国高等教育毛入学率已经达到26.5％，接近中期阶段。尽管未来高等教育发展还有较大的增长空间，但人口统计结果表明，由于适龄人口数呈减少趋势，我国高等教育即便维持现有规模，到2020年毛入学率将自然增长约10个百分点，接近大众化后期阶段。这说明未来我国高等教育发展可能经历很多国家已经经历的发展阶段。但另一方面，以超过3000万人的体量，我国高等教育发展所面临的规模与质量的矛盾是世界上任何国家都不曾遇到过的。协调这对矛盾关系，既需要立足现实，又需要放眼长远，将规模与质量的关系纳入高等教育发展的宏观战略之中。

这是我国大学发展面对的客观局势，大学领导者应当冷静反思宏观背景，采取更具前瞻性的务实战略。应该说，国家的战略选择是明确的，《教育部关于全面提高高等教育质量的若干意见》要求：树立科学的高等教育发展观，牢固确立人才培养的中心地位，坚持稳定规模、优化结构、强化特色、注重创新，走以质量提升为核心的内涵式发展道路。未来将通过加快建设若干所世界一流大学和一批高水平大学、加强行业高校建设、加强地方本科高校建设、加强高职院校建设、加强民办高校内涵建设等战略的实施，促进高等教育质量的整体提高。在明了我国高等教育发展的客观形势和政府的相关战略选择后，我尤其欣赏本书作者在相关论述中所提出的一些命题，比如，“我们肯定没有迷失方向”、“以正确的态度对待大学教育之功能价值”、“理念是一种文化的灵魂”，等等。这些命题表明，作者的“冷思考”、“热争论”和“务实践”是建立在深刻理解我国高等教育历史、现实和未来的基础之上的。

因为工作的关系，我曾经多次前往作者所在的济南大学调研。这是一所在大扩招时期合并的综合性大学，尽管它免不了其他大学在过去一个时期都曾经历过的发展道路，但它同时也有着自主探索发展的过人之处，表现出生机勃勃的发展态势，发展前景值得期待。书中所探讨的和合教育理念及实践就极富特色。我国大学教育曾经学习苏联教育模式，建立了高度专业化的教育体系，专业划分过于细微，专业之间缺少沟通与交流，人才培养以专业为界，画地为牢，名义上是培养专业人才，实际上是桎梏了和谐人格的养成。这不仅与我国传统哲学思想相背离，而且与现代社会发展和职业变革要求不相符合。改革大学人才培养模式，解决高度专业化教育问题，使大学教育回归我国社会文化传统的本质，是值得大学高度重视的课题。济南大学大胆解放思想，明确提出了基于我国传统文化的和合教育理念，并以其作为教育教学改革实践的指导思想，这种探索精神是非常可贵的。书中还较多地探讨了通识教育问题。应该说在我国，这个问题主要在一些“985工程”大学中的综合大学有着较高的认同度，在省属大学中，考虑这个问题的不多。济南大学较早开始研究通识教育及其实践，这可能与其所秉持的和合教育理念有关。2006年我就曾经应邀参加学校召开的通识教育研讨会，记得这个会与其他相关会议不同，它不是一般的理论研讨会，而是本校教育教学改革研讨会，通识教育是作为学校教育教学改革的主题而提出来的。据我所知，这样的会议学校开过多次。书中还谈到了人才培养的顶层设计，这是我在济南大学调研时印象最为深刻的一件事。这所大学的领导实实在在地把人才培养工作看做中心工作，在改革中特别注意做好顶层设计。本书作者蔡先金教授分管本科教育教学，他的所思所想远远超越了一般的事务性工作，而深入到了人才培养模式、理念甚至教育哲学的层面，可以说，他的工作是建立在顶层设计的基础上的，他对教育教学工作的领导是以研究为基础的，思想观念的解放在他的领导中有着重大影响。

我还有一个感觉，本书虽然是蔡先金教授的个人著作，但如果将它看做济南大学一个集体探索的成果，恐怕作者是会赞同的。这倒不是因为研讨部分是若干次沙龙讨论情况的实录，而是因为济南大学确实存在一个高等教育研究群体，这个群体不仅对本书的贡献是显而易见的，而且在学校改革与发展中发挥了重要作用。这个群体的活跃程度在我国大学中尽管我不敢说是绝无仅有的，但我可以肯定地说是非常少见的。现代大学绝不是盲目蛮干的试验场，不研究大学，不研究教育教学，是不能领导大学的，是办不好大学的。国内外成功大学的经验一再证明了这一点。但令人遗憾的是，我国大学中盲目蛮干的还不在少数。我曾经与济南大学党委书记范跃进教授进行多次畅谈，在我的印象中，他是一位沉稳持重并且对中国高等教育有着独特思考的大学领导，凡事必经研究，凡重大问题必研究透彻方采取行动。他不仅自己研究，而且发动学校其他领导和干部、教师一道研究，致力于学校明明白白地办学、高效优质地发展。在他的支持下，在基本上没有什么基础的情况下，济南大学建立了一支有相当规模和实力的高等教育研究团队。在这个团队中，既有学校领导，又有专业教师和研究人员，还有很多部门管理干部。很明显，这是一个实践导向的研究团队，其研究的目的主要是为了学校的科学发展，为了遵循教育规律办学。据说，学校对部门管理干部攻读高等教育学博士学位非常支持，仅在华中科技大学、清华大学等名校在职攻读博士学位的干部就有5位。这是极富远见的战略举措，对大学管理干部的专业化必将产生深远的积极影响。正是因为济南大学的高等教育研究团队已经具备了相当的实力，所以，山东省教育厅将济南大学高等教育发展研究中心列入了其支持的人文社科重点研究基地之列。这既是对该校重视高等教育研究工作所取得成就的肯定，也是对他们研究工作的支持与关心。

我与蔡先金教授相识多年。他是一位学者型领导，我非常钦佩他儒雅的作风。在繁忙的工作之余，他一直笔耕不辍，著述颇丰。我曾拜读过他的不少著述，获益良多。在其新著即将付梓之际，我有幸先睹为快，他嘱我写几句话，我确实感到有话要说，便写下了上面的文字。

是为序。

别敦荣

2012年6月5日

于厦门大学颂恩楼工作室

目　录

研讨篇

附 录

反思篇

当大学教育发展到今天这个地步，最需要的是一种必要的反思。倘若不进行必要的反思，那么大学教育的发展甚至有可能会陷入盲动的、混乱的危险境地。反思是一种面向事物内在本质的深入的觉解，是一种洞察事物发展规律的幽玄的觉悟，是一笔只有觉醒的人才会拥有的稀有财富。

第一章　当下的境况

那么我们如何才能改善国家的状况呢？只有通过教育。这样一个怪圈在折磨着我们。国家的状况取决于教育的状况；但是教育的状况也取决于国家的状况。我们怎样才能打破这个恶性循环，并最终对很早以来就期望我们实现的那种国家生活做出贡献？只有一些院校足够强大和目标足够明确到不为外界所动，并向我们的人民显示什么是高等教育，我们才能做到这一点。作为教育，这就是真诚地追求知识；作为学术，这就是真诚地献身于知识的进步。①

——(美)罗伯特·M.赫钦斯

如果学校确实是国家的一个职能机构，与其内部认为创造的教学气氛相比，它更多地依赖于它所处的民族文化氛围。这种内在和外在的平衡是造就一所好学校的一个基本条件。②

——(西)奥尔特加·加塞特

苏格拉底这位古代的大贤者曾经很有见地地说，假如可能的话，他就会跑到城邦的最高处向世人大声呐喊："人们啊，你们再朝着哪儿走？为了钱，你们已费劲了心机，但对于将要继承这些钱的儿子们，你们反

---

① (美)罗伯特·M.赫钦斯.美国高等教育[M].汪利兵译.杭州：浙江教育出版社，2001.19

② (西)奥尔特加·加塞特.大学的使命[M].徐小洲，陈军译.杭州：浙江教育出版社，2011.6

倒漠不关心。”……亚里斯蒂普斯曾尖锐而机敏地戏谑过一位毫无头脑的父亲，当那人问他教育儿子所需之费时，他回答道：“一千德拉克马。”“我的天哪，”那人说，“多么可怕的数目啊！一千，我不就可以买个奴隶了吗？”“那你可以得到两个奴隶，”亚里斯蒂普斯讥讽地说：“你的儿子和你买的那一个。”①

——普鲁塔克

没有市长、王公和贵族，我们也能过下去，没有学府则不行，因为必须由学府来治理整个世界。②

——路德

有生命的存在而后有教育，有了教育生命则会更优化。人类历史的发展都是以人自身的发展为前提的，而每个国家或民族的文明进程的推进又都是离不开自身教育进步的，反过来说，没有人自身的发展也就没有人类的进步，没有教育的进步就没有强大的国家或民族的出现，因为人类的力量最终是由人类自身决定的，而国家或民族的文明的程度是由这个国家或民族的平均智力、平均情商与平均灵商所决定的。也就是说，教育成了人类发展不竭的动力，成了民族或国家发展的重要“武器”。英国人打败了拿破仑一世，英国人就认为，滑铁卢战役是在伊顿学院的运动场上赢得胜利的。俾斯麦战胜了拿破仑三世，俾斯麦就对其士兵说，1870 年战争的胜利是普鲁士大学师生打败了拿破仑三世，而不是你们。从某种程度来说，民族或国家之间的竞争就是教育之间的竞争，尤其是高等教育之间的竞争，最终导致大学与大学之间的竞争。倘若民族与民族、国家与国家之间进行横向比较的话，那么，大学就是一种重要的参照物或是一种不可或缺的标杆，因此，我们国家在努力发展自身的过程中，不失时机地提出建设“世界一流大学”③的目标，

① (美)莫特玛・阿德勒，查尔斯・范多伦．西方思想宝库[C]．周汉林等译．北京：中国广播电视出版社，1991．489

② (美)莫特玛・阿德勒，查尔斯・范多伦．西方思想宝库[C]．周汉林等译．北京：中国广播电视出版社，1991．490

③ 人们对于“一流”的解释可谓众说纷纭，但是其基本意思应该是“卓越”或“顶尖”，而“世界一流大学”应该是指在全球范围大学“比较域”中处于“卓越”或“顶尖”地位的大学。

这不仅是一种民族的心声与愿望，也是民族复兴与国家强盛的必然选择。没有世界一流的大学，就很难想象会出现一个强大的民族或国家，因为“如果说近代大学是一座知识的动力站，那么一个国家的发达的高等教育系统就是一个规模大了很多倍的智慧力量的中心”①。然而，亚里士多德却认为“要达到一流非常困难，因为在每种情况下都很难知道何为居于中等程度”，这就指出了我们建设一流高等教育的困境与挑战。

一、机遇、挑战、变革共存的时代

世界上不存在脱离背景的事物，凡事物皆有其存在的背景。在比较教育学中，有一个著名的命题，是由 19 世纪末英国比较教育学家萨德勒提出的，“对决定教育制度的因素来说，校外的事情比校内的事情更重要”②。认识问题和了解事物，首先要了解其背景，背景可以表现为“某些持续的局面以及周围的环境、顽强而巨大的压力”③，了解背景会对事物产生比较透彻的认识，有利于寻找到解决问题的途径与办法。中国高等教育在发展的过程中，既需要认真地审视自身和自身所处的区域的状况，又需要高度地关注国内外高等教育的发展趋势，从而正确对待外因与内因之间的关系。

（一）世界变平了

我们现处于一种大发展、大变革的时代，但是我们对于这个时代的认识是否真正到位，还需要深思，因为人们往往会出现“不识庐山真面目，只缘身在此山中”的现象。从全球眼光来说，我们的时代是一个“全球化”的时代，是一个后工业社会的时代，是一个信息化的时代，世界变得越来越小，越来越平。这正如马克思和恩格斯在 1848 年发表的《共产党宣言》中所描述的那样：“一切固定的古老的关系以及与之相适应的素被尊崇的观念和见解都被

---

① （美）伯顿·克拉克. 高等教育新论——多学科的研究[M]. 王承绪等译. 杭州：浙江教育出版社，2001. 267

② 朱清时主编. 21 世纪高等教育改革与发展——国外部分大学本科教育改革与课程设置[C]. 北京：高等教育出版社，2002. 308

③ （法）泰纳（1828～1893）. 艺术哲学[C]. 伍蠡甫主编. 西方文论选（下卷）. 上海：上海译文出版社，1979. 237

消除了，一切新形成的关系等不到固定下来就陈旧了。一切固定的东西都烟消云散了，一切神圣的东西都被亵渎了。人们终于不得不用冷静的眼光来看他们的生活地位、他们的相互关系。不断扩大产品销路的需要，驱使资产阶级奔走于全球各地。……物质的生产是如此，精神的生产也是如此。各民族的精神产品成了公共财产。民族的片面性和局限性日益成为不可能，于是由许多种民族的和地方的文学形成了一种世界的文学。"①历史上，世界从来没有到达如此紧密联系的地步，美国华尔街出现的"风吹草动"就可以酿成世界性的金融危机，冰岛的火山爆发就可以造成全球性航空交通的灾难，地球这半球发生的新闻事件会及时地引起另一半球人们的高度关注。"当世界开始从垂直的价值创造模式（命令和控制）向日益水平的价值创造模式（联系与合作）转变，当我们同时驱散那一道道'围墙、天花板和地板'，人们立刻发现他们面临着许多纷纭复杂的变化。"②然而，"面对未来的种种挑战，教育看来是使人类朝着和平、自由和社会正义迈进的一张必不可少的王牌。……的确是一种促进更和谐、更可靠的人类发展的一种主要手段，人类可借其减少贫困、排斥、不理解、压迫、战争等现象"③。

我们正在经历人类文明史上一个重大的变革期，只不过这种变革的速度是从来没有的。笔者曾在《电子文献学引论》一书中写到："人类的脚步从远古走来，一路足迹，从不停息，而且是处于一种加速度的状态。牛顿力学三定律曾经奠定了工业文明的基础。世界跨进信息时代，'信息时代三定律'改变世界更快。第一定律是摩尔定律：微处理器的速度每 18 个月翻一番。这个定律反映出信息时代的高速度与快节奏。第二定律是吉尔德定律：主干网的网络带宽的增长速度大概是每 8 个月增长一倍。这样主干网带宽的增长速度至少是运算性能增长速度的 3 倍，意味着各种新的网络应用方式的不断出现。第三定律是迈特卡尔定律：网络的价值等于节点数目（或用

---

① 马克思恩格斯选集（第一卷）[M]. 北京：人民出版社，1972. 254～255

② （美）托马斯·弗里德曼. 世界是平的——21 世纪简史[M]. 何帆等译. 长沙：湖南科学技术出版社，2006. 180

③ 联合国教科文组织总部编. 教育——财富蕴藏其中[M]. 联合国教科文组织总部中文科译. 北京：教育科学出版社，1996. 1

户数量)的平方。该定律的核心寓意就是'互联网时代'的来临。"[1]在这充满变革的时代,对于世界高等教育来说,希望与困难、机遇与挑战共存,在面对困难的时候,我们不能退缩,就像毛泽东所说的那样,"要看到成绩,要看到光明,要提高我们的勇气"。[2] 在面临挑战的时候,我们不能屈服,不能逃避也不能犹豫,而应该是心怀信仰,脚踏实地,勇往直前,也应该像毛泽东所教导我们的那样,"我们的目的能够达到,我们的目的一定能够达到"。信心比黄金还贵,我们需要提高我们的精神,鼓足我们的勇气,去实现我们的目标与理想。

（二）中国发展"任重而道远"

自1978年实施改革开放政策以来,中国的发展真可谓一日千里,而变化又可谓日新月异,2010年一跃成为世界第二大经济体。中国人在这个时代迅猛地创造历史,创造的奇迹可以同意大利发生的文艺复兴、英国发生的工业革命、法国发生的大革命、美国的独立战争相媲美,终将被记入史册。当我们的子孙回顾这个时代的时候,他们一定会为这个时代感到由衷的骄傲和自豪。这个时代的人们创造的世界又可以同我们历史上出现的任何"盛世"、"中兴"时代相抗衡,甚或有过之而无不及,我们无愧于这个时代,也无愧于先人。在这里借用孙过庭在《书谱》中欣赏中国传统书法的一段话来审美中国之现状:"观乎悬针垂露之异,奔雷坠石之奇,鸿飞兽骇之姿,鸾舞蛇惊之态,绝岸颓峰之势,临危据槁之形,或重若崩云,或轻如蝉翼,导之则泉注,顿之则山安;纤纤乎似初月之出天涯,落落乎犹众星之列河汉;同自然之妙有,非力运之能成;信可谓智巧兼优,心手双畅;瀚不虚动,下必有由。"[3]中国同世界上其他国家一样,在这个地球村中律动着变革之舞。美国总统奥巴马在竞选运动中抓住"变革"主题从而赢得美国民众的心,中国历来与时俱进,变革不止。变则通,通则久,正如《周易·系辞上》所言"化而裁之存乎变,推而行之存乎通"。中国创造了属于自己的发展模式,世人称之为"中国

① 蔡先金,赵海丽.电子文献学引论[M].北京:电子工业出版社,2012.216

② 毛泽东.为人民服务[A].毛泽东著作选读(甲种本).北京:人民出版社,1966.234

③ 孙过庭.书谱[A].历代书法论文选.上海:上海书法出版社,1979.125

模式”，其实质乃是在全球化背景下，走出的一条后发国家的现代化之路，值得国人骄傲！然而中国现行的模式，虽然取得了显著的成效，但还不成熟、不完善。其不足之处主要表现在创新动力不足，技术进步不快；资源短缺，环境污染；收入差距扩大，发展成果分享不均；民主、法制不健全，诚信缺失、道德失范明显，等等。中国大学教育应该面对中国的现实，既应该为国家富强出力，也应该为解决发展中的问题与矛盾贡献自己的一份力量。

我们既然充分认识到时代变革的主题，那么就有可能更为充分而现实地思索高等教育目前的处境，思考在一个知本社会（knowledge-based society）中大学与社会、经济、政治之间的关系，感觉到大学这一机构自身拥有的巨大力量，因为“智力资本与人力资源正在取代金融资本与物质资本，成为我们力量、繁荣与富裕的源泉”，“知识本身也就是受教育的人和他们的思想，成为我们通向繁荣的关键”①。同时，社会与世界的大变革已经对高等教育产生了深远的影响，而且这种影响仍将持续下去。因此，高等教育从来没有像现在这样受到世人的高度关注，也从来没有像现在这样在个体与社会进步中发挥如此关键的作用。从马克思主义角度看来，追求人的全面发展是马克思主义的理论精华，也是当代人类文明发展的基本价值取向。马克思在《资本论》中谈及未来新社会的本质时，提出过一个“基本原则”，即“更高级、以每个人的全面而自由发展为基本原则的社会形式”，而“每个人的自由发展是一切人自由发展的条件”②。当通过教育实现了每个人的德智体美劳全面发展，那么我们的更高层次的幸福指数也就上来了。笔者在接受《青未了》杂志采访时，曾就通过教育来获得幸福给予了答复，至于那种“越愚蠢越幸福”的观点是不能苟同的。幸福既是一种生活状态，也是一种生存体验，包含着人间的真善美以及人生存的价值与意义。③ 一旦脱离人的生存价值与意义以及真善美，再来谈论人的幸福就有可能是一个伪命题。我们追求什么样的幸福？同样值得思考。我们只在追求一种简单的快乐吗？快乐与

---

① （美）詹姆斯·杜德斯达.21世纪的大学[M].刘彤，屈书杰，刘向荣译.北京：北京大学出版社，2005.12

② 马克思恩格斯选集(第二卷)[M].北京：人民出版社，1972.239

③ 蔡先金.如何追寻更高层次的幸福[J].青未了，2011(1)35

幸福是两个概念,快乐大都止于感性层面。难道我们只在羡慕生存处于一种缄默状态吗?缄默与沉默同样不是一个概念,缄默已经接近于木化状态。托马斯·杰弗逊说:“在文明状态下,没有一个国家可以既愚昧无知又自由自在,过去没有,将来也不会有。”①

(三)世界高等教育竞争激烈

世界高等教育的竞争从来就没有停止过,而且表现出越演越烈之势,因为高等教育历来都是国家的特殊资产,而国家之间的竞争也一直就没有消亡,只是表现出越来越多的新的竞争方式而已。哈佛大学前文理学院院长亨利·罗素夫斯基曾经从某个角度指出高等教育竞争的意义:“当外国经济竞争对手似乎在一个接一个的领域里超过我们的日子里,可以再次保证确信一点:美国毫无问题地主宰世界的一个重大的产业:那就是高等教育。世界上 2/3 到 3/4 的最好大学是在美国。这个事实是最近对美国高等教育展开批评的许多人所忽略的。……我们处在高等教育质量表上的高端地位是非同一般的,它可能是一项特殊的国家资产,需要加以说明。”②2012 年 1 月 24 日,美国总统奥巴马在第三次国情咨文中将教育作为构建美国蓝图的 4 个核心要素之一,其他 3 个要素分别是新兴制造业、本国能源和美国价值观。无论是美国还是英国甚或是澳大利亚,它们都在努力地出口自己的高等教育,有时甚至处于一种“倾销”状态,到处进行商业气味很浓的市场营销,诸如展览、广告,乃至形成巨大的商业链条;没有任何一个国家或地区心甘情愿地在这场高等教育竞争中处于劣势地位,也没有任何一所大学不是全力投入到这场没有硝烟的竞争战场中去,无论是通过“红海战略”还是实施“蓝海战略”,大家的目的都十分明显,那就是赢得竞争,赢得未来。

王承绪说:“教育是‘人类最后和最好的希望之一’。为了人类幸福,教育比以往任何时候更加处于文明进步的前线。”③国内外高等教育发展新趋

---

① 吕达,周满生主编.当代外国教育改革著名文献(美国卷第四册)[C].北京:人民教育出版社,2004.192

② (加拿大)比尔·雷丁斯.废墟中的大学[M].郭军等译.北京:北京大学出版社,2008.7

③ 王承绪.译者前言[A].高等教育不能回避历史——21 世纪的问题.杭州:浙江教育出版社,2001.2

势也为高校的发展带来了新的机遇与挑战。胡锦涛在庆祝清华大学建校100周年大会上的讲话中指出:"当今世界正处在大发展大变革大调整时期。世界多极化、经济全球化深入发展,世界经济格局发生新变化,综合国力竞争和各种力量较量更趋激烈,世界范围内生产力、生产方式、生活方式、经济社会发展格局正在发生深刻变革。特别是创新成为经济社会发展的主要驱动力,知识创新成为国家竞争力的核心要素。在这种大背景下,各国为掌握国际竞争主动,纷纷把深度开发人力资源、实现创新驱动发展作为战略选择。"①因此,各国尤其是发达国家更为高度重视高等教育的发展,美国即使处于金融危机之中也不忘拨出巨款投入到教育领域。国家与地区之间的高等教育竞争日趋激烈,各高校之间优质生源之间的竞争就是其重要表现之一。哈佛大学等知名高校全球招生,表现出教育的全球化。2011年中国区内大学之间也同样展开优质生源竞争,香港大学独揽17名内地高考状元,内地高校诉诸"口水"打开了"生源争夺战",甚至不惜"反目成仇"。熊丙奇认为:"事实表明,要提高内地大学的竞争力,必须开放教育竞争,让内地高校有生存的压力和质量意识。笔者建议,我国教育部门不但应该允许考生可同时获得内地高校和港校的录取通知书,还有必要引进海外大学直接到内地办分校,自主招生,并由此建立起一名考生可同时获得多张大学录取通知书的招生体系,这样,才会有以教育质量为核心的竞争在内地高校中形成。这才是提高大学办学质量的正道。"②

(四)中国高等教育迅猛崛起

中国近代高等教育起步较晚,倘若自1898年京师大学堂建立算起的话,至今方才100余年,期间又不乏风云波折,停停办办,艰难前行。1977年正式恢复高考后,中国高等教育发展才又一次走上了正轨。1999年国家实施扩招政策,经过10年的发展,2008年中国普通高校招生达599万人,各类高等教育总规模超过2700万人。中国社科院在2008年12月发布的《改革开

① 胡锦涛. 在庆祝清华大学建校100周年大会上的讲话[OL]. http://www.gov.cn/ldhd/2011-04/24/content_1851436.htm,2011-6-18

② 熊丙奇. 为什么优质生源用脚投票[OL]. http://news.jyb.cn/opinion/gdjy/201107/t20110704_440741.html,2011-7-8

放研究丛书》的教育卷中指出，大规模扩招10年来，全国毛入学率已由1999年的10.5%，提高到2008年的23%，完全实现了高等教育的大众化，这一巨大成绩在世界高等教育史上也是值得令人注目的，亦可谓是世界之奇迹。中国高等教育的规模得到了迅速扩大，这是中国高等教育迅猛崛起的主要标志。除此之外，中国高等教育的崛起还表现在不甘落后，在打造“世界一流高等教育体系”的口号下奋力前行的动态过程与发展趋势。

世界上高等教育越来越注重特色优势、学科交叉、教育质量、引领社会和国际化，为此，我们的每所高校不仅在坐而论道上下工夫，而且起而行之，奋力探索。首先找准“定位”，即找到自己的合理而合适的位置，这是发展的逻辑起点，然后产生心理认同，形成“错位”发展优势，固化自己的品牌。准确定位或再定位成为大学办学的首要问题。其次，突出“特色”，解决“人无我有、人有我优、人优我特，有所为、有所不为”的问题，使打造特色成为大学办学发展的一个重大课题。再次，提升“质量”，在提升办学质量中尤其要以提高人才培养质量为根本出发点和落脚点，以课程建设为核心，以专业建设为平台，以改革创新为动力，以加快转变教学方式方法为抓手，以激发教师和学生参与教学改革的积极性为重要着力点，优化结构，强化建设，规范管理，构建富有特色、充满生机与活力的育人体系。第四，为社会提供“服务”，增强角色感和使命感，不断增强服务经济社会发展的能力，为国家和区域经济社会发展做出更大的贡献。最后，还要传承创新文化，要积极发挥文化育人作用，不断培育崇尚科学、追求真理的思想观念，推动先进文化建设。在高等教育竞争日益激烈的今天，“定位”、“特色”、“服务”、“文化”、“质量”成为人们关注的关键词，也成为高等教育界人士思考的对象与解决的难题，更成为高等教育发展面临的挑战与要求。

面对新形势和新任务，面对建设创新型国家对培养人才提出的新要求，我国高等教育面临着前所未有的机遇和挑战。澳大利亚《悉尼先驱晨报》(网站2010年11月8日)发表了题为《大学“大跃进”》的文章，指出，中国正忙于建立“与其国际地位相匹配”的大学网络，打造自己重要的大学品牌，并预言中国作为高等教育大国的崛起仍需要十年到二十年，因为“中国革命不会一夜完成，因为中国必须分离克服诸多障碍，包括其语言鸿沟(很少人能说流利的英语)、高抄袭率、教师素质不高以及仍然抑制独立思想的中学体系"[①]。中国的高等教育状况发生了令人注目的变化,而高等教育质量不能够满足人们的期望,随着国家与人民高等教育意识的提高,他们强烈地提出了关于高等教育的新要求,而不是盲目地接受传统教育模式。现在,将人才培养模式改革提到高等教育改革的议事日程,是非常必要的。

二、问题的关切

我们的高等教育已经取得了辉煌成就,但仍旧没有满足国人的要求和期望。大学机构以及大学教育现状往往成为社会舆论的"焦点",有的是质疑,有的是抱怨,有的是指责,口诛笔伐者有之,赞不绝口者有之。大学机构以及大学教育从后台走向了前台,从边缘走向了中心,大学人也许有些不适应甚至出现了一些"过敏"现象,教育主管部门面对发展的新情况、新问题有些显得难以应付自如、游刃有余。这些恰恰说明中国高等教育凸显了自己应有的重要地位,通过自身的发展与壮大找到了真正的自己,而没有处于迷失状态。

(一)国人的期望

1."钱学森之问"

"钱学森之问"引起了国人包括大学人的反思,并急于去寻找出一个正确的"答案"。各方人士积极参与这方面的讨论,可谓献计献策,目的就是要根除中国高等教育在新中国成立后没有培养出杰出人才的病灶。在这种讨论过程中可谓"左"、"中"、"右"三派纷纷登场,各抒已见,以中国高等教育取得育人成就为荣者喜形于色,以中国大学机构为耻者不堪其苦,公平评价中国高等教育功过者做到心中有数,不温不火,娓娓道来。但是三者的期望与动机都是一致的,就是为了中国高等教育进一步发展,回答"钱学森之问"。何谓"钱学森之问"?就是钱先生生前在各种场合不止一次提出的问题:为什么我们的高校总是培养不出杰出人才?2005年7月29日,钱学森曾向温家宝总理进言:"现在中国没有完全发展起来,一个重要原因是没有一所大

① 中国大学"大跃进"[N].参考消息.2010-11-9(14)

学能够按照培养科学技术发明创造人才的模式去办学，没有自己独特的创新的东西，老是‘冒’不出杰出人才。这是很大的问题。”[①]钱学森所提问题属实，是没有任何问题的。我们的大学办学条件好了，早已超过新中国成立前的西南联合大学，但涌现出的杰出人才却远比西南联大少得很。钱先生认为直接原因是出在人才培养模式上。人才培养模式到底出了什么样的问题？最终如何解决现有存在的各种问题？人才培养模式改革的出路又何在？这一系列的问题都需要解答，可又不是一般难度的方程式，求索其“解”几乎成了全国人民关注的事情。

2. 李约瑟难题的现代版——国人存在的“诺贝尔奖情结”

东方的中国在他者的眼里可能会带有一些神秘色彩，越想了解或者了解得越深入就会产生一些不解之谜。《中国科学技术史》的主编、英国学者李约瑟博士就是陷入这种“痛苦”之中的一位他者。他百思不得其解这么一个问题：在 14 世纪，为什么中国没有发生工业革命？因为那些被经济学家和历史学家们认做产生于 18 世纪末英国工业革命的主要条件，在 14 世纪的中国几乎都已存在了。然而，当 17 世纪后西方的技术进步加快之后，中国却远远落后了。这就是著名的“李约瑟之谜”[②]。国人又何尝不受“庐山”困扰？真乃“横看成岭侧成峰，远近高低各不同”。国人同样是看不透发生在这片土地上的现象，这是一道艰深谜题，需要整个教育界乃至社会各界共同破解。现在国人虽然不再去强解李约瑟之谜，而是要直接追问我们为什么没有培养出诺贝尔奖得主？其实这是李约瑟之谜的现代翻版而已，如果我们尽早培养出大批诺贝尔奖得主，那么就有可能不存在李约瑟之谜了。迄今华裔及华人诺贝尔奖得主共有 9 人，其中诺贝尔物理学奖得主李政道、杨振

---

① 温家宝．“钱学森之问”对我是很大刺痛[OL]．新华网．http://news.xinhuanet.com/politics/2010-05/05/c_1273985.htm，2010-5-5

② 李约瑟之谜其实是一个具有挑战性的两难问题：第一，为什么在公元前 1 世纪到公元 16 世纪之间，古代中国人在科学和技术方面的发达程度远远超过同时期的欧洲？第二，为什么近代科学没有产生在中国，而是在 17 世纪的西方，特别是文艺复兴之后的欧洲？其实，自 1840 年鸦片战争之后，中国就一直被光荣的历史回忆和现实落后的屈辱所困扰。（参见卢现祥．西方新制度经济学[M]．北京：中国发展出版社，2003．240～245）

宁、丁肇中、朱棣文、崔琦、高锟，诺贝尔化学奖得主李远哲[①]，没有一位是新中国成立后高校培养出来的，这是不争的事实。因此，国人特别希望中国的高校能够培养出诺贝尔奖的得主，这几乎成为一种“诺贝尔奖情结”。

3. 抱怨性的“假设”

诸多方面积弊已久而引起国民不满的中国高等教育，面临着许多人的埋怨。当人们对某个事物表现出悲观失望情绪的时候，就必然会产生某种抱怨。有位高等教育研究专家曾发出一种抱怨性的“假设”。当被问及高等教育人才培养模式改革的方案在哪里的时候，他回答：如果中国大学教师都不教学了，那么人才培养的质量和效果就可能更好了，因为他们现在的教学模式已经严重阻碍了学生的身心发展，消磨了学生的灵性与创造力。还有一位教授在对大学课程大纲进行抽样调查后，得出如此令人震惊的结论：“90％受访教师认为大多数中国高校教师提供的课程大纲不符合国际规范。中国大学课程大纲的现状，是其整体教师队伍尚处于前职业阶段的写照。”[②]所谓前职业阶段，就意味着处于不称职或不合格的状态。理性的批评是有积极意义的，是建设性的意见。但牢骚或抱怨肯定就是消极的了，反而可能具有破坏性。大家看到问题所在，是好事，但是最好拿出切实可行的解决问题的办法来。这令人想起了欧洲17世纪末期至18世纪后期大学所遭受的境遇：大学声誉一落千丈，出现了严重的衰退，一些高校因生源严重不足而被迫关闭，一批学者以进入大学为耻辱。那是大学的低谷时期，是大学的耻辱年代。然而，整个欧洲大学并没有因此而沉沦，反而，掀起了一场轰轰烈烈的大学改革运动，最终，大学冲破重围，走向了光明。这种抱怨性的“假设”是对于大学的无情的彻底的批判与颠覆，令世人深思，令大学人时刻警醒。

4. 应然的认识

想一想，我们在没有接受教育之前原本可以不是现在这个样子。但是，

---

① 其他两位得主分别是2000年获诺贝尔文学奖的高行健（1940年生于江西，获奖的同年加入法国籍，时年60岁），另一位是1989年获诺贝尔和平奖的达赖（1935年生于青海，中国国籍，时年54岁），此两项得奖受到国内外人士的强烈质疑。

② 张光．高校课程大纲的功能和要件：兼论我国大学课程大纲制度之现状[J]．清华大学教育学报．2011(2)40

经过大学人之手，我们就成了现在这个样子了。大学人手里的那个“模型”太了不起了，无论你愿意不愿意，大学都会让你“就范”，然后，让你十分高兴地拿到似乎可以炫耀的“毕业证”或“学位证”。不同的“模式”制造出不同的所谓“人才”，如此证书的含金量就不同了。有些证书含金量就高些，其塑造人才的“模型”可能会好一些；有些就低一些，其“模型”可能就不是太好了。概括起来看，“模型”卡得越紧的，含金量可能就会越低；越宽松的，含金量反而会越高。这可称之为大学育人质量与模型之间存在的宽紧反向定律吧，然而，我们大学是否就十分关注这个“模型”呢？

在育人的过程中，大学就应该回归到大学自身，坚守住自己的阵地，大学有大学的边界，我们离大学的本体有多远？只要我们按照高等教育规律办事，我们就离大学的本体不会远的。复旦大学杨玉良认为：“凡是在这里学习的人，都会把这里当作他一辈子的精神家园。要达到这些非常不容易，大学的精神、品位必须非常高。……高雅不是培养精神贵族，而是要培养精神境界高的学生和教职员工，心中不仅装着民族，而且装着全人类的问题，如气候问题、环境问题、核武器问题，等等。……当前来讲，回归和坚守，比改革更重要，回到大学应该担负的使命，回到大学应有的状态。”[①]大学远离其本真状态，如同社会一样浮躁，失却自身的精神领地，也就是说，大学有些不像大学，几乎等同于一个小社会了。如何才能使大学回到它自己本身应有的状态？改革也许不乏是一条路径与办法。

（二）政府的重视

1. 创新大学人才培养模式被提上国家教育改革与发展议程

《国家中长期教育改革和发展规划纲要（2010～2020）》（以下简称《纲要》）是进入21世纪以来在新的时代背景下应运而生的第一个国家级教育规划纲领性文件，是一个从中国国情出发适应国家未来发展需要的教育现代化的宏伟蓝图，无论是对于发展中的中国来说，还是站在全球的角度，其重要价值与意义将是极其深远的，也必将超越时空成为中国教育史上的里程

① 中国名校为何难进亚洲前十[OL]. 楚天网，http://news.sina.com.cn/o/2010-06-23/064017694606s.shtml，2010-6-23

碑式的文献。高等教育现代化的号角既然已经吹响，前瞻性的设计方案也已经摆在我们面前，那么如何迈出具有中国特色的高教现代化的坚实步伐，如何真正地提升中国大学教育的水平，需要我们做出认真的思考，然后方可大胆地践行。《纲要》指出："适应国家和社会发展需要，遵循教育规律和人才成长规律，深化教育教学改革，创新教育教学方法，探索多种培养方式，形成各类人才辈出、拔尖创新人才不断涌现的局面。"培养人才成为我们的时代价值诉求，"一个时代的价值就是这个时代的利益标识与实践指向。一个民族的价值观是这个民族的精神诉求与思想旨趣。价值和价值观是一个国家、民族、大众和时代思想文化的最内在、最本质也是最前卫、最直接的存在方式，价值领域始终是时代精神的思想前沿，民族文明的活的灵魂，始终成为社会各种利益追求、思想倾向、意识形态对话和争论的主要领域"①。

2. 国家领导人高度关注

中国国家历届领导人向来重视教育工作，现阶段的国家领导人在新的形势下更为关注教育发展与改革。胡锦涛总书记在庆祝清华大学建校100周年大会上的讲话中指出："从总体上看，我国高等教育还不完全适应经济社会发展和人民群众接受良好教育的要求，同国际先进水平相比还有明显差距。不断提高质量是高等教育的生命线，必须始终贯穿高等学校人才培养、科学研究、社会服务、文化传承创新各项工作之中。我们必须适应实现经济社会又好又快发展、促进人的全面发展、推动社会和谐进步的要求，坚持走内涵式发展道路，借鉴国际先进理念和经验，全面提高高等教育质量，不断为社会主义现代化建设提供强有力的人才保证和智力支撑。"②温家宝总理向来关心教育事业的发展，他对教育现状的基本评价就是"两个不适应"。2009年9月4日，温家宝总理在北京35中听课，明确指出了教育工作的"两个不适应"：不适应经济社会发展的要求，不适应国家对人才培养的要求。这种基本的判断使他更加关注教育工作。2010年9月23日，在纽约的

---

① 任平．置身价值前沿 引领价值对话 创新价值观念——对《价值》倡导社会主义核心价值体系研究的感悟[N]．光明日报．2008-10-14(12)

② 胡锦涛．在庆祝清华大学建校100周年大会上的讲话[OL]．http://www.gov.cn/ldhd/2011-04/24/content_1851436.htm，2011-6-18

联大论坛上，温家宝总理在世界面前再次确认中国政府对于教育的关注，他在《认识一个真实的中国——在第65届联大一般性辩论上的讲话》中指出："中国缩小同世界先进水平的差距，增强发展的后劲，根本靠什么？一靠教育，二靠科技。"①

无论是我国著名科学家钱学森曾发出的著名的"钱学森之问"，还是李约瑟难题的现代版——国人存在的"诺贝尔奖情结"，都关乎21世纪中国大学的创新型人才培养之问题，而该问题的核心恰恰就是如何创新大学人才培养模式。而进入21世纪以来在新的时代背景下应运而生的第一个国家级教育规划纲领性文件——《国家中长期教育改革和发展规划纲要(2010～2020)》也同样将创新大学人才培养模式提上国家教育改革与发展议程。既然创新人才培养模式显得如此重要，成为当前我国高校提高教育质量与学生学业成就的首要问题，那么，创新人才培养模式就既成为大学教育教学改革的牛鼻子，又是摆在我们大学人面前的重要课题。面对如此需要求解的课题，我们首先应该理清"破题"的思考理路，然后设计出全新的"解题"路径，最终方可获得满意的答案。

(三) 国外的批评

在中国的影响力日益强大的背景下，中国的高等教育发展也同样日益受到国际的关注，因为教育的状况将决定中国发展的未来。但是，国外大学同行大都在为中国大学"把脉"之后，要么给出不甚乐观的结论，如斯坦福大学校长约翰·汉尼斯于2010年认为，中国要建成世界一流大学最快需要20年；要么"挑刺"，美国《福布斯》杂志载文："中国学校学生的平均课时量比美国学生多30%——这还不包括放学后和周末的补课。但课时量并不是什么问题，问题在于上课的质量如何，而这正是中国教育体制所欠缺的。"②

美国耶鲁大学校长理查德·莱文认为中国高等教育不仅需要改革，而且还需要创建一种课程以及教学法，来鼓励学生的创造力以及独立的思维

① 温家宝.认识一个真实的中国——在第65届联大一般性辩论上的讲话[OL].新华网.http://news.xinhuanet.com/world/2010-09/24/c_12599183.htm,2010-9-24

② 中国大学应教会学生思考[N].参考消息.2010-3-27(8)

能力。他在第四届中外大学校长论坛上明确指出："跨学科知识的广度、批判性思维是中国学生缺乏的。"他还具体地指出，中国的教学法是一种生搬硬套的模式，学生总是被动的倾听者、接受者，他们把注意力放在对于知识要点的掌握上，不去开发独立和评判性思维的能力，这样的一种传统亚洲模式，对于培养一些流水线上的工程师或者中层的管理干部可能是有用的，但是如果培养领导力和创新人才就显得过时了。[①] 我们不能仅仅满足于做世界"工厂"，仅仅习惯于为世界"打工"，仅仅停止于"中国制造"，也不能仅仅培训一些以后能够找到好工作的、具有某种技能的人，而是能够培养一批未来创造中国的人。牛津大学校长安德鲁·汉密尔顿指出："我觉得东西方之间并没有太多的差别。如果要说到差异，在我看来最大的差异，是中国的学生缺乏自主的思维和创造性的思维，缺乏挑战学术权威的勇气。这也是我们要做的工作，要鼓励中国的学生成为更加主动的研究者、挑战者，而不是被动的接受者和倾听者。"[②]

总的来说，大家都感觉到我们这样的人才培养模式是不能适应时代需要了，就是说，大家都承认这个模式有问题，存在着缺陷，不能按照现在这样的方式方法、体制机制去培养人才了。所有的学生——毛坯子在这种模式的塑造下成不了我们需要的理想产品，外国学生到这种模式中培养也未必能出"好产品"。相比之下，中国学生到欧美的大学人才培养模式中培养——"坯子"成"好产品"的成功率要高很多。换言之，欧美大学人才培养模式有值得我们学习的地方。当然，我们应积极学习欧美的经验，但不是生搬硬套、照搬照抄，而是要根据我们的国情，推动我国人才培养模式的改革，走出具有中国特色的高等教育之路。

（四）中国大学自身的纠结

中国大学及其大学人确实为中国高等教育发展做出了历史性的贡献，在为自身的成绩或成就欢欣鼓舞之际，也不免承受巨大的压力。这种压力

---

① 耶鲁校长点评中国留学生：缺少批判性思维［OL］. http://news.cntv.cn/20110602/105341.shtml，2011-6-21

② 牛津大学校长安德鲁·汉密尔顿：中国需要敢挑战权威的学生［OL］. http://www.21ccom.net/articles/sxpl/sx/article_201005038821.html，2011-7-8

来自于内外两个方面：国家与社会催促大学及其大学人要高质量地发展，大学及其大学人自身又要努力地提升自己。各种社会舆论，各种评估指标，各种市场风波，都以压顶之势扑面而来，大学及其大学人有些招架不住了，有些焦虑了，有些浮躁了，有些过劳了，犹如可以挑100公斤重担的人现在必须挑起200公斤快步前行。默默的竞争、残酷的淘汰，表现出的都是达尔文主义的横行无阻，这达尔文主义俨然犹如市场经济中那看不见的手在支配着一切。教学贬值、科研受推崇，论文至上、项目经费至上，就像一种“潜规则”在发挥着效应。自然科学与技术与社会人文科学之间呈现“两极分化”之势，分裂非但没有缓解，反有愈演愈烈之势，C. P. 斯诺(C. P. Snow)两种文化分裂命题显然是在日益发酵。[①] “象牙塔”在吵吵闹闹中要求立刻轰然倒下，然后再去追求失掉灵魂的卓越，大学及其大学人担忧大学会沦陷于一片废墟之中，担忧会在虚假的繁荣中导致衰败与没落。大学是由知识分子支撑着的，而知识分子历来都是最有社会良知的群体，高标“先天下之忧而忧，后天下之乐而乐”之襟怀，怀揣“为天地立心，为生民立命，为往圣继绝学，为万世开太平”之器识，努力去实现“大学之道在明明德，在亲民，在止于至善”之抱负。然而，一切事物的发展都是要有条件的，要有内外因的，处理不好都可能有意或无意地出现“左倾”或“右倾”的问题。同时，中国大学在大规模扩招之后，仍旧存在一种“百废待兴”之感，我们的大学缺乏真正属于自己的教育理念与思想，缺乏深厚的大学教育传统与典籍，缺乏应有的现代大学制度，缺乏真正具有影响力的大教育家，我们如何办学？我们的办学者大都努力地“摸着石头过河”，无论是凭着已有的经验，还是学习先进的做法，正在跟随这时代的潮流，深入探索与发现教育规律、办学规律、大学发展规律，不抛弃，不放弃，向着正确的方向前行。

（五）合理的评价

我们的大学忽视教育了吗？总体来看，没有。高等教育质量是上升了？

---

① 20世纪50年代，英国学者C. P. 斯诺在《两种文化》的演讲中指出，科技与人文正被割裂为两种文化，科技和人文知识分子正在分化为两个言语不通、社会关怀和价值判断迥异的群体，这必然会妨碍社会和个人的进步和发展。当前，要促成科技与人文的融合，首先应给科技一个准确的人文定位，然后在此基础上，对教育的重新审视是二者融合的希望所在。

还是下降了？我们不能简单地回答这个问题。绝对质量是上升了，而相对质量确实是下降了，但同时也得承认人才培养特色仍旧没有凸显出来。何谓绝对质量？绝对质量是指根据具体的质量标准与要求将实际人才培养质量作历史性纵向衡量比较的结果。绝对质量的提高是毫无疑问的，这也可以解释我们高等教育的整体进步之事实。高校为国家和社会发展输送了一大批优秀人才，支撑了我国连续30多年的经济高速增长和社会全面进步。何谓相对质量？相对质量是指根据社会日益增长的对高等教育期望与需求作为参照标准将实际人才培养质量作共时性的横向比较的结果。相对质量确实不很令人满意，我们需要的是世界一流人才，能够参与国际化的竞争，在全球化视野中占有重要的位置。这种期望值是越来越高，一旦人才培养的绝对质量提高的速度不能够超过社会发展的速度，相对质量就可能出于“负值”状态。世界的发展却是以加速度的方式在演进，我们的高等教育发展也只有顺势而动，否则就会招致不同程度的埋怨。因此，我们一定要提高相对质量，使相对质量处于一种“正值”状态。只有如此，高校才能起到引领社会发展的作用，否则只能滞后于社会。滞后于社会的结果就是只能起到“传承”知识与文化的作用，而不能起到引领或创新知识与文化的作用。我们不但需要“传承”，我们更需要“创新”。

三、大学肩负新的使命

我国高等教育在经历了短暂而迅速的规模扩张阶段之后，已经实现了由精英教育向大众化教育的历史性转变，在这一转变过程中，中国大学由于承担了大众化教育的使命而获得了规模上的空前发展。在如此短暂的时间内实现高等教育大众化，在世界高等教育史上也创造了一个奇迹。《纲要》适时提出了教育的使命与任务：“把提高质量作为教育改革发展的核心任务。树立科学的质量观，把促进人的全面发展、适应社会需要作为衡量教育质量的根本标准。树立以提高质量为核心的教育发展观，注重教育内涵发展，鼓励学校办出特色、办出水平，出名师，育英才。建立以提高教育质量为导向的管理制度和工作机制，把教育资源配置和学校工作重点集中到强化教学环节、提高教育质量上来。”今天，我们更应该充分认识到大学肩负的历史与现实使命，把握机遇，迎接挑战，迅速寻找到适合自己发展的模式，在不断改革与探索中发展壮大自己，为中国大众化高等教育做出自己的贡献。

（一）大力培养社会主义建设的高级专门人才

一个国家对人才的需求是多方面、多样化的，全面建设小康社会需要努力造就数以亿计的高素质劳动者，数以千万计的专门人才和一大批拔尖创新人才。我国是一个工业化尚未完成的发展中国家，工业发展水平与发达国家存在明显的差距。缩小这种差距，迅速提高我国综合国力及工业产品国际竞争力，其根本途径是培养大量具有创新精神和能力的、各行各业急需的高级专门人才。这样的人才需求结构就不同于精英教育时期主要为国家培养精英人才了。按照发展经济学的假设——能够胜任某个特定岗位工作的人就必须首先完成某种程度的教育，那么，随着经济的增长，职业结构被预期将会朝着专业人员、技术人员占更大比重的方向发展。高等院校正是培养这类人才的普遍力量，而着力培养学生的就业、创业、创新能力，是当前高校要下大力气做好的重点文章。目前的高等教育应该避免知识性失业问题的产生，避免重招生、轻培养；重培养，轻就业，使学生毕业就失业的不负责任的高校行为。因此，高校必须遵循一定的科学的、合理的教育发展模式，以便为社会提供所需要的各种专业人才。

（二）真正把大学建设成为探究的场所

钱伟长曾说，不教学不能称其为教师，不搞科研不能称其为好教师。汤因比认为："大学教育的作用在于教给学生自我教育的方法。我觉得要想有效地完成这个任务，首先教授们必须进行自我教育。而教职人员的自我教育唯有开展研究活动。"而池田大作认为，倘若教学与科研分离，"教员恐怕就会因此失去以前兼有研究人员的一面，而且这也有可能会丧失教员的教学活动不可缺少的新鲜性"，这样，"如何使教育和研究相互交流，如何提高教员的质量，就会成为一个重要的问题"①。19 世纪最初几十年的德国大学的改革，建立起了把科研、教学和学习统一的一个永久性的原则，"建立在探

① （日）池田大作，（英）汤因比. 展望 21 世纪——汤因比与池田大作对话录[M]. 荀春生等译. 北京：国际文化出版公司，1985. 65～66

究基础上的教育的思想，取代了无尽头的寻求一个演进中的真理的对教条的辩护”。“低层次的教育提出一批封闭的和既定的知识。在高层次，教师和学生之间的关系，不同于在低层次教师和学生之间的关系。在高层次，教师不是为学生而存在；教师和学生都有正当理由共同探求知识。”[①]没有科研，教师无法进入更高层次的教学；没有科研，大学无法显示其占领学科前沿的态势。教学与科研实质上是一体的，教学与科研结合在一起就成为一种恰当的教学模式，学生安静科研与学习结合起来就是一种恰当的学习模式。爱因斯坦认为：“科学对于人类事务的影响有两种方式。第一种方式是大家都熟悉的：科学直接地、并且在更大程度上间接地生产出完全改变了人类生活的工具。第二种方式是教育性质的——它作用于心灵。尽管草率看来，这种方式好像不大明显，但至少同第一种方式一样锐利。”[②]大学的科研活动可以分为三类：一类是科学技术研究；一类是社会人文科学的研究；一类是教学学术的研究。从学术角度来说，这三类学术研究处于平等的重要位置，不可偏颇于任何一方。克拉克·克尔指出：“学术上的道德规范不仅适应于科学研究，也适应于教学。学术上的道德规范，如果不应用于组成学术生活的全部活动，属于轻视意义上的‘学术性’。”[③]但是，任何一项学术活动都需要探究与创新，都需要付出艰巨的努力。创新是一个民族的灵魂，英国学者霍尔丹勋爵则认为“大学是民族灵魂的反映”[④]，也就是说大学是一个创新体，是带动民族进步的“发动机”。亚伯拉罕·弗莱克斯纳认为：“在这动荡的世界里，除了大学，在哪里能够产生理论，在哪里能够分析社会问题和经济问题，在哪里能够理论联系事实，在哪里能够传授真理而不顾是否受到欢迎，在哪里能够培养探究和讲授真理的人，在哪里根据我们的意愿改造

---

① (美)伯顿·克拉克. 探究的场所——现代大学的科研和研究生教育[M]. 王承绪译. 杭州：浙江教育出版社，2011. 2、19

② 爱因斯坦. 科学与社会[A]. 爱因斯坦文集(第三卷). 许良英，赵中立，张宣三编译. 北京：商务印书馆，1979. 135

③ (美)克拉克·克尔. 高等教育不能回避历史——21世纪的问题[M]. 王承绪译. 杭州：浙江教育出版社，2011. 170

④ 亚伯拉罕·弗莱克斯纳. 现代大学论——美英德大学研究[M]. 徐辉译. 杭州：浙江教育出版社，2001. 3

世界的任务可以尽可能地赋予有意识、有目的和不考虑自身后果的思想者呢？人类的智慧至今尚未设计出任何可与大学相比的机构。”①我们当下的大学离真正探究的场所是否有距离呢？倘若有距离，弥补上这段距离就是我们当下的责任与使命了。

（三）为国家或大学所在区域的建设与发展服务

胡适说过，一个国家可以没有船坚炮利，但不可以没有大学。大学与国家或与所在区域之间存在着服务与被服务的关系，同时，大学与区域之间还存在着一种强烈的互动关系。在北美大地上，是先有哈佛大学后才有美利坚合众国；在英伦三岛上，牛津大学和剑桥大学涵盖了大学所在地；没有大学的城市就像是没有灵魂的躯壳，没有城市依托的大学就像是丧失家园的精灵。一个国家倘若没有大学的支撑，那就将意味着落后与衰败，一个区域或城市倘若没有大学的存在，那就将呈现出流俗与平庸。但是，大学不能是建在空中的楼阁，更不是脱离现实的乌托邦，而是要扎根于现实的土壤，奠基于坚实的基础之上。大学应充分利用已有办学资源，在争取地方政府和社会各界对院校的支持和帮助的同时，把为地方社会经济服务作为办学的主要目标之一，进一步调整教学计划和人才培养规格，与地方经济社会发展形成密切的依存关系。随着我国改革开放的不断深化，产业结构、经济结构、社会生活结构将发生巨大变化，社会对各类人才的需求日渐突出，地方高校应发挥自己的优势，解决地区发展急需的人才资源、科技资源和知识资源的问题。高等院校只有在人才规格、培养目标、专业设置和办学形式上有较强的为地方服务的针对性，主动服务于地方经济社会发展，自身才能获得不竭的发展动力。

（四）发挥传承与创新文化的作用

大学的职能是时代发展的产物，传承与创新文化成为了现代大学的第四项职能，这是大学一项艰巨而光荣的使命，正如恩格斯所言："文化上的每

① 亚伯拉罕·弗莱克斯纳．现代大学论——美英德大学研究[M]．徐辉译．杭州：浙江教育出版社，2001．3

一进步，都是迈向自由的一步。”[①]大学如何在传承创新文化上起到应有的作用，这是一个重要的课题。首先是传承文化。中华五千年积累了丰富的文化资源，我们不能够数典忘祖，妄自菲薄，不能“捧着金饭碗要饭吃”，“种了别人的庄稼荒了自己的田”。挖掘传统文化资源，采取扬弃的态度，取其精华，去其糟粕，以便达到古为今用之目的。在此，我们应该聆听一下小威廉姆·E.多尔的一席话：“世界上没有一个民族像中国人一样具有伟大的文化感，因重视自己的伟大精神传统……你们对精神或态度具有强烈的内在感觉，这正是充溢课程所必要的。……没有一个国家具有比你们更深刻、更丰富的文化，没有一个民族具有比你们更伟大的充溢所有生活的精神。我们西方人从你们的智慧之中可以学到许多东西。”[②]其次是学习与借鉴国外先进文化。积极开展对外文化交流，增进对国外文化科技发展趋势和最新成果的了解。他山之石，可以攻玉。我们只有以开放的胸襟面对这个日新月异的世界，与时俱进，方可赶上时代发展的浩浩荡荡的潮流，而不至于落伍。我们应该时刻警醒自己：落后就要挨打。最后，创新文化才是当务之急。我们大学具有创新文化的传统，北京大学在创建五四新文化过程中就起到了举足轻重的作用。创新是一个民族的灵魂，没有创新的民族肯定会变得苍白而无力，没有创新的大学也必将守旧而沉寂。胡锦涛指出：“全面提高高等教育质量，必须大力推进文化传承创新。高等教育是优秀文化传承的重要载体和思想文化创新的重要源泉。”[③]

（五）实现由外延扩张型向内涵发展型转变

大学已经进入了一个需要重新定位与转变发展道路的“拐点”时期，这就意味着中国高等教育要在科学发展观的指导下，正确处理好“规模、质量、结构、效益”的关系，进一步深化改革，努力将高等教育发展推进到一个新的水平上去。连续十年的高校扩招，为我国经济和社会的发展，为教育事业的发展做出了历史性贡献，应该说是功在千秋。但是，还要清醒地认识到，我

① 衣俊卿.中国文化建设的国际视野——兼论文化自觉[N].光明日报.2011-10-15(1)

② (美)小威廉姆·E.多尔.后现代课程观[M].王红宇译.北京：教育科学出版社，2000.2

③ 胡锦涛.在庆祝清华大学建校100周年大会上的讲话[OL].http://www.gov.cn/ldhd/2011-04/24/content_1851436.htm，2011-4-24

们现在已经进入了招生规模控制阶段，即后扩招阶段。在后扩招阶段，高校发展面临的形势与任务显然不同于大规模扩招时期，这需要我们冷静地分析与思考扩招时期带来的成绩与问题和后扩招时期存在的机遇与挑战。从哲学角度来说，时间与形势都发生了变化，我们应对新形势与任务的策略也应该随之变化，否则我们就有可能出现"左倾"或"右倾"的问题。世界上每个国家在高等教育大众化过程中，皆需要探索出适合自身发展的高教之路以及人才培养模式。根据目前的控制规模、优化结构、提高质量与效益的形势与任务，高校发展模式的唯一选择是走内涵发展的道路，真正将发展模式转变到以内涵发展为主的轨道上。所谓"内涵发展"指的是，在现有的内在条件基础上，通过提高组织协调效率与效能，使各种教育资源得到最优化的利用，从而实现高校教育教学的目标。如果我们不能适时做好这一转变，那么高等教育的发展就不会进入良性发展轨道，高校也就不可能解决在规模发展中存在的一些问题。

（六）继续推进高等教育大众化乃至普及化

不管是外延式发展还是内涵式发展，其根本目的都是发展。外延式发展主要是走扩大规模和数量之路，近年来的高等教育大众化主要是通过这种方式来实现的。这种发展模式在我国特定发展阶段，对于满足国民经济建设对高等教育的重大需求和人民群众接受高等教育的强烈愿望，都发挥了积极的重要作用。《纲要》制定的战略目标是："到 2020 年，基本实现教育现代化，基本形成学习型社会，进入人力资源强国行列。"其中"高等教育大众化水平进一步提高，毛入学率达到 40%"。当全国的高等教育毛入学率平均达到 40%的时候，局部较发达地区就可能实现了普及化了。高等教育不再是奢侈品，而是经济发展的必需品了。因此，中国高校就应该不予推卸地承担起这一伟大而光荣的历史使命。相对于大众化来说，精英教育主要是为社会上层输送少量的拔尖人才，是一种狭隘的高等教育系统，是不能够普遍适应社会的全面发展需要的。"第二次世界大战以后，许多摆脱了殖民统治的国家都继承了那种仅仅是为了培养地方显贵和少数有文化的官员的狭隘的教育系统。……即使在拉丁美洲，尽管大多数国家在 19 世纪初就获得了独立，但那种僵硬的阶级结构使得学校的正规教育基本上仅限于乡村的权贵和境况良好的城市居民。”①从教育类型来说，在义务教育普及的前提下，教育的公平主要体现在接受高等教育上。理论上说，每个社会公民都有接受高等教育的权利，但是，由于教育资源的紧缺或教育资源配置的不够合理，许多人丧失了或被剥夺了接受高等教育的权利。然而，高等教育大众化或普及化是历史发展的必然趋势，我们应该顺潮流而动，而非反潮流而逆。

四、大学教育教学中面临的各种矛盾关系

21世纪初，我国高等教育发展表现出的特征就是“三大”，即由过去的“大扩招”、“大建设”转到内涵发展需要的教育质量“大提高”上。大扩招、大建设虽然做出了贡献，但是离大学的本位价值(大学的本位价值就是学术本位与育人本位两者的结合)还是有些距离。大扩招、大建设对于大学相对来说较为容易，因为过去只要政府划拨给招生指标，大学就不愁招生；指标的划拨是政府的事情，而生源又是充足有余，即有指标就能有规模；有钱谁都会建设，何况资金有银行作贷，施工有建筑方投标，不出问题就是好的。现在轮到教育与办学质量“大提高”了，这就要看大学的真本领了。因此，现在高等教育处于“后扩招期”，就像后现代一样，一旦有了“后”字，事情肯定就不少，新形势、新任务下很多问题都需要我们去思考、去研究、去解决。而高等教育研究的目的就是要求人们去适应时代发展要求而给出解决问题的答案的。高校面临着很大的发展机遇，同时也面临着巨大的挑战，这些挑战表现在教育教学方面就是存在一些“两难问题”。“所谓‘两难’问题，就是在一对矛盾中，矛盾双方都有一定道理，都是人们所追求的，但在一定时间和一定的条件下，顾此失彼，难以兼顾。”②但是，这些两难问题并不是“悖论”，是存在于统一体中的对立与统一的关系。如何处理好这些矛盾，需要动用我们的智慧，认真地加以思考与实践。

(一) 大众教育与精英教育的矛盾关系

从国外来看，完成高等教育大众化的并不是传统院校。在这个过程中

① (美)吉利斯·波金斯，罗默·斯诺德格拉斯. 发展经济学(第四版)[M]. 黄卫平等译. 北京：中国人民大学出版社，1998. 244

② 王伟廉. 高等学校课程研究导论[M]. 广州：广东高等教育出版社，2008. 229

通常会产生一批新的学校，美国是社区学院，日本是短期大学，英国是多科技术学院。但是，从中国目前进行的大众化进程来看，大部分高校，尤其是高职院校和地方性院校，都承担着大众化的任务。因此，一所大学在精英教育的传统基础上发展大众化教育，这两者之间就存在着一种张力，使得大学要在大众教育与精英教育两者之间把握一种很难做好的平衡。目前，大学教育处于精英教育与大众教育的“两河水”阶段，在不愿意放弃过去精英教育传统的情况下，努力去做好大众化教育。也就是说，在教育理念、模式与方法上，仍旧处于“旧瓶子装新酒”状态。

（二）在人才培养目标上面临着学术趣向与职业取向的关系问题

在高等教育大众化阶段，高校的每个专业在人才培养目标上要努力完成两个任务：一方面要通过本科教学全面提高学生的学术水平和基本素质，另一方面又要按照市场需求逻辑调整教学计划和培养模式，以满足社会对人才就业能力的要求。这种学术趣向与职业取向的矛盾处理不好就会影响高校的教育质量，同时也会影响到高校自身的发展。

（三）在教育过程中面临着标准化与个性化培养的矛盾问题

近年来，各高校在专业设置、培养模式、教学内容、教学方法等方面日趋同质化，特别是专业培养规格的同质化已经给高校的发展带来了负面影响。为此，教育部和地方教育主管部门出台文件和管理措施，加强高校的特色建设。除了教育同质化，教育培养过程也面临着工业化“流水作业”式教育的问题，专业同一个标准，实施大班授课，整体考核，一个流程结束也就意味着学校教育的结束，毕业的“产品”就像一个“模子”培养（“制造”）出来。这种标准化的培养只是照顾到教育的外在形式，而忽视了接受教育的主体，当然会受到社会的质疑。作为承担大众化高等教育重任的普通高校，应该在全面提高教学质量的同时努力消除同质化教育模式，进而提倡个性化培养。

（四）在学生成长过程中面临着知识、能力与素质的关系问题

在人才培养过程中，“知识、能力、素质”应该是一种并进的关系。我国院校教育的传统是十分注重知识传授，但教育实践告诉我们反面的例子：基础知识扎实的中国留学生和外国学生相比，在创新能力、动手实践能力方面却相差甚远，这也是过分注重知识系统传授的中国教育培养不出原创精神

和能力强的人才的原因。在高等教育大众化阶段的背景下，高校必须强调学生的能力与素质的培养，但重要的还是应将能力列为学生培养的主要目标。我们应该探讨如何将知识内化为能力与素质，探讨如何教会学生学会管理自己拥有的知识。能力是素质的一种外在表现，素质与知识、能力密切相关，但素质是更深层次的东西，因此，我们要看到素质与知识、能力之间的联系，看到知识、能力是素质的重要组成部分。在高等教育大众化时期，我们院校应将追求人的全面发展作为根本的目标，在强调以传授知识为基础的同时，注重学生综合素质的培养，但要以激励探索性、创造性，强化提出问题、分析问题、解决问题的能力为目的。这表明我们高等教育在培养学生知识、能力、素质方面既是两点论，又是重点论；也说明我们的高等教育是注重心智训练与能力培养的新型实用教育，这是我们高等教育在现阶段的明智选择，既不好高骛远，也不落后于时代的发展。

（五）在高校建设过程中面临着软实力与硬实力建设的关系

高校建设存在硬实力和软实力的问题。硬实力主要由高校的教师队伍、教学科研条件等学校能够量化的具体指标，也就是我们常说的人力、物力和财力条件所决定。软实力指的是学校的凝聚力、吸引力、影响力、向心力和文化力。高校的硬实力与软实力之间是相辅相成的关系，一方面，硬实力的增强为软实力的建设打下了坚实的基础，是软实力的载体；另一方面，软实力是硬实力的必要延伸，但并非具有了硬实力就必然具有软实力的，软实力的欠缺或不足必然要限制硬实力充分发挥作用。应当说，近年来高校在硬实力得到增强的同时，软实力也有明显的进步。高校的办学理念更加明确、办学定位更加合理、校园文化建设逐步得到加强等，这些都是高校软实力建设的表现，但是，我们也要清醒地看到，目前高校的软实力建设还存在差距。这应当引起我们的深刻反思和高度重视。因此，我们在高校硬实力普遍得到增强的形势下，应当及时转变工作的重心，进一步提升高校的软实力建设。

中国大学无论是遭受外界的质疑还是面临新的矛盾与问题，都是事物发展过程中遇到的正常现象，无须大惊小怪。要发展就会有困难，要变革就会有痛苦，要前进就会有阻力，彼得·圣吉在《变革之舞》中谈到挑战时指出，挑战并不一定是令人感到紧张恐惧的事物，而是“通过集中注意力、利用理解力和创造力作出改进的一种机遇”[①]。这正符合历史学家阿诺德·汤因比提出的“挑战和回应”影响理论。[②] 大学非常善于指挥他人进行变革，在改变自己方面却不尽如人意，于是，也会招来各种抱怨与指责。原北京大学校长许智宏退休后就带有怨气地公开说“大学走入了歧途”、“中国没有一流大学”[③]。复旦大学校长杨玉良说：“现在大学精神有点迷失，出现了一种相对来说比较广泛的精神虚脱。”[④]按照哲学家的话说，提出问题比给出答案还重要。问题的提出，就给予了我们以启示，以思考，以行动。

五、大学教育需要变革

赫拉克里特斯说：“除了变革之外，没有什么是持久的。”[⑤]由于高等教育发展过于迅猛，其教育教学模式变革的速度相对是滞后了。这里有传统的原因，比如我们有科举制度遗留下的应试教育的惯性；有前苏联的学年制与专业制度影响下的标准化的教育要求；有实用主义影响下的功利教育需求；也有时代需求挤压下的产业化教育的趋向。如果要真正适应大众化教育的需求，办出自己的特色，走出一条创新的道路，目前大学的教育就需要变革。

（一）改革教育制度，建立适应时代需要的现代大学教育制度

用经济学术语讲，好的制度就是交易成本低的制度。在高等教育领域，制度供给与制度需求之间是不相匹配的，制度的“成本”也是不低的。教育制度的改革，说到底就是目前的教育管理体制与运行机制两个方面有阻碍

---

① 彼得·圣吉.变革之舞——学习型组织持续发展面临的挑战[M].中国人民大学工商管理研修中心译.北京：东方出版社，2001.30

② 该理论认为，文明是通过其创造性的发展而存在的；这种发展是对新的、大型的挑战所作出的回应。

③ 许智宏：中国没有一流大学[OL]. http://news.southcn.com/c/2010-07/05/content_13477928.htm，2010-8-4

④ 复旦校长称大学精神虚脱　才子加流氓将贻害社会[OL]. http://news.sohu.com/20100622/n272973997.shtml，2010-8-4

⑤ （美）克拉克·克尔.高等教育不能回避历史——21世纪的问题[M].王承绪译.杭州：浙江教育出版社，2011.50

大学发展的制约性因素，不能够适应未来大学建设与发展的需要。“国与国之间的竞争，地区与地区之间的竞争，从表面上看，是产品的竞争，是技术的竞争，是人才的竞争，但在这些竞争的背后都包含着制度的竞争。”[①]我们如何做好大学教育的制度安排？如何使我们的制度发挥最大的绩效？这些都是我们需要回答的问题。比如，在教学制度上，应该在学年制的传统之上，积极推进学分制的改革。学分制改革是一项系统工程，在进一步完善已经开展的选课制、弹性学制、主辅修制、导师制等学分制改革的工作的基础上，进一步推进相关的招生办法、学分收费办法等方面的改革工作，重要的是既要结合我国高等教育的现实状况，也要结合每个高校的具体情况，创造出我们自己特色的学分制模式。

在大学建设的过程中，大学管理制度的创新是大学发展的重要环节一。世界上的著名大学都创造了属于自己的管理创新成果，如英国牛津大学首创了学院制和导师制，为其赢得了不可动摇的历史地位；德国洪堡大学构建了教学与研究并重的制度，令世界上所有大学随之“起舞”；美国哈佛大学推行学分制与通识教育，为其可持续发展注入了不竭的动力。中国的大学在本世纪也应该向世界呈现出自己的大学管理创新成果，构建出属于自己的“专利”与“品牌”的“产品”，然后“出口”到世界各国，让异域的人们也能够享受到中国大学人的创造力，而不是仅仅拷贝他人成果或尾随其后疲惫而行。为此，我们必须从大学育人理念、模式与方法创新上下工夫，理念解决的是思想与精神层面的问题，模式解决的是在理念指导下的一种制度设计的问题，而方法解决的是执行中的途径与手段的问题。

（二）改革教育内容，使教育内容跟上时代发展的要求

教育内容改革要由以课本为中心的科班教育向以提高创新、创业和就业综合能力为主的协同教育转变。我们在教学过程中过度依赖于教材，为教材而教材，似乎已经陷入了另一种形式的本本主义了。假设我们离开了教材，师生可能都不知所措了，教与学也似乎无法进行下去了。教材本身是没有什么过错的，使用者却可能误入了一种过度依赖的歧途。加强调查和

① 卢现祥．西方新制度经济学[M]．北京：中国发展出版社，2003．244

预测的力度，按照现代教育理念设置专业和课程，优化高校的专业结构和课程结构；在教育教学中，以提高学生的能力为重点，引导学生将理论知识与运用能力融为一炉；不断更新和提高教师的学业水平，引导教师树立严谨的学风，倡导把研究高深学问和解决实际问题紧密结合，进而引导学生增强创新、创业和就业的能力。

（三）改革教学方法，提高教学有效性以及教学效果

教学方法改革应由课堂单纯讲授式向提高学生独立思考能力、教与学互动转变。树立“以学生发展为本”的教育理念，构建“指导性授知与主动性学习相结合”的教学模式，增强学生的自主学习能力，为他们多提供发表创见和施展创新能力的机会。我国的高等教育仍然习惯于采用以灌输为主的教学模式，这与片面地强调以知识传承为中心的教育思想是一脉相承的。总之，我们应该从“以教为主”转变为“以学为主”，从我们已经习惯的“教学”转变为“学教”，充分体现“教”是为了“学”，“教”是为了“不教”，而不是反其道而行之。我们应该转变“高教低学”的现状，改变我们的教育生产力处于低水平的落后状态，进一步提高教学的有效性或教育产出率。高教若不改变这种教育模式和观念，任何创新教育的主张都只能是一派空话。

（四）改革人才培养模式，满足社会对于多样化人才的需求

大学需要构建传授知识、培养能力、提高素质协调发展和综合提高的人才培养模式，在注重知识传授的基础上，大力加强基本技能和基本素质的培养，改变过分注重专业需要和偏重知识传授的做法。在新调整的人才培养方案中，需要加强对学生知识、能力、素质结构的重新设计和调整工作，注重增加和改进培养学生创新思维和创新能力的教学环节，并融于教学的全过程之中，从人才培养模式上实现由“知识型”或“知识能力型”到“知识＋能力＋素质型”的转变。在重视知识传授的基础上，加强学生自主学习，独立地获取知识、发现问题、分析问题和解决问题能力的培养。提倡基于研究和探索的学习，引导学生在研究和开发中学习，在课外活动和社会实践中学习，培养学生将理论运用于实践和在实践中创新的精神。在处理人才培养目标的学术趣向与职业取向的关系上，一方面，在全面修订教学计划、修改教学目标、教学内容和教学方法时充分考虑到职业取向的要求，在实习环节重点

加强实践动手能力的培养，努力提高学生的就业能力和创业能力；另一方面，通过有效措施全面提高学生的基本素质，尤其是加强学术素质教育，如要求教学过程中为学生夯实基础，加强创新教育等。为了更好地服务地方，充分发挥高等教育在地方社会经济发展中的作用，地方性院校必须不断深化教学改革，调整人才培养目标和规格，进一步确立应用型人才的培养目标。要根据各个专业和学科的特点具体论证学校的人才培养目标，改革教学模式，更新教学内容，加强师资队伍建设，重视实践教学和创新能力培养，提高学生解决实际问题的能力，以满足社会对多样化人才的需求。

六、我们肯定没有迷失方向

在大学教育改革的过程之中，我们是否处于一种迷失状态呢？这个问题，乍听起来，给人一种危言耸听之感。我们既没有处于海上航行之中，也没有坠落在弥天大雾之中，怎么会提出这样的问题呢？提出这个问题，是具有现实意义的。一般来说，任何行动只有在具有明确方向的情况下，才不会出现迷失自己的状态。其实，在没有大方向而仅有小方向的情况下，也是一种迷失。有一种“原地走圈”的行走方式，即使自己认为任何时候行走的方向都是正确的，但未必不是处于一种特殊的迷失方向的状态，因为他没有行走出一个既定的“圈子”。走出去又回到原点，像驴推磨一样。因此，仅有明确的方向还不行，还需要具有明确的目标。目标定得高远，再具有正确的方向，才能肯定自己没有迷失方向。我们都行走在路上，没有了方向，就有可能会失掉自己。没有目标就可能会打转转，没有奔头。如何才能做到不迷失呢？首先，应该认清问题，而且应该从理论上弄清楚才行。要以理论的方式面向现实，孙正聿认为这是“现实问题的理论自觉”。“什么是理论？人们可以从不同角度去界说它，然而从理论与实践的关系看，理论就是规范人们的思想和行为的各种概念系统。人们的所思所想和所作所为，都与人们自己所占有的理论密不可分。理论包括三重内涵：第一，理论是世界图景，也就是以概念体系的形式规范人们对世界的理解；第二，理论是思维方式，也就是以概念框架规范人们如何理解和描述世界；第三，理论是价值规范，也就是以人类文明的价值观念规范人们的思想和行为。”[①]其次，要确定一个高尚的目标。这就需要我们具有一颗自由而高尚的心灵，只有在这种状态下，方可制定出高尚的目标。然而，现实正如黑格尔所说，我们的精神太忙碌于现实的平凡的琐屑事物了，没有自由的心情去理会那较高的内心生活和较纯洁的精神活动。[②] 因此，我们要挣脱世俗的牢笼，不为一时的功利所动摇，从大学的本位价值出发，以服务国家和人类为宗旨，为实现人的自由而全面的发展而努力，因为未来社会将是“一个把每一个人都有完全的自由发展作为根本原则的高级社会形态”(马克思《资本论》中语)。最后，那就让我们行动吧，实践是检验真理的唯一标准，我们不能只做空谈家，我们应该做理论家；我们不能只做蛮干的行动者，我们应该做实践者；从事教育的人应该是理论家与实践者的完美结合——教育家！既要能实干，还得有理念。教育改革不同于其他领域的改革，绝对不是一蹴而就的事情，太快太猛都会背道而驰，欲速则不达。整个改革的过程应做到“润物细无声”，在不知不觉过程中实现变革，这是最理想的，也是广大师生所期望的。这就是大学，这就是大学的文化！但是，任何改革都是有风险的，都有可能遇到固有势力的抵制，都有可能遭到利益相关者的反对，大学改革同样如此。

我们要坚守住大学的底线，要知道大学之所以是大学的原因所在，知道大学本身的自我规定性，把握住大学的边界。精英化高等教育不等于是高质量，大众化教育也不等于是低质量。一方面，要按照一所传统的大学的标准与要素塑造自己，使自己更像一所新古典主义大学，但不是为了满足于一种启蒙信念或浪漫主义的怀旧情感，而是为了赢得社会的尊重；一方面，要谋求改革，拓展自己，使自己更像一所现代化大学，在传统与现代之间谋求平衡，使自由创新与保守之间达到一种均势，为学生未来生活、个人成功和服务社会做好准备。

---

① 孙正聿．现实问题的理论自觉[N]．光明日报．2010-12-14(11)

② 黑格尔．哲学史讲演录(第一卷)[M]．贺麟，王太庆译．北京：商务印书馆，1960．1

第二章 大学传统*

请记住：我们的大学是为了公共利益而建立的。它拥有辉煌的历史。发展道德和智力是完美的主旋律。大学的发展和真正福祉从来都是与我们国家的命运休戚与共的。这座大学至今取得的所有伟大成就，都需要我们发扬光大。①

——亨利·希金森

传统——无论是优秀的还是落后的传统——总是一种起稳定作用的力量。②

——(美)亚伯拉罕·弗莱克斯纳

传统是一个复杂的统一体，有着若干固有的维度。它可以包含同一性的永久存在，或者只是相似性的永久存在。高等教育机构多数属于第二类……这种相似性包括教学方法、校舍和建筑风格、头衔和学位礼服的礼节，以及教师和学生的地位结构。③

——(美)克拉克·克尔

---

* 本章曾以《大学传统的反思与守望》为题发表在《航海教育研究》2012年第1期。

① 哈瑞·刘易斯.失去灵魂的卓越[M].侯定凯译.上海:华东师范大学出版社,2007.扉页

② (美)亚伯拉罕·弗莱克斯纳.现代大学论——美英德大学研究[M].徐辉,陈小菲译,杭州:浙江教育出版社,2001.30

③ (美)克拉克·克尔.高等教育不能回避历史——21世纪的问题[M].王承绪译,杭州:浙江教育出版社,2011.47～48

除了思想之外，任何事物都不可能有历史。[1]

——科林伍德

孔子《论语·学而》云“告诸往而知来者”。回顾过去，才能展望未来。我们所有的研究都应该建立在过去的基础之上，因为“人类只能按照他们曾处的位置来判断他们现在所处的位置，而且，由于历史是对人的研究，我们忽略历史便是以冒着不理解我们自己的风险为代价的”[2]。大学教育也应该学会了解自己的过去。美国密西根大学原校长詹姆斯·杜德斯达说：“就一般意义而言，大学为每一届新生提供机会，这种机会使得学生们能更好地了解自我，去发现和理解我们以往的重要传统和价值，去拓展应对未来复杂而多变的未来世界的能力。”[3]我们要更为深入地了解中国大学教育的发展历程，就必须反思一下我们的大学传统，然后再设法重塑我们的大学传统。因为传统确实是一个值得思考与研究的对象，它是人类创造的不同形态的特质经由历史凝聚而沿传着、流变着的诸文化因素构成的有机系统。[4] 而传统与教育之间本身就具有一种天然的联系，“教育之所以可能，在于传统的存在，而教育总是通过‘温故知新’来传承和更新这一传统。如果传统没有任何价值，教育也就毫无意义了”[5]。既然如此，在大学蓬勃发展的今天，大学传统的反思与重塑问题就应该引起我们的高度关注，这既是现实的需要又是大学未来发展的需要，因为“传统并不是一尊不动的石像，而是生命洋溢的，犹如一道洪流，离开它的源头愈远，它就膨胀得愈大”[6]。

---

① 何兆武.历史理论与史学理论[C].北京：商务印书馆，1999.727

② （美）小罗伯特·B.埃克伦德，罗伯特·F.赫伯特.经济理论和方法史[M].杨玉生等译.北京：中国人民大学出版社，2001.2

③ （美）詹姆斯·杜德斯达.21世纪的大学[M].刘彤，屈书杰，刘向荣译.北京：北京大学出版社，2005.61

④ 张立文.传统学七讲[M].长春：长春出版社，2008.6

⑤ 甘阳.中国大学改革之道[M].上海：上海人民出版社，2004.1

⑥ （德）黑格尔.哲学史讲演录（第一卷）[M].贺麟，王太庆译.北京：商务印书馆，1959.8

一、大学传统的价值认识

大学是被世人公认的最具有悠久传统的"最卓越的机构",因为在人类历史的长河中除了教会之外没有任何机构的生命力能够超过大学。[①] 何谓大学传统呢?简单地说,大学传统就是大学在历史发展过程中积淀下来的、对当下及未来产生影响的、由诸文化因素构成的有机系统。大学传统可分为大传统、中传统与小传统。整个世界的大学教育传统可称为大传统,一个国家的大学教育传统可称为中传统,而一所大学自身形成的传统可称为小传统。大传统、中传统与小传统是紧密联系的矛盾统一体,具有共性与个性或一般与个别之关系,没有小传统也就不会有中传统与大传统,同样也没有一个小传统能够脱离中传统与大传统而存在的。对于传统的价值,有的人认为传统是一笔宝贵的财富,而有的人认为传统是一个沉重的包袱。前者可谓是乐观主义,后者则是悲观主义了。实际上,两者皆有些偏颇,只是操持事物的两端而已。但是,大学无论如何不能没有传统,没有传统就会缺乏那份大学应有的厚重与底蕴,因此,我们应该以科学理性的态度对大学传统的价值予以判断与分析。

(一)大学传统具有大学文化的作用

大学传统何在?大学传统存活于大学文化之中,而大学文化反过来又延续着大学的传统。E.希尔斯认为:"几乎任何实质性内容都能够成为传统。人类所成就的所有精神范型,所有的信仰或思维范型,所有已形成的社会关系范型,所有技术惯例,以及所有的物质制品或自然物质,在延传过程中,都可以成为延传对象,成为传统。"[②]大学传统既是有形的又是无形的,有形的传统表现在物质层面上,如具有历史记忆的大学地标性的建筑、长期固

---

① 大学是"唯一在历史过程中始终保持其基本模式和社会功能与作用不变的机构","在中世纪欧洲社会三种公认的权力——王室、教会和学馆——中,第一种是政治权力,它已经经历了巨大的变化;第二种权力虽然在罗马天主教教会中仍保存着了它的结构,并扩展到全球,但它已经丧失了垄断地位,这种地位曾是它所拥有的提供救赎的条件"。(比)里德—西蒙斯主编.中世纪大学[M].欧洲大学史(第一卷).张斌贤等译.保定:河北大学出版社,2008.8~9

② (美)E.希尔斯.论传统[M].傅铿,吕乐译.上海:上海人民出版社,1991.21

定使用的标识、历史形成的某种校园布局；无形的传统则表现在大学精神层面，虽无形却无处不在，犹如幽灵一般漫游在大学校园的每个角落，并形影不离地跟随着这个大学的人们。当我们走进一所大学校园的时候，我们就会感觉到这所大学传统的存在，牛津大学有牛津的传统，哈佛大学有哈佛的传统，倘若没有了自身的传统，那是大学多么大的一种残缺与悲哀啊！优良的传统是一所大学的光荣与骄傲，可能意味着这所大学有流动着的血脉，有高贵的品质，有深沉的底蕴，有高深的学问，有可持续发展的能力，有令人歆羡的美誉。当人们置身于这类大学的时候，自己也会变得厚重起来，而不是轻飘与肤浅；自己也会觉得高尚起来，而不是鄙陋与世俗；自己更会觉得发现了一个失去的家园，而不是漂泊与流浪。这就是大学传统所具有的大学文化的作用。

（二）大学传统塑造着大学育人的品格

不同大学培养出来的学生的质量与风格是不一样的，犹如大学在各自学生身上烙下不同“印记”一般，这些学生无论是在人生态度上还是在行为方式上都会表现出群体性的特征。这是为什么呢？倘若我们用“泡菜”理论来解释的话，那是由于不同大学具有不同的“泡汤”，所以，“泡菜”的味道就多有不同了。岂不知那传统就是用于“泡菜”的“老汤”，即使向泡菜汤中加入各种不同的新调料，“老汤”的效用却是可想而知的，它将决定着这份“泡菜”的基本口味与品质。也就是说，纵使大学在育人的过程中对不同专业、不同班级的学生施以不同的教育教学模式，但是，由于每一位学生个体共同享有同一个大学的小传统，所以，每一位学生的精神品格与行为方式的养成就表现出某种趋同性。如果说有什么样的国家传统就有可能具有什么样的国家公民的话，那么有什么样的大学传统就有可能塑造出什么样品格的大学人。

（三）大学传统导引着大学风气的形成

不同大学会有不同的风气，但这不同风气的基础就是这所大学的传统。依附于传统的大学风气的形成不是一朝一夕的事情。优良的风气肯定具有优良的传统，而优良的传统同样也不会呈现出低劣的风气。传统与风气就好比那土壤与植被，肥沃的土壤一定能够生长出鲜艳的花朵，而贫瘠的土地可能只会生出蓬乱的蒺藜。一所大学的教风、学风、校风，既表现出一所大学的风尚习气，又显现出一所大学的传统。好的风气只会在好的传统里回旋荡漾、飘逸四方，真正起到《学记》所谓“化民成俗”之功效。因此，大学传统导引着大学风气的形成，同时又通过大学风气表现出一种只属于该大学的行为习惯、雅量与风度，最终影响到一所大学“校格”的形成与完善。

（四）大学传统影响着社会价值的取向

大学都是各国民族精神的体现，代表了各自“民族的灵魂”。引领文化已经成为大学的一种基本职能，甚或是大学的重要使命。也就是说，大学的生命力不仅体现于对先进生产力发展的贡献，而且体现于弘扬和引领社会先进文化。大学既然要起到引领社会文化的作用，那么大学文化自身就必须蕴积有足够的能量，而传统正是大学文化历时积淀的产物，浓缩有数量级的“核能”，可以不断地向社会释放影响社会价值取向的辐射。毫无疑问，牛津、剑桥大学的传统一定会影响英国社会的价值取向，哈佛、耶鲁大学的传统肯定也会影响美国社会价值取向，而北京大学的传统一直在影响着现代中国社会的价值取向。从一个城市来说，大学是一个城市的文化制高点，没有大学的城市肯定会影响世人对这个城市文化的印象与看法，而一个城市的大学传统也肯定会默默地影响这个区域的人们的价值取向。因此，大学传统可以对一个区域或一个国家的社会价值取向起到重要的影响作用。

二、我国大学传统中可能“积淀”的主要元素

中国现代大学教育风云激荡的历史，形成了一些可以辨识的大学传统的元素和特质，既有本民族教育传统的厚重，也有外来教育文化的借鉴，还有自身教育革命成果的积累。倘若用分光镜来察看中国大学传统资源的话，我们就可以分辨出不同的颜色，而这些颜色恰恰就是由传统资源中“积淀”的不同元素折射出的“色谱”。这些积淀的元素常常处于被“激活”的状态，直接影响到大学当下的生存境况。倘若要达到重新构建大学传统之目的，那么我们就需要对这些“色谱”进行必要的分析，以便起到“告诸往而知

来者”之作用。[①]

（一）黄色积淀元素

中国近代意义上的第一所大学应该是1898年建立的京师大学堂了，毫无疑问它是维新派仿效“泰西”之结果。但是，也毋庸置疑，这所大学堂是建立在中国这块具有五千年教育传统的黄土地之上，黄色显然是其背景或基调，孙家鼐在《议复开办京师大学堂折》中陈言：“今中国京师创立大学堂，自应以中学为主，西学为辅；中学为体，西学为用。中学有未备者，以西学补之；中学有失传者，以西学还之。以中学包罗西学，不能以西学凌驾中学，此是立学宗旨。”[②]除了京师大学堂，各省城在原书院基础之上改设大学堂，更有书院“翻牌”之嫌，清政府1901年8月颁布“兴学诏书”，昭告“着各省所有书院，于省城均改设大学堂”[③]。而1903年修订的《奏定学堂章程》更能充分体现出本土传统文化的作用，其明文规定：“无论何等学堂，均以忠孝为本，以中国经史之学为基，俾学生心术一归于纯正，而后以西学瀹其智识，练其艺能，务期他日成材，各适实用，以仰副国家造就通材、慎防流弊之意。”[④]

无论是官学教育还是私学教育，中国都具有悠久的历史，只不过没有近代意义上的西式大学而已。中国古代的所谓大学教育起源很早，有文献可考的当为西周时期，突出表现为“学在官府”，《礼记·王制》载：“天子命之教，然后为学。小学在公宫南之佐，大学在郊，天子曰辟雍，诸侯曰泮宫。”至春秋战国时期，礼崩乐坏，官学随之崩溃，即“天子失官，学在四夷”[⑤]，孔子首开私人讲学之风，然后私学兴起。从此，私学与官学互补，构建起中国教育之大厦。这里还值得一提的是中国历史上的书院制度与科举制度，这两项制度是中国人的发明。既然能影响海外，那么也就会自然地融入中国大学教育之传统。书院萌芽于唐代末期，形成于五代，兴盛于宋代，绵延于元、明、清，至光绪二十七年（1901），诏敕各省所有书院改为学堂，从此，延续千

---

① 孔丘.论语·学而[A].陈戍国点校.四书五经.长沙：岳麓书社，1991.18

② 曲士培.中国大学教育发展史[M].太原：山西教育出版社，1993.338

③ 曲士培.中国大学教育发展史[M].太原：山西教育出版社，1993.345

④ 曲士培.中国大学教育发展史[M].太原：山西教育出版社，1993.339

⑤ 左传·昭公十七年[A].陈戍国点校.四书五经.长沙：岳麓书社，1991.1114

年的古代书院制度宣告完结。但是,古代书院形成的一些做法与风气,如教学与研究相结合,自由讲学,自主学习,启发诱导,尊师爱生,恰与现代大学所倡导的不谋而合,故也值得弘扬。所以,在中国现代大学建立的初始,教育的主事者们开始把书院精神引进现代的大学体制,清华大学在 1925 年 3 月 6 日校务会议中通过的《研究院章程》就规定“本院略仿旧日书院及英国大学制度”[①]。科举始建于隋代,完善于唐代,经宋、元、明三代而定型,直至清末光绪三十一年(1905)废除,历时1300 余年。科举制度同样引得他国效仿,英国文官制度即渊源于此。所以,它是一笔重要的教育遗产,比如科举的公平与公正的精神,政府对民间教育实施相对宽松政策的做法,无可置疑地流淌在我们教育的血脉之中。

回顾过去,反观现在,我们的大学教育传统中不乏古代官学与私学两大体系、书院与科举两大制度的影响与遗传基因。面对这一黄色的传统元素,我们应持何种态度呢? 我们应该重温伟大传统并做到创造性地予以接续,同时又要让传统的批判成为我们伟大传统的一部分,因为我们现代大学教育本身是反叛陈旧传统的产物,并把对封建教育传统的批判作为现代教育的出发点和基本任务,所以,“对于文化的发展和创造,强大的传统是可贵的,给我们可以归依的立足点和出发点;反传统也是不可缺少的,给我们批判和创新的力量”[②]。

(二) 蓝色积淀元素

蓝色积淀元素是“西学东渐”的结果,来自于所谓的西方蓝色海洋文明。西学东渐虽说滥觞于明代,其实西学真正对中国教育产生影响的时间应该在 19 世纪中叶以后了。这种蓝色大学传统的形成主要通过两种方式:一是本土人士借鉴与引进西方大学的办学理念与制度来举办本土的大学;二是西方人士直接在本土按照西方大学的模式举办的教会大学。东西学之间虽然有论争,但“更多的人认识到学术本为一体,不分中西”[③],如王国维在 1911

---

① 陈远.中国现代大学制度的确立[A].新京报编.科举百年.北京:同心出版社,2006.111

② 杨东平.救救孩子的使命还远未完成——谈后科举时代的百年教育[A].新京报编.科举百年.北京:同心出版社,2006.270

③ 陈洪捷.德国古典大学观及其对中国的影响[M].北京:北京大学出版社,2006.150

年所云："今之言学者，有新旧之争，有中西之争，有有用之学与无用之学之争。余正告天下曰：学无新旧也，无中西也，无有用无用也。"[①]

19世纪60～90年代，洋务派在传播西学和提倡新教育的活动中创办了洋务学堂，这些新学堂"都带有浓厚的封建性和买办性，但对清末的学制和教学内容的改革有所促进"[②]。1862年成立的京师同文馆是中国近代最早按照西方教育模式建立起来的新式学校，1869年美国传教士丁韪良任同文馆的总教习，为首任校长，可知同文馆与西学之关系。1866年成立的福建船政学堂，分为前、后两个学堂，前堂注重法国学问，又称"法国学堂"，后堂专重英国学问，又称"英国学堂"，而教习当然需要延聘洋教员了。这些新式学堂既是洋务派信奉的"中学为体，西学为用"的结果，又是本土初始仿效西学的产物。教会学校是在中国传统教育陷入危机的时候乘虚而起的。1839年，"马礼逊学校"在澳门成立，这是在中国领土上设立的第一所教会学校。到1889年，天主教和基督教会在中国举办的学校总数约2000所，学生数约4万。1877年5月，在第一次在华基督教传教士大会上成立了全国性的"学校教科书委员会"——益智书会，为当时各教会学校统一编纂教科书。[③] 到1917年，英国在华设立高等学校19所，美国设立14所，英美合办9所，在校生共计9492人。教会学校虽然是一种文化侵略，但是"西方教会学校在中国的发生、发展，给处于危机中的中国传统教育提供了向近代教育转变的某种示范与启迪"[④]。按照马克思的观点，西方教会学校在华"完成了双重使命"：一个是"破坏性的使命"，即冲击了中国传统的教育方式；另一个是"建设性的使命"，即在华为建立近代意义的大学提供了示范性的借鉴。[⑤] 张百熙《拟进学堂章程折》坦言，学堂制度系"节取欧、美、日本诸邦之成法"，"以佐我中国二千余年旧制"[⑥]。"五四"时期新文化的启蒙，先进知识分子的推动，形成

---

① 陈洪捷.德国古典大学观及其对中国的影响[M].北京：北京大学出版社，2006.150

② 曲士培.中国大学教育发展史[M].太原：山西教育出版社，1993.255

③ 李兴华.民国教育史[M].上海：上海教育出版社，1997.29～30.

④ 李兴华.民国教育史[M].上海：上海教育出版社，1997.32

⑤ 马克思恩格斯选集第二卷[C].北京：人民出版社，1972.70

⑥ 谭伯牛.假维新中的真改革[A].新京报编.科举百年.北京：同心出版社，2006.73

了影响深远的"五四"新教育运动，同时也折射出对于西方大学理念与制度的借鉴，后来有许多大学校长有留洋背景也说明了这个问题，如蔡元培（曾任北京大学校长，留学德国、法国）、蒋梦麟（曾任北京大学、国立第三中山大学校长，留学美国）、胡适（曾任中国公学、北京大学校长，留学美国）、梅贻琦（曾任清华大学校长，留学美国）、竺可桢（曾任浙江大学校长，留学美国）、罗家伦（曾任清华大学、中央大学校长，留学美国、英国、德国、法国）、任鸿隽（曾任四川大学校长，留学美国）、胡先骕（曾任中正大学校长，留学美国）。蔡元培对北京大学的改革（1917～1923）可谓直接取法西学，"是中国现代高等教育乃至学术和文化史上的一次重要转折"，"是中国人单方面对德国大学观进行移植的尝试，是一个自觉选择吸收的过程"[①]。蒋梦麟则认为教育的长远之计在于"取中国之国粹，调和世界近世之精神：定标准，立问题"，以培养"科学之精神"、"社会之自觉"为目标。他们对于西方大学的态度，无论是拿来主义，还是扬弃主义，结果都是将西方的蓝色教育文化渗透在本土的教育土壤之中，影响至今。

当今时处盛世，改革与开放是我们的基本国策，蓝色的海潮既能看得见又能感触得到，面对潮汐的能量，我们既然不能舍之不用，那么就应该设法汲取，将人类文明中一切先进的大学文化为我所用，这样蓝色的元素终将会成为我们大学传统重建中的材料之一。

（三）红色积淀元素

"五四"运动时期，早期马克思主义者已经开始教育活动，许多地方建立了工人学校，如上海劳动补习学校，"这些革命学校的出现，标志着中国的教育改革由旧民主主义阶段发展到新民主主义阶段"[②]，从此中国大学传统中的红色元素开始积淀。中国共产党创立后，领导中国红色的大学教育，早期如毛泽东于1921年8月在长沙创办的湖南自修大学，1925年由吴玉章在重庆创办的中法大学，这些大学始终以共产主义思想为指导，与传统的旧大学有本质的区别。

---

① 陈洪捷．德国古典大学观及其对中国的影响[M]．北京：北京大学出版社，2006．107～108

② 曲士培．中国大学教育发展史[M]．太原：山西教育出版社，1993．415

中国共产党在革命根据地创立之后，创建了苏维埃大学、中国工农红军大学、马克思共产主义大学等。抗日战争全面爆发之后，解放区的大学教育迎来了一个大发展的阶段，除了中国人民抗日军事政治大学（简称“抗大”）在各抗日根据地先后设立了12所分校外，又分别于1937年成立了陕北公学，1938年成立了鲁迅艺术文学院，1939年成立中国女子大学、华北联合大学，1940年成立了医科大学，1941年成立了延安大学、民族学院，等等。1940年1月，毛泽东发表的《新民主主义论》明确指出：新民主主义的文化教育，就是民族的、科学的、大众的文化教育。这些红色的大学教育具有自身的显著特点，如注重理论联系实际，坚持教育与劳动相结合，重视思想政治教育，这些已经融入了中国大学教育的血脉之中。新中国成立初期，新政府接管、改造旧教育，确立高等教育领域里中国共产党的领导地位，然后借助前苏联高等教育经验创办新型的中国人民大学，并从1952年起对大学进行大规模的院系调整。新中国成立后的大学办学模式由新中国成立前模仿美欧迅速转变为仿照苏联，全盘苏化的大学教育模式，使得工具理性越来越深厚地渗透在大学的办学思想和教育理念之中。因此，新中国成立后的“高等教育的改革是密切结合学习苏联高等教育经验进行的”，“走过了由开始审慎学习、稳步前进；随之系统全面学习，照搬照抄；最终回归实事求是注意联系我国实际的过程，取得了宝贵而深刻的经验教训”[①]。

中国大学教育中的红色传统应该说主要是由两个部分组成的：一部分是中国共产党创立的革命教育传统，另一部分是来自于苏联的社会主义教育传统。红色传统是我国大学教育传统的主要成分，其影响力远远超出其他所有的传统因素，十分值得我们审视、发扬与光大。

传统是历史积淀的产物，严格起来说，是无法进行截然分类的，暂且的分类只是便于分析罢了。我们不能对传统元素进行简单的标签式定性，定出是非，定出敌我，其实传统就是传统，它会超越人们的主观意志而存在，企图消灭或抹杀它都是不可能做到的。希尔斯说：“信仰的传统，或行为规则在其发展进程的每一个时间点上，都是一种混合物，它由长期延续下来的各

---

① 郝维谦，龙正中.高等教育史[M].海口：海南出版社，2000.97～99

种因素、新增成分和各种创新构成……人们难以区分一个传统中的新旧成分。”[①]我们的大学传统同样是一种“混合物”，呈现出黄、蓝、红三原色，显得如此珍贵，只要我们整合已有传统资源并创造性地重建，那么，中国大学传统就一定能够放射出典型的东方太阳色。这也是我们的期许与希望所在！

三、重塑我们大学传统的条件与路径

我们大学传统中已经“积淀”的黄、蓝、红三个主要元素是我们重塑大学传统的重要基础，只要我们能够在此基础上正确地认识与把握传统构建的道路以及大学自身发展的逻辑，然后按照正确的路径，就一定能够创造出属于我们伟大时代的大学传统。

（一）重建大学传统的内在条件

1. 从传统自身的内在规定性看

（1）传统的内生特性，要求我们要有自主创新的精神与成果。

任何传统都是属于某个群体范围内的传统，不可能“附属”性地外在于群体范围之外，也就是说，传统历来都是内生的，不可能是输入式的，无论从外部输入何种成分也只能起到培养内生传统的“营养基”的作用。所以，一切传统只能由群体范围内的人们亲自去创造，不可能由群体范围之外的人们去生成。由此看来，我们要重建传统，就应该反省我们自己，必须具有促进传统内生的强大动力，包括自主创新精神与能力，并取得丰硕的经得起实践检验的创新成果，那样我们才可以自豪而骄傲地向世界奉献出我们的大学理念、大学精神、大学文化、大学制度以及大学组织方式、大学管理模式，也才可以无愧于我们的民族和我们的伟大传统。

（2）传统的历时特性，要求我们的创新成果和做法经得起历史的考验。

时间是形成传统的必要条件，而传统一旦形成，其影响力又将超越时间的限制，这就是传统的历时特性。但是，时间又不是形成传统的充分条件，漫长的原始社会很难说形成了某种传统，一所经历了很长时间的大学也许同样可以无传统可言。这就要求在大学传统重建过程中，我们的创新成果

---

① （美）E. 希尔斯. 论传统[M]. 傅铿，吕乐译. 上海：上海人民出版社，1991. 59

和做法应该经得起时间的考验，而且所有可以进入传统的元素都应该获得未来时间的确认。蔡元培执掌北京大学的时间虽然很短，但他为北大创立的“兼容并包，思想自由”的理念与文化经得住了时间的检验，成为了北大值得骄傲的传统。因此，传统既然不是一蹴而就的事情，那么我们就应该着眼未来，从长计议。

(3) 传统的积淀特性，要求我们要做实当下的每件严肃的事情。

传统中所有的组成元素都是在历史过程中“积淀”下来的产物，犹如大浪淘沙一般，所有浮尘都已经淘汰殆尽，纵然留下的既有金粒也有杂质。面对未来，我们可以创造历史，但是未必能够创造出传统，因为在历史的长河中能“积淀”下来作为传统的元素还是很少的。今天只要我们具有主体参与的活动，就有可能书写下我们的历史，但是，我们做的任何事情只能说具有进入传统的可能，未来是否真的能够成为传统，那还是要看这些元素是否具有积淀下来的分量。因此，我们应该做实当下的每件严肃的事情，在努力地创造我们大学历史的同时，还应该创造出能够影响未来的大学传统。

(4) 传统的传承特性，要求我们要正确选择与弘扬积淀中的有益元素。

传统绝不是仅仅属于过去，更重要的是属于当下与未来。面对传统中积淀的各种元素，我们不能仅仅处于被动接受的地位，还应该具有主动甄别与适应的能力，对于不适应时代发展需要的传统中的陈腐元素，我们应该采取抵制与反对的行动，而对于优良的传统元素，我们应该采取继承与弘扬的态度。同时，面对传统的继承特性，我们创造的一切新的传统元素都应该基于原有传统基础之上，无论原有的传统是肥沃的土壤，还是需要改良的土质，因为我们不可能在传统虚无主义的空中种植出鲜艳的花朵。

2. 从大学自身的内在规定性看

(1) 大学必须具有明确的自主性，而不应处于附庸的地位。

大学就是大学，因为大学具有自身存在的规定性。许多哲人学者给予大学许多美妙的描述，无非都是在张扬大学那份不可侵扰的主体特性，纵使张扬解构主义的德里达(Jacques Derrida，1930～2004)也认为：“大学，与所有类型的研究机构不同，它原则上(当然实际上不完全)是真理、人的本质、人类、人的形态的历史等等问题应该独立、无条件被提出的地方，即应该无条件反抗和提出不同意见的地方。"[1]但是,正如尤根·哈贝马斯指出的那样,战后经济高速增长背景下出现的大学成为行政系统和市场系统附庸的趋势,是大学自主性的最大威胁。[2] 为此,丁学良认为,大学没有自主性就不可能成为现代型大学,"企业必须要有自主权;当中国的企业还是'衙门'或'衙门'附属品的时候,中国的经济没有希望。我们同样可以说,如果中国的大学仍然是'衙门'或'衙门'附属品的时候,中国的大学没有希望"[3]。大学只有具备了明确的自主性,才能焕发其精神活力和创造力,才有可能建设属于自己的传统;倘若处于附庸状态,则可能会失掉自己独立的身份,以至于不可能去履行自己的使命,也不可能向着自己确立的远大目标迈进,再建新传统岂不成为空谈!

(2) 大学必须具有很高的自觉性,而非处于"无明"状态。

大学仅有自主性是不够的,主体特性只是办好一所大学的必要前提条件而已,而非充要条件。大学人,尤其是办学者而非举办者,必须对大学的认识与建设处于一种自觉状态,即觉解大学程度越高,办学境界则越会得到提升。所以,既要反对唯命是从的不慎觉解,也要谨防出现做一天和尚撞一天钟的"无明"现象。冯友兰十分看重"觉解"的价值,而反对没有觉解的无明状态。[4] 由此看来,重建大学传统不但需要"祛魅",而且更需要谨防低层次的"无明",因为"无明"不仅仅是一种变相的平庸,而且还有可能是一种愚昧的变种(愚昧一旦成为力量那将显得更为可怕)。大学人为了寻得觉解,既要仰望头上的星空,又要敬畏心中的法则;既要站到世界文化的制高点上,引领社会文化的发展,又要深入思考与把握大学自身发展的规律,不可为事物的表象所迷惑;还要具有国际化的视野,不可做井底之蛙,即要站得

① 杜小真,张宁主编.德里达中国讲演集[M].北京:中央编译出版社,2003.61

② 童世骏.大学的理念[A].杨东平主编.大学之道.上海:文汇出版社,2003.7

③ 丁学良.中国能不能办出世界一流大学[A].杨东平主编.大学之道.上海:文汇出版社,2003.86

④ 冯友兰根据人觉解程度的不同而划分出不同的人生境界,并认为"由于有高度的觉解,他所做的事对于他就有不同的意义",而大学同理。(冯友兰.中国哲学简史[M].涂又光译.北京:北京大学出版社,1985.376~378)

高，想得深，看得远。大学永远属于觉解者，而无明者是永远没有资格拥有大学的，因此，大学必须要具有很高的自觉性，才能有所创造，有所成就，而缺乏觉悟的大学是不可能创造出新的传统的。

（3）大学必须具有鲜明的本土性，而非处于随波逐流状态。

大学是有边界的，无论边界是有形的还是无形的；有边界的大学也是有赖于存在的大地的，无论如何这块土地是具有区域特性的。恰恰就是这种鲜明的区域本土性才有可能成就一所大学鲜明的特色，也才有可能使自己真正成为世界的领先者，因为道理很简单，那就是只有本土的才是世界的。从大学传统建设来说，我们任何一所大学如果不能脚踏在华夏这块坚实而厚重的土地上，那么必将失去自身存在的支撑点，也将不会从这块土地上源源不断地获得营养，结果只会成为无源之水，无本之木。陈平原强调大学应该植根于本民族的历史文化土壤，“大学不像工厂或超市，不可能标准化，必须服一方水土，才能有较大的发展空间”①。他还认为，今天我们谈论大学改革，重要的“是对‘传统中国’以及‘现代中国’的理解与尊重”②。是的，大学一旦随波逐流，一切就会像浮萍一样，缺乏扎于深深泥土的根系，迷失自己的方向，只能在困惑中发出这样的哀叹：“我是谁？”“我从何处来？”“我向何处去？”因此，在全球化的背景下，大学人不能忘记大学的本土性，尤其在重建大学传统的过程中更应该明白这样的道理：大学是无法简单复制的，世界上也从来没有（也不可能有）相同的大学传统，纵使我们可以借鉴与学习他者的经验，但是，结果还会是中国的归中国，而外国的仍旧归外国。

（二）重塑中国大学传统的路径

1. 以东方思维重构大学理念

中国大学改革发展要走上新的高度、新的境界，并向未来奉献出新的传统，就必须站在思想理性的高峰，去重构出现代意义上的中国大学理念。③大学理念是人们对大学的本质及其办学规律的一种哲学思考体系，起源于

---

① 陈平原. 国际视野与本土情怀[J]. 三联生活周刊. 2003. 28

② 陈平原. 大学三问[J]. 书城. 2003. 7

③ 周景春，赵继伦. 我们要办什么样的大学[N]. 光明日报. 2009-10-14(11)

西方，是建立在西方思维模式基础之上的。然而，东、西方思维方式历来是有差异的，季羡林认为："东西文化的不同扎根于东西思维模式的不同。西方的思维模式的主要特点是分析，而东方则是综合。"[①]密歇根大学教授理查兹·尼斯比特亦持有同样的看法，并预言：谁把握了东西方两种世界观之长处，谁就会在21世纪获得最大成功。[②] 由此看来，大学理念建设的正途应该是，兼用东西方思维模式，融会东西方大学思想，即运用东方思维模式对已有的大学理念予以重构，方可为21世纪大学的健康成长提供不竭的思想资源。那么，我们可以从中国传统的具有典型的东方属性的"和合"哲学思想出发，建立起和合教育理念——既奠定以统合为手段、以和谐为目的的和合教育思想，又提供一种调控大学各种复杂关系的根本的方法论，还指向一种通过大学自组织和自调节的功能实现的和合运行的有效模式。和合哲学虽然具有东方属性，但并不盲目排斥异己，而是通过统合与融和去显现出一种大度包容的姿态。和合思维既是一种综合的思维方式，也可以是一条建立在西方思想基础上的东方思想之路。在东方和合思维基础上的大学理念完全可以彻底地回答大学理念中有关"什么是大学"、"大学是做什么的"、"办什么样大学"、"怎样办大学"这些基本的理论和实践的问题。这是一个多么美好的大学理念重构的期待啊！

2. 以东方文化重塑大学精神

传统既然是人文结构的一个向度，那么大学的传统更应该直指精神层面，每所大学都应该追问其大学精神在哪里，然后再去寻觅大学传统在哪里。大学的精神都是依靠文化养育出来的，西方的大学精神是西方文化的产物，我们的大学精神当然不应该缺少东方文化的养育，因为"文化是一个民族的身份标志，传统文化是一个国家和民族历史创造的集体记忆与精神寄托"[③]。然而，"中国大学可以说是'生于忧患、长于动乱'，在相当长的时期内一直被动荡的社会环境冲击着、裹挟着，根本没有机会也没有能力进行自

① 季羡林. 赵元任先生[A]. 悼念忆——另一种回忆录. 北京：华艺出版社，2008. 179

② 哈娜·艾伯茨. 东西方大比拼[N]. 参考消息. 2009-6-17(13)

③ 郎咸平. 谁在谋杀中国经济[M]. 北京：东方出版社，2009. 4

我本质的思考、谋划和建构，更谈不上形成自己独立的精神文化品格”①。面对如此大学精神文化的现状，我们各个大学都已负责任地将大学文化建设提到议事日程上来了，因为大家知道，缺乏精神的民族是一个可悲的民族，缺乏精神的大学同样也是一个没有希望的大学。中国的传统文化属于东方文化，我们的大学精神亦应建立在东方文化基础之上，而且也只有在东方文化的基础上建立的中国大学精神才具有强大的生命力，所以，我们应该从充满着东方智慧的中国传统文化中挖掘大学精神之资源。②

3. 以创新的勇气改革现代大学制度

中国大学制度起初主要是“旁采泰西”而不是“上法三代”的结果，甚或可以认为是“舶来品”，而非本土太学或书院之制。陈平原认为，“这其实正是本世纪中国大学教育的困境所在：成功地移植了西洋的教育制度，却谈不上很好地继承中国人古老的‘大学之道’”。倘若我们一味地照搬照抄国外大学制度而缺乏自我创新，那么我们国家就有可能会丧失自己的核心竞争力，还会招来如此辛辣的批评：“在国际层面，中国奋起直追，但教育科研水平实际上离国际先进水平越来越远。除了‘山寨版’式的模仿（如各种教育评估体系），中国本身并没有太多的教育创新。山寨版的特点就是比原版的功能更‘全面’和‘先进’。”③我们怎么办？蔡元培曾经为大学这一“研究学术之机关”开过一个方子：“研究也者，非徒输入欧化，而必于欧化之中为更进之发明；非徒保存国粹，而必以科学方法，揭国粹之真相。”④按此说法，在建立中国特色的现代大学制度方面，我们既要在继承中维新，又要在开放中创新。总之，中国特色的现代大学制度应该始终不渝地坚持以学术为本位、以“天人合一”为旨归的基本价值，坚持教学、科研、服务社会、引领文化的基本职能，坚持教授治学、学生自治的基本框架，坚持党委领导、校长治校的基本

① 张世文.“大学文化热”的背景考察[N].中国教育报.2009-9-7(6)

② 中华文化中的传统思想宝藏比比皆是，如《易传》中“自强不息，厚德载物”；《大学》中的“大学之道，在明明德，在亲民，在止于至善”以及“修身、齐家、治国、平天下”；张横渠的“为天地立心，为生民立命，为往圣继绝学，为万世开太平！”

③ （新加坡）郑永年.十余年教育“改革”反思[N].社会科学报.2009-8-13(1)

④ 蔡元培.《北京大学月刊》发刊词[A].杨东平主编.大学精神.沈阳：辽海出版社，2000.1

结构，使中国大学真正能够与时俱进，“内圣外王”，然后得预于世界大学发展之潮流。[①] 历史反复证明，伟大的传统也是伟大的制度文明的产物，所以，只有建立中国特色的现代大学制度才会产生出中国伟大的大学传统。

4. 以中华民族的胸襟与气魄去确立并实施远大的大学建设目标

建设世界一流大学只是我们的直接目标，实质上，按照中华民族的胸襟与气魄，我们大学建设的最终目标应该是实现整个世界的大学的重心转移到中国，并引领世界大学的发展。从大学发展历史来看，自从大学诞生于意大利之后，世界大学的重心就以此为起点，起先转移到英国，后来再转移到德国，现在的重心显然是在美国。每次重心的转移带来的都是大学基本职能的强化以及为世界大学发展提供可资借鉴的新的样板，英国大学具有可供赞许的教学模式，突出的是教学的基本职能；德国大学则注重了科学研究的价值，使得科研与教学两项职能并重；而美国大学拓展了大学服务社会的职能，使得大学成为社会的“加油站”。由此，我们可以展望未来的中国大学，应该努力发挥大学引领文化的职能，为社会文明进步做出新的贡献。这样我们则可将大学起源及增强的基本职能与大学重心所在国简单连线如下：“起源——意大利；教学——英国；科研——德国；社会服务——美国；文化引领——中国。”中国大学确实具有引领文化的传统，如以北京大学为主体发起的“五四”新文化运动，有力地推动了中国社会的现代化进程，在这一点上确实是其他国家的大学不可比拟的。倘若我们中国大学能够在传承与弘扬这一光荣传统方面做出更加巨大的成绩，那么，一旦我们大学能够在强化教学、科研、社会服务的基本职能的基础上全面而又出色地践行了引领文化的大学职能，世界大学的重心肯定就会转移到中国，到那时我们必将能够办出具有中国特色、中国风格、中国气派的大学教育，也必将能够为世界提供可资借鉴的“中国模式”，而且这种模式一定能够转化为一种世界大学传统，传至久远，惠泽人类。

---

① 借用陈寅恪在《陈垣敦煌劫余录序》里提出所谓“预流”与“未入流”的话头：“治学之士，得预于此潮流者，为之预流（借用佛教初果之名）。其未得预者，谓之未入流。此古今学术史之通义，非彼闭门造车之徒，所能同喻者也。”（陈寅恪. 陈垣敦煌劫余录序[A]. 金明馆丛稿二编. 北京：生活·读书·新知三联书店，2001. 266）

第三章　无用论批判*

人是唯一这样一种动物：不教，什么也不懂，什么也学不会。人，单凭本能的刺激，既不会说话，也不会走路，也不会吃喝，也不会做事，智慧哭泣而已。[①]

——大普利尼

如果我们以自由之名不务正业，或碌碌无为，或汲汲于一己之利，那就是文明社会的失败……建立文明社会的斗争不仅发生在战场上，也发生在车间、课堂、实验室、图书馆里……建设文明社会最关键的，是把青年培养成为能造福世界的人——他们不仅需要创造富庶的物质世界，更需要成为精神世界的楷模，需要通过教育让他们达到至真至善的境界。[②]

——A. 劳伦斯·洛厄尔

krisis是批判(criticism)一词的希腊语词根，意思是"判断"。这种判断是"基础"(radical)意义上的——"与这一词根有关的意义"(拉丁语

---

* 本章曾以《大学教育无用：一个有悖逻辑的命题》为题发表在《济南大学学报(社会科学版)》2010年第1期。

① (美)莫特玛·阿德勒，查尔斯·范多伦.西方思想宝库[C].周汉林等译.北京：中国广播电视出版社，1991.8

② 哈瑞·刘易斯.失去灵魂的卓越[M].侯定凯译.上海：华东师范大学出版社，2007.扉页

radix)。换句话说,基础批判是某物的根源或基础的判断。[①]

——伊丽莎白·瓦兰斯

池田:……就教育来说,确实可以从中得到很大的实利效果。但这终归是作为结果而自然形成的,光把实利作为动机和目的,这不是教育应有的状况。在现代技术文明的社会中,不能不令人感到教育已成了实利的下贱侍女,成了追逐欲望的工具。

汤因比:……教育的正确目的,归根结底是宗教性质的东西,不能只图利益。教育应该是一种探索,使人理解人生的意义和目的,找到正确的生活方式。[②]

——(日)池田大作 (英)汤因比

教育是有用的,这是一个永恒的真命题,因为教育在人类文明进程中的重要作用是不容忽视、抹杀与蔑视的,没有教育,人类在黑暗中摸索的时间可能还会长一些,在前进的征途上肯定也会是步履蹒跚,举步维艰。康德在其名著《论教育学》一书中开宗明义地指出,在世间万物中,"人是唯一需要教育的一种存在"[③]。《国家中长期教育改革和发展规划纲要(2010～2020年)》中明确指出:"百年大计,教育为本。教育是民族振兴、社会进步的基石,是提高国民素质、促进人的全面发展的根本途径,寄托着亿万家庭对美好生活的期盼。强国必先强教。优先发展教育、提高教育现代化水平,对实现全面建设小康社会奋斗目标、建设富强民主文明和谐的社会主义现代化国家具有决定性意义。"大学教育是一种重要的最高的教育类型,大学具有教学、科研、社会服务以及引领社会文化发展的重要功能,如何能够充分发挥这些功能就成为所有大学面临的课题。然而,大学教育的价值常常会不幸地遭到人们的质疑,而其反命题——大学教育是无用的——反而有时会大行其道,惹得社会舆论的高度关注并有可能产生强烈之影响。针对大学

① (美)威廉,F.派纳等.理解课程(下)[M].北京:教育科学出版社,2003.607

② (日)池田大作,(英)汤因比.展望21世纪——汤因比与池田大作对话录[M].荀春生等译.北京:国际文化出版公司,1985.58

③ 杨国荣.教育的使命[J].新华文摘.2011(24)109

教育无用的话题，从表面看来是无需我们置喙的，因为这既是一个经久不衰的文化论证的对象，又是教育学领域一直在回答的一个问题。倘若要想知道有关该话题的答案，似乎从相关文献中就可以毫不费力地检索出来。事实上，事情并不是那么简单，倘若思考得越深入，那么追问的就会越多，结果就会发现大学教育无用的命题有悖正常思维的基本规律。纵然该命题由来已久，它却带有很大的虚假性与欺骗性，遮蔽着大学教育的功能价值，迷惑着世人去洞察大学教育本质的眼睛。因此，我们仍旧有必要去揭穿大学教育无用命题的逻辑问题及其虚假性，以便彻底摧毁该虚假命题产生的一切幻象。

一、"大学教育无用"命题由来已久

大学教育无用论者可以唱衰一个民族，唱衰一个时代。大学教育无用论者是在向谁喊话？大学教育无用论的根源何在？我们如何应对大学教育无用之论调？这些不仅是一个理论的问题，而是一个实践的问题，更是一个关乎民族与国家发展去向的问题。

以大学教育无用命题为逻辑起点，人们罗织出一个大学教育无用的理论体系，于是一个命题既隐藏在一些历史现象之中，又包含在一个整体理论体系之内，这样就具有很大的隐蔽性。大学教育无用论是与大学教育有用论相伴而生的，倘若说有用的"肯定论"是主线的话，那么无用的"否定论"当然就是副线了，只不过是在不同历史时期，无用论的声音显得时小时大而已，有的时候可谓甚嚣尘上，最严重的时候，有的人甚至提出要取消大学教育。

欧洲中世纪的大学是人类黑暗时代萌生的一朵奇葩，并在与教会、王室、世俗的各种顽强的斗争中娇艳地盛开着，她既有助于提升世人的心灵境界，又昭示着人类文明的进步。大学一旦诞生，就显示出其卓越的特性，成为了"唯一在历史过程中始终保持其基本模式和社会功能与作用不变的机构"①。然而，当大学随着历史的脚步继续向前迈进的时候，这一卓越的机构

① (比)里德—西蒙斯主编. 中世纪大学[M]. 张斌贤等译. 保定：河北大学出版社，2008. 8～9

却陷入了世俗的泥潭，到17世纪末，欧洲大学的声誉一落千丈，到了18世纪80年代，一些大学因生源严重不足而被迫关闭，反映出这时期大学已发生了严重的衰退，于是，欧洲大学进入了一个发展的“冰河期”。欧洲知识界也表现出对大学的强烈不满，指责与抨击之声不绝于耳，当时许多富有声望的人物认为置身于这样的机构有损自己的尊严，纷纷以远离大学的行为表示抗议。大哲学家、伟大科学家莱布尼茨（Gottfried Wilhem Von Leibniz，1646～1716）要求取消大学，以科学院取而代之。[①] 作家和文学评论家莱辛（Lessing，Gotthold Ephraim，1729～1781）极力讽刺过当时的大学，认为这样的教育机构必将在经院哲学的败落中沉亡。[②] 大学发展到如此生死攸关的地步，再加上大家要求彻底废除大学的呼声，[③]这确实是大学人的一种莫大的耻辱，也恰恰反衬出大学教育无用论者的自豪（即大学最为落寞的时期，正是无用论者最为骄傲的时候）。无用论者岂不知具体的大学运作机构与大学教育本身是两回事，即使某些具体的大学运转机构衰落与消亡，但并不能代表大学教育这一人类高等教育方式本身出了任何问题，即倒塌的是具体的机构，而永存的是一般的教育。

中国大学教育的百余年历史可谓风云跌宕、波澜起伏，亦可谓是无用论与有用论冲突与共存的一个多世纪。大学教育无用论的冲击力可以超出世人的想象。1966～1969年，正规大学完全停止招收全日制的大学生，即使大学在此期间举办各种形式的短训班，那也完全沦落为为政治服务的工具。20世纪80年代，大学教育无用论的变种——“读书无用论”亦曾充斥着大学校园，最终导致厌学的大学毕业生放弃考研成为一种时尚。2009年，全国有834万应届高中毕业生，750万报名高考，这就意味着尚有84万应届高中毕业生弃考，弃考率约为10%，于是有人认为“读书无用论”再次抬头。2009年上半年，《中国青年报》对在校大学生的一项调查结果同样令人十分惊愕：

---

① 贺国庆. 德国和美国大学发达史[M]. 北京：人民教育出版社，1998. 19

② 文池主编. 大学讲演录[M]. 北京：新世界出版，2003. 314

③ 网上流传的甲骨文公司总裁 Larry Ellison（Oracle CEO）在耶鲁大学2000届毕业典礼上的演讲，教唆学生退学的搞笑帖子，也同样给人以某种大学教育无用的暗示。http://hi. baidu. com/claryzhu/blog/item/402f56617b750fd78cb10d61. html，2009-10-23.

34.7%的受访者表示“后悔上大学”，51.5%的人认为自己在大学里“没学到什么有用的东西”。[①] 这就说明，同“泡沫经济”一样，我们的大学教育领域存在着“泡沫教育”的现象了。[②] 纵使某些具体的大学在教育中存在“泡沫”问题，那我们正确的做法应该是努力去挤出这些空虚的“泡沫”，而不是采取以偏概全、因噎废食的态度去抹杀大学教育，从而为教育无用论起到推波助澜的作用。

美国学者丹尼尔·科顿姆鼓吹教育无用论，还撰写了一部名为《教育为何是无用的》的专著，历数教育21条罪状，并经过反复论证后得出这样一个结论：愚蠢就是力量。[③] 他认为：“教育无用论在西方文化史上是一个经久不衰的主题——事实上，其影响力之大，甚至有可能让我们对受过高等教育的人持有怀疑胜过对他们的尊敬。……教育无用论这一古老的话题是如此盛行，我们会发现能够想象到的最不相干的人也在谈论它。”[④]既然教育无用论如此地体系化，又与某些反教育现象遥相呼应，那么其造成的负面影响是显而易见的，其大抵表现在这样几个方面：一是构建起一种反知识、反文化的理论体系，可能导致的直接结果就是愚昧成为一种不可遏止的可怕的力量，然后可能会摧毁神圣的知识殿堂，以至于威胁到整个高尚的文明世界的架构；二是动摇人们对于大学教育的信仰与依赖，可能会使人们失去对于传统的接续与建设的教育支撑，从而阻滞民族乃至人类的文明进程；三是削弱大学的历史与社会地位，可能导致民众对大学失去必要的信心，从而造成社会对于大学的漠视与挤兑，甚至摧残这一人类的卓越机构；四是导引大学走向迎合市场需要的功利化境地，在缺乏自信与目标的迷茫中不知所向，从而造

---

① 高考札记（1）：这些孩子为何放弃高考？［OL］. http://blog.sina.com.cn/s/blog_4bcf5d070100drzz.html~type=v5_one&label=rela_nextarticle,2009-10-8

② 网上曾流传一篇据称耶鲁大学校长小贝诺·施密德特炮轰中国大学教育的帖子，并引起学界和网民的热议，为此，《环球时报》2009年9月30日第三版特别刊发一篇《耶鲁否认刊文诋毁中国大学》的新闻背景采访稿，以示辟谣。

③ 丁学良在不同的背景下也曾得出了这样一个相同的结论：愚昧就是力量。

④ 丹尼尔·科顿姆.教育为何是无用的[M].仇蓓玲，卫鑫译：南京：江苏人民出版社，2005.1（该文也同样招致读者的批评，如“只是看了个序言，后面的内容，有点儿像是大杂烩，抄了很多的新闻，远非评论所说‘充满了睿智’”。http://www.hanyimin.com/post/178.html,2009-10-23）

成大学在社会中边缘化，甚至滑入世俗化的泥潭。总之，在大学教育的历史上，每一次大学教育无用论猖獗的时候，大学都面临着某种程度的危机或衰退。

二、大学教育无用命题逻辑之分析

（一）违反充足理由律

从作用的方向看，大学教育的功能价值是一个矢量，既存在正向作用，也可能存在负向作用，但唯独不会出现零作用。如果有人支持正作用，那当然会对大学教育称颂不已；倘若有人坚持负作用，那肯定会对大学教育嗤之以鼻。大学教育无用命题中的“无用”，英语为“useless”，意思皆为零作用。那么，大学教育无用命题就成为大学教育零作用的命题了，这不符合一切教育的事实，因为任何只要接受过教育的人，无论多少也无论好坏都是要有作用的，倘若对主体没有产生任何作用，那么实质上的教育就等于没有发生。同样，任何大学教育都是具有功能价值的，倘若出现了对于某个主体的“无用”，那只能说明他没有接受大学教育，除此之外，没有任何其他解释。一旦个体有效地接受了大学教育，那“接受”就意味着已经发生了作用，否则就不能称之为“接受”了。在判断大学教育是否有用的时候，接受教育的主体是不能缺位的，一旦主体缺乏，那判断就失去了意义。个体是否完成了大学教育，不能被假象所遮蔽。大学教育是否有用，都是在预设有效接受或完成大学教育的情况下判断的，这个前提条件是不能忽视的。如果说主体没有接受大学教育，然后得出大学教育对于他是无用的结论，是极其荒谬的。如果说一个主体没有有效地完成大学教育，然后得出大学教育对于他是无用的结论，也同样是极其荒谬的。这可能如对牛弹琴一般，牛没有有效接受琴律，就没有完成琴乐的欣赏与教化，因为牛此时已经不是琴乐的接受主体，同其他没有接受的主体没有区别，但不能因此否定琴乐本质上所具有的功能价值。由此看来，大学教育无用命题就只能是一个与事实不符的“谎言”了，因为它违反了逻辑思维的充足理由律，因为充足理由律要求我们在思维的论证过程中，确定一个思想，即一个论断为真，必须具有充足的理由，有真实的依据。

从作用的对象看，教育功能可分为个体功能和社会功能。现单从作用的个体对象来说，接受大学教育的主体可能会在如下几个方面受到影响。

1. 大学教育可以进一步推进个体的高级社会化与高尚个性化

教育对于个体发展的促进功能，主要表现在促进个体社会化和个体个性化两个方面。“个体发展本质上说是一个包含两个矛盾方向的变化，而又重新系统化的过程。方向之一是社会化，方向之二是个性化。”[①]康德认为“人必须受到训练，因为他生来是处于自然状态的、野性的”[②]，而大学教育可以进一步推进个体的高级社会化与高尚个性化。

从个体社会化来说，大学教育是推进个体高级社会化，而非一般的社会化。人生来就是一个社会化的过程，这是和人的本性相一致的。马克思说：“人的本质不是单个人所固有的抽象物。在其现实性上，它是一切社会关系的总和。”[③]人的社会化程度越高，证明人的本性越加得到体现，动物性则得到应有的抑制与消减。从另一个方面来说，人的德性会更好，“达到德性的状态将需要早日和完全的社会化以进入社会状态，以便抵消这种自私自利、促进意志的力量”。“内在德性状态是必需的，如果人们按符合道德的方式作决定、行动的话。”[④]个体一旦具有大德之后，势必要显得厚重、内蕴，还有可能成为一般人的一种法则。康德说，当一个人高尚的品格被另一个人感知的时候，无论感知的人具有多么优越的地位，他的心灵都会向被感知者鞠躬，因为这个人的榜样已经成为了一个法则，可以摧毁那种具有优越地位的自负。[⑤] 当人高级社会化之后，个体不但知好歹，而且明是非，更能做出正确的社会价值判断，因为我们每个人每天都在种种价值判断中生存，而价值判断的正确率就决定着一个人一生的社会成功率。大学教育在推进个体高级

---

① 全国十二所重点师范大学联合编写. 教育学基础[M]. 北京：教育科学出版社，2002. 33

② (英)乔伊·帕尔默. 教育究竟是什么？[M]. 任钟印，诸惠芳译. 北京：北京大学出版社，2008. 81

③ 马克思恩格斯选集(第一卷)[M]. 北京：人民出版社，1972. 18

④ (英)乔伊·帕尔默. 教育究竟是什么？[M]. 任钟印，诸惠芳译. 北京：北京大学出版社，2008. 85

⑤ (德)伊曼努尔·康德. 实践理性批判[M]. 张永奇译. 北京：九州出版社，2007. 131～133

社会化的过程中,力量不再会大量投入到个体的一般社会化方面(比如教育个体不要随地吐痰、不要蹲在马路边吸烟、不要在公共场所大声喧哗等),而是在此基础之上的更高的方面。

从个体个性化来说,大学教育推进个体高尚个性化,而非一般的个性化。人生来由于遗传基因的不同就表现出一定的差异化,这是一种基本的个性。“个性化的核心是个体在社会实践活动中促进自主性、独特性和创造性的形成。”[①]大学教育可以促进人的主体意识的形成和主体能力的发展,当然这种主体意识,无论是主体的自我意识还是对象意识,都是符合自然与社会发展规律的,而不是荒谬的;而主体能力是主体认识、改造外部世界的能力,这种能力是具有专业性的、学术性的、创造性的。在培养个性心理上,大学教育表现出很强的优越性,诸如培养脱俗的兴趣爱好、高尚的理想信念、优雅的气质、健全的品格,尤其表现在开发个体的创造性、促进个体价值的实现方面(按照马斯洛的需要层次说,人的自我价值实现是人的最高需求)。当一个人具有高尚的个性的时候,他就会成为“一个高尚的人,一个纯粹的人,一个有道德的人,一个脱离了低级趣味的人,一个有益于人民的人”[②]。

2. 大学教育可以进一步完善个体的思维方式并培养个体的心智

人与人之间最重要的区别之一是思维方式的区别。我们有时会埋怨某某人“认死理”,就是说他的思维好像是“断路”了,一条路走到黑,不撞南墙心不死;有时又会责怪某某人“太聪明”了,就是说他的思维好像是“短路”了,其结果往往是聪明反被聪明误。大学教育就是要进一步完善个体的思维方式。

人的思维方式大都来自于周围文化环境的熏陶与感染,比如学习与模仿父母或乡亲邻里的思维方式。这样,同一个地域内的人在同一种文化氛围中往往显现出一些相似的性格特点,如河南人有河南人的性格特点,那是中原文化的产物;北京人有北京人的性格特点,那是京派文化的产物;上海人有上海人的性格特点,那是海派文化的产物。每一种文化都需要进步,都

---

① 全国十二所重点师范大学联合编写. 教育学基础[M]. 北京:教育科学出版社,2002. 35

② 毛泽东选集(第二卷). 北京:人民出版社,1991. 660

需要祛除其不良的成分，如中原文化要祛除柏杨指出的所谓“酱缸”的成分，京派文化要祛除一些“皇城根”的成分，而海派文化也要祛除一些“洋泾浜”的成分。大学是创造和保存人类文明的场所，是高扬理想主义的伊甸园，是社会文化的制高点，这里有“人类灵魂的工程师”，有年轻有为而富于活力的青春，有新鲜而具有创造力的思想，个体处于这样的环境之中，已有的思维方式能不得到完善吗？“天不生仲尼，万古如长夜”，说的就是教化对于思维的作用。

思维方式变了，个体的气质自然就会发生变化，“腹有诗书气自华”说的就是这个道理。一个人接受多少教育，不需用自已说，个人的气质乃至脸色都会自觉或不自觉地表现出来。也就是说，个体真正接受高等教育的事实是个体自身无法掩饰的，反而自吹自擂的人应该受到是否接受过大学教育的某种质疑了。相由心生，真正接受过大学教育的人肯定具有知识分子的气色与神采。无知的屠夫的脸部肌肉可能是横着长，接受过大学教育的个体是很难长出来的，因为已经锻炼了的思维和已经高级的思维方式会影响人的整个肌体的发育与成长，并调节人的行为举止，使其达到一个更为和谐、完善的地步。因此，个体在接受大学教育的时候，应该带着一颗真诚的心，带着一颗会思考的头脑，用人类的知识来真正武装自已。为什么读了一辈子小报的人并不能代表他已经接受了高深的教育呢？因为他既没有接受高深的知识，也不会进行认真的思考，只是一般性的阅读而已。知识分子有知识分子的气质，大师有大师的风采，那都是他们的心智得到了培育与提升之结果，纽曼认为：“一种终身不变的习惯形成了，这种理智习惯的特征是自由、公平、宁静、节制和明智……于是我将这归于大学所提供的教育的特殊成果，以别于其他教学场所或教学模式。”①

3. 大学教育可以使我们对日常生活产生反思并重建我们的日常生活的世界

我们的生物性生命是由时间材料构成的，这点没错，但是我们有意义的生命却主要是由我们的日常生活构成的，关注日常生活就应该关注每一天

---

① (英)乔伊·帕尔默．教育究竟是什么？[M]．任钟印，诸惠芳译．北京：北京大学出版社，2008．129

生活的过程与质量。“日常生活是日常的认识活动、交往活动和其他各种各样以个人的直接环境(家庭和天然共同体)为基本寓所,旨在维持个体生存的总称。”[①]我们的日常生活的结构常常是不尽如人意的,“在许多情形下,不是科学和哲学引导日常生活,而是日常生活的结构和图式蚕食着自觉的精神活动和社会活动”[②]。例如,吃老本的经验主义、死板的教条主义、例行公事的官僚主义充斥着我们的日常生活世界,以至于大多数情况下表现为生活占有我们,而不是我们以一种全新的姿态来占有生活。我们的经济指标上去了,能不能说我们就真的实现现代化了?那要看我们的日常生活怎样。我们的政治声望上去了,能不能说我们就处于世界的前列呢?这还要看一下我们的日常生活怎样。那么,我们每一天应该如何度过?这需要一种反思的精神,因为“未经省察的人生没有价值”(苏格拉底语)[③];需要一种思想的享受,因为“我思故我在”(笛卡儿语);需要一种实践的行动,因为“实践是检验真理的唯一标准”。大学教育可以为人们满足这些需要提供帮助,因为大学教育可以引发人的“觉解”。冯友兰认为,即使大家在做同一件事,因为每个人的“觉解”程度不同,境界不一样,生活的品质和意义就不同了。他把不同的人生境界分为四个等级,自然境界、功利境界的人,是人现在就是的人;道德境界、天地境界的人,是人应该成为的人。前两者是自然的产物,后两者是精神的创造。[④] 每个人具有的不同的精神境界就决定着每个人具有不同的日常生活,大学教育就是为了提升人的生存境界而存在的,斯宾塞有句名言:“为我们的完美生活做准备是教育应当履行的职能。”[⑤]

4. 大学教育可能使个体找到一种体面、高尚而自由的生活方式

一个人的生活理想状态应该是体面、高尚而自由的。体面,就是活得有

---

① 衣俊卿.大学使命与文化启蒙[M].哈尔滨:黑龙江大学出版社,2007.16

② 衣俊卿.大学使命与文化启蒙[M].哈尔滨:黑龙江大学出版社,2007.19

③ (英)乔伊·帕尔默.教育究竟是什么?[M].任钟印,诸惠芳译.北京:北京大学出版社,2008.7

④ 冯友兰.中国哲学简史[M].涂又光译.北京:北京大学出版社,1985.375~381

⑤ (英)乔伊·帕尔默.教育究竟是什么?[M].任钟印,诸惠芳译.北京:北京大学出版社,2008.157

尊严，这是作为人的基本要求；高尚，就是不龌龊与卑微，符合做人的基本法则；自由，就是不受奴役，不为外物所累，具有创造性。接受大学教育的人应该知道何谓体面，如何体面，因为他会思考人生，思考社会，具有人文关怀，理解世界的严肃性，而在行为上可以表现为“不为五斗米折腰”、“可以被打倒但不可以被打败”，真正能够像孟子所说的那样：“爱人者，人恒爱之；敬人者，人恒敬之。”接受大学教育的人应该知道何谓高尚，如何高尚，因为他一直在做终极的追问，努力使自己“自视为能够配得上最为高尚的东西”（黑格尔语），努力使自己成为一种道德的法则，这是由他的知识和全部生活方式来决定的。接受大学教育的人应该知道何谓自由，如何自由，因为他的心灵一直是处于一种自由状态，他的行为可以成为做人的规则。然而，在这个世界上，许多人的精神都为世俗所忙碌着，黑格尔说：“时代的艰苦使人对于日常生活中平凡的琐屑兴趣予以太大的重视……因而使得人们没有自由的心情去理会那较高的内心生活和较纯洁的精神活动……因为精神世界太忙碌于现实，所以它不能转向内心，回复到自身。”[①]大学教育恰恰重在教授人们生活的方法，而非生活的内容，即常说的“授之以渔而非授之以鱼”，“给予猎枪而不是猎物”，这样，每个接受大学教育的人就会寻找那条属于自己的体面、高尚而自由的最佳生活道路。

（二）违反逻辑思维的同一律

既然大学教育的作用是一个价值判断的问题，那就需要存在一个价值标准。当然，用不同的价值标准去衡量大学教育肯定会得出不同的结论。从一般大学教育来说，我们就需要建立起一般的价值标准，那样的结论才不会出现偏差。倘若是某一个主体为此确立某一个具体的价值标准，那么得出结论的可靠性就值得怀疑了。

经验告诉我们，个体接受大学教育与不接受大学教育显然是有区别的。从一般意义上来说，一般的价值标准就是我们接受教育的一般目的。从受教育者个体来说，一切正确的教育的终极目的无非包括两个方面：一是提高人的生存价值与意义，主要的衡量指标是一个人在接受教育之后增加对于

---

① 黑格尔．哲学史讲演录（一）[M]．贺麟，王太庆译．北京：商务印书馆，1959．1

社会的奉献值。这主要依靠个体之外的社会给予科学而合理的评价，属于社会理性的部分。另一个是个体能够过上更为善好的日常生活，衡量的指标应该是一个接受过教育的人的高级幸福指数（区别于一般的低级幸福感，比如高级的艺术体验、创新的成就感。享受教育的过程是低级幸福感难以企及的，而且高级幸福感历来与道德法则是不相对立的）增加量。这主要依靠个体的内在的心理评价，属于个体的感性的部分。只要我们的大学教育有利于这两个终极的教育目的的实现，那就无可争议地说明大学教育是具有正向价值的，违反了则为负向价值了。任何个体在真正接受了有效的大学教育之后，都会受到不同程度的教化影响，也就是说，教育产生了一定程度的作用。因此，这样的教育现实是无法推出大学教育无用之结论的。然而，人们在违反了同一律的情况下，竟然得出了大学教育无用的命题。

逻辑思维的同一律要求我们在同一思维中，每一思想都要有其自身的同一性。大学教育无用的命题却存在着转移论题或偷换论题的问题。理由有二：一是经验告诉我们，大学教育对于社会来说无论如何是有用的。然而，当某些人或群体在评价大学教育的时候，因为他们对大学需要的目标与现实之间存在差距，自我又难以理解，从而就对大学教育产生了一系列否定态度和观点。比如，有些接受过大学教育的个体由于社会不能满足其制定的就业标准，会出现“就业难”或“低起薪”的问题，于是这些人就怀疑大学教育的现实功效。其实，这种否定与怀疑只是代表一些人对于大学教育的一种态度而已，并没有从一般意义上去否定大学教育的想法，也没有产生反大学、反大学教育的心理，但是就有人可以从某种意图出发，将对大学教育的一种否定或质疑的态度，通过转移论题或偷换论题，转变为大学教育无用的命题。二是任何事物的价值都是有边界的，大学教育的价值也同样如此。倘若缺少了边界，那就会陷入万能论，而世间不存在能够满足人间任何需要的万能事物，即万能的上帝是不存在的。既然任何事物只要超出其功能价值的边界都是无用的，那么在大学教育功能价值边界之外去述说大学教育是无用的命题，就完全失掉了该命题的存在价值与意义。比如，庄稼需要施肥，却找来了感冒药，然后得出感冒药对补充庄稼的养分是无用的结论，这对衡量该药物的作用没有实质性意义，这就相当于“甲感冒了，让乙吃药”，令人感觉此事有点胡来。在大学教育方面，对于具体的个体来说，可能由于大学教育不能够满足某个体的某种愿望与需要，于是某个体可能就会认为大学教育在某个需要上没有起到直接的作用。比如，接受过大学教育的某人犯罪之后需要赦免，他接受大学教育的事实确实不能帮助其完成赦免的需要，于是，这个罪犯就可以得出一个具体的结论：大学教育对于该次赦免无用。但是，倘若他再据此否定了大学教育在其他方面对于他的作用，然后又得出一般意义上的大学教育无用的结论，显然这是在转移论题或偷换论题了。因此，价值判断的标准的确立是十分重要的，这关系到判断的准确性问题。对于大学教育一般价值的衡量，我们应该确立一般性的抽象出来的标准，而不能是某一个主体确立的某一个狭隘的具体的标准，否则会造成不必要的混乱现象。同时，价值判断不能超出其功能边界，一旦越界必将会得出谬论。

大学教育无用命题同大学教育无用论显然是不同的，大学教育无用作为命题是指大学教育作为一般性事物是没有价值的，即从本质上否定大学教育的功能价值，而大学教育无用论是质疑或否定大学教育的一种观点或态度，往往指向大学教育不能满足个体的某个具体需要，但并不一定认为大学教育本质上是无用的，因为有用的东西照样可以遭受质疑或否定。显然，大学教育无用的命题与大学教育无用论不是一回事，两者是不可混淆或替换的，即使两论持有者在某些时候的动机是一致的。那么，为什么有的人会质疑或否定大学教育呢？

1. 接受教育个体的成功教育标准与大学教育应该或能够实现的目标之间产生了差距

从接受教育的个体来说，大学教育是否有用，是个体的一种价值判断，主要取决于个体从大学教育那里得到满足的情况，这里就存在一个个体需要与大学提供满足之间的矛盾。倘若说教育的目的就是培养人的话，那么这个矛盾也可以描述为个体希望大学教育把个体塑造成什么样的人与大学应该或能够塑造个体成为什么样人之间的矛盾。这样说起来感觉有些玄，“玄而又玄，众妙之门”啊。其实，这里存在两种状况，一是如果学生的教育目标是甲，而大学的目标是乙，两者不在同一个努力的方向上，肯定不能达到一致目的。教育对于甲目标来说当然是无用的了。二是学生的目标是乙,大学的目标也是乙,两者虽然在同一个方向上,但是,大学偏偏又没有能力去实现自己的目标乙,大家当然就会埋怨大学了。

2. 社会或市场对于大学教育的要求与大学教育设计之间产生了差距

大学教育具有自身的内在规定性,不能完全跟着市场转,但是市场需要的人才大学又供应不上,大学培养出的人才又显得相对过剩而难找到职业,这里确实有大学教育设计与市场需求错位的问题,即大学培养出的"产品"不能适应市场的需要,当然会造成"滞销"现象的出现。于是社会就得埋怨大学,找不到职业的毕业生同样开始埋怨起来,而大学又埋怨社会没有提供足够大学生就业的岗位。这样事情可能与大学是没有多少关系的,但社会要求大学必须承担,因为"社会感冒就让大学吃药"就是一些人为治理社会就业问题开的药方。当然大学也应该自检一下,然后决定是否应该吃药。从市场角度来看,大学教育确实是有问题,因为出现了人才供求矛盾。

3. 大学教育自身现状与大学教育应该履行的职责之间产生了差距

从大学自身来说,大学教育的现状可能不尽如人意。这主要表现在这样几个方面:一是教育水准不够高,如缺乏具有高水平的师资;二是教育内容不能够与时俱进,如教授陈旧过时的知识;三是教学质量不能够很好地得到保证,如实验设备台套数不够;四是大学教育无特色,如缺乏特色专业导致没有比较竞争优势。如此,大家就会对大学出现不满的情绪,当然也会诱发出大学教育无用的论调。

总之,大学教育无用论产生的原因是多元的,从不同的视野、不同的角度会发现不同的原因,比如经济学家会从人力资本的投入与产出的角度计算出大学教育的效益,社会学家会从社会道德水准的角度去评判大学教育的作用,政治学家会从维护政治稳定的角度去衡量大学教育的价值。找出这些原因的目的只有一个就是如何改进我们的大学教育,更加突出与充分发挥大学教育的价值作用。虽然产生教育无用论的这些原因不完全是教育自身的问题,而是与教育相关联的外在因素的问题,尤其是衡量教育的价值标准问题,但是大学人也不能等闲视之。

三、以正确的态度对待大学教育之功能价值

我们能够一定程度地容忍大学教育无用论者为了某些具体的功利而聒噪，但是坚决不允许大学教育无用命题之存在，因为我们不能够容忍“谎言”的流行，不能像王尔德曾沮丧地描述的那样：“我们称自己是一个功利主义的时代，我们对任何一样的东西的价值都一无所知。”[①]再说，教育在人类文明进程中的重要作用是不容忽视、抹杀与蔑视的，没有教育人类在黑暗中摸索的时间可能还会长一些，在前进的征途上肯定也会是步履蹒跚，举步维艰。

（一）以办好大学的实际行动去强化大学教育的功能价值

大学应该提供“有道”的教育。大学之道有三种重要的表现形式：在形而上的层面是大学精神，在操作性的层面是大学制度，在态度与行为的层面就是大学的大爱。大学精神的本质就是大学的责任与使命；大学制度的根本意义就是要确立“学术本位”的价值，确立“教学中心”的地位；大学的大爱用一句话说不清楚，但我们知道没有大爱是万万不可以的。为此，大学教育应该超越公益事业和劳动力市场两种逻辑之间的对立，因为这种逻辑对立是人们错误地强加给大学的。大学应该提供“有为”的大学教育。大学之为主要表现在四个方面：教学、科研、服务社会、引领文化；而大学教育之为应该是教会学生学会做人，学会做事，学会认知，学会与他人共处。为此，教师为了更好地做到学高为师，应该记住两个原则：一是教是为了学；二是教是为了不教。海德格尔说：“教比学要困难得多，因为教要求的是：容许人去学。”[②]为了更好地做到身正为范，教师自己也应该成为一种榜样性的道德法则。

（二）以超越功利主义的眼光去思考大学教育存在的意义

在评判大学教育的时候，我们应该跳出狭隘的功利主义的小圈子，以超

---

① 丹尼尔·科顿姆.教育为何是无用的[M].仇蓓玲，卫鑫译.南京：江苏人民出版社，2005.236

② （英）乔伊·帕尔默.教育究竟是什么？[M].任钟印，诸惠芳译.北京：北京大学出版社，2008.352

越功利主义的眼光去思考大学教育存在的意义。面对无用论者的责难，我们应该从中国老子哲学那里去汲取智慧——无用而有用，无用为大用——他们所谓无用的大学教育，那则为大用，而非小用。王国维曾经哀叹："呜呼！……一切学业，以利用之大宗旨贯注之。治一学，必质其有用与否；为一事，必问其有益与否。……庸讵知无用之用，有胜于有用之用者乎？……逐一己之利害而不知返者，安足怪哉！安足怪哉！……世之言教育者，可以观焉。"[①]大学应该有大气象，不应该为一时一地之得失而斤斤计较；大学应该具有高品位，不应该为蝇头小利而低头哈腰；大学应该有宽视野，不应该为浮云遮住眼；大学还应该有深厚的内蕴，不应该为世俗诱惑所动摇。只有如此，大学教育才能在完善自己功能价值的同时超越功利主义的局限。

（三）从国家与民族的高度去审视大学教育

一个国家或民族可以没有船坚炮利，但不能够没有大学，没有真正的大学教育，因为大学教育可以决胜未来。保罗·克鲁格曼说："如果一定要用一个词解释美国经济成功的原因，那个词就是'教育'。……教育成就了美国的伟大，忽视教育则会使美国衰退。"[②]是的，没有一个国家是因为办教育给办穷了的，反而，大量的事例说明由于办教育而国家变得愈加强大了，因为大学教育昭示着人类发展的未来与前途，永远是推动人类进步与文明的最高一块垫脚石。康德说，"那么，怎样找到完美？我们的希望何在？在教育中，而不在别处。"[③]而今，我国大学教育的发展已经取得了令世人瞩目的成就，并已形成了纵向争取世界一流、横向拓展大众化教育的二维坐标格局。高等教育既然呈现出如此辉煌的局面，那么也就未免会成为社会关注的焦点；既然暴露于社会大舞台的聚光灯下，那么就得允许旁观者的审视与质疑，因为事物只要发展了总会有发展中的问题。但是，在中华民族复兴的大道上，大学应该勇于承担起历史赋予的责任与使命，大学教育应该引领社

---

① 周锡山编校. 王国维集(第四册)[M]. 北京：中国社会科学出版社，2008.6

② 美国《纽约时报》网站10月9日文章，题为：无知的美国人，《参考消息》以《忽视教育会使美国衰退》为题，2009年10月14日星期三，第13版。

③ (英)乔伊·帕尔默. 教育究竟是什么？[M]. 任钟印，诸惠芳译，北京：北京大学出版社，2008.79

会文化的发展，向着更加辉煌的未来迈进！

时代潮流滚滚向前，国家之间的综合国力竞争也日趋激烈，未来的世纪将属于哪个国家，这就要看未来的大学重心转移到哪个国家。我们现在站在新的历史起点上，奉行“和平崛起”的伟大战略，那么，中国大学的崛起必将是中国崛起的显著标志。“回顾过去的一千年，哪里有世界一流大学的兴起，哪里就有民族的兴旺、世界一流国家的崛起。”[①]对于中国大学来说，“我们不难看到，我们这个时代是新时期降生和过渡的时代”[②]，只要我们能够抓住时代赋予的机遇，勇于迎接前进征途上的各种挑战，那么在中华民族伟大复兴的道路上我们大学建设的远大目标——无论是世界大学重心向东方的转移还是重建我们大学的伟大传统——一定能够实现，“它是站在海岸遥望海中已经看得见桅杆尖头了的一只航船，它是立于高山之巅远看东方已见光芒四射喷薄欲出的一轮朝日，它是躁动于母腹中的快要成熟了的一个婴儿”[③]。

---

① 丁学良.什么是世界一流大学[M].北京：北京大学出版社，2004.29

② （德）黑格尔.精神现象学[M].贺麟，王玖兴译.北京：商务印书馆，1979.7

③ 毛泽东选集[C]（第一卷）.北京：人民出版社，1991.106

第四章　最优理念

每一个思想都可以推动变革。①

——奥利弗·文代尔·小霍尔姆斯

摩洛哥和加利福尼亚是地球上几乎同纬度的两小块地方，在具有同样气候的大陆的西海岸上，而且可能有很相像的自然资源。然而它们目前的发展完全不同，与其说是因为人不同，不如说是因为居民头脑中所存在的思想不同，这是我希望强调的要点。我们环境中最重要的因素是我们自己的思想状态。②

——弗雷德·霍伊尔

大学是由相同的理念或理想，而非行政力量，所形成的富有生命力的有机体。③

——(美)亚伯拉罕·弗莱克斯纳

人，因为具有理智，凭理智能够感知各种关系，看出事物的起因，理解因果之间相互作用的性质，进行类比推理，善于高瞻远瞩地观测自己

---

① (美)托马斯·A.斯图尔特."软"资产——从知识到智力资本[M].邵剑兵译.北京：中信出版社，2003.5

② 弗雷德·霍伊尔.人和星系[A].新概念英语：流利英语.上海：上海外语教育出版社，1985

③ 刘宝存.大学理念的传统与变革[M].北京：教育科学出版社，2004.44

生活的全过程，并为自己的行为做好必要的准备。[①]

——西塞罗

倘若大学深受混乱的困扰，困扰的不是来自于事物的表象，而是来自于深度混乱的理念，比如，一所大学一旦在教学与科研上产生冲突，表象上看来是利益的冲突，实质上是两种教育观之间的冲突。理念，就是人们信奉或遵从的一种系统化的思想或观点。[②] 每个人都可能有一些自己的想法，但是未必有经过加工提炼出的“理念”。想法可以随感而发，理念却是要经过理性的思考与加工的，而理性的思考一般来说就是一件非常难办的事情了。理念也不同于一般人对于某种事物的看法，虽然这种看法很重要，但是看法一般仅存在于一种价值判断的层面，理念却是对于某种事物的发展走向具有一定的指导意义，不仅仅是一种价值判断了。季羡林就谈过他叔叔对于教育问题的一个看法，当他的叔叔得知教科书中有《阿拉伯的骆驼》的故事的时候，就决定让他转学了，因为他叔叔认为这个故事太奇怪——骆驼怎么会说话呢?！如此教育学生肯定是有问题的。[③] 纵然这种看法导致的结果是很显然的，但是这仅是一种个人的看法而已，不可与理念同日而语。在推进高等教育现代化的征程中，我们首先需要的是什么？是有价值的理念。其实我们现在的看法是不少的，好像大家都可以对大学教育发表一通“高论”。我们也不乏大量的有价值的“概念”，但是我们缺乏系统化的教育思想，因此需要将一些有价值的“概念”内容凝练出有价值的理念，而不是仅存于“公文”层面或执行层次。思想是行动的先导，教育实践一旦缺乏切实有效的理念的指导，那是走不远的，甚至会迷失方向；一旦迷失了方向，一切行动都可能是蛮干或枉费无功而已。世界大学发展的经验反复证明，有什么样的教育理念就会有什么样的教育实践。而今大家埋怨大学精神虚脱，实质上主要是在抱怨大学缺乏有价值的理念的引导。大学一旦没有好的理念的支

① （美）莫特玛·阿德勒，查尔斯·范多伦. 西方思想宝库[C]. 周汉林等译. 北京：中国广播电视出版社，1991. 8

② 至于“理念”词源探究，可参阅韩延明. 大学理念论纲[M]. 北京：人民教育出版社，2003

③ 季羡林. 追忆李长之[A]. 悼念忆——另一种回忆录. 北京：华艺出版社，2008. 196

撑，那就只能陷于一种简单的、模仿性的、低层次的、同质化的运行状态。在如此状态下，大学岂能承担起历史赋予的重任？岂能办出所谓“世界一流”的水准？又岂能产生优良的大学精神与文化？这就像一个缺少头脑的人又怎能够成就“大器”呢？

一、教育理念的熔铸

在网络上曾盛传过英国前首相撒切尔夫人自信的预言：根本用不着担心中国，因为中国几十年甚至一百年内都无法产生思想家，无力输出影响世界的有价值的思想，并说：“今天中国出口的是电视机，而不是思想观念。”20世纪60年代也曾发生过这样的故事，法国夏尔·戴高乐将军见到日本总理时，不屑地询问：那个晶体管推销员是谁？日本企图“脱亚入欧”，结果依然被排除在西方主流之外。英国《旁观者》杂志说：“富豪可能有能力买一所豪宅，但在世界的第一张圆桌边上，钱却不易买到一个位置。”但对于中国来说，走在全面复兴的大道上，要重回世界之巅！这确实需要中国知识分子提出引领时代发展并对人类有贡献的思想。一个人最可宝贵的东西不是物质的财富，而是自身产生的思想。倘若说人是会思想的芦苇的话，一旦人没有了思想，那就真的成为一棵无足轻重的芦苇了。没有思想的人生肯定是一种缄默式的生存，缺少理念的大学展示的只能是一所大学的躯壳而已。一个人的生产力重要的表现是向外界输出自己正确的思想，一个民族、一个国家同样如此。我们的大学又何尝不是如此呢？在中国高教史上有影响的教育家如蔡元培、张伯苓、梅贻琦都是具有教育理念的人，以至于我们至今仍津津乐道，歆羡不已！而中国自实施改革开放政策三十多年以来，高等教育取得了令世人瞩目的斐然成就，然而却没有出现拥有卓越教育理念的教育大家，这真令人扼腕叹息，遗憾不已！以至于世人怀疑中国高教界是否真的能够办出世界一流的高等教育了，其实这种怀疑论大都来源于世人对于中国大学“软实力”的评估而非“硬实力”的评判。美国教育家杜威曾指出：哲学是教育的普遍原理，教育是哲学的实验室。我们大学有的是“实验场”，却鲜有哲学的思考，因为我们抱定这样一种可笑的想法：教育哲学性的思考是没有什么作用的。这倒使人想起海德格尔那句不太厚道的对于哲学的定义:“哲学即是人们本质上无所取用而婢女必予取笑的那样一种思想。”[①]也恰如中国古代那位遁世的老子所言:上士闻道,勤而习之;中士闻道,若存若亡;下士闻道,大笑之。不笑不足为道。

(一)想法≠理念

人们有想法是一件可贵的事情,最令人担忧的是生存的生命不产生任何想法。贫乏的语言也是很难表达智性的观念与行为的,爱斯基摩人可能除了协商具体工作,几乎沉默不语,因为他们无话可说,也就很难想象得出爱斯基摩人能够享受到语言思辨的乐趣了。理念,简单说来也是一种想法,但是一般的想法未必就是一种理念。当想法变得系统化且具有思想性的时候,这些想法才可以上升到理念层次,方可称之为理念。也就是说,不是所有的想法,都可称之为理念。这就如同一个人可以不停地唠叨,但与演说家之间的距离相差太遥远了。《庄子·寓言》中说:“寓言十九,重言十七,卮言日出,和以天倪。”“寓言”、“重言”、“卮言”三者显然是不同的。“概念”、“想法”、“理念”也同样是不同的,只有理念才蕴含有系统化的思想。

如何才能使一些零星的想法转化为理念呢?一是理念一定是建立在知识基础之上的,没有知识基础的思考只能是想法而已。要具有一定的知识基础,一者要具有一定的学识,二者应具备一定的专业知识。缺乏学识,视野要受到局限;缺乏专业知识,思考的深度就会显得不足。二是理念一定是建立在逻辑基础之上的,没有一定的逻辑推衍,就不会有理性的思考。三是理念一定是建立在系统化体系之上的,只有系统化的思考才有可能成为一个思想体系。四是理念一定是具有独创性的,而不是拷贝的,是谁的理念就是谁的理念,上帝的归上帝,恺撒的归恺撒,各得其所。有价值的理念是不可拷贝的,不可“购入”的,需要的是原创。五是理念一定是对于具体行动具有指导价值与意义的,脱离实践的理念就是空想,乃至是幻想。马克思说:“人的思维是否具有客观的真理性,这并不是一个理论的问题,而是一个实践的问题。人应该在实践中证明自己思维的真理性,即自己思维的现实性和力量,亦即自己思维的此岸性。关于离开实践的思维是否具有现实性的

① 陈嘉映.海德格尔哲学概论[M].北京:生活·读书·新知三联书店,2005.21～22

争论,是一个纯粹经院哲学的问题。”①

我们的想法太多了,但是我们的理念却太少了。想法是零星的碎片,可能是一种感性的产物,也可能是经验的产物,但可能不是理性的产物。我们大都在做高等教育的行动者,而非高等教育的思想者;我们大都在做高等教育的制造者,而非高等教育的创造者。我们看不到像德国柏林大学的缔造者洪堡、美国哈佛大学的前校长艾略特那样的人物,也读不到像蔡元培、梅贻琦那样的论教育的大块“天下”文章。我们高教界为什么缺乏那样的“精神领袖”?因为我们没有产生出那样有价值的理念。

(二)理念是一种文化的灵魂

有人说一个人可以什么都没有,但是不可以没有文化,对于一所大学来说同样如此。而理念就是大学文化的灵魂,没有了灵魂的文化那是不可想象的。这正如黄梨洲所说的“宗旨”:“大凡学有宗旨,是其人之得力处,亦是学者之入门处。天下之义理无穷,苟非定以一二字,如何约之使其在我!故讲学而无宗旨,即有嘉言,是无头绪之乱丝也。学者而不能得其人之宗旨,即读其书,亦犹张骞初至大夏,不能得月氏要领也。……杜牧之曰:‘丸之走盘,横斜圆直,不可尽知;其必可知者,知是丸不能出于盘也。’夫宗旨亦若是而已矣。”②我们常常会发现我们受到一种文化的制约,而且这种制约可谓是铺天盖地,无处不在,无时不在,文化处于一种泛存在状态,文化制约同样处于一种泛制约状态。文化制约来源于两个方面:一是可能缺乏理念的引领,一是可能文化自身的有限性。每所大学都有自己的文化模式与育人模式,而且这两种模式之间是契合的,推进一种模式的发展就是联动地推进另一种模式的发展。不改变文化而企图改变模式是不可能的一件事情,改变文化的起点就是要树立起一种具有价值的理念,去引导文化与模式的发展。

文化是存在的,理念也是不会缺位的。当一种文化没有自己自觉产生的理念时,其他理念就会乘机给补上,也许这种“理念”是潜在的、无形的、似隐似现的、隐藏于背后的。因为我们的行动与生存都在某种思想的支配之

① 马克思.关于费尔巴哈的提纲[A].马克思恩格斯选集(第一卷).北京:人民出版社,1972.16

② 黄宗羲.明儒学案·发凡[A].沈善洪.黄宗羲全集(第七册).杭州:浙江古籍出版社,2005.5

下的，这种思想中隐含有“某种理念”。只是这种“无形”的理念潜在于人们行动的背后，其价值可能是不足为道的。从孔子老家出来的人可能以为自己是孔子思想的代表者，其实其“想法”与“做法”可能与孔子思想大相径庭，但他有他自己的一套想法，其背后可能就是当地的一种无形的“实用”理念下的文化。人们易于低估的是，理念常常有能力为人们观察世界、分析问题预设思想立场和逻辑方法。实际上正如凯恩斯指出的：“经济学家和政治学家们的思想，不论它们在对的时候还是在错的时候，都比一般设想的要更有力量。的确，世界就是由它们统治着。讲求实际的人自认为他们不受任何常理的影响，可是他们经常是某个已故经济学家的奴隶。”①在现代知识经济社会，人与人之间的竞争是文化的竞争，企业与企业之间的竞争是文化的竞争，族群与族群之间的竞争是文化的竞争，国家与国家之间的竞争也是文化的竞争。如此，也同样表现在“理念”之间的竞争。文化是一种普遍自觉的观念和方式，蕴含理念的文化是一种终极竞争力。

大学理念本身即是历史思想的继承与现实需要的矛盾统一的产物，历史上每种大学理念的出现都体现着时代对大学的新需求。但是，大学的内在精神品质要求大学行为与社会需求之间也要保持适当的距离。这种距离不是落后与超前的问题，而是该固守的时候就应该固守，该保守的时候就应该保守，该自由的时候就应该自由，该激进的时候就应该激进，总之要符合人类发展与生存的“节拍”，要符合历史发展的方向与趋势。香港中文大学校长刘遵义在谈到中国大学与世界一流大学差距时认为，培养创新人才不仅是中国大学面临的难题，也是整个东亚面临的困惑，这与中西方文化差异有关。《参考消息》曾载登了一篇报道：“来自天津的耶鲁大学大二学生弗朗西丝·刘……认为自己已经不大属于那种安静的亚洲书呆子类型了。现在的她爱化妆，在课堂上举手，和来自中国的朋友们观点迥异，用她的话说是‘被美国文化污染，已经不再是中国人了’。”②20 世纪 60 年代，一位美国母亲把教女儿认识字母的幼儿园老师告上了法庭，理由是该老师剥夺了孩子的

① 凯恩斯. 就业、利息和货币通论[M]. 北京：商务印书馆，1977. 396～397

② 中国学生在美大学感受文化差异[N]. 参考消息. 2010-11-9(14)

想象力。最后，此事促成了美国最初的儿童保护法。可惜的是，本世纪还有一位在美国教授汉语的中国老师，由于自己急于告诉学生答案，遭到了学生的不满，学生强烈认为这种教学法破坏了学生对于汉语的兴趣。上学不是为了获得知识的碎片，不是成为学习的机器，而是要培养独立的人格和探究的精神，最终成为一个完整的能够把握自己命运的人。文化的差异，导致了中外大学校长之间的思想交锋。国内大学校长常说在本科阶段要面向社会需求来培养人才，要以市场需求或者是以就业需求为导向来设置专业，而西方大学校长并不苟同，耶鲁大学校长莱文认为，美国有不同的教育机构，有很多的层次。有一些教育机构是专门培养最有竞争力、最高端的那些学生或者未来的人才。这些教育机构的数量是比较少的，它们比较注重通才教育。由此看来，我们的任务不光是要培训一些以后能够找到好工作的、具有某种技能的人，而是能够培养一批未来创造中国的一些人。而非常狭隘的职业教育是不足以迎接中国未来的挑战的。北大前校长许智宏认为，教育正在忽视一个大问题，就是教育本身的功能。教育的根本功能，就一句话，像康德讲的，教育是用来培养自由之人的。“那么，怎样找到完美？完美的希望何在？在教育中，而不在别处。”[①]这个东西几百年来没有变。这是根本的问题，如果忘记了这一点，我们的大学就会走入歧途。清华大学老校长梅贻琦说：“大学之谓，非大楼也。”现在，大学房子越盖越豪华，但是有的校长越来越不像校长，教授越来越不像教授，大学精神呈现沦落之势，大学弥漫着官场化、学术道德异化的舆论氛围。这或许比中国没有世界一流大学本身更令人担忧。以此看来，我们应该反思一下我们的教育文化。反思自身不是目的，而真正的目的是为了构建出一种新的大学教育理念，来指导我们当下的教育现实发展。

有价值的理念肯定是原创的，是不可拷贝的，也是不可“购入”的。中国大学之所以永远是中国大学，而不是美国的哈佛，也不是英国的剑桥，即使许多硬件设施完全相同，那主要是因为它们之间有着不同的办学理念及价

---

① (德)康德(Immanuel Kant，1724～1804)．伦理学演讲[A]．教育究竟是什么：100 位思想家论教育．北京：北京大学出版社，2008．79

值理想。我们既要学习世界上一些先进的文化与经验，又不能丢失自己的本土特色，否则永远走不出差异化的具有中国特色的道路。既然我们当下充满着古今之间、中外之间的矛盾冲突，就像是一个大大的十字路口，那么也许我们就迎来了古今中外都不见的中国大学的大变局。我们既要守望传统，要坚守大学的根本功能，又要迎接西方大学的挑战。适应当下时代发展的需要，我们就应该立足中国这块宝贵的土壤，面向大海，然后看潮涨潮落，云走云飞，尽享山花烂漫，海阔天空。

（三）理念的力量

理念是无形的，但中国传统哲学理论认为"天下万物生于有，有生于无"，"无极生太极"，此乃谓之大道。弗莱克斯纳认为，大学是由大学理念或理想，而非由于行政力量，所形成的富有生命力的有机体。世界大学发展的经验反复证明，有什么样的教育理念就会有什么样的教育实践。先进的理念一定是有价值的理念，也肯定是建设大学教育的思想支柱。蔡元培"兼容并包，思想自由"的理念造就了北京大学的一段辉煌，将北大办成了中国第一所真正意义上的现代大学。大学一旦没有好的理念的支撑，只能陷于一种简单的模仿性运行状态。简单的模仿或简单的运行，哪会产生大学精神与文化？因此，在建设"世界一流"大学的过程中，我们可以借用经济学界那句经典话语——除理念是资本外，其余都是资金——来作为自勉。杨东平说："办好中国大学缺些什么？现在只知道缺钱，给清华一拨就是十八个亿的人民币。但是还缺一些东西，就是理念、制度。"丁学良则认为，在缺乏理念与制度的情况下，结果只能是：钱拨得多的，浪费大；钱拨得少的，怨言大。[①]

理念可以变为一种物质力量。马克思曾指出："理论一经掌握群众，就会变成物质力量。理论只要说服人，就能掌握群众；而理论只要彻底，就能说服人。所谓彻底，就是抓住事物的本质。"[②]历史地看，文艺复兴、宗教改革、启蒙运动，实质上都是一种思想解放运动，最终都轰轰烈烈地推动了历

① 丁学良．什么是世界一流大学[M]．北京：北京大学出版社，2004．45

② 马克思．黑格尔法哲学批判[A]．马克思恩格斯选集（第一卷）．北京：人民出版社，1972．9

史前进的步伐。什么可以使人成为一流？只有文化可以使人成为一流。什么可以使国家成为一流？只有文化可以使国家成为一流。什么可以使大学成为一流？也只有文化可以使大学成为一流。这就是常言说的：一流大学靠文化，二流大学靠制度，三流大学靠人治。如果你问爱斯基摩人，想成为百万富翁吗？他搞不懂百万富翁是什么意思，那么爱斯基摩人就不会有百万富翁，不会发展。轻视甚至无视理念的价值，会陷入失去理论指导的盲目实践，往往浅薄而难以持久。缺乏充分的理论自觉和自信，常常使办学者失去明确的方向和目标。如果我们照搬照抄他者的理念，生吞活剥，不求甚解，那就如同“富人的减肥药成不了穷人的救命粮”一样，一切无济于事。文化最基础最核心的部分是思想，而思想涉及两个方面：一个方面是价值取向，一个方面是思维方式。当然，没有思考力的执行力，是盲目的行动；没有执行力的思考力，是空洞的幻想。世界上活得最久的组织是宗教，因为有一本《圣经》让其教徒持久分享；世界上封建体制存在最久的是中国，因为有半部《论语》就可以治天下。

文化是一所大学的厚度，而思想是一所大学的高度。大学发展的高度超不过大学人整体思想的高度，提高大学发展的水平必须提高大学的整体思想水平，这思想就像是“玻璃天花板”，制约着学校能不能到达较高水平，即大学整体思想的高度有多高，水平就只能有多高了。在艺术创作上，当处于“眼高手低”的时候，艺术的创作水平还是可以继续提高的；而当处于“眼低手低”状态时，艺术的创作就会止步不前了，但是绝对不会出现“手高眼低”之现象的。换句话说就是“取法乎上，仅得其中；取法乎中，仅得其下；取法乎下，其下下矣”。中国大学到底缺少什么？缺少的就是具有一定高度的理念。我们大学缺少的是“理性”，按分量，“理性”重量不足；按尺度，“理性”高度不足；按弥散度，“理性”浓度不足，而“感性”却显得有余，时而充斥着“世俗”与经验主义。党国英认为：“蔑视理性，把一堆教条奉若神明，是顽固的蒙昧主义；若走到另一个极端，以为人的一切行为均绝对地由理性来支配，则是另一种无知与狂妄。但是，若以现实论，对中国发展的威胁尚不是理性主义走过了头，而是蒙昧主义还在肆虐。”所以他呼吁：“让理性之光亮起,我们心存希望。”[①]这样,缺乏理性的大学,又如何能够成为高水平的大学呢?帕金曾讽刺大学人:什么都研究就是不研究大学自己。实质上,大学有三大科研,即自然科学研究、社会人文科学研究与教育教学研究,这是科研的三驾马车。教研离大学的本质最近,然而,最应该重视的研究常常被忽视了。香港科技大学为什么很快就发展起来了,因为治理大学的一班人如孔宪铎都是教育专家。1977 年哈佛大学之所以能够发表《核心课程报告》,那是因为教育专家、哈佛大学文理学院院长罗索夫斯基组织“七人工作组”对包括核心课程在内的大学教育的各主要方面进行了深入的调查研究。由于此项成果,罗索夫斯基还扬言,耶鲁大学或芝加哥大学请他去当校长他都不去。

我们应该结束我们大学缺少理念的时代,我们不能够再忍受自己在无数的想法中、经验主义中的浅层次地度日子,我们的大学今后应该是在思想中、哲学中、理念中经历自己的未来。我们大学倘若具有我们的教育理念,这个理念应该是服务于当下大学现实需要的,而不是“空中楼阁”式的幻想,因为理念实现的程度决定于理念满足当下现实需要的程度。但是“理论要求是否能够直接成为实践的要求呢?光是思想竭力体现为现实是不够的,现实本身应当力求趋向思想。”[②]也就是说,理念与现实之间应该相互接近,而非相互远离。我们应该是本世纪的大学教育理念的同时代人,而不仅是本世纪的历史同时代人。我们的大学是有“头脑”的大学,我们大学教育的一流,不是追赶他人的一流,而是富有自觉性和思想性的一流,是引领他人前进的一流。现在看来,所有教育中最为危险的因素可以概括为:缺少理念的文化;缺少人性的教育;缺少人文的科学;缺少道德的说教;缺少良知的知识;缺少独立的精神;缺少自由的学术;缺少学术的校园;缺少权力的运转;缺少质量的规模。我们每所大学校园都有自己的文化,无论是自觉的还是自为的,但是最为缺失的是这种文化没有最优理念的引领,结果导致低层次、世俗、落后的文化形态蔓延,表现在师生身上可能是精神贫血、境界低

① 党国英.让理性之光亮起[J].社会科学报.2011-12-15(8)

② 马克思.黑格尔法哲学批判[A].马克思恩格斯选集(第一卷).北京:人民出版社,1972.7

下、行为粗鲁，乃至一片"酱缸"，可悲、可怕，真无奈！一所大学只要有了最优的理念，就可能弥补大学的许多的缺失，至少可以推进大学向理想的目标迈进！我们需要建设一个和谐的社会，而公平、正义、仁爱就是其核心的价值；我们需要建设世界一流的大学，而自由、独立、创新就应该是其宗旨。为了实现这一大学的宗旨，在当下的情况下，我们提倡和合教育理念。

二、和合教育理念

（一）东方和合哲学思想基础

在理论建设上要形成中国学派、中国风格，在战略研究上要有中国意识、中国话语、中国方案，这是当代中国知识分子的高调要求。在哲学领域，和合思想正体现出这些特质。和、合两个字最早见于甲骨文和金文。大约从春秋时期开始，"和"与"合"二字合并，构成"和合"范畴。《国语·郑语》云："商契能和合五教，以保于百姓者也。"[①]"和合"思想在中国思想家那里，往往也是一种社会学的理论，是对调控各种复杂社会关系的一种根本的方法论原则。根据这种原则，社会生活的各个方面和各种关系是一个相互联系、相互作用和相互依存的有机整体，只有各种要素和各种矛盾协调、有序组合，才能使社会这个和合体有效运行。这种"和合"的社会观并不否定社会矛盾冲突的存在，但是，它所强调的是如何化解和消除矛盾，以保持社会有机体的和谐与平衡。由和合出发，通过自组织和自调节的功能，而达到新的和合，这是和合运行的总的模式。[②]"和合"思想是中国传统思想的重要组成部分，"和"指和谐、和平、和睦，"合"指结合、融合、合作，"和合"就是自然、社会、人际、心灵、文明中诸多有形、无形事物相互冲突、融合的过程及在这种矛盾运动中形成的新事物、新生命的总合，即不同事物在矛盾、差异的前提下，把彼此不同的事物统一于一个相互依存的和合体中，并在不同事物和合的过程中，吸取各个事物的优长而克其短，使其达到最佳的组合状态，用

① 徐元诰撰．国语集解[M]．王树民，沈长云点校．北京：中华书局，2002．466

② 左亚文．和合思想的当代阐释——唯物辩证法与东方智慧的对话[M]．武汉：湖北教育出版社，2003．60、84

以促进新事物的产生，推动新事物的发展。“和合”思想是调和人与人、人与自然、人与社会之间关系的一种准则，是维系人与人、人与自然、人与社会之间关系的一种纽带。和合思想是中国传统人文精神的精髓，其要旨在于追求人与自然、人与人、人与社会以及自我身心的融通与和谐。张立文认为：“和合是中华人文精神的精髓和首要价值，是中华民族应世代呵护、传承、弘扬的中华心、文化魂……是21世纪人类重要原理和重要价值，也是回应人类所面临冲突挑战的最佳文化选择。”[①]

和合思想是一种中国哲学，具有典型的东方属性。和合辩证思维是中华文化之根。在教育哲学中无论是“尚道”，还是“尚器”，也无论是“为道教育”，还是“器用教育”，贯穿其中作为根本指导思想的思维方式即认知原则、价值原则和行为准则是什么？和合辩证思维恰恰就可以提供我们要寻找的答案。我们应该运用和合辩证思维这一东方文化方式中的“本根”、“灵魂”和“基因”，去指导与化解我们高等教育面临的错综复杂的现实矛盾。统合是手段，和谐是目的。这种和谐发展的哲学观对于大学人才培养具有重要的实践价值。

（二）和合教育理念的内涵

《管子·幼官图》云：“畜之以道，养之以德。蓄之以道，则民和；养之以德，则民合，和合故能习。习故能偕，偕习以悉，莫之能伤也。”和合教育理念既是历史的产物，也是现实的需要。现在的大学正处于许多错综复杂的矛盾体之中，这些矛盾关系表现在：通识教育与专业教育的关系；实践教学与理论教学的关系；专业的学术性与职业性的关系；管理者、教师、学生之间的关系；大学职能中的科研、教学、服务社会与文化传承创新之间的关系；大学、政府与社会之间的关系；大学文化中的物质、精神与制度之间的关系；产学研合作关系；大学与市场之间的关系以及规模、质量、结构、效益之间的矛盾关系。处理好这些矛盾关系，就需要采用和合辩证思维的方法，如要处理好通识教育与专业教育的关系就需要遵循整体协同的原则；要处理好实践教学与理论教学之间的关系就需要坚持知行合一的原则。和合辩证思维是

① 专家学者研讨和合文化[N].光明日报.2010-12-14(9)

处理现在大学中存在的矛盾的一把金钥匙,可以打开通向光明未来的通道。

1. 奉行“以人为本”与“人的发展”的原则

我们思考与解决问题的出发点应该是“人本身是人的最高本质”,因为“人的根本就是人本身”[①]。教育活动是围绕“人”展开的,离开了“人”的教育肯定是一种“异化”了的教育。偏离“人”的教育肯定不是人们所需要的教育。“以人为本”原则就要求保证社会发展中人的全面发展。马克思在《1884 年经济学哲学手稿》中论证了人的全面发展并指出,教育是造就全面发展的人的唯一方法。在教育过程中,“以人为本”的重要体现就是“以学生为本”,因为学生是教育的主体,教育的真正目的就是要促进学生的自由全面的发展。但是,以人为本,并没有排斥人与自然的和谐统一。和合教育是一种生态教育,即青年学生的成长与成才是在一种符合高等教育与人才成长规律、符合个性化发展需要、具有良好育人环境下的教育。灌输式、填鸭式的教育显然不再是生态的,而是戕害性教育,它戕害了人的联想力、创造力、一切创新能力。和合教育提倡“天人合一”的教育,符合青年成长的天性;和合教育是一种知识、能力、素质和谐发展的教育,是一种社会、个人、学科知识之间相互协调的教育;和合教育标榜全人教育、和谐教育,即理性与感性和谐的教育,健全人格的教育,自由与实用协调的教育;和合教育是以人的发展作为教育的本质目的与根本追求的教育。

2. 强调“整体和谐”与“个性发展”的统一

中国传统历来重视因材施教,注重“个性发展”,根据每个学生的兴趣爱好、发展潜力予以施教,这是当下创新教育的需要。没有个性的张扬,就不会出现社会丰富多彩的局面,千篇一律、千人一面的同质化培养方式是和合教育排斥的对象。我们无法追求完美的教育,但是我们可以追求“完整的教育”,完整相对于残缺而言;我们需要追求全人的教育而非半人的教育。个性化教育并不是要失掉整体的和谐,自由教育也并不是不需要规则的教育。整体的和谐,既包括受教育者自身的和谐,也包括人与人之间的和谐,以及人与自然之间的和谐。要按照整体知识观的要求,保持课程体系中各个知

---

① 马克思.黑格尔法哲学批判[A].马克思恩格斯选集(第一卷).北京:人民出版社,1972.9

识系统之间的本质联系，使教育内容尽可能系统、连贯并形成一种整体与均衡的完整教育。整体均衡并不是要求面面俱到，全然不顾个性多样化的现实需要，而是提倡全面发展，反对全面平庸，反对培养程式化、扁平化，反对培养一种标准划一的“标准人”。

要按照以人为本的思想，关注每个学生的和谐发展，关注每个学生的身心健康以及可持续发展，关注知识、能力、素质之间的相互转化，关注学生在专业知识与技能获得的同时又能形成宽广的人生视野、思辨与表达能力以及独立成熟的人格。大学教育是一个系统工程，在人才培养的过程中应做到学科知识逻辑、社会需求逻辑、人自身发展逻辑的统一，方才可以达到促进学生个体发展与社会发展的两大教育目的。

3. 强调科学教育与人文教育的统一

英国学者 C. P. 斯诺在 20 世纪 50 年代末 60 年代初提出了“两种文化”，即“‘科学’文化”(Scientific Culture)和“‘文学’文化”(Literary Culture)，分别对应于我们讲的自然科学和人文社会科学。他认为，这“两种文化”是难以融合的，由此造成英国经济社会发展中一系列困境及困惑问题难以解决。这就构成了后来所谓的“斯诺命题”。其实，缺乏人文的科学与缺乏科学的人文都是非常危险的因素。科学教育和人文教育都是构成完整教育不可或缺的部分，它们各有其不可替代的价值，但又有其固有的局限性。科学教育的长处恰恰是人文教育的短处，人文教育的长处恰恰又是科学教育的短处，两者是互补的，提高或贬低任何一部分，都会造成教育的失衡，这已被世界教育发展历史所证明。怀特海(A. whitehead)指出：“没有纯粹的技术教育，也没有纯粹的人文教育，二者缺一不可。”[①]日本教育家井深大在批评当今教育时指出，偏重科学的教育“忘记了方向”“丢掉了教育的另一半。”[②]爱因斯坦也曾指出：“用专业知识教育人是不够的。通过专业教育，他可以成为一种有用的机器，但是不能成为一个和谐发展的人。要使学生对价值有所了

① 怀特海. 教育目的[A]. 国家教委教育发展与政策研究中心编. 发达国家教育改革的动向和趋势(第三集). 北京：人民教育出版社，1990. 105

② 庞学光. 不可忽视教育的另一半[J]. 教育研究与实验. 1993(1)

解并且产生热烈的感情，那是最基本的。他必须对美和道德上的善有鲜明的判断力。否则，他——连同他的专业知识——就更像一只受过很好训练的狗，而不像一个和谐发展的人。”[①]1996 年，国际 21 世纪委员会向联合国教科文组织提交的一份报告《教育——财富蕴藏其中》指出，教育必须围绕四种基本学习能力加以重新安排，这四种能力是：学会认知（learning to know）、学会做事（learning to do）、学会共同生活（learning to live together）、学会生存（learning to be）。学会认知就是掌握认识世界的工具和手段；学会做事就是学会工作所需的职业能力；学会共同生活即是学会合作；学会生存即是适应与改造环境的能力。从它们的内容来看，其实就是科学教育与人文教育相结合。[②] 我们知道，在经历了古代人文教育居主导地位、近代科学教育和人文教育抗衡斗争的历史演变后，到了现代科学教育则居于绝对主导地位。由于科学教育的意义过分凸显，以致遮蔽了人文教育的意义，导致对人文教育的轻视和排斥。而人文教育自身也出现了知识化的倾向，只重视人文知识的传授，而忽视了人及人文精神的培养和完善。在此背景下，很多学者呼吁，人文教育的关键和实质是人文知识向人文精神的转化。总之，科学教育与人文教育的融合是教育发展的必然趋势，而和合教育理念是强调科学教育与人文教育的统一。

4. 坚持学术生活与非学术生活融为一体

大学首先应该坚守学术本位。大学是具有高深学问的机构，是养育学术的场所，大学教育不同于其他类别教育的基本区别就是学术教育被提高到一定的高度。学术品位与学术水平是衡量大学高低的基本尺度，学术职业是大学的中心，学术自由是大学人追求的目标，学术活动是大学的日常生活状态，于是，高深知识成为了大学教育发展的基石，学术规范成为了大学教师教学的伦理基准。因此，大学不能没有学术，学术不“在场”的大学很难成为一所像样的大学；大学教育同样不能缺失学术教育，缺失学术的教育肯

---

① 爱因斯坦. 培养独立思考的教育[A]. 爱因斯坦文集（第三卷）. 徐良英等译. 北京：商务出版社，1979. 310

② 参见联合国教科文组织国际教育发展委员会编著. 教育——财富蕴藏其中[M]. 北京：教育科学出版社，1996. 76～87

定不能算作是大学教育。大学坚持了学术本位，就守住了其内在的精神品质；大学教育坚持了学术本位，就遵循了其内在的本质特性；大学人坚持了学术本位，就守住了自己的本分。美国高等教育学家博耶在《学术水平反思——教授工作的重点领域》的报告中将学术分为发现的学术、综合的学术、运用的学术、教学的学术，并强调大学教师既应该是一个够格的研究者，又应该在其整个专业生涯中与本专业保持旺盛的联系；既坚持忠诚的最高标准，又需要接受各种形式的学术评估。[①] 因此，大学教育无论是在强化适应社会需求，还是强调促进个性发展，都应该建立在学术本位之上。

大学还是一个学习与生活融为一体的场所。詹姆斯·杜德斯达认为："当校友们被问及真正可重视的大学教育是什么的时候，他们几乎从未提到过课程或学程中的科目，这些东西在期末和毕业以后很快就消失了。相反，他们记得的是参加过的社团，所遇到的老师和同学以及他们所结交的友谊。比起那些关于本科课程的晦涩难解的辩论，有关学习圈的记忆更接近大学教育的真正价值。对于年轻的本科生来说，大学就是一个在生活中学习的时候学习怎样生活的地方。"[②]无论是在学习中生活还是在生活中学习，都要求将学术生活与非学术生活融为一体，教学、科研和校园生活融为一体，显性课程和隐性课程的教育融为一体，这样才可以形成一种良好的教育生态环境。本世纪麻省理工学院(MIT)提出四项文化变革的内容：

一是要求学生生活和学习密不可分；

二是不仅需要重视正式教育，而且需要重视在正式和非正式的教育环境中学习；

三是不能是场所、领域和地位划分校园社会，而应该基于对学习承担义务来统一校园社会；

四是不是保持教学、科研和校园社会分离状态，而是应该统一各个方面

---

① 参见吕达，周满生. 当代外国教育改革著名文献(美国卷 第三册). 北京：人民教育出版社，2004. 1～100

② (美)詹姆斯·杜德斯达. 21世纪的大学[M]. 刘彤译. 北京：北京大学出版社，2005. 64

提供的教育价值。

这些文化变革的内容正是与和合教育理念相契合的。校园文化与学生的学习生活息息相关,这种由特定的社会文化传统、政治、历史背景和学校自身历史、人文、学术、人际关系和物质环境等诸多因素共同整合而成的文化环境对学生的行为与习惯的形成、观念与意识的改造、知识与能力的掌握具有一种潜在的、隐形的却又是巨大的影响。校园文化建设应突出人文教育的功能,充分利用各种历史的、文化的、科学的和自然的教育因素,如校史馆、博物馆、科技馆、图书馆、历史人物和事件、科技成就、模范人物、典型社会生活事例、校园文娱、体育、科技创新和其他因素创建宽松而活跃、开放而自由的校园文化环境,促进学生健康人格和积极价值观念的形成与发展。

学术生活与非学术生活的统一可以构建一个良好的智力生态环境。大学是学习者和研究者的社会,应提供一种特殊的智力生态环境,在这样的环境中,各种类型的刺激相互作用,外部刺激会最大限度地发挥效力,同样也可以很轻松很经常地探索研究。探究、钻研、发现是所有事业的核心,是学习者的共同任务。大学教育的责任,是使所有学生都加入到这一共同任务中来。大学的功能之一应该是提供一种环境,使得创新思想能丰富和发展。每所大学都应该为学生的学习、为学生的智力和创造性培养提供最大的机会,应对每一个学生完整的教育负有义务,使教育的实质比学生所获得的成绩更深刻和广泛。从某种角度来说,构建智力生态环境非常重要,天才需要的就是成长环境而已,因为学习生活体验最为重要。美国大学要求为学生提供如下的机会:

(1) 提供探究式的学习机会,而不是简单的知识灌输;

(2) 培养学生必需的口头和文字表达能力,以使学生适合大学、研究和个人生活需要;

(3) 培养艺术、人文学科、自然科学和社会科学欣赏能力,并提供机会,让学生在合适的深度和范围中体验这些学科;

(4) 为学生毕业后作细致而又广泛的准备,不管他们将来是进入研究生院还是专业学院或是寻找第一份工作。

研究型大学还应包括：

(1) 有机会与有能力的高级研究人员一起工作，以便得到帮助和指导，从而努力学习；

(2) 有参观访问从事科研工作所用的一流设备的机会，有进入科研实验室、图书馆、研究室、计算机系统和音乐厅的机会；

(3) 有选择或改变所学专业方向的机会，有些专业方向是研究型大学所特有的；

(4) 有与各种不同背景、文化、经历的人相互接触的机会，有同追求各种知识层次的学者接触的机会，不论是新生还是高级研究人员。①

5. 坚持博雅与实用的统一

和合教育哲学对于整体高等教育的最高要求就是“做人”与“做事”教育的统一。接受教育的学生既要通过把握知识和实践技能获得能力，又要经过知识的启蒙对他们自己的和社会的价值负责；既要开发智力，又要丰富心灵；这就是和合教育的优势和力量。和合教育的哲学不是立足于特定的学科领域，而是一种学和教的思想与方法。和合教育通常希望学生至少就一个学科进行深入的学习并达到较高的标准，而且这种学习是有目标、有计划的，即符合自己的生涯规划的，而不是无目的的浅尝辄止。这样以利于学生能够培养出自觉地学习和生活、自觉地发展自己的能力、自觉地吸纳有益的信息、自觉地承担责任的习惯。和合教育超出了校园，与社会和工作问题相联系。当学生超越课堂进入更大社会的时候、当学生运用他们的分析与判断能力面对现实问题的时候、当把理论知识与实践问题相联系的时候，和合教育就能够表现出其优势与力量。和合教育倡导知行合一、博雅与实用的

---

① 朱清时主编. 21世纪高等教育改革与发展——国外部分大学本科教育改革与课程设置[C]. 北京：高等教育出版社，2002. 79～80

统一，而非割裂。和合教育从来不忽视实用教育，反而要强调实用教育的功能与价值，因为它开发学生的智力能力和技能，培养具有道德情操、高阶能力的高级专门人才。获得和合教育的毕业生将获得更高水平的能力，能够展望未来，为各种情况做好准备，也能够满足他们自己、教师、社会的期望。社会期望是多方面的，主要包括政治觉悟、道德水准、文化教养、实用价值，也就是说，社会对人才的要求是综合的，大学在办学过程中就应该考虑到这种综合要求，而不可偏废，这就是大学人才培养的和合论。[①] 和合教育的目标不是一个大学的学位，而是在于有力的、有质量的学习。詹姆斯·杜德斯达认为："就一般意义而言，大学为每一届新生提供机会，这种机会使得学生们能更好地了解自我，去发现和理解我们以往的重要传统和价值，去拓展应对未来复杂而多变的未来世界的能力。这样，大学就拥有了一个与公民有关的目的，即用知识和理性武装学生，使其成为良好的公民并过上有意义的生活。"[②]

6. 坚守古典与现实的统一

和合教育实际上是在坚守一种新古典主义高等教育（Neoclassical High Education）。"古典"（classic，classism）一词，含有传统的、典范的意涵。无论是在文学史上还是在美术史上，"古典主义"或者"新古典主义"，都推崇理性，强调明晰、对称、节制、优雅，形式上偏好结构的单纯、平衡与比例的整体和谐，追求艺术形式的完美、和谐与永恒的价值；精神上则崇尚尊严、高贵、平和等内敛性质。古典人文主义教育的源头，在西方最早可追溯到古希腊时期的苏格拉底、柏拉图的教育思想。经文艺复兴后，从 17 世纪的夸美纽斯到 18 世纪的卢梭、狄德罗再到康德、费希特等人，直到裴斯泰洛齐和赫尔巴特，古典人文主义教育达到了终结，达到了顶峰。在这些教育家看来，人具有潜在的善性，应该设计一种理想的社会，通过教育使人格完善。这时期人文主义者从批判经院主义教育出发，强调人身心全面发展，主张拓宽学科课

① 蔡先金. 大学人才培养之实用分析[A]. 大学经纬. 青岛：中国海洋大学出版社，2008. 150～157

② （美）詹姆斯·杜德斯达. 21 世纪的大学[M]. 刘彤译. 北京：北京大学出版社，2005. 61

程内容和学科范围，提倡使用新的教育和教学方法。

纽曼曾有关于大学教育的经典设想：大学教育包括知识的要点，它所依据的原理、各部分所涵盖的范围、它的闪光之处和不为人注意的地方，以及它的重点和次要部分，因而，它引发出学生内在的天资，一种赋有自由、公平、冷静、节制和智慧的思维习惯。① 中国古典的学院精神，都是我们需要借鉴的。面对“古典”，要“汲取精华，去其糟粕”，大学没有了“古典”的意味，大学也很难成其为大学；大学原有的精神“象牙塔”一定要保住，不能坍塌，没有了“象牙塔”，大学将会失去自己存在的疆界，从而失掉“大学”自身的定义。大学应该与时俱进，要服务于社会和人类，要引领文化与文明的发展，因此，要表现出自己创新的一面。创新是一个民族进步的灵魂，也是一个民族发展的不竭动力源泉。大学不仅是传承知识的场所，重要的是探究高深学问而非职业培训场所。倘若说大学有什么需要坚守的话，那么创新才真正代表大学的未来。高等教育需要创新，大学也需要实施创新教育，而创新教育的前提是教育创新，只有激发创新活力，只有当教育的目的是创造而非仅为训练，是点燃天才的火花而非仅为“灌输”，是激发出灵感而非仅为“修剪”，方才能够培养出一大批拔尖创新人才。在大国复兴、民族复兴的道路上，在高等教育受到很多质疑的情势下，和合教育或许就是我们的正确选择。

7. 追求“内圣”与“外王”之统一

坚持和合教育理念，就要追求“内圣”与“外王”之统一。大学只有“内圣”才能确保开放之“外王”。在高等教育现代化的过程中，精英化高等教育不等于是高质量，大众化教育也不等于是低质量。为了坚守住大学育人质量这条生命线，我们无论采用什么样的教育教学理念、模式与方法，最终都要由师生共同践行方可达到育人的目的。在大学的师资与管理将面临挑战的情境下，我们一方面应该按照一所传统大学的标准与要素建设与塑造大学自身，使现在的大学在某种程度上更像一所古典大学，从而赢得社会或他

---

① （英）约翰·亨利·纽曼. 大学的理想（节本）[M]. 徐辉，顾建新等译. 杭州：浙江教育出版社，2001. 22

人的尊重；一方面应谋求改革，拓展大学的发展空间，使自己更像一所现代大学，从而赢得社会或他人的认可。在总结中传承，在传承中变革，在变革中转型，推动质量发展从粗放向精细转变，由外延向内涵延伸。如此在传统与现代之间谋求平衡，在自由创新与维护传统之间达到一种均势，从而创建出既具有传统底蕴又具有现代品格的新型高水平高等教育。

无论是坚守大学古典精神还是服务于当下的现实需要，大学都必须处于一种开放的态势下。1983 年，邓小平亲自下调令，任命钱伟长为上海工业大学校长，并加注“此任命不受年龄限制”，这正是钱伟长担任“终身校长”的由来。钱伟长旋即在这块自留地里展开大刀阔斧的实验，最有影响力的是“拆墙运动”，即破学校与社会之间、师生之间、科系之间、教学与科研之间的“四道墙”。钱伟长拆除“四道墙”的目的就是使大学实现自身的开放，铲除一切可能存在的“遮蔽”。“我们的大学就是要揭示教育教学中的一切‘遮蔽’——传道、授业、解惑——豁然开朗为一片‘澄明’。”[①]无论是从育人角度还是从知识角度来说，教育教学过程中所有发展和制约的因素都不是孤立的，而是相互联系、相互作用和相互依存的，只有在开放状态中各种要素协调、有序组合，才能使教育教学有机体有效运行。邓小平提出的教育要面向世界、面向未来、面向现代化，也就是在要求教育要实施开放政策。闭关则锁国，闭学则禁智。当今世界，信息至上，全球化势不可挡；现代社会，固守陈腐，如井底之蛙，必将招致世人耻笑；数典忘祖，背叛传统，如不孝子孙，亦必将受到世人的鄙弃。丁学良说：“愚昧也是力量。……一个国家、一个机构、一所大学，它越是对外封闭，愚昧就越是占上风，愚昧就越是有力量；它越是对外开放，知识就越容易占上风，知识就越是有力量。二十一世纪的中国，当然不能再付出 1960～1970 年代那种愚昧就是力量的成本。要看二十一世纪究竟是谁的世纪，不看别的，就看谁拥有更多的世界水平的大学。”[②]

（三）和合教育是一种新型的教育理念

大学理念本身即是历史思想的继承与现实需要的矛盾统一的产物，历

---

① 蔡先金．大学经纬[C]．青岛：中国海洋大学出版社，2008．66

② 丁学良．什么是世界一流大学[M]．北京：北京大学出版社，2004．31

史上每种大学理念的出现都体现着时代对大学的新需求。“一个时代的价值就是这个时代的利益标识与实践指向。一个民族的价值观是这个民族的精神诉求与思想旨趣。价值和价值观是一个国家、民族、大众和时代思想文化的最内在、最本质也是最前卫、最直接的存在方式,价值领域始终是时代精神的思想前沿,民族文明的活的灵魂,始终成为社会各种利益追求、思想倾向、意识形态对话和争论的主要领域。”①我们在思考一些现实的问题的时候,在推进教育教学改革的进程中,在借鉴国外教育教学改革经验的时候,逐渐发现“和合教育”这个理念可以指导我们的思考与改革,可以统领新时期大众化背景下高等教育面临着的各种各样复杂的矛盾,可以统整我们的课程体系、教育教学方法以及其他教育环境。大学的内在精神品质要求大学行为与社会需求之间也要保持适当的距离。这种距离不是落后与超前的问题,该固守的时候就应该固守,该保守的时候就保守,该自由的时候就自由,该激进的时候就激进,总之要符合人类发展与生存的要求,要符合历史发展的方向与趋势,这就是一种和合。“和合”本是中国传统哲学思想的精髓之一,在此语境下将其转移为“和合”教育理念,是根据时代的发展以及整合已有的思想观念基础上提出来的。我们在强调能力培养的时候,还要仍旧强调“厚基础”,因为有效的知识可以内化为能力,而知识和能力又可以提高素质,当知识和素质都得到有效培养之后,反过来又可以去强化能力培养。因此,和合教育理念要求我们在教育的过程中要遵循这样的基本原则:一是要紧密围绕人才培养目标。人才培养是学校的根本任务,要从知识掌握、能力形成、素质提高和创新精神养成等方面构建全新的课程体系和教育模式。二是要遵循教育教学规律,教育教学自身具有内在的联系,我们要进行深入的探索与把握,不是一蹴而就的事情,我们要注重经验,但要反对经验主义。三是要遵循人才成长规律。人才成长有其内在规律,在探讨教育教学改革的研究中,我们要遵循人才成长的规律,包括学生知识、能力、技能和品德发展的规律,教育过程中个体内外部因素作用的规律,教育环境因素

① 任平.置身价值前沿 引领价值对话 创新价值观念——对《价值》倡导社会主义核心价值体系研究的感悟[N].光明日报.2008-10-14(12)

与主观努力之间的关系规律等，确保一切有利于人才成长，有利于教育过程的最优化，有利于教育教学质量的提高。

和合教育超越通识教育。人们对通识教育概念的看法，尽管众说纷纭，但基本上可以概括为狭义与广义两种理解。狭义的理解是把通识教育看做非专业教育部分，指不直接为学生将来的职业活动做准备的那部分教育，与专业教育一起构成高等教育。广义的理解是把通识教育看做一种教育理念、教育观，指大学教育应给学生全面的教育和训练，教育的内容既包括专业教育，也包括非专业教育。通识教育这种广义上的教育理念或教育价值取向，究其实质是培养积极参与社会生活的、有社会责任感的、全面发展的社会的人和国家的公民。[①] 我们认为，和合教育是对通识教育内涵的完善，协调了通识教育、专业教育、生涯教育三者之间的关系，形成由三者共同形成的和合教育文化。我国大多数高等学校的通识教育，往往侧重于人文教育，因而造成了一种误解，似乎通识教育就等同于人文教育。在科学教育意义过分凸显、人文教育过分薄弱的背景下强化提升人文教育的地位，的确是一个很好的举措，但我们决不能因此而把通识教育窄化为人文教育。无论何时，科学教育都是大学通识教育的题中应有之义。和合教育则是在更深层次上强调多种综合素养的养成与全面知识、能力的培养。和合教育也不同于通才教育，两者不能混为一谈。其实从本质上说，和合教育所追求的主要不是客观知识的广博性，而是知识的文化意蕴及由此对人的心灵和智慧的陶冶作用，而且和合教育并不排斥自由教育、实用教育、专业教育，只是汲取它们各自的长处，然后熔为一炉。和合教育与通才教育是有区别的：和合教育强调学识、智慧、文明修养、技能、能力等多方面素质的贯通与养成，通才教育则强调人的知识的广博性；和合教育着重教育的内在价值与实用价值的统一，而通才教育要实现的主要是工具性价值，两者的出发点与归宿是不一样的。通才教育侧重人的知识结构现代化，和合教育则侧重于人的精神意识及人的知识结构的共同现代化。

和合教育是一种教育哲学，而不是一系列的知识、特定的课程或特定类

---

① 李曼丽，林小英. 后工业时代的通识教育实践[M]. 北京：民族出版社，2003. 24

型的院校。作为一种被赋予了现代教育思想印记的高等教育理念，和合教育的思想内核并未真正为大学所认识和接受，还没有真正成为大学的基本教育理念。首先，现代意义上的高等教育的渊源来自西方国家，对于其他地区的高等教育而言，高等教育的发展还处于欠发达阶段，要真正在高等教育中贯彻和合教育理念，还需要一个长期的过程。我们有理由相信，在全球化浪潮的推动下，各国高等学校间的交流与合作将会成为国家间交往和交流的更加重要的领域，日益密切的高等教育理念和教育各要素上的互相学习与借鉴最终将推动和合教育理念的普及并形成对和合教育理念和基本教育模式的共同认识。其次，科学技术和文化的发展，特别是高新技术的发展、学科分化趋势的加强以及多元文化融合趋势的加强等因素将共同促进和合教育理念的推广和发展。当今世界已经进入科技高速发展的阶段，在急剧增长的人类知识面前，传统的教育已经无法用有限的时间将这些新增加的知识及时传授给我们的下一代。科技的快速发展也导致了在高等教育中人文精神传承的缺陷，新一代人在具备了较高的科学知识的同时却越来越缺乏人文素养和作为人本身必须具备的全面的文化素养。在信息化、全球化时代，社会对人才的规格要求不再仅仅限于是否具备知识和工作技能，而是从更全面的范围考察人才的知识、能力、社会适应性和人格的完善状况等。这就要求高等教育必须为在校的学生提供更加全面的教育服务，必须在教育内容、形式、方法等方面做出新的调整。因此，21 世纪的高等教育将以培养“全面发展的专业人才”作为自己的目标，而要实现这一目标，就必须在加强专业教育的同时，更加重视和合教育。第三，高等教育大众化的进程将推进和合教育理念的普及。中国高等教育在 20 世纪末进入大众化阶段，大众化对中国高等教育的影响才刚刚开始显现，其中最为显著的变化恐怕将表现在高等教育的目标、人才培养的规格、教育模式和内容等方面。对于绝大多数大学而言，它们的教育对象已经不再是社会上最优秀的占适龄人口 5% 的精英分子，而是占适龄人口近 1/4 的普通青年。这些学校承担的教育职责出现了矛盾，它们一方面仍然要保持原来的精英教育的传统，另一方面又要承担为社会培养一般性专业人才的任务。大学的教育者确信学生不仅应该掌握那些专业性的知识和能力，而且还应该掌握专业以外的更多的人文知识、正确的价值观、良好的社会道德、人际交往能力和社会责任感。总之,希望学生具备宽广而深厚的文化素养,同时又具有专业的职业能力。

在这样的背景下,和合教育的理念便很容易获得大学更多教育者的接受,因为和合教育所倡导的是一种将综合素质教育与专业教育相融合的教育价值观。面对大众化教育带来的变化,和合教育可以在不占用太多教育资源的前提下为所有学生提供一种基础性的素质教育平台,在这个平台上,学生可以在很大的空间里自由选择自己在专业领域的发展方向,并获取宽阔的知识、能力,并掌握多种思考问题的方式。因此,我们相信,高等教育大众化的浪潮将有助于和合教育在中国大学的发展,和合教育这种教育模式将成为中国大学发展的重要组成部分。

和合教育作为一种教育理念正促使我国高等教育从重知识到重能力再到更重素质这一重心转移,这是教育更接近其本质的观念性变革,也意味着大学教育价值向其本体回归。如何正确处理好大学教育中的各种关系呢?那就要做到"统合是手段,和谐是目的",方才可以达到规范和促进学生个体发展与适应和促进社会发展的两大教育目的,我们的大学方才可以成为一个既具有传统底蕴又具有现代品格的新型大学。

三、塑造和合教育的新文化

办大学就是办个氛围。大学文化是指作为社会文化载体而存在的大学内普遍为人所接受并渗透在大学各项教育活动之中的价值观念、大学的教育制度结构、作为整体的大学和作为个体的师生的行为准则、在大学管理和教育过程中长期形成的符号系统及能够标识大学个性特征的其他文化现象。一旦形成和合教育文化,其作用是巨大的,影响力是深远的。

(一)和合教育成为一种价值观念

大学文化是一种大学所特有的价值观念,这种价值观念既为大学中的教职工和学生所普遍接受,又物化在大学的物质形态和管理活动中,它既具有十分稳固的历史继承性,又不断在大学内外部的影响下发展变化。和合教育是一种"和谐"的教育,以学生为中心,关注每个学生的和谐发展,关注每个学生的身心健康发展、可持续发展,既重视培养学生的理智,重视知识的系统传授,重视以知识的学科逻辑体系来组织编排课程,重视人的个性发展和传播理性知识,重视人的健全人格的培育,又重视知识的工具价值和不断变化的性质,重视知识的学习结合社会生活和人的经验的改造,重视人的知识、能力、素质的协调培养。我们在教学改革中无论突出何种影响因子的作用,但也不能偏废另一方,许多教改项目不能长效的主要原因就是当强调一方的时候而忽视另一方,不符合和合教育理念的要求。我们的教学改革应在保持"和合"的情况下进行,才能达到预定的目的。

(二)和合教育理念贯穿在教育教学过程之中

大学教学过程是开展和合教育的关键环节,也是实现和合教育目标的主要途径。挖掘教学过程中的文化因素则是提高和合教育效果的重要因素。具体而言应从以下几个方面入手:首先,要正确认识人文社科课程和自然科学课程教学的多重目的。教学活动应避免单纯的知识性教学,注重教学活动的教育性。不仅要通过知识传授实现人文教育与科学教育的目标,更要通过教学活动形成对学生心灵的教化,潜移默化地塑造其文化素养、道德品质、文明习惯、科学素养和科学精神等品质。其次,应充分发挥人文社会学科和院系的作用。20 世纪 90 年代,许多理工科大学在院系改革中把增加人文学科院系作为加强人文教育,实现全面发展教育的重要举措,经过实践已经显示出良好的成效。许多非综合性理工科大学开设了人文、社会科学专业,成立相关院系,不仅丰富了学校的学科布局,而且通过人文社会学科的建设,在课程建设、师资建设、校园学术活动、学科交叉和融合等方面都对加强学生人文素质的培养起到了很大的促进作用。实践表明,在理工科大学开设人文院系和专业是开展人文教育的组织保证,人文院系的教学活动对大学人文环境的塑造、学生人文素质的养成具有不可替代的作用。第三,准确理解人文教育与科学教育相融合的含义,融合不是简单的相加,而是加强二者的内在联系和相互渗透,赋予和合教育以全新的"和合"内涵。通过专业和学科调整,合理构建专业和学科结构,修订各专业的教学计划,重点突出人文教育和科学教育相融合的专业和学科的建设。

(三)和合教育精神体现在教师身上

和合教育有助于提高专业任课教师的人文修养和科学修养。在过分强调大学专业和课程设置的专业化要求的影响下，我国大学教师的知识结构也表现出文理分离的倾向。大多数教师的知识和能力被局限在一个狭窄的学科领域，对人文素质教育和科学教育的内涵缺乏认识，其知识与思想观念也很难适应人文教育与科学教育相融合的要求。对于大多数人文学科的教师而言，科学技术，尤其是高新技术是高深莫测的，要让他们在教学中贯穿和体现现代科学技术、渗透科学思想，培养学生的科学精神是难以想象的。反之，要让大多数理工科教师在其教学工作中渗透人文教育的理念和内容也同样是非常困难的。教师队伍的文化素质不完整、不全面会直接影响到一个大学的文化品质和文化发展的潜力，我们理想中的大学应该是大师云集的文化圣殿，而现实中的大学距离这个要求实在是相差甚远。无论是人文社科专业教师还是理工科专业教师都面临着提高自身人文素养和科学素养的任务。虽然学习人文和科学知识有助于提高人文素养和科学素养，但是单纯学习专业知识与提高自身的素养之间并不是一种必然的关系，事实上我们的教育恰恰存在着片面重视知识教育而忽视人自身的素质提高的弊端。因此，专业教师不仅要熟练掌握本专业的知识技能，而且要具备一定的历史、哲学、文学、艺术和现代科学技术的基本知识，必须在道德与行为习惯、价值观念、情感与意志品质、思维方式与方法、人际交往、敬业精神与责任感等方面以及科学的思维方法、科学的态度与严谨、务实的科学精神等方面加强自我修养。通过教师自身表现出来的人文和科学素养，能在学校形成浓郁的人文与科学氛围，它能使学生在这样的环境中受到潜移默化的影响。学校应该适当安排教师接受跨专业、跨学科的进修，以提高教师的综合素质。

（四）人文教育与科学教育相融合

学生人文素质和科学素质的形成绝不仅仅是掌握知识的过程，而是以一定的知识为基础，通过社会实践活动将知识掌握与情感体验、主动思维及判断等活动结合在一起而逐渐完成的个性心理品质的形成与发展过程。因此，按照人文教育与科学教育相融合的教育理念重新设计与组织实践教学工作是提高学生人文与科学素质的重要举措。传统的实践课程的教学目的是使学生熟悉理论知识在实践中的应用情况，掌握运用理论知识和技能解决实际生产、社会问题的能力，这种设计思想当然是正确的，但是相对忽视了对学生人文素质和科学素质的教育。实践课程应该而且能够体现出人文教育和科学教育的要求，实践课程的设计应充分考虑人文教育和科学教育的要求，充分利用丰富的社会实践事例和社会现象指导学生体验和领悟人文精神和科学精神。

大学课外教育是开展人文教育和科学教育的另一重要途径，学校应通过开设系列素质教育讲座、组织人文教育与科学教育的学术讨论、知识竞赛、科技创新活动、特殊才艺表演、文体竞赛等课外活动来加强人文教育和科学教育。大学应有组织地利用学术讲座和专题研讨活动对学生进行人文教育与科学教育。学术讲座是交流和传播研究者独特见解和学术研究成果的重要形式，也是向学生进行人文思想和科学思想教育的有效途径，学者们在各自研究领域的独特见解和创新成果往往会对学生的思维和价值观念产生巨大的影响力，其教育作用因而备受关注。此外，学校开展的各种学术研讨、知识竞赛、科技发明和创新活动等第二课堂活动也有助于加强学生之间、学校之间的交流，有助于引导学生更全面地了解社会、了解自己，在这些有益的活动中陶冶美好情操、感悟人生哲理、培养科学爱好、训练科学思维。

（五）知识教育与价值观教育、情感教育相互关联

所有课程都面临如何处理知识传授与思想教化的矛盾。解决的对策包括：教师自身深入理会知识内容并形成自己的观点和思想；科学选择教学内容；采用灵活的、学生乐于参与的教学方式；通过教学努力实现明晰科学发展线索、将科学思想、思维方法与知识传授有机结合；在教学以及课堂外的活动中有意识地传递科学的价值观念并通过实践活动使学生体验健康积极的社会情感。处理好民族文化传统与当代人文思想教育、现代科学技术教育的关系。民族文化传统是一个民族在长期的历史进程中形成的价值观念体系、关于本民族的发展历史、对自然和社会认识的知识体系和思维方式、习惯等的总称。每个民族的文化传统都是历史的产物，是影响这个民族发展进步的重要因素。民族文化传统既是教育活动的重要内容，也是影响教育活动的重要因素。中华民族是一个有着悠久灿烂文化传统的民族，这些璀璨的文化遗产不仅是我们每个中华儿女的骄傲，同时也是我们教育活动

的重要财富。继承和发展民族文化传统是学校教育，尤其是高等教育不可推卸的责任。加强人文教育与科学教育的融合必须充分重视民族文化对高等教育工作的影响，用现代科学和正确的价值观做指导，对传统文化作合理科学的分析和重构，在民族传统与当代人文思想和现代科学技术之间建立起内在的联系，将传统的文化融入当代的文明之中，使之成为具有鲜活生命力的教育财富。

（六）通过和合教育理念去优化大学制度结构

在和合教育理念的指导下优化大学制度结构。不同历史时期、不同国家的大学在其各自的发展历程中逐渐形成了独具特色的教育制度和管理风格，这些都是构成大学文化的要素。教育制度上的特征决定了不同大学在教学体制、教学内容和教学过程各环节上会表现出巨大的差异性，我们可以将这些差异视为大学文化上的差异或大学文化上的特色。例如，以英国和德国大学为模板建立起来的美国大学并没有照搬欧洲大学的过于刻板的教学管理制度，而是创设出一种更加灵活与自由的管理体制，今天我们已经很容易地从大学文化的角度识别出这两种大学管理制度上的差异。大学文化是在大学成长过程中长期形成的组织结构和符号系统。大学的组织结构包括大学的内部各要素的特征、要素之间的关系（如工作关系、权力关系、情感关系和利益关系等）、大学的机构设置、科层类型和管理系统构成等。大学的符号系统是大学内部成员所共同接受并赋予其特定含义的标志，包括组织内部的机构名称、不同成员的头衔、称谓、各种具有象征意义的仪式、标识、徽章、图案、校训和口号等。大学文化是一种行为准则。众所周知，大学文化的形成不是一朝一夕可以实现的，而是需要较长的时间进行历史的积淀和升华。在这个过程中，每一所大学都会形成特定的行为准则，这些准则规范着作为整体的大学的行为（确立办学宗旨、实践教育活动、行使和完成在社会生活中的责任等），同时也规范着大学中一个个的个体（教师、学生和管理服务人员）的行为（教学活动、学习活动、科研活动、管理与服务活动等）。从广义上概括出来的大学所具有的创造知识和传承知识、推动人类文明进步的教育目标在不同的大学校园里被具体化为一个个特色鲜明的行为准则，大学里的所有人都有意或无意地遵循着这些延续了几十年、上百年的校园行为规范去完成自己的工作和学习任务。大学的活动正是在其无形而又时时刻刻存在着的这些准则的规范下实现着教育的理想，同时也通过这些准则所体现出的大学行为的特点而彰显出大学自身的文化个性。在和合教育理念的指导下，我们应该优化我们的大学制度结构，创造出一种和合文化。

（七）构建和合型的学术文化

大学文化追求的是学术的文化。学术活动是大学存在的基础和核心。大学文化是一种严谨求是的文化，大学的活动，主要是进行人与自然、人与规律、人与逻辑、人与道德、人与社会、人与命运的思辨和对话，这种思辨与对话本身就是一个严谨的学术过程。因此，大学文化鄙视浅薄、浮躁、虚假、急功近利和随波逐流，崇尚严谨、逻辑、实证、经验，崇尚脚踏实地，一步一个脚印地艰苦攀登和勤奋工作。“面向学者的学风建设。学者是学术的人格化，是人格化的学术。学风建设，说到底是学者对自己的建设。钱伟长先生曾经说过：‘不上课，就不是教师；不搞科研，就不是一个好教师。’这应当是大学所有教师深长思之的问题。”①

大学文化是一种具有强烈批判精神的文化。科学的特性就是大胆质疑。整理知识、继承传统需要批判鉴别，去粗取精，去伪存真；学术交流、文化交融需要批判与反批判的碰撞；创新知识、追求真理，需要不断超越他人和自我，不断批判他人和自我；推动社会文明进步，需要批判的精神，从而达到超越现实、实现理想的目标。大学正是在不断的批判过程中形成自己独特的价值判断和理性诉求，形成独特的大学精神。这种大学精神一旦形成，就会转化为一种强大的生命力，使大学能够在缤纷复杂的社会生活中发挥引导社会价值取向、凝聚知识与人才、传承与发展文化的特殊作用。

改善教育环境，创设良好的和谐的校园文化。教育环境因素包括学校的生态与物质环境、组织管理环境、文化和社会环境、人际环境等。生态与物质环境包括学校所在国家、地区的地理位置、气候及学校的物质条件、校舍、设备、设施等。组织管理环境包括学校的形态、组织类型、管理体制、校

① 孙正聿. 现实问题的理论自觉[N]. 光明日报. 2010-12-14(11)

长、教师构成、班级、团体等。文化和社会环境包括学校内部的校风、传统、习惯、学校所处社会环境中的价值观念、信仰、思维准则与思维方式、社会民俗、宗教、社会风气等。人际环境包括教师、教学管理人员和各类教辅人员之间以及他们与学生之间的人际交往和相互影响。改善教育环境主要应从教育理念、教育管理、教育资源投入与分配以及具体的管理措施等方面入手,统一组织和管理,努力构建完善的、具有浓厚人文与科学教育氛围的学校教育环境。

总之,我们在思考一些现实问题的时候,在推进教育教学改革的进程中,在借鉴国外教育教学改革经验的时候,逐渐发现"和合教育"这个理念可以指导我们的思考与改革,可以统领新时期大众化背景下高等教育面临着的各种各样复杂的矛盾,可以统整我们的课程体系、教育教学方法以及其他教育环境。大学文化具有普遍的共性,但更多的是大学在上述各个方面所表现出来的独特的个性。无论一所大学的历史是否久远,它总是要具备一些与众不同的特征。从普遍意义上讲,大学存在的时间越长久,其积累的文化因素也就越富有特色。我们从国内外著名大学的发展历程中不难发现,办学历史悠久的大学较之办学时间较短的大学在"文化"上的差异是十分显著的。进入21世纪,当中国的众多办学历史只有半个世纪或更短时间的大学还没有形成自己稳定而鲜明的文化个性的时候,那些百年名校已经在改造自己的文化传统,以确立适应当今世界社会和科学发展所需的具有"现代性"的大学文化。对于中国大多数的大学而言,文化发展的任务是双重的:既要汲取中外教育发展过程中积淀的优秀文化遗产,又要及时把握当代大学文化发展的最新趋势;既要学习先进的大学文化,又要创新性地发展自己独特的大学文化。

第五章 模式构建

高等教育改革不能局限于纠正弊端，而且改革的主要特点也不能只局限于此。改革总是能创造新的方法，因而弊端总是次要的。……任何一项改革运动，如果仅局限于纠正我们大学中那些懒散草率的弊端，那么改革同样也会不可避免地变得非常草率。①

——(西班牙)奥尔特加·加塞特

我们都是学习字句的，我们被关在中小学里、大学里、背诵间里长达十年或十五年之久，最后出来脑袋里空空如也，除了记住一些字句，别的一无所知。②

——爱默生

人首先是人，然后才是律师、医生、商人或工厂主。……专业人才大学中带走的并不是专业知识，而是运用专业知识的指南，即以普遍文化之光照亮某一专门技术之路。……教育可使一个以制鞋为业的人成为高明的鞋匠，到那时教育并不直接教他如何制鞋，而使他受到智力上

① (西班牙)奥尔特加·加塞特.大学的使命[M].徐小洲，陈军译.杭州：浙江教育出版社，2011.45

② (美)莫特玛·阿德勒，查尔斯·范多伦.西方思想宝库[C].周汉林等译.北京：中国广播电视出版社，1991.495

的熏陶及由此形成的习惯而间接教他制鞋。[①]

——密尔

有联系的事物的总和，可以看成具有特殊的整体水平的功能和属性的系统。……因此，越来越多的研究者开始把整体性原则用作方法论。[②]

——E. 拉兹格

人才是我国经济社会发展的第一资源。人才培养是我国建设创新型国家和人力资源强国、实现中华民族伟大复兴的基础性工作。人才培养模式是保障人才培养质量的重要渠道。在经历了一个世纪的发展之后，中国的高等教育站在了新的发展起点，在科技进步、信息化、全球化和高等教育国际化等诸多因素的共同推动下，世界范围内的高等教育正在进入一个全新的发展阶段，无论是高等教育的办学目标、教育内容、教育形式、教学模式和管理体系，还是高等教育管理制度、教育理念、教育政策、法律法规等都在经历一场变革过程。在这个特殊的历史时期，深化教育模式改革成为世界各国高等教育改革的核心任务之一。无论是发达国家，还是发展中国家，无论是综合性大学，还是专科性大学，都试图通过改革教育教学模式来不断提高教育质量，以适应日新月异的社会科技、文化事业的发展，适应社会公众多元化的需求。改革开放以来，我国高等教育人才培养模式不断改革与发展，在经过有益的探索与试验的过程中，积累了丰富的经验，为高等教育大众化的实现做出了重要贡献。同时，我们也应该清醒地看到，当前我国人才发展的总体水平同世界先进国家相比仍存在较大差距，高等教育人才培养模式还不适应国家和经济社会发展对人才培养质量的要求，不能满足广大人民群众对优质高等教育资源的需求，仍然存在教育观念滞后、人才培养目标和规格同质化、教学内容陈旧、教学方法过死、评价方式单一等问题。因此，人

① (美)莫特玛·阿德勒，查尔斯·范多伦. 西方思想宝库[C]. 周汉林等译. 北京：中国广播电视出版社，1991. 498

② E. 拉兹格. 略论现代系统研究学派[A]. 沈泰昌. 系统工程. 杭州：浙江教育出版社，1986. 17

才培养模式改革是我国高等教育的当务之急，是提高高等教育人才培养质量的迫切需要。

一、概念认知

高等教育人才培养模式改革是一项涉及面广、难度大的系统工程，是一项十分复杂艰巨的任务。我们要站在国家和社会发展的高度，进一步增强人才培养模式改革的责任感和紧迫感，抓住机遇，迎接挑战，推动人才培养模式改革进入一个新阶段。国家与国家之间的竞争从某种角度来看就是人才的竞争，而最高层次的竞争就是不竞争，而不竞争的最好方式就是通过创新来颠覆原来的模式。托马斯·库恩在《科学革命的结构》中说："从一个陷入危机中的模式向一个新模式的转变实际上就是在新基础之上的重建，要改变这一领域中一些最重要的理论以及这种模式的方法。"[①]我们在思考的过程中，都需要运用一些术语，为了不产生没有必要的歧义，在此给予必要的界定与解释。

（一）模式

何谓模式？其实就是解决某一类问题的方法论，即把解决某类问题的方法总结归纳到理论高度，那就是模式。一种模式蕴涵着一定的理论倾向，代表某种活动结构或过程的范型。它是将理论转化为实践经验的中间环节，既表征学术团体成员共享的且共同接受的惯例或观点，又表现在根据一定的理论提出假设，设定相应的活动条件和操作程序，以指导实践。但是，模式不是规则。

（二）教学模式

何谓教学模式？是指在相应的理论基础上，为实现一定的教学目标而构建的较稳定的教学结构或程序。教学模式既是教师教学的模式，也是学生的学习模式。它代表着有关教学与育人的信念和共享的价值标准。但新的模式可以注入新的活力。我们必须刺激更多的人走出他们惯性思维的老路，鼓励实验，让他们"制造麻烦"，使得常规比异常更加麻烦。创立和形成

---

① （美）詹姆斯·杜德斯达.21世纪的大学[M].刘彤译，北京：北京大学出版社，2005.221

一套以学生为中心的教学模式和程序，构建与形成以学生为主体、以学习为主线、以探究为特征的教学模式。

（三）人才培养模式

何谓人才培养模式？就是指在一定教育理念指导下，为着一定的人才培养目标和规格，采用相适应的教学方式和方法，以相对稳定的课程体系和教学组织管理制度实施人才教育过程的一整套有机体系、结构与程序。简而言之，高等教育人才培养模式是高等学校在人才培养过程中形成的相对稳定的、可操作的人才培养要素及其结构的总和。其要素包括人才培养目标制定、教学内容与课程体系设计、教师教学方式和学生学习方式选择，以及相应的教学管理运行机制和教学资源配置机制构建。因此，创新人才培养模式既成为大学教育教学改革的牛鼻子，又是摆在我们大学人面前的重要课题。为了转变模式，有必要将一个组织推向不稳定和无序，这种危机可能会带来一些革命性的结果。

1998 年，教育部第一次全国普通高校教学工作会议主题文件《关于深化教学改革，培养适应 21 世纪需要的高质量人才的意见》将“人才培养模式”概念表述为：“人才培养模式是学校为学生构建的知识、能力、素质结构，以及实现这种结构的方式，它从根本上规定了人才特征并集中地体现了教育思想和教育观念。”首先，人才培养模式作为一种“模式”，具有一般性及某种程度上的可迁移性。其次，人才培养模式是一个系统范畴，是人才培养过程中若干要素的有机组合，但是，它又只是对人才培养过程，特别是其中的管理过程的某种“提炼”，而不涉及具体的教学过程。第三，研究和改进人才培养模式之目标，最终要落实到提升教育对象的能力与素质发展上面，形式要为内容服务。我们认为，人才培养模式中最重要的因素，始终应是同培养目标紧密关联的课程体系结构、教学管理制度和专业设置方式这三项，其中课程体系结构是核心，它们以特定的方式整合起来，共同行使计划、组织、协调、控制、优化人才培养过程的职责。人才培养模式就是按照一定的教育思想并根据社会需要所确定的人才培养总体模式。同一个学科专业可能有不同的培养方式，同一专业的同一方向也可以有不同的培养方式。培养模式的这种多样的态势，是因教育观念即方式的不同而产生的。[1]

（四）通识教育

通识教育(general education)，是指面向全体学生开展的非专业知识的具有普遍价值的教育，其主要表现形式为一系列非专业性的通识课程。通识教育是在可能专门化与职业化的趋势下寻求学生的教育平衡与人格的全面发展；在于对抗知识的非人化、技术化和零碎化；将学生培养成为一个在现代文明的民主社会里应具有的知识、技术与态度的公民；培养他们的道德情操、价值意识与创造力、独立思考及继续学习的能力；并使学生具有宽阔的胸襟。通识教育的应然任务，就是努力使自身成为高等教育的办学理念，促进专业教育与通识教育的交融共振，和谐发展，以期达到培养“健全的个人和健全的公民”，或者说是“德智体等方面全面发展的建设者和接班人”的目的。通识教育的实然任务就是要作为专业教育的补充与同伴，成为大学教育的理念和灵魂。[2] 通识教育概念起源于美国。1928 年，耶鲁大学的教授们为了维护古典文雅学科，发表了著名的《1928 年耶鲁报告》(*The Yale Report of 1828*)，这是美国高等教育史上第一篇正式为共同必修科目作强而有力的辩护文献。1929 年，派加德(A. S. Packard)在《北美评论》(*North American Review*)中发文支持耶鲁报告，并提出“通识教育”(general education)概念来阐释学习共同科目的必要性，这是该术语最先在美国的正式出现。因此，1928 年耶鲁报告和其后的派加德提倡“通识教育”，在美国常被称为第一次“通识教育运动”(General Education Movement)。这次运动虽然被称为第一次“通识教育运动”，其实它只是维护古典文雅科目，特别是古典语文而已，而排斥现代语文和职业实用科目，是相当褊狭的，同当今所称通识系统是相矛盾的，甚至是相悖的，可以说这只是狭义的文雅教育，而非通识教育。1910 年以后的第二次“通识教育运动”才是真正地推行现代意义上的通识教育。[3] 通识教育是大学的一种理念，其目标是培养“完整的人”(又

---

① 王伟廉. 高等学校课程研究导论[M]. 广州：广东高等教育出版社，2008. 82～83

② 张寿松. 大学通识教育课程论稿[M]. 北京：北京大学出版社，2005. 6～32

③ 黄坤锦. 美国大学的通识教育——美国心灵的攀登[M]. 北京：北京大学出版社，2006. 6～12

称“全人”),即具备远大眼光、通融识见、博雅精神和优美情感的人,而不仅仅是某一狭窄专业领域的专精型人才。[①] 但需要声明的是通识教育并不是指通才教育,通才教育是一种人才培养模式,其目标是培养与专才相对应的通才。而通识教育与专业教育相互补充,可以互为一体。詹姆斯·杜德斯达对于通识教育的看法可供参考:“在某种意义上,大学在提供通识教育时处于两种相互对立的压力之中。一方面要迎合学生们的更为实际的目标,一方面又要反映雇主的要求。大学所提供的通识教育要使学生们具备广泛的技能,这些技能对于成为良好的公民和过上有意义的生活来说都是非常重要的。而且,在一个需求不断变化的世界里,本科生教育的一个目标必定是要使学生们要做好终身学习的准备。有句老话说,大学教育的目的不是为学生的第一份工作做准备,而是要为他们的最后一份工作做准备。这个说法依然很有道理。”[②]

通识教育与自由教育(liberal education)既有联系也有区别。liberal education 起源于古希腊的 eleutherios paideia(自由人的教育,绅士的教育)和古罗马的 liberaliter educatione(自由人的教育,绅士的教育)。16、17 世纪,英国将此概念与绅士理念相合流,遂演变为近代博雅教育概念,并在 18、19 世纪成为体系化、理论化的教育学说。liberal 一词便具有两个最为基本的语义:1. 博学的、通识的、非专业的、丰富的;2. 符合绅士身份的、高雅的(genteel)。至此,liberal education 意指以培养绅士为宗旨、以古典文学、逻辑和数学为基础的非专业性教育,当译作“博雅教育”。20 世纪,liberal education 和传统的绅士阶层脱离了联系,不再意指“符合绅士身份的、高雅的”,而越来越等同于“解放的”(liberating)、“自由的”(free),但继续意指非专业性的教育。因此,liberal education 现一般可译解为“自由教育”或“博雅教育”,以

---

① 顾明远.教育大辞典(下)[C].上海:上海教育出版社,1998.1555~1556

② (美)詹姆斯·杜德斯达还引用哈罗德·复皮罗对于通识教育定义:“更好地理解我们自己和我们时代,发现和理解伟大传统和先人事迹的需求;为了考虑既可以改善我们的生活又可以培养我们对不同于自己的其他人的理解力的那些新的可能性,从未经考察的承诺中解放思想和心灵的需求;培养所有有思想的公民选择独立的负责人的生活需求,而这种选择重视事物与人的连通性。”(詹姆斯·杜德斯达.21 世纪的大学[M].刘彤译,北京:北京大学出版社,2005.65)

区别于“通识教育”，意指以解放心智为目的、以培养自由公民为宗旨的非专业性教育。[①]

（五）专业教育

我国高等学校在新中国成立后学习苏联，开始按照“专业”来培养人才，人们便称这种培养方式为“专业教育”。专业教育亦指“专门教育”，指培养某一领域专业人才的教育。在一个国家的学制结构中，一般既设有进行基础教育各种层次的普通学校，又设有培养各种专业人才的专门学校。专业教育一般是在一定的基础教育上实施的。[②] 它是专业性高等教育（professional higher education）或对专业范围属工科、农科、医药、师范、财经、法律、管理及其他应用性、技术性科类，旨在培养学生从事有关专业实际工作的高等教育的称谓。[③]

专业教育是与学科、专业概念相关的，中文“学科”在《辞海》中的解释为：一是学术的分类，指一定科学领域或一门科学的专业分支（discipline）；二是指教学科目的教程，即科目（subject）。从词源学的角度来看，学科的最初概念与学习有着密切的联系。该词源于希腊文的教学用语 didasko（教）和拉丁文（di）disco（学）。14 世纪，discipline 指各门知识，尤其是医学、法律和神学这些新兴大学中的“高等部门”。此外，discipline 亦指寺院的规矩，以后指军队和学校的训练方法。因此，英文中“discipline”除了上述“学科”内容外，也蕴含着规训，即包含着严格的训练与熏陶、纪律、规范准则与约束的含义。由于中文中“学科”一词没有英文 discipline 的多重意义，为了突显学科知识的规范特质，在文化/社会研究译业编委会的翻译中将其译为“学科规训”。[④]

中文的“专业”从俄语而来，译自俄语（специа——льность），经过近半个多世纪中国大学的实践，成为中国高等教育的一个本土概念。中文的“专业”在《教育大辞典》中解释为：指高等教育培养学生的各个专门领域，大体

---

① （加拿大）比尔·雷丁斯．废墟中的大学［M］．郭军等译，北京：北京大学出版社，2008．1

② 顾明远．教育大辞典（下）［C］．上海：上海教育出版社，1998．2128

③ 顾明远．教育大辞典（下）［C］．上海：上海教育出版社，1998．1811

④ 庞青山．大学学科论［M］．广州：广东教育出版社，2006．20～21

相当于《国际教育标准分类》的课程计划(academic program)或美国高等学校的主修专业(major)。在《高等教育学》中,大学专业被界定为课程的一种组织形式。学生学完所包含的全部课程,就可以形成一定的知识与能力结构,获得该专业的毕业证书。上述界说中都强调专业作为课程的组织形式,也涉及了与专业相关的知识、就读的学生及相应的毕业文凭。

从中国大学专业形成的历史来看,中国大学自20世纪50年代就仿效苏联进行院系调整和高等教育改革,逐渐形成了以系为管理单位、以专业为教学核心单位的组织形式。学生入大学后直接进入专业学习,学习期间一般不予调换专业。学生所在专业的教学活动是执行既有的教学大纲与专业教学计划。中国大学的专业不仅是知识的组织形式,事实上也成为一种实体,因为其背后凝结着三大类实体资源与组织:由同一专业学生所组成的班集体;教师组织(与专业同名的教研室);与教师组织相连的经费、教室、实验室、仪器设备、图书资料以及实习场所等。在英文中却没有一个完全对应的名称可以涵盖中文的“专业”的内涵和外延,多以major、academic program、specialization或concentration作为中文“专业”的翻译。这种无确定对应词(或对等词)的翻译之“语际实践”突现了从英文文献探讨“专业”之内在构成要素的必要性。

现代产业革命发生后,由于产业发展对不同专业领域专业人才的大量需求,美国大学教育不断专业化并出现了主修专业(major)。主修专业(major)这个词首先出现在1877～1987年约翰·霍普金斯大学的招生目录(catalog)上。在《本科课程手册》一书中,大学的主修或专修专业(major or concentration)被认为是本科教育的核心结构,是由某个或多个相关知识领域中的课程组成,为学生提供系统的知识学习或者研究方法的实践。《教育百科全书》中的“Academic Major”词条则指出,主修专业为学生提供在某个知识领域中深入的学习与研究经历并授予相应的学位;它为个人未来的工作与前途进行准备,并且配合通识教育课程,为本科提供具有深度和广度的知识。学生在大学本科学习期间的大量时间都用于主修专业的学习上,因而它对学生的知识结构、学习方式、身份认同乃至世界观与价值观都产生重要影响。

专业方向主要有两方面的含义，其一指的是在大学专业内设置的分支方向，是专业的具体化发展；其二是指大学的专业，这是专业方向发展的结果。因而，从内容上来看，专业方向同样包括作为专业的课程的组织形式、与专业方向相关的知识、就读的学生以及相应的毕业文凭。

（六）生涯教育

生涯教育（career education），是有目的、有计划、有组织地培养个体规划自我生涯的意识与技能，发展个体综合职业能力，促进个体职业生涯发展的活动，是以引导个体进行并落实职业生涯规划为主线的综合性教育活动。生涯一词来源于英文“career”，根据《牛津词典》的解释原有“道路之意”，可以引申为个人一生的道路或进展途径，强调随着时间流逝赋予的责任。在英语中还有几个相近的具有“职业”含义的单词，但都有别于“career”：如“vocation”侧重于表述某职业所需的资格，“vocational education”更接近于职业证书教育。“occupation”主要是指职位或工作，属于正式用语。“profession”则指受过高深教育或专业训练的职业。职业生涯涵盖了个体一生的发展历程，它指一个人在一生中所从事的工作，承担职务的职业经历或相继历程，是伴随个体终身的动态发展过程。

生涯教育起源于美国，萌芽于职业辅导，旨在解决教育与职业相脱离的问题，最终使教育贯穿于人的整个生命。1907 年，美国密歇根州一所公立学校的总监杰西·戴维斯（Divas）首创了系统化的职业咨询心理辅导计划。1908 年，“职业辅导之父”——美国波士顿大学教授佛兰克·帕森斯创办了波士顿职业指导局（Boston Vocational Bureau），并于 1909 年出版了《选择职业》（choosing Vocation），该书第一次运用了“职业辅导”（Vocational Guidance）这一专门学术用语，并系统地阐述其科学的职业选择理论，标志着职业指导理论的创立。在职业辅导理论与实践发展的基础上，1953 年，舒伯（Super）提出了生涯发展理论，认为“生涯是生活中各种事件的演进方向和历程，它统合了人一生中的各种职业和生活角色，同时表现出个人独特的自我发展形态”。由此看来，生涯不仅止于工作或职业，还包含了个人的生活风格（lifestyle），与个人在一生中所从事的所有活动。这一思想把职业指导上升到更高的层面，不仅以个人的发展为着眼点，同时也兼顾社会的需要和利益，从个体发展和整体生活的高度来考察个人与职业、个人与社会的关系。舒伯生涯发展理论的提出被认为是生涯辅导形成的标志，是职业辅导与生涯辅导的分界线。1971年，美国联邦教育总署署长西德尼·马兰(S. P. Marland)在全面的教育改革中正式提出“生涯教育”的新观念及新构想，特别强调将生涯发展、态度及价值观等概念和内容融入传统的学业课程中。他认为生涯教育的重点在于生涯意识、生涯探索、价值观澄清、决策技能、生涯定向和生涯准备。这标志着美国现代职业生涯教育运动的开始。生涯教育的提出是针对20世纪60年代以来，职业辅导更加重视以个人为本位的职业能力的培养而忽视人格的成长和完善，因此，生涯教育旨在培养人格，工作价值与态度、情感等因素必须纳入生涯教育之中。美国曾两次专门以政府法案的形式实施生涯教育，一次是在1970年代制定《生涯教育法案》，一次是在1990年代制定《学校—就业法案》(school-to-work，简称STW项目)。《从学校到工作多途径法》(STW Opportunities Act，1994)建议建立与生涯准备紧密联系的更加制度化的教育体系，并认为做到这一点的更好的改革策略就是加强学术课程与职业课程的整合。随着国际竞争的加剧，各国越来越意识到培养人才与国家竞争策略之间的紧密联系。怎样使学校教育培养的人才成功地走入职业世界，并尽快适应职业生活，进而创造生产力、增强国际竞争力已成为国家政府以及高教界关注的重大问题。

二、挑战与走向

高等教育已经成为人们关注的焦点，现已进入了挑战与变革共存的时代。只有搞清楚现行人才培养模式的突出问题出在哪里，才能找出改革的准确的路线图。

(一) 传统模式及其挑战

认识传统模式是确定未来改革与发展的基础。这里所谓的传统模式，也可能并非是什么传统，只是称谓现已存在的大学教育模式而已。但是，我们并不能全盘否定传统模式与传统课程的价值，传统模式也不是一无是处，无可救药；传统课程更不是智力或道德的荒漠。学生与负责培养他们的教师之间也并不存在着一个不可逾越的鸿沟。但是，现已存在并在发挥作用的人才培养模式肯定具有需要完善与改革的地方,这也是不容置疑的事实。

1. 传统模式的表征

审视传统模式,可以找出其具有代表性的征象,我们可以用这些现象去描述一下所谓传统模式,给人一个大体印象。钟志贤将其征象大体总结如下:[①]

(1) 在一个寄宿的校园环境中,以课堂为基础的教学;

(2) 4 年制、大班制授课;

(3) 灌输式教学为主;

(4) 学生是被动式接受知识;

(5) “知识过载”(knowledge overload)导致多课程、多课时的大学本科教育;

(6) 学生通过一系列课外活动增加经验;

(7) 以专业教育为主;

(8) 教师埋头科研工作与学术活动,教学与科研处于少许分离状态。

2. 传统模式的局限与挑战

在我国目前的教育系统中,教育的导向主要是记、背标准答案,学生提问的欲望和兴趣在中小学阶段已经被大大地削弱了。学生疏于独立思考、缺乏主动学习的精神,是我们在培养杰出人才时遇到的困境。究其根本,是因为我们的教育并未将学生作为主体,充分发掘他们的潜力。大众化教育之后,许多大学在盲目扩张之后,采用工业化流水作业的模式培养学生,“批量生产”造成严重的同质化,背离教育教学的内在规律。记者写道:“一边是近 200 人的大课堂,老师在讲台上侃侃而谈,下面的学生有玩电脑的,有睡觉的;另一边是十几个人的小课堂,老师边讲学生边问,课堂气氛比较活跃。”[②]在国外名校,小班化教学非常普遍,师生互动相当密切。在美国,耶鲁大学大约 75%的本科生教学班学生数少于 20 人。很多以教学为特色的文理学

① 钟志贤.大学教学模式革新:教学设计视阈[M].北京:教育科学出版社,2008

② 高校“大班额”怎样保质量[N].中国教育报.2010-11-8(1)

院，所有教学班学生都在20人以下。英国的课堂人数想从每班20人扩充到25人，就必须征求社会意见，如果社会不同意就不能扩充，一旦扩充学校就面临生源不足的危险。造成教学质量不高的因素有很多，而能否根据不同的教学影响因素开发和配置教学资源，是保证教学质量的一个重要方面。钟志贤总结出传统模式表现出十大突出问题，可供参考：①

(1) 客观主义倾向的教学理念；
(2) 低阶能力的目标倾向；
(3) 重知轻行的价值取向；
(4) “权威—依存”的师生关系；
(5) 方法滞后的信息技术应用；
(6) 单一化的教学组织形式和方法；
(7) 程式化的教学设计；
(8) 机械接受为主的学习方式；
(9) 标准化的培养方式；
(10) 背离学习者发展的教学评价。

传统模式的局限确实很多，再如：教学以灌输式为主，课堂讲授课时量过大，学生学习自主性不足，探究性学习氛围不浓，教师与学生关系疏远，教师的实践经验欠缺，教学方法单一。因此，现在的大学教育模式无疑要接受一系列的挑战，这些挑战既来自于传统模式自身的不足，也来自于时代发展的方方面面。英国剑桥大学从工程和工程教育核心的设计角度出发，把挑战归纳为八项：(1) 激烈的国际竞争；(2) 飞速的技术变化；(3) 技术系统日益增长的复杂性；(4) 工程服务对象日益强化的需求和愿望；(5) 工程产品更短的寿命期；(6) 严峻的环境考虑；(7) 严肃的法律责任；(8) 日趋重要的小组合作工作。② 美国指出了实现高等教育高质量的障碍主要有：课程的支

---

① 钟志贤.大学教学模式革新：教学设计视阈[M].北京：教育科学出版社，2008.43～61

② 朱清时主编.21世纪高等教育改革与发展——国外部分大学本科教育改革与课程设置[C].北京：高等教育出版社，2002.309

离化；教授被培养成学者而非教师；对质量的排他性定义；缺乏有意义的评估；学生沉重的经济负担。① 中国现有教育模式来自于内外的挑战与压力要远远大于英国的剑桥大学以及美国的高等教育界，现在整个社会对于现有教育模式的不满已经诉诸各种媒体，对于现有教育模式改革的呼声更是一浪高过一浪。总之，现有模式落后于时代的发展，不能满足人们的需求，到了非改不可的地步了。

现在的教育模式既有其落后的一面，如有人针对中国两所985高校进行“课程大纲”状态的调研，结果得出的结论是这两所高校的教师处于“前职业状态”，也有其激进的一面，就是功利性太强，重点在培养“经济动物”、“机器人”，造就单纯的社会生产力。而社会对于目前大学人才培养上最大的疑问不是来自于“专业能力”而是“道德责任”，我们需要注重发展学生的公民责任感和社会责任感，培养他们的公民素质，具有人文素养，促使他们的全面发展，既要使他们学会做事，而重要的是要使他们学会做人。在教育哲学中，一直存在着这么一个争论：是塑造人的头脑和品格占主导地位，还是对知识的传播和为职业做准备占据优先位置？其实两者并不矛盾。“和合教育”理念的坚守者认为这些都是教育应该完成的共同责任。

（二）改革走向

把转变看作一个学习的过程，保留我们最宝贵的价值标准，了解我们面临的挑战，通过实验使我们能更好地预见未来。这种探索未来的方法可以成为我们大学改革的理论。早在1998年10月联合国教科文组织在巴黎召开的世界高等教育会议上就通过了《高等教育改革与发展优先行动框架》，提出了国家优先行动、教育系统和高等院校的优先行动、国际行动特别是教科文组织的行动方案。② 会上还通过了《21世纪的高等教育：展望和行动世

---

① 世界银行，美国高等教育协会．更高的期望：全国进入学院之际关于学习的新愿景[A]．李延成译．世界高等教育：改革与发展趋势（第三辑）．国家教育行政学院，2004．60～61

② 朱清时主编．21世纪高等教育改革与发展——国外部分大学本科教育改革与课程设置[C]．北京：高等教育出版社，2002．19～26

界宣言》，在“重新展望高等教育”一章下列举了如下的条款：[①]

第3条 平等接受高等教育

第5条 通过科学、艺术和人文学科的研究促进知识的发展并促进其成果的传播

第6条 具有针对性的长远方针

第7条 与职业界加强合作，对社会需求进行分析预测

第8条 提供机会均等的多种途径

第9条 创新的教育方法：批判性思维和创造性

世界性的高等教育的改革已经制定出了改革方案，指出了改革的路径与走向。英国约克大学将课程设置的目的界定为：(1) 通过采用课程模块实现清晰的课程结构和要求；(2) 通过开放和灵活的选课，让学生自己构建他们的学习计划；(3) 为学生选修外系开设的课程提供较多的机会。钟志贤在《大学教学模式革新：教学设计视阈》中总结出十大改革走向，也基本可信：[②] (1) 建构主义教学理念；(2) 高阶能力的培养；(3) 知行合一的价值取向；(4) 互动对话的关系；(5) 建构主义技术应用观；(6) 多样化的教学组织形式和方法；(7) 弹性、灵活的教学设计；(8) 创新性学习；(9) 个性化培养；(10) 促进学习者发展的教学评价。尤其是他提出的高阶能力培养值得关注，即高阶能力取向。模式的变革，将越来越强调学习者以高阶思维为核心的高阶能力发展。高阶能力主要包括创新、决策、问题求解、批判性思维、信息素养、协作、兼容、获取隐性知识、自我管理和可持续发展等系列能力；高阶思维能力主要指创新思维、问题求解、决策和批判性思维能力。能否促进学习者高阶能力的发展，将成为衡量人才培养模式价值的主要标准。

我们整个国家都处于大学教育模式改革之中，国家制定了改革与发展

---

① 朱清时主编. 21世纪高等教育改革与发展——国外部分大学本科教育改革与课程设置[C]. 北京：高等教育出版社，2002. 8～13

② 钟志贤. 大学教学模式革新：教学设计视阈[M]. 北京：教育科学出版社，2008. 62～87

纲要，人人可以发表意见。提高质量的前提就是提高人才培养标准，完善人才培养质量标准体系就成为大学首先要考虑的事情了。各大学面临的第一项任务就是要建立科学合理、特色鲜明的人才培养质量高校标准体系，它当然要面向全体学生，促进学生全面发展，要把是否提高学生服务国家服务人民的社会责任感、勇于探索的创新精神和解决问题的实践能力作为衡量人才培养水平的根本标准。其次，要不断调整课程体系，更新教学内容。课程体系和教学内容是人才培养规格的反映，大学要根据人才培养目标，建立与经济社会发展相适应，反映行业企业对人才培养需求的课程体系。再次，要创新教学组织形式和教学方法。深化教学方法改革，采用小班制、研讨式、探究式等多种教学方法，关注学生差异，营造开放性、协作性、自主性学习氛围，提供学生更多自主思考和探索的空间，培养学生的自主学习能力和适应社会的能力。淘宝网总裁马云在清华大学百年校庆演讲时说，在知识爆炸的时代，知识多少并不重要，知识可以依靠灌输出来，但是智慧需要启迪与呼唤。第四，要完善与学分制相适应的人才培养管理制度。高校应根据德育为先、能力为重、全面发展的要求，全面落实学分制，建立适应经济社会发展要求，符合人才成长规律，有利于学生个性发展，适应学生自主安排学程，促进学生合理流动的人才培养管理制度。推动高校建立校际学分互认和成绩转换制度，鼓励多所高校间建立教学共同体，完善学生跨校选课和跨校联合培养制度。第五，要大力加强实践教学。加强实践教学工作是提高人才培养质量的一项重要工作。要切实提高学生的实践能力和创新能力，必须加强实践基地建设，加强实践教学队伍建设，深化实践教学方法改革，加大实践教学经费投入，完善实践教学管理体制机制。第六，要推进教学科研一体化建设。人才培养是大学的首要任务，大学的科学研究应切实参与本科生培养。为此，大学应建立有利于教学科研相结合的运行和绩效考核机制，通过教学科研的融合，建立在科学研究中培养人才的新模式，实现科学研究与人才培养的有机结合。第七，要建立人才培养质量评价制度。要从能力建设的角度，重点考核学生应用或创新能力的形成和综合素质的提高，建立有利于调动学生自主学习的积极性、有利于考查教师的教学效果、有利于拔尖创新人才脱颖而出的多元综合评价制度。总之，大学要树立科学的高等教育发展观，合理定位，走内涵发展之路，在不同层次、不同领域办出特色，办出水平。

三、GPC 教育模式

人才培养模式改革，重要的是解决模式中的各种要素及其之间的关系。从和合教育理念出发，结合当代中国高等教育实际，我们提出了 GPC 人才培养模式的框架。字母“G”是英文 general education 的缩写，代表的是通识教育；字母“P”是英文 professional education 的缩写，代表的是专业教育；而字母“C”是 career education 的缩写，代表的是生涯教育。这三种类型的教育教学共同构成了人才培养模式的框架。GPC 人才培养模式是集通识教育、专业教育和生涯教育为一体的“整体和谐，个性发展”的教育模式，其目的在于形成一个促进学生的知识、能力和素质的协调发展的教育空间。和合型 GPC 人才培养模式旨在实施通识教育的同时，强调专业与职业的价值，使通识、专业、生涯三者的教育处于一种和合状态，实现全人教育与实用教育之间的有效结合。从“专业”教育角度来看，由于职业准备是人们期待本科教育的一个结果，所以学生学习的课程应该与他们的职业经验相联系；专业的职业能力是指顺利完成某种职业活动所必需的并影响活动效率的个性心理特征，其中包括一般职业能力和特殊职业能力。一般职业能力是指与岗位各项任务和各种岗位，各种职业有关的共同能力，诸如学习能力、语言文字表达能力、社交与活动能力、外语和计算机应用能力等，特殊能力是指人从事某种专业活动所具体需要的专业能力。在人才培养过程中，通识教育培养学生的一般职业能力，专业教育培养学生的特殊职业能力，生涯教育直接针对劳动力市场开展就业教育，三者共同形成学生的综合能力培养。丁学良认为：“中国作为一个后发展的国家，办现代大学的动机首先是技术、科学，这种取向是有限合理的。需要告诫的是，任何技术仅仅是一种工具、手段，如何使它们得到最优化的使用，是靠人文、社会、法律方面来决定的。忘记这些软力量要素，仅仅只以技术为目标，后果只能是培养出来一流的工程师，二流的科学家，三流的公民，四流的管理者。”①

（一）通识教育与专业教育的关系

我们认为通识教育应该全面渗透到学生大学生活的全过程。与专业教育不同，通识教育可以有更加灵活的教育形式和途径，同时，通识教育的过程应该是多种形式与内容的交融，即一种“和合”的教育过程，既表现在多种课程形式之间的和合，又表现在通识教育与专业教育的和合。

1. 通识教育的必要性

首先，加强通识教育是培养符合社会要求的人才的需要。一段时间内，大学教育注重专业知识，强调知识的系统性、专业性，主要传授本部门、本行业所需要的知识，培养出来的学生虽然能够较快地适应工作岗位的要求，但一旦转行、转岗就马上不能适应，缺少应对的办法，难以做到触类旁通。现代社会要求大学培养出的学生必须知识宽、能力强、素质高。这种人不仅对社会和时代有比较全面的了解，而且对人生的意义和真理的价值有正确的认识；不仅有广博的文化知识，而且有合理的知识结构；不仅有高尚的道德水准，而且有良好的合作能力和国际交往能力。只有这种具有复合性知识的人才能融会贯通，举一反三，较快地适应岗位转换的要求。显然，这种人才光靠狭窄的专业教育是培养不出来的，必须大力加强通识教育，以矫正过去教育偏重专业知识和技术的不足。衡量大学教育质量如何不仅要看毕业生适应第一个工作岗位的能力，还要看其在最后一个工作岗位上表现如何。

其次，加强通识教育是人类社会和睦相处、共同发展的需要。20世纪是人类历史上最残酷的世纪，发生了两次世界大战，大量的科学技术被用于战争，二战的许多战犯就是科学家，甚至是著名科学家。东京沙林事件中制造毒气的骨干分子，绝大多数是理工科大学的“优秀”毕业生。在纳粹横行期间，纳粹分子可以在白天欣赏一曲优美的古典钢琴协奏曲，晚上就可以变成魔鬼，运用现代武器屠杀犹太民族。在当今信息社会，利用计算机犯罪的高科技人才也大有人在。可见，科学技术是一把“双刃剑”，它带给人类的并非都是幸福，而是一部喜忧参半的悲喜剧。只有掌握科学技术的人具有高尚

① 丁学良.什么是世界一流大学[M].北京：北京大学出版社，2004.48

的思想品德，才能保证科技造福于人类，避免科技的非人道后果，促进社会的真正进步。从这个意义上来说，加强通识教育，使培养出来的学生具有高尚的思想品德，能够尊重、理解异质文化，以更宽容的态度来欣赏、了解其他文化，使文化与文化之间做到“万物并育而不相害”，是人类社会发展的需要。

第三，加强通识教育是全球化时代发展的需要。全球化发展趋势是21世纪历史的主流。全球化对世界各国的高等教育带来了巨大的冲击。曾任美国加州大学（伯克利）校长及加拿大系统总校校长的克拉克在1994年就预测，21世纪世界各国大学教育面临的挑战是：如何在教育内容的“国家化”与“国际化”之间、在教育机会平等与学生能力取向之间、在保存传统与展望未来变迁之间、在大学教育功能的多元化与一元化之间、在个人利益之追求与整体社会规范之构建之间，维持应有的均衡。大学通识教育正是将上述21世纪大学教育领域内的各种张力彰显得最为清楚的教学领域。

第四，加强通识教育也是现代科学发展的需要。当今科学的发展呈现出既高度分化又高度综合，且以综合化为主的趋势。一方面，学科门类迅速增多，学科划分日趋细密；另一方面，人文科学和自然科学相互渗透、交叉、融合的趋势已越来越明显。这一特征要求大学培养出来的人才应具有综合性的知识结构，能够从整体上认识和把握客观世界。戴维·麦克莱兰（David C. Meclelland）的研究表明：一国一地区的经济发展，在很大程度上取决于劳动者的整体素质，而不是劳动者的专门知识。为了适应这一特殊时代的需求，21世纪的中国高等学校培养的人才应当具备基础扎实、知识面宽、能力强、素质高这四个特点。“基础”包括基本理论知识、基本能力和基本素质；“知识”包括科学文化知识、本专业的基础与专业知识、相邻学科知识；“能力”主要包括获取知识的能力、运用知识的能力以及创新的能力；“素质”主要包括思想道德素质、文化素质、业务素质以及身体和心理素质。诺贝尔奖得主最多的美国加州理工学院认为，科学教育最终只能提供知识，而不能提供智慧，一个只重视科学教育而忽视通识教育的人是只有专业知识而无智慧的人，即使是在科学技术领域也难有大的建树。可见，通识教育不仅可以培养学生高尚的精神境界和情操，而且可以训练学生的理论思维，突破单一科学教育的思维方式和知识结构的局限性，会大大促进现代科学的发展。

2. 单纯专业教育的局限性

专业技术教育的出现、发展、直至成为高等教育的标志性特征，是高等教育现代化的真正起点。但20世纪中叶以来，人们对科学技术的顶礼膜拜再也无法掩盖它所带来的诸多社会问题。大学在专业教育的过程中，昔日教人“成人”的终极教育目标日渐缺失。哈佛大学的前哈佛学院院长哈瑞·刘易斯在批评哈佛大学2002年新一轮课程改革时指出：“分门别类的学科成为本科教育课程的基本构成要素，似乎学生读大学就是为了将来进入商业、法律、医学等领域就业……经济动机成为‘象牙塔’教育的主体，这导致大学的指导思想失去了根本的教育宗旨及其与社会的联系。”[①]究其“病理”，主要归因于：[②]

第一，高等教育对专业化的过度追求弱化了教育对人性的关怀。纵观高等教育的发展史，专业性是19世纪以来高等教育不变的特征，但是“不变”不能等同于“唯一”。过于狭窄的专业知识技能教育，一方面使得毕业生难以适应劳动力市场和职业生活的迅速变化。另一方面，专而深的狭窄专业训练导致的后果是“学生被训练成近乎无用的超级专家，因而使无知激增”（萨缪尔森语）。[③] 这是造成当前高等人才在还没有走出校门前就已经沦落为“知识失业者”的重要因素之一。更为严重的是，大学教育过度、过早的专业化弱化了教育对人性的关怀。专业教育由于背负着太多知识、技能的任务，使得教育世界中“知识技能”这一客体因素取代了“人”的主体位置。奥地利哲学家布贝尔在《我与你》一书中指出：“现在的教育是一种训练专业性技能的工具，知识成了统治者，人变成了手段和产品。”当教育中的“人”由目的异化为手段时，大学教育原来遵循的“为了人的专业教育”转化为“为了专业的专业教育”，这也意味着“人是教育的主体，也是教育的主题”这个论断

① 哈瑞·刘易斯. 失去灵魂的卓越[M]. 侯定凯译. 上海：华东师范大学出版社，2007. 2

② 以下内容可以参阅张婷，王其和. 论做人教育视觉下的大学通识教育[J]. 山东教育学院学报. 2009(1). 109～102

③ 田佩淮. 每一片森林的每一棵树木都是不同的——学生多元智能构成调查后的思考[OL]. http://www.qhfz.edu.cn/es/kw/xk03,3,m.htm，2011-10-29

随之失去了强有力的证明。一言以蔽之,这样的教育是人力的教育而非人的教育,是“制器”而非“育人”。

第二,专业教育工具理性的扩张贬抑了教育“属人”的价值理性。教育工具理性的过度扩张与价值理性的遮蔽是大学专业教育“人”缺失的又一原因。根据马克思·韦伯(Max Weber)的观念,理性分为工具理性和价值理性,工具理性着重考虑的是手段对达成特定目的可能性,是对效率的追求,而价值理性是一种对善、对终极价值的追求。在这种教育工具价值取向的影响下,近一个世纪以来,大学教育着力于教会人“何以为生”,强调的是大学教育具有的工具性。事实上,大学教育在这方面起到的作用的确是巨大的,否则也不会从社会经济发展的边缘走向中心。但这种表面繁荣的现象背后掩盖的却是大学教育自身主体地位的丧失、大学做人教育的缺失和大学教育工作者急功近利、浮躁的心态等一系列危机的出现。如美国学者贝拉(Rcbert Bellah)所说:“关乎什么是好的人生、好的社会的伦理教育,不再是高等教育的中心,它已经被边缘化。”[①]现在的大学校园中,有多少教师和学生会主动地思考“人为何而生?”“什么是真正的大学精神?”“如何塑造大学精神?”诸如此类的真正“属人”的价值问题?

第三,专业教育对社会适应性的强调忽视了促进人自身的发展。高等教育过度专业化导致人的片面发展。19世纪以来,由于社会分工和学科发展的需要,大学也据此在教育和学术研究上进行了一定的分工,即设立了相应的专业。随着行业专门化程度的不断提高,专业划分逐渐壁垒分明,划分的口径也越来越细,到现代已发展到愈演愈烈的程度。例如,1984年中国高等学校工科本科专业目录,单机械类就有28个专业,这28种专业分别相对于一种行业甚至一种产品,如化工机械、冶金机械、纺织机械、食品机械、热加工工艺设备、制冷设备、真空技术及设备等。由于专业化是社会发展的基本规律之一,因此应该承认高等教育内部进行一定的分工是符合社会发展需要的。然而,过细的分工将产生负面效应,过分专业化的教育使得学生的素质不可避免地被束缚在某一狭窄的知识或技术领域内,容易造成他们如

---

① 蒋凯.跨越知识与道德的鸿沟[J].现代大学教育.2003(3)

下三个方面的片面发展：(1) 知识专业化。即知识只限于狭窄的专业领域，在处理各种现实的复杂问题时，经常为对相关学科知识的无知所困扰。当然某一学科或专业应该按照一定的学术传统培养其接班人，但不能以把他变成这一领域内的匠才为代价，使其丧失在知识更新和拓展上的适应性。(2) 形成片面的思维定式。每个专业都有经过前人的努力而形成的学术规范、专业文化，学生在分享专业理论、方法论、技术的同时，也造成了相应于专业特点的不同的思维定式。一般来讲，人文学科专业的学生，长于形象思维而不善于进行逻辑思维；理科专业的学生，不轻易给出关于某一问题的结论；工科专业的学生，长于动手而怠于发散性思维等。应该说，人的天赋才能是多方面的，社会的发展也要求人具有多方面的能力，而专业化的训练方式和教学过程，造成人的天赋能力的彼此分离，使人的某一方面能力片面发展，而其他方面不是被遗忘，就是被忽略，或者退化。(3) 情趣单一化。情趣单一化表现为他们把专业的学习和工作当作生活的全部内容，人生的喜怒哀乐又无不打上专业的烙印，因此影响到他作为一个开放的个体与更多的专业以外的人、专业以外的生活领域进行有效的交流。现代社会的发展，需要人们具有丰富高雅的情趣，否则个性、情感、爱好上的单一将抑制人的活力和创造性的发挥。由于存在以上三个方面的问题，专业化高等教育所培养的人被称为“专业化了的人”，也有人称之为“单向度的人”、“经济动物”或“科技动物”。无论称呼如何，本质的缺陷是相同的，即作为人的发展的片面性。

教育的本质是超越、是发展，一旦教育放弃了“发展人”这个真正的终极目标，教育的本质也将不再是超越，而是消极的工具性适应。美国教育家赫钦斯曾指出：“教育，尤其是大学教育，作为一种重要的培养人才的活动，植根于广阔的经济、政治和文化土壤之中，不可避免地受到一定时期社会各个子系统的约束和影响，并为之提供广泛的服务。但是，大学如果仅仅成为促进社会发展的‘服务站’，那么大学老师和学生极有可能成为知识和技术的奴隶。”[①]“现代社会的教育，往往不是以成‘人’为终极目标，而是把人当作一

① 许祥云.“功利性”教育评鉴[J].江西农业大学学报(社会科学版).2002(6)60

种工具，把他们培养成受过良好教育、技术纯良的现代机器人。”[①]大学不是培养工具、机器的场所。虽然相对于基础教育而言，大学教育理应更关注、适应社会的发展。关注并适应社会发展本身并没有错，但错就错在过分地关注社会发展的“服务站”作用。从苏格拉底的大学理念开始，作为文明延续、发展的空间而存在的大学，她的职责是以培养具有深厚人文关怀、创新意识和理性精神的独立个体为目标，为理想的国家培养合法的公民为目标。人是社会的人，社会是人的社会，只有人才能影响社会。强调为学生奠定持续发展的基础，强调使受教育者学会独立思考，从无知、偏见和异化中解放出来，最大限度地发挥自身的潜能，为他们在未来多变的世界中做好精神和智力上的准备，这是大学教育的题中应有之义。不要再让现代大学教育负载太多的外在目的，不要再忽视人的自我创造、自我发展和自我实现的内在目的，也不要一再将人的道德、价值、文化、情感体验和人的生活意义等一系列范畴排除在大学教育的视野之外。让大学的普遍教育成为使一个人成为真正的人的教育，成为使一个人明白他“为何而生”的教育。

考查高等教育发展史可以发现，不同的历史时期，由于时代背景与社会需求的差异，专业教育与通识教育的关系也随之发生变化，经历了由整合到分化，再由分化逐步走向整合的历程。采取和合主义的视角，可以从一个新的高度认识通识教育与专业教育的关系。中国有着极其丰富的“和合论”的文化思想资源与历史传统。从根本上说，“和合主义”所追求的就是要创造一种体现“主体间性”的“交往行为”，既跨越现实主义与理想主义的鸿沟，又超越物质主义与观念主义的极端。“和合主义”这一理论范式对大学教育的发展、和谐社会与和谐世界的建设、教育伦理价值内涵的提升都具有极其重要的意义。

目前对通识教育与专业教育二者“和合关系”的认识，概括而言有三种：其一是把通识教育作为专业教育的补充，目的在于打通文理科的界限，使理工科的学生掌握一些人文知识，文科的学生具备专业以外的科学知识，做到人文教育与科学教育的结合；其二是作为专业教育的深化，目的在于帮助学

---

① 杨德广.加强人文教育，提高人文素质[J].教育研究.1999(2)38

生形成更加完备的知识体系，培养学生整合、迁移知识的能力；其三是把通识教育作为专业教育统帅的超功利性“全人”教育，贯穿于大学教育的始终。根据和合主义的宗旨，我们更倾向于第三种理解，也就是说，如果专业教育更倾向于形成“人力”，通识教育就是为专业教育提供“人格力”，二者相辅相成，和而不同。

21 世纪，随着科技文化、经济社会及人们教育观念的发展，高等教育的综合化趋势日益凸显，只有专业教育与通识教育携手并进，才能摆脱教育的片面性、局限性，促进经济、社会、人、自然之间的全面协调发展。

3. 通识教育的基础价值

进入 21 世纪以后，随着科学技术的高速发展与人类社会的进步，大学本科教育面临严峻的形势：社会需要高等教育培养出知识结构合理，积极参与社会生活的、有社会责任感的、全面发展的专业人才。社会对高等教育的需求以及教育目标本身的调适过程表明，高等教育必须同时发展通识教育、专业教育与生涯教育。事实上，从通识教育与专业教育发展进程的历史看，通识教育、专业教育与生涯教育是在矛盾冲突与融合的过程中互动发展的，经历了融合、分离、再融合的辩证发展过程。今天重新审视这一过程，无疑能够深化对通识教育基础价值的认识。

通识教育承载着大学生知识结构中的基础教育功能，是“T 型知识结构”中的“一”，其作用机制在当今具有更清晰的实践意义。第一，现代大学的通识教育是面向所有学生的，而不像传统教育那样仅仅是少数学生的特权；第二，现代大学的通识教育并不排斥或贬低专业教育，通识教育与专业教育是携手合作，互相补充；第三，现代大学的通识教育强调文理兼备，力图通过科技与人文的深刻对话，达到沟通、整合的目的。

“T 结构”中的“一”是通识教育，而“｜”是指专业教育。这两者的根本区别在于：通识教育致力于全人的形成，而专业教育注重于人力资源的形成。通识的要义在于强调“识”与“通”，即见识与智慧的通性；专业教育则强调人的社会性、工具性。就教育的价值形态而言，通识教育着重于教育的内在价值，要实现的教育目的是一种整体意义上的文化目的，而专业教育要实现的主要是工具性价值，两者的出发点与归宿是不一样的。如果说专业教育侧重于人的知识结构的现代化，那么通识教育则侧重于人的精神意识的人文化。通识教育思想反对人一味地迎合社会暂时的或短期的需要，过分功利主义价值观，主张人的发展要以追求真理、正义和善为最高理想。专业教育则要求不断更新所学知识，不断拓展知识领域。所以说，在高等教育强调素质教育与职业教育相统一、人文教育与科学教育相统一、理想教育与现实教育相统一的今天，高等教育应大力提倡通识教育，而不是容易把人引入功利主义的开展多种专业培训的专才教育。从宏观上分析，通识教育的基础价值有以下几点：

(1) 通识教育与专业教育相结合，有利于培养出符合社会和时代需要的素养全面、具有创新能力的专门人才。

教育活动从根本上说是“一个影响人身心发展”的过程。高等教育实行通识教育与专业教育相结合的合理性判据之一应该看它对人的身心发展的影响是“正向”还是“负向”的，即是与教育的最终目的、与人的发展的最高理想“人的全面发展”是相一致的，还是相违背的。在高等教育中单纯强调专业教育或者过分夸大通识教育的作用都会导致人的片面发展。单纯强调通识教育而排斥专业教育，将使得所培养的人很难在现代社会中享有满意的工作和生活。过分专业化的教育虽有弊端，但是专业化仍然是现代社会发展的不可阻挡的必然规律，这是不可以也不能够否认的事实，任何夸大通识教育有用性而贬抑专业教育地位的思想和做法都无疑是违背社会发展的规律的。因为现代社会要求人们在具有基本的文化、道德、情感、体力素质的前提下，同时要具有一定的专业特长，否则将无法独立、自足地立足于社会，更谈不到个人的全面发展。可见，单纯注重专业教育或单纯注重通识教育都会给人的发展带来不足，人作为“人”的丰富性、巨大的潜力和全面性无从展示出来。从这个意义上讲，只有通识教育与专业教育相结合，才最有利于大学生的身心发展，才能最大程度地接近教育的终极目的——人的全面发展，因而通专结合蕴含着不可动摇的合理性依据。

(2) 通识教育与专业教育相结合，有利于发挥大学的主体性，推动社会的健康发展。

专业化的高等教育以工具理性作为其合理性依据，不可避免地会使大学丧失其作为社会批评与分析工具的特殊职能，从而不能有效地促进社会健康发展。根据布鲁贝克的研究，高等教育合理存在的哲学主要有两种：一种是认识论哲学，另一种则是政治论哲学。强调认识论的人，趋向于把“闲逸的好奇”精神作为追求知识的目的，认为人们力求了解他们生存的世界，就像是为了满足好奇而去做一件事一样，是不受价值影响的。强调政治论哲学的人则认为，人们探讨深奥的知识不仅出于“闲逸的好奇”，而且还因为它对社会、对国家有着深远的影响。当高等学府遵循政治论哲学的时候，其实它受支配于目的合理性逻辑。因此，当它遇到如何确定行为目标的带有政治性的争论时，大学作为保存、传授和发展高深学问的理想虽然没有被完全放弃，然而已经不那么强烈了。社会的需要是首要的、最终的标准，高等教育只是为了现实的生存，大学的组织和职能必须适应社会的需要。大学作为实现社会目的的工具，它所考虑的是如何用适当的技术（工具）满足社会需要，而较少考虑如何怀着一种提高生活质量的目的去做正确的、应该做的事；大学更重视与国家、社会发展具有更直接关系的工程技术或其他应用性学科，而忽视人文学科和其他实用性不强的社会科学。由于缺乏反思能力，它倾向于维护现存的社会关系，顺应既定的社会存在，很大程度上丧失了其作为社会批评与分析工具的特殊职能。一般来讲，一个关注社会觉悟和科学智慧的社会，大学于其中一定承担着社会批评和分析的特殊职能。它能使社会始终具有自我批评的意识，从而对其遗产、成就和新发现不断进行检查和评鉴。大学为社会成员提供了探索知识、从事创造以及进行判断的能力，这对于不断改善社会制度，以及为文化注入创造活力来说，都具有非常重要的作用。高等教育的社会批评和导向作用是促进社会发展的基本动力之一。如果大学不能作为真正的、独立的、不受影响的促进社会进步的力量，不能作为对社会进行批判性分析的工具，社会健康发展的动力势必会被大大削弱。而大学的这一功能必须植根于通识教育所奠定的文化基础。

专业化的高等教育在工具理性的价值取向指导下，致使受教育者的主体性被束缚，从而使社会发展丧失了宝贵的资源和活力。专业化的高等教育在教育的目的上，把受教育者当作“工具人”来培养，教师作为教育者也是实现这个工具目的的手段之一；在教育内容上，它着眼于某种特定的专门领域的“语言和规范”的传授，使学生成为自由选择能力缺乏、判断力丧失的工匠，对过分专业化的崇拜会导致社会成员的主体性丧失或异化。众所周知，社会的繁荣和人民各项福利事业的发展最终决定于全体社会成员为此而做出的决策。而适应的教育是其能否做出睿智决策的根本所在。公民参与社会，做出关于社会发展的各种明智决策的过程，其实是体现人的“交往理性”的过程。公民只有在具备有效的读、写、说的能力和广博的知识或见解以及批判性思维能力时，才有可能做出明智的决策。如果一个个体不能听懂他人所言，又无法清楚表达自己的见解，“交往行动”的实现就无从谈起，这不仅使其个人发展受到阻碍，而且也影响其社会贡献。广博的知识也应该受到同样的关注，一个不顾这方面教育的社会必将为此付出沉重的代价。因为自由的天敌蕴于无知、胆怯与偏见之中。通识教育则主张所有学生作为社会的人，都应掌握应有的共同基础，而且鼓励学生成为有责任感的社会中的一分子，有效地参与社会事务，包括经济的、政治的、文化等。

(3) 通识教育与专业教育相结合，有利于个人的素质和能力的发展，改变社会对人的工具性功能评价机制。

未来知识体系要求人不仅要有专业知识，而且要能突破专业限制。经济合作与发展组织(CECD)1996 年首次明确提出“以知识为基础的经济”，揭示出知识和技术在经济增长中将起到越来越重要的作用。据专家估计，人类社会在 2030 年前后将全面进入知识经济时代。知识经济时代的新增长理论认为，知识可以提高投资的回报，知识作为蕴含在人力资本和技术中的重要成分，在经济发展中将发挥更大的作用。关于知识，此前的各种分类一般包括：知道“是什么”的知识(know-what)，知道“为什么”(know-why)的知识和知道“怎样做”(know-how)的知识。而经合组织在此基础上，增加了一类“谁知道”(know-who)的知识，并指出该类知识在未来的知识经济社会里具有重要的地位和作用。know-who 类知识不是某一专业领域内的知识，而是关于“谁正在做某些事”、“谁会做某些事”、“谁知道谁会做”等这一类不同于传统意义上的知识，此类知识对于知识的扩散和应用，对于迅速有效地把知识纳入到社会生产领域具有重大意义。这类知识对现代管理者和企业而言，可以使他们对知识的加速变化做出积极响应；对于个人来说，掌握 knowwho类知识，可以拓宽一个人胜任工作的范围。know-who类知识在知识创新体系中的作用亦非同小可。创新是知识经济的灵魂。传统的理论认为创新是一个发现的过程，现在认为创新的思维有多种来源，包括新的制造能力和对市场需求的认识。知识经济中的创新以多种形态出现，包括已有产品的增值改造，技术应用于新的市场，利用新技术服务于一个已存在的市场，并且其过程并不完全是线性的。创新需要不同行为者之间进行大量交流。如果人们不具备know-who类知识，那么他在知识经济社会创新机制中，辨别和处理知识信息的能力就会受到影响，同时也将极大地影响其组织管理水平和交流沟通能力，进而使自己在竞争中丧失优势。know-who类知识在知识经济中的重要性说明，仅仅掌握自己专业领域的知识是远远不够的，主动打破自己专业领域的限制，开阔视野，关注其他领域的进展情况，关注别人正在进行的工作和工作进展情况，这对于提高个人的学习效率和工作效率是非常必要的。因此，高等教育应充分关注这一变化，改变把学生限制在狭窄的专业领域的做法，自觉加强学生的通识教育，以更开放的姿态培养适应未来社会发展需要的人才。

（二）通识教育与素质教育的关系

通识教育起源于西方，尽管源流分支较多，但始终属于高等教育的范畴。在通识教育正式进入大陆高教视野之前，大陆高教界广泛探讨并推行的是素质教育。带有强烈本土化色彩的素质教育与通识教育尽管有很多相同之处，但差异也是非常明显的。与通识教育始终发源并发展于高等教育不同，素质教育发源于基础教育，发展于高等教育，因此在理念、实践过程中，可以看到其与通识教育的不同。而素质教育近20年的各类实践，也为通识教育提供了宝贵的经验和例证，避免出现相似的失误，造成不必要的损失。

素质教育的概念及其不同界说。“素质教育”是一个具有广泛解释域的概念，自从它产生到现在，已经接近20年，但对其内涵不同学者仍见仁见智，在其运用中更出现泛化的倾向。早在1995年，就有学者作过统计，认为至少已出现过9类15种关于素质教育的定义。以后陆续有学者对素质教育研究作反思性总结，有的学者在归纳出素质教育的研究中，对于“素质”和“素质教育”的含义分别出现了多达15和18种不同的理解;有的学者对当前形形色色的“素质”和“素质教育”概念界定的视角差异进行了分析。之所以对素质和素质教育的理解出现这么多分歧,有以下几种影响因素:

首先是“素质”含义的超经典使用。在古汉语中,“素”的本义是指未经染色的白色丝绢。所以“素质”一词的本义是指白色质地。可引申指事物的本然性质,有时也借指人的天赋,如晋代张华《励志诗》:“如彼梓材,弗勤丹漆,虽劳朴斫,终负素质。”梓木是一种和楠木并称的优质木材,此处比喻人的天赋才质,说明人如果不能勤于修养和学习,即使有良好的天赋才质也会被白白浪费。整体上,“素质”所指的是事物的自然或原有状态,不表示因变的结果。现代汉语中的“素质”一词在80年代以前还是一个生理学和心理学概念,其规范含义以1979年版《辞海》的释义为代表:素质指人的先天的解剖生理特点,主要是感觉器官和神经系统方面的特点;素质只是人的心理发展的生理条件,不能决定人的心理的内容和发展水平。人的心理来源于社会实践,素质也是在社会实践中逐渐发育和成熟起来的。某种素质的缺陷可以通过实践和学习获得不同程度的补偿。20世纪80年代以来,人们越来越多地在一种通俗的意义和心理学意义上使用“素质”,使其具有更丰富的社会文化内涵。报纸杂志逐渐出现人口素质、文化素质、干部素质、国民素质等词语。在辞书中,也逐渐对“素质”的定义进行修订。如在1989年版《辞海》中,在基本保留原有释义内容的基础上,增加了“人或事物在某些方面的本来特点和原有基础”新义项。新释义使用的“本来特点”、“原有基础”等表述,明确表达了“素质”的基础性、同一性、稳定性特征。素质是人或事物已经形成而非期望形成的品质,是人或事物进一步发展的既成前提而不是未来目标。但“素质教育”概念提出后,随着这一概念的推广,人们很自然地把其中“教育”作为不断促进人发展变化的因素,把“素质”作为因变的结果。这样,“素质”一词的含义由原来的“实然”、完成时态和事实基础转向注重“应然”、将来时态和价值取向,这无疑也提高了“素质”概念内涵的动态性和发展性特征,即“素质”既是教育的基础和条件,又是教育作用的结果。未来及其价值取向的不确定性,也为人们从不同角度理解素质教育留下了空间。

素质教育的内涵比通识教育要窄,但它体现了通识教育的哲学观,从这个角度我国高校的文化素质教育可以说是我国高校通识教育的另一称谓。二者的区别主要有以下几点：

第一，产生的背景不同。在西方，通识教育的产生是与大学教育紧密相连的，它是以大学生学习的课程是否应该有共同的部分为理由提出来的，是针对高等教育的专业化程度越来越高，大学生的知识结构越来越专门化提出来的，并将之广泛运用于大学教育实践。我国的文化素质教育，它导源于中小学为消除“应试教育”的流弊而广泛推行素质教育，随后，才慢慢地发展到大学教育，也是针对高等教育专业化导致的大学生的知识结构越来越专、越来越狭窄的现实提出来的，旨在纠偏导正，加强人文素质教育以培养大学生的人文精神。

第二，内涵有所差异。大学生文化素质教育一经提出，马上也成为了大学教育的一部分并将之付诸实践。它们均以课程的方式，在大学教育内容中作了充分的体现。因此，虽然名称不同，但其所充当的角色以及所起的作用都是一致的，只是在丰富多彩的载体因国情不同，而有较大的差异而已。通识教育在美国的提出和付诸实施，都已有近100年的历史了，如果追溯到它的源头——古希腊的自由教育，那它的历史就更悠久了，但文化素质教育的概念的提出乃至实践的历史相对较短。当然，与文化素质教育内容相通、目的一致的“通识教育”实践是与我国高等教育同时产生的。之所以我国会把“文化素质教育”单独提出来，是因为在我国的高等教育中，诸如政治、外语、体育等课程一直就比较重视，而“文化素质教育”自20世纪50年代以来，渐渐地在大学中失去了原有的地位。教育部将之单独提出来，有突出、加强的意思在里面。所以就文化素质教育与通识教育相比，文化素质教育的内涵比通识教育要窄一些，如果将现有的“文化素质教育”加上原有大学施行的“通识教育内容”，就与西方的以及港台的通识教育内涵相近了。

第三，教育的目的和途径比较。通识教育与文化素质教育所要求达到的教育目的是一致的，用1998年10月在巴黎召开的全世界第一次高等教育大会的宣言来说，都是为了“培养具有高素质的毕业生和负责任的公民”。在教育目的上，它们两者之间没有丝毫差别。前文已述，因国情不同、历史文化传统不同，它们为了同一目的但又往往采取不同的手段和方法，这是一种殊途同归，我们没有必要纠缠于它们所运用的内容、途径、手段和方法的不一致。换句话说，美国的通识教育和我国内地的文化素质教育，它们的目的是一致的，但为了达到这同一目的，所采取的内容、途径、手段和方法是不尽相同的，就是台湾、香港地区的通识教育与内地的文化素质教育所采取的内容、途径、手段和方法也不尽一致。

关于通识教育与文化素质教育的关系，不同学者研究的视角不同，理解就不会一致。张岂之先生就偏向使用“文化素质教育”。他认为，在我国，“以人为本”的治国理念在教育领域的体现应是素质教育的真正落实。因此，将素质教育与其中的文化素质教育提到以人为本的实践高度加以理论研究，使之成为具有中国特色教育体系中有机组成部分，以推动素质教育的发展，很有必要。基于这样的认识，在当前大学“通识教育”与“文化素质教育”二者并用的时候，张岂之先生偏向使用“文化素质教育”一词。朱九思教授则认为，自从 1994 年以来，我国推行文化素质教育取得了一些进展，但是还很不理想。主要原因是习惯势力很深，总觉得文化素质教育是现行教学计划以外的附加内容，与现行教学计划格格不入。因此，要进一步落实文化素质教育，必须实行通识教育。朱九思先生曾向周远清建议，将文化素质教育改为通识教育。随着通识教育的不断发展，我国高校原有的文化素质教育逐渐被纳入通识教育的内涵中，二者的交融有利于教育研究的规范，更有利于高等教育的国际化。

（三）通识教育与人的全面发展

现代科学实践证明：人对外部世界的掌握越来越依赖于对自身的掌握，依赖于全面发展的人的生成，不仅有赖于社会的政治、经济和文化环境的培育，也需要通过各种积极的文化促进方式加速其生长发育。其中，教育起着不可忽视的“助产婆”或“桥梁”的作用。

马克思关于人的全面发展的学说对人的素质发展与提高提出了要求，也为教育提供了理论基础。马克思列宁主义教育观认为，教育是以人的本质属性为依托的，旨在全面拓展人性，从而达到让人“占有自己的全面本质”这个终极目标。从教育的角度看，所谓人的全面发展，无非是包括对人的自然属性、精神属性、社会属性的全面占领。由于对高等教育的本质、目的、理想认识的差异，要实现这个全面的理想目标，今天的教育还存在着许多问题，诸如通识教育与专业教育的关系，历来就存在着重视通识教育的人文主义思想和重视专业教育的功利主义思想的论争，这些问题，归根结底，是人的发展问题。

解决这场争论的最根本的方法，就是重新追问教育的本质，回归教育的本原。这就要回到马克思的观点，教育“不仅是提高社会生产的一种方法，而且是造就全面发展的人的唯一方法”①。尽管教育的本质是为一定社会、一定阶级争取或维持其统治地位而培养人才的社会活动，具有历史性和鲜明的阶级性，但这并不妨碍教育的最终目的和根本价值，那就是促进人的全面发展。真正的全面发展教育的实践是一项艰巨而遥远的任务，它既受制于理论成果水平，也取决于社会发展对它所提出的要求和提供的可能性。然而，我们并不因为该任务的艰巨而以为遥不可及，就放弃了对它的追求。事实上，人类从未停止过对全面发展教育的追求。因此，通识教育对于人的全面发展的重要性日益为教育界和学者们所关注。以马克思关于人的全面发展学说为基本理论框架，深入分析通识教育的合理性有以下三层含义：

第一层：通识教育的目的符合全面发展的要求。个人关系的普遍性和全面性的发展，即个人社会关系的高度丰富。“个人社会关系”是指人的现实社会关系和观念关系，个人通过积极参与各领域、各层次的社会交往，从而同整个世界的物质生产和精神生产进行普遍的交往，以期达到高度丰富的全面性的社会关系。在马克思那里，由于个体不能超然物外，必须以社会中的他人和自然界中的各种客观事物作为自己实践活动的对象，不断发展相互间物质和能量的关系，由此在个人之间形成了普遍的物质交换关系。如果说普遍性的关系仅仅是物质关系，那么这种关系还不能算是丰富的。因为人的关系的普遍性要求，是就关系的广度而言的，人的关系的全面性还需要深度发展。只有具备了个人关系全面发展的广度和深度，也即只有在物质关系的基础上进一步发展出政治法律关系、伦理道德关系、思想文化关系等，才能在统一关系内形成一个普遍而牢固的统一共同性，个人的类的特

① 马克思恩格斯全集(第二十三卷)[C].北京：人民出版社，1979.530

性或社会性才算得到了较为充分的发展，高度丰富的全面性的社会关系才得以生成。然而，现实状况并不令人乐观。自17世纪以来科学技术的迅猛发展给人类生活带来空前的繁荣，于是“科学崇拜”“科技理性主义”泛滥。伴随着生态恶化、价值混乱、文化冲突的社会失范状态，在“工具主义”的牵引下，人们的行为往往以科学技术的充分发展和生产力的极大提高为取向，正如哈贝马斯所言，目的——工具合理性的理性原则越来越广泛的发展最终引发了非理性的结果，这就是：生活世界的殖民地化、文化贫困化和自由丧失。相应的，现代高等教育在目的——工具合理性的价值取向指导下，在教育目的上，把高等教育视为单纯的专业教育，把受教育者当作“工具人”来培养，他们几乎被训练成缺乏选择能力和判断能力的超级专家，导致受教育者的“交往资质”的下降，从而抑制了受教育者个人潜在的素质的提高和能力的发挥。毫无疑问，受教育者作为社会公民，必须懂得任何处理人与人、人与社会、人与国家之间的关系，必须懂得人类的最基本的行为准则，必须遵守法律、伦理、道德，而不能成为毫无廉耻、无法无天的魔鬼。人的全面发展不仅要求人从物或工具的状态中解放出来，把人从经济动物提升为真正的社会动物，而且要求辩证统一地看待个体和社会，在更广阔的社会背景中具体地历史地把握人的全面发展，从而使人的本质充分地展现出来，使人的社会关系达到高度丰富状态。从人的全面发展看通识教育的目的，它恰恰满足了个人关系的普遍性和全面性的发展。

通识教育的目的是关注学生“作为一个负责任的人和公民的生活需要”，关注学生“做人”，关注人的生活的、道德的、情感的、理智的和谐发展等，总之旨在培养学生的全面素质。与专业教育相比较，通识教育的目的不在于专业知识与技能的陶冶和训练，而首先关注其作为社会的一分子参与社会生活的需要。通识教育是一种把学生培养成一个全面人的教育，即照顾到学生身体、道德和智力的和谐发展，使他们拥有全面的知识、广阔的视野和完整的人格教育，使其具备书面表达能力、口头表达能力和选择分析判断能力，其目的就在于培养一个具备“交往资质”的人。人的身心的全面发展既要以社会的全面发展和高度完善作为条件，又要以进一步推动和促进社会的全面发展为目的。一方面，受教育者从社会中汲取全面发展的养分，逐步掌握这些人类共同法则……认识世界的法则(认识规律)、处理事务的法则(行动规律)、处理人际关系的法则(伦理道德)等。随着人类对共同法则的认识逐步深化,通识教育的轮廓日渐清晰。另一方面,受教育者作为社会的人,更应积极反馈社会,有效地参与社会事务,包括经济的、政治的、文化的等。结果,个人的社会关系得到的普遍性和全面性的发展,真正实现了人的社会关系的和谐发展,它包括个人和人类的和谐发展、个人和集体的和谐发展、个人和他人的和谐发展、个人自身内部各个方面的和谐发展。

第二层:通识教育的内容符合全面发展的需要。个人需求的多方面的发展是马克思的人的全面发展理论的一个重要组成部分。所谓人的需要的丰富性和全面性,就是除了物质需要,社会关系方面的各种需要和精神生活中的各种需要,以及自我实现和发展、超越的自由需要等,都应逐渐展现在人的现实的需要结构中。需要是多样而有层次的。马斯洛的需要层次论、赫茨伯格的双因素理论、麦克米兰的成就需要理论分别从不同角度说明了这一点。需要结构的丰富性和全面性以实现自我价值的合理性的高层次需要为核心。这样一种需要结构,才是全面的人或自由的个性所应具有的需要结构。人的现实需要的结构反映着人的生活方式的性质和人的发展水平。当人的需要停留在动物性的本能需要时,落后的生产力能解释这一切。但随着生产力的高度发展,劳动日的缩短、闲暇时间的增多,物质需要或生存需要的紧迫性和相对重要性仍在上升,而发展需要和精神需要的重要性却在下降。这和中国的国家和社会状况有关,当前的教育导向也有着不可推卸的责任。随着科学技术的深入发展和市场体制的确定,高等教育这根指挥棒也转向"专业化"、"职业化"和"实用化",并有日趋增强之势。从表面上看,高等教育的"专业化"、"职业化"和"实用化"本无可厚非,但如果把它们当作高等教育的实质性内容和根本发展方向,不仅是失之偏颇,而且是本末倒置了。如果任其发展下去,势必会造成这样的后果:人类整体的知识被肢解;教育成为国家和个人的经济工具;教育的本质被遮蔽,全面发展的教育成了一种褊狭的教育。受教育者作为人,必须要有一定的理想、信念和追求,不应成为只知赚钱的机器。

从通识教育"应该教给学生什么内容"的角度理解通识教育的内涵,它是关于人的生活的各个领域的知识和技能的教育，是非专业性的、非职业性的、非功利性的、不直接为职业做准备的知识和能力教育，其涉及的范围应该是宽广的、全面的。随着科技的进步和生产力的提高，人与自然、人与社会关系的拓展和深入，人类的物质财富日益丰富，寿命不断延长，闲暇时间不断增加，在最基本的生理消费需要得到充分的保证之后，人类日益自觉地追求满足精神性的需要，人的发展也就更加全面而自由。马克思说："时间实际上是人的积极存在，它不仅是人的生命尺度，而且是人的发展空间。"[①] 马克思这段话说明人一旦拥有充裕的时间，就有可能摆脱外在物质财富的束缚，不再为物质资料奔波忙碌，而在艺术、科学、文化、卫生、体育、教育诸领域充分发展和满足自己的各种需要以及社会需要。生活质量的全面提高为开展通识教育提供了必要的财力保障、时间保证和社会需要。通识教育则更丰富、发展了人们的多种需要。通识教育有助于建立以实现自我社会价值的合理性的高层次需要为核心的和谐结构。没有这样一个和谐的需要结构，人就很难发展出一个全面的能力体系，也很难把自己提升到一个更高的生存境界。所以，马克思说道："人的需要的丰富性，从而生产的某种新的方式和生产的某种新的对象在社会主义的前提下具有何等的意义：人的本质力量的新的显现和人的存在的新的充实。"[②]通识教育之所以把人的需要的多方面发展作为目的，其根据也就在这里。

第三层：通识教育与全面发展学说的价值取向具有一致性。人的素质或能力的全面发展是马克思关于人的全面发展学说的核心内容。在这里，素质和能力的内涵是相同的，不同的是两者在不同的层次上表述同一内涵，素质更强调内在，能力更强调外在，它是素质的外在表现。个人素质包括生理素质、心理素质和社会文化素质。在整个素质系统中，心理素质是基础，良好的社会文化素质的形成和发展离不开健康的心理素质，健康的心理素质又可以促进生理素质的健康发展。因此，发展健康心理，可以带动德、智、体、美、劳各项素质的协调、全面的发展。所谓个人能力主要是指人的劳动

① 孔懿．教育时间学[M]．南京：江苏教育出版社，1993．42

② 马克思恩格斯全集（第三卷）[C]．北京：人民出版社，2002．305

能力、管理能力、社会交往能力、科学研究能力和艺术创造能力;如果从抽象的意义上讲就是个人的德、智、体、美四个方面的能力,也就是个人创造物质价值、社会价值、精神价值和人的价值的能力。个人能力的全面发展并不是意味着什么都能干,而是指人除了从事物质生产劳动,还能够从事科学、艺术和社会活动等。

(四)人的全面自由发展与实用之间的和谐

马克思对人的自由的追求以及人的全面发展有着伟大的洞见。早在《1844年经济学哲学手稿》中,马克思就通过论述异化与自由两大范畴,提出关于“新型的人”即全面发展的人的构想,这标志着马克思人的全面发展理论的初步形成。1845年,马克思的思想进入成熟期,以《德意志意识形态》为标志,他在批判青年黑格尔派的“自我意识”、抽象的“人”的过程中,从“现实的个人”出发,通过对社会发展与个人发展的历史考察,以人的实践本质立论,揭示了制约人的发展的客观历史规律,从而形成了包括人的全面发展观在内的共产主义学说的理论。对人的全面发展理论进行唯物史观的论证,这标志着马克思人的全面发展理论基本成熟。但马克思在《德意志意识形态》中仍未具体分析资本主义社会的个人发展是如何片面化,又如何为人的全面发展创造条件的。这就要求超出纯哲学的论证,具体考察资本主义生产、交换、分配、流通的过程,把握资本主义经济运动的内在规律——剩余价值规律,这样才能在剩余劳动时间中发现人的全面发展的基础和尺度——自由支配的时间,发现最大的生产力与财富乃在于自由支配时间中人的一般能力的充分发挥。而其后出现的《1857~1858年经济学手稿》、《政治经济学批判大纲》与《资本论》的意义正在于此。这些论著标志着马克思人的全面发展理论最终成为结构严谨、论证严密的科学理论体系。至此,马克思人的全面发展理论在马克思的全部学说中,作为贯彻始终的一条红线逐渐凸现出来,成为马克思主义的核心与实质。

大众化形势下高等教育应以马克思人的全面发展理论为其指导思想和价值目标。马克思人的全面发展理论的最深层意蕴,在于它为人的全面发展悬设了一个最高的价值目标。作为人的发展的高级形态和理想形态,全面发展的人是与现实中正在发展而尚未全面发展的人相对照的。总的说来，马克思关于全面发展的人的规定性是从三个方面展开的：首先，全面发展的人是能力得到多方面发展的人。在马克思看来，人的发展的实质是人的能力的发展，它既包括一个人所拥有的自然力，也包括作为主体的人在实践活动中通过锻炼、培养与学习而形成并积淀的知识、经验、情感意志等精神因素。然而在旧式分工存在的社会条件下，人们不得不在狭窄的领域和职业上发展自己的能力。马克思曾一针见血地指出：现代社会内部分工的特点，在于它产生了特长和专业，同时也产生了职业的痴呆。在这里，每一个人都只能发展自己能力的一方面却偏废了其他各个方面。其次，全面发展的人是在丰富、全面的社会交往与社会关系中获得自由发展的人。社会关系实际上决定着一个人能够发展到什么程度。马克思正是根据社会关系的历史发展和人的全面发展的内在联系，并结合共产主义社会人的全面发展的社会理想，把人的发展过程概括为三个基本的历史阶段：第一个阶段是人的依赖关系占统治地位的阶段；第二个阶段是以物的依赖关系为基础的人的独立性的阶段；第三个阶段，是建立在个人全面发展和他们共同的社会生产能力成为他们的社会财富这一基础上的自由个性的阶段。其三，全面发展的人是扬弃了异化的具有自由个性的人。在现实社会中，由于异化劳动的存在导致了人及其所处的社会关系的异化，从而使人完全失去了自己的本质，即"自由自觉的活动"。这就需要扬弃异化，使人们创造的劳动产品和社会关系不再作为异己的力量支配人，而是置于人们的共同控制之下，使人们在丰富全面的社会关系中，获得自由全面的发展，真正成为具有自由个性的人。可见，人的自由个性是人的本质力量发展的集中体现，是个人的生理素质、心理素质和社会素质在不同社会生活领域中的集中表现，是人的自主性、能动性、创造性的充分展示。[①]

新世纪，我国正进入全面建设小康社会、加速推进现代化的新阶段。社会的发展不断地为人的全面发展拓展空间、创造条件，同时，也对人的全面发展提出了更高的要求。而教育作为培养人、生产人的素质的一种社会活

---

① 江晖．试论马克思人的全面发展理论与当代高职人才的素质培育［OL］．http://www.fjjt.gov.cn/hxjt/jtqk/fjjtkj/ysjjygl/200609/t20060912_33693.htm，2011-11-1

动，它不仅是提高社会生产的一种方法，而且是造就全面发展的人的唯一方法。因此，适应时代的需求与社会的发展，将通识教育、专业教育与生涯教育"和合"起来，也是社会主义社会的本质要求。

追求实用的教育是现实条件下促进人的自由而全面发展的重要手段。当代社会人的发展总体上仍属于马克思所说的第二个历史阶段，即以物的依赖性为基础的个人独立性时期。与这个时期相对应的经济形态是商品经济和市场经济。目前，我们还无法逾越物的依赖性这一阶段，也无法根本消除市场经济中人对物的依赖给人的发展所带来的负面影响。这就要求我们必须立足于现实，一方面通过发展经济、深化改革、扩大开放，促使社会生产力水平不断提高，不断满足人民日益增长的物质文化需求，为人的全面发展营造外在的环境与条件；另一方面则通过教育的途径与手段，努力提高人们的思想道德素质和科学文化素质，使人们的德与智、知识与能力、素质与职能、生理与心理得到全面协调的发展，使人的个性与潜能得到培育与开发，在获得物质享受的同时自觉追求生命与生活的质量、品位与文化内涵，以逐步摆脱人对物的依赖及物对人的支配。学会生存是每一个受教育者必须结束的社会化进程，是现实条件下促进人的全面自由发展的重要手段。但是，雅斯尔贝斯说得特别到位："大学的任务是在专业技能和整体知识范围内完成的，这两项任务缺一不可，但它们又常常面临危险。……每一个时代的大学都必须满足实用职业的要求，从这一角度看，它和古老的实用学校是一样的，但是大学却带来了一个崭新的观念，那就是把实用知识收纳在整体的知识范围之内。"①

（五）专业教育与生涯教育的关系

现代大学是建立在专业设置基础上的，专业是大学根据社会分工需要而划分的学科门类，其存在的合理性是社会分工。学生要走向社会从事某一领域的工作，必须掌握精深的专业知识，经过严格的专业技能训练，具备特殊的职业能力。专业教育实现的是高等教育培养的人在多大程度上满足社会分工与效率的需要。可以说，在高等教育的历史长河中，培养学生的专

① （德）雅斯尔贝斯. 什么是教育[M]. 邹进译. 北京：生活·读书·新知三联书店，1991. 176

业能力始终是各个大学的重要任务。但是，专业教育中本来就蕴含着“职业教育”的内涵，从某种角度来说，专业就是人类知识体系不同分类的学科同某个行业或职业岗位相结合的产物，谈论专业教育不能不谈生涯教育。1998年10月，联合国教科文组织在巴黎召开的世界高等教育会议上通过的《21世纪的高等教育：展望和行动世界宣言》就指出：“为提高毕业生的就业能力，培养学生的创业技能与首创精神应成为高等教育主要关心的问题；毕业生将愈来愈不再仅仅是求职者，而应该首先成为工作岗位的开创者。”①

生涯教育是有目的、有计划、有组织的教育活动，其最终目的是促进个体职业生涯的发展。生涯教育是系统性、持续性、动态发展的教育活动。从受教育者的角度看，接受职业生涯规划教育应伴随其职业生涯的始终；从教育者的角度看，职业生涯教育应着眼于受教育者的终身发展，教育活动的规划与实施应连续不断地贯穿于受教育者职业生涯的全过程。而且随着社会、经济、就业环境的变化以及受教育者自身知识、能力、期望水平等的提升，职业生涯教育需要不断调整途径、方法等。生涯教育是综合性的教育活动。职业生涯教育是引导学生规划自我的职业生涯并将其规划转化为现实的综合性教育活动。具体包括：职业生涯定向教育；自我职业潜能分析能力培养；规划自我职业生涯的意识与技能培养；职业生涯规划的心理辅导；职业生涯规划相关核心素质的培养。在专业教育理念的指导下，生涯教育成为专业教育的总结和升华。

通过招生规模扩张之后，我国高等教育解决了一些学生“进口”上的问题，实现了高等教育大众化的目标。但是，我们不能只注重“进口”而忽视“出口”问题，而“出口”的主要问题就是大学生就业问题，为此，“生涯教育”的目的就是既要使大学生能够找到适合自己的职业，又要使大学生终生能够享有理想的职业生涯。

生涯教育增强了专业教育的社会适应性和灵活性。大学生就业工作是当前高校工作的重要内容，为了提高大学生的就业率加强生涯教育以培养

---

① 朱清时主编.21世纪高等教育改革与发展——国外部分大学本科教育改革与课程设置[C].北京：高等教育出版社，2002.11

学生就业能力是重要的一环。生涯教育中的就业教育是指学校依据国家利益和社会需求以及社会职业对大学生素质的要求，结合大学生的个性特点而开展的就业形势与社会职业介绍、职业兴趣与能力素质测试以及就业心理辅导等一系列教育活动，目的在于帮助学生了解自己的能力、志愿和爱好，并使其认识现代社会的职业情况，树立职业理想，获得职业所需要的知识和技能，进而能够科学合理地择业、就业。

就业能力可以分为职业能力和职业选择能力，核心是职业选择能力。纵观人生进程的发展、角色的变化、组合和建构，无不充满选择，而这个选择必须以规划为前提，没有规划，选择就会没有指向。选择意味着责任，意味着思考；规划意味着对自我要有认知，对社会、职业要有了解。如何合理地规划自己的学业？怎样让今天的努力成为明天发展的起点？著名的管理学家彼得·德鲁克指出："这个世纪最重要的事情不是技术和网络的革新，而是人类生存状况的重大改变。在这个世纪里，人将拥有更多的选择，他们必须积极地管理自己。"[①]人生并不是说规划好了就一定有好的结果，但没有规划就一定没有结果。规划的目的是为了减少盲目和浪费，是为了找到一个个人和社会的最佳结合点。生涯教育不是在传统的课程之外增加一个额外的科目或单元，而应将职业发展的理念融入所有学科的教学中。生涯教育起源于个人对职业的诉求和社会对不同规格的人的需求。宝贝放错了地方，就是废物。成功不是弥补不足，而是发挥长处。生涯教育使学生对于自己有深刻的认知，对环境有充分的体察，从而找准自己所处的位置，使自己和环境能够和谐相处、与自我和谐相处。学生在做选择时存在很大的盲目性和误区。学生发展的过程是一个主动发展、主动探索、自我引导、自我完善的过程。大学毕业生难以就业的一个主要原因在于对自我的认识、对社会职业的认识不充分，不知道自己能够做什么，适合做什么，去应聘职业面试时不知道表现自己哪些才能、怎样表现自己的才能，追逐眼前利益，把握机遇的能力差，结果丧失就业机会。大学生职业选择能力的获得更多的是

---

① 李开复.给中国学生第五封信：你有选择的权利[OL]. http://wenku. baidu. com/view/63e439fff705cc1755270930. html,2011-11-1

在大学课堂教学之外形成的，因此学校必须开展多种形式的就业教育活动。

（六）GPC三者之间的和合状态是正确的选择

通识主义和专业主义都只是站在各自的立场上，各执一词而已，其实通识教育和专业教育之间并不存在不可调和的矛盾，它们只是大学教育的两个方面，是具有同一性的。“一所理想的大学应该在教学和研究，专业教育和通识教育，自然科学和人文科学，校内和校外事务，民族化和全球化之间保持自然的平衡。”①坚持专业主义者应该谨防滑向职业教育的一端，坚持通识主义者应该谨防滑向普通教育的一端，二者都应该因时因地制宜地做到通识教育与专业教育的和谐并存。为此应该做到：

1. 通识教育与专业教育之间的有效结合

和合主义者认为，通识教育自诞生以来，就一直与专业教育相互作用，相互影响，在矛盾运动中互动发展，在教育教学中，它们是统一的关系，最终目标是一致的。

2. 学术旨趣与职业取向之间的有效结合

大学教育中的学术旨趣是非常重要的，缺乏了学术旨趣，大学就有可能沦为一般职业培训机构，那样学士学位就会遗失它潜在地培养一个社会所需要的共同价值和知识的功能。但是，随着社会经济和科技进步的步伐不断加快，社会分工也不断趋向复杂化和多样化，新职业和专业接连涌现，都对大学教育提出了新的要求。和合教育要求把实用知识收纳在整体的知识范围之内，既培养学生的学术能力，又发展与职业概念相关的关键能力。

3. 理论教学与实践教学之间的有效结合

在和合教育理念指导下，突出学生实践动手能力的培养，让学生在实践教育中学会创新。在教育场所方面，既要强调大学课堂主阵地，又要拓宽接受工训场所，即加强校内实习基地与校外实习基地建设，还要“开门办学”，将厂矿企业变为学生接受教育的场所，而不是片面地强调将课堂建到厂矿企业中去以及典型产品教学。创建产学研结合的新途径与新模式，使本科

---

① 陈维昭．大学的角色和任务——台湾大学的例子［A］．杨东平．大学之道．上海：上海文汇出版社，2003．269

应用型人才具有工程意识与实践能力，努力做到知行合一。

4. “进口向前进”与“出口向回找”之间的有效结合

通过招生规模扩张之后，我国高等教育解决了一些学生“进口”上的问题，实现了高等教育大众化的目标。但我们不能只注重“进口”而忽视学生“出口”问题，倘若忽视了学生“出口”问题，即忽视了学生生涯教育与就业问题，那将造成极大的社会问题。在主要按照学科知识体系制定专业教学计划的情况下，教育教学突出的是学科中心主义，学生接受的教育也大多是入学之后顺着教学计划“向前进”，这种“进口”式教育模式可称为“进口向前进”，即学生入学之后按照学科知识体系组成的教学计划按部就班地安排自己的学习。当我们的教学计划突出社会需要的时候，教育教学突出的是社会中心主义，学生接受的教育要充分考虑到社会需求，教学计划应该根据社会的需要适时进行必要的调整，以便学生毕业后有更好更多的向社会“出口”的通道，这种“出口”式的教育模式可称为“出口向回找”，即教学计划要根据社会的需要以及受教育者的职业需要给予必要的修订。在教学计划中，应该强调学科知识逻辑、市场需求逻辑、人自身发展逻辑的融合，而且要以人的发展作为课程设计的根本追求。课程的价值虽然是多方面的，但是，学习文化知识、强调适应社会的根本目的应该是为了促进人的发展，因此，必须将三种课程价值取向和谐地统一于人的发展之中。

从整个教育过程来看，这样的高等教育才是整体的、均衡的、和谐的教育。一个完备的课程体系，既要注重“专业教育”，又不能小视“通识教育”，更不能忽视“生涯教育”，各门课程之间应构成一个相互关联的统一的知识体系，保持课程体系中各个知识系统之间的本质联系，使本科教育内容尽可能系统、连贯并形成一个整体。学生“进口”固然重要，“出口”更不可忽视。为了提高教育质量，课程体系改革再次成为高等教育界关注的核心问题之一，主要涉及专与博、专业教育与通识教育和生涯教育的关系。我们在指导思想方面，应该摒弃以往对于通识教育、专业教育、生涯教育的非此即彼的割裂性认识，而应以和合思想指导下的整体知识观来统整通识教育和专业教育，追求大学本科课程和大学教育的完整性与和谐性，强调知识的广度与深度之间的平衡，强调整体结构与个性选择的结合，倡导主动和实践性的学习。我们的教育责任观应该向更加整体主义方向转变，建立起和合思想指导下的和合型教育。

和合教育是大学办学的一种重要的理念与模式。中国现在的高等教育进入了一个新的发展时期，即从规模和速度型向质量和效益型转变，着眼于提高质量。在我们的教学改革中往往遇到一种微妙的问题，而这些问题大都是处于对立统一的关系之中，如人才要求中“知识、能力、素质”的关系问题，“大平台，小模块”中“大平台”与“小模块”之间的关系问题，通识课程、专业课程与生涯课程之间关系问题。为此，我们将在教育教学中要解决各相关要素之间“和”的问题，但“和”是在“和而不同”情况下追求教学相关要素之间的和谐。运用唯物辩证法来分析，任何事物都可一分为二，但不是简单的二分法，即用数学符号表示的“1＋1”。我们在教学改革中也时常遇到需要解决的一些二分的问题，如理论教学与实践教学，校内实训基地与校外实习基地，处理好这些关系是十分必要的，但我们追求的理想结果是这些二分因子融合为一体，用数学符号或许可表示为“1＋1＝1”，这就是“合”。如对于学生实践能力培养来说，“1”就是直接服务于学生实践能力培养的教育教学部分，而另外一个“1”就代表那些可以通过“转化”过程而间接实现实践能力培养的教育教学部分，最后一个“1”就是一种融合，达到人才培养的目标。统合是手段，和谐是目的。和合教育是一种和谐教育，它以学生为中心，满足学生不同的兴趣和要求，满足人们学习实用知识和技能的要求。和合教育既重视培养学生的理智，重视知识的系统传授，重视以知识的学科逻辑体系来组织编排课程，重视人的个性发展和传播理性知识，重视人的健全人格的培育，又重视知识的工具价值和不断变化的性质，重视知识的学习结合社会生活和人的经验的改造，致力于在广泛的职业范围和层次上为年轻人的就业作准备。和合教育要求正确对待“个性化发展”。和合教育理念的精髓是“整体和谐，个性发展”。强调“和”是因为有“异”，“异”是社会进步的基因。如果真的没有了“异”，那事物就不能发展了。“和”之所以存在，是因为其能包容“异”，即“和”是包容“异”的结果。敬其所异是最高境界，求同存异是高明之举。这也就是孔子倡导的“和而不同”，而非“同而不和”。

第六章　课程体系

课程领域已步入穷途末日，按照现行的方法和原则已不能继续运行，也无法增进教育的发展。现在需要是适合于解决问题的新的原则……新的观点……新的方法。①

——施瓦布

我们所面对着的整个自然界形成了一个体系，即各种物体相互联系的总体……这些物体是相互联系的，这就是说，它们是相互作用着的，并且正是这种相互作用构成了运动。②

——恩格斯

教育之宗旨何在？在使人为完全之任务而已。何谓完全之任务？谓人之能力无不发达且调和是也。③

——王国维

大学课程是学生必须完成的一系列学术计划，远非每门课程的“学分”那么简单。“课程传达的是一所大学对教育本质的诠释，所以，课程改革的

① (美)小威廉姆·E.多尔.后现代课程观[A].王红宇译.北京：教育科学出版社，2000.229

② 马克思恩格斯选集(第三卷)[C].北京：人民出版社，1972.492

③ 王国维.论教育之宗旨[A].周锡山.王国维集(第四册).北京：中国社会科学出版社，2008.7

决策会引发关于大学教育目标的‘战争’。”[①]大学课程设置是一项系统工程，一般是指大学开设的教学科目、各种活动及先后顺序和教学时数的安排，它是大学培养目标与培养规格的具体化，是大学教育教学工作的重要依据。课程体系就是不同的课程组织和配合而成的课程结构，是在一定的教育理念指导下的、围绕一个教育目标、将各个课程要素加以排列组合而成的系统。课程体系由目标要素、内容要素和过程要素三大部分构成，即根据培养目标，设置哪些课程，如何设置这些课程，各种内容、形式、形态的课程的相互结合如何达到整体优化的效应。一般可分为宏观与微观两个层次，宏观层面的课程体系是指课程与课程之间组成的体系，微观层面是指一门课程内部各要素之间组成的体系。我们在此主要是从宏观层面认识课程体系。它是培养人才的主要方式和途径。“如果把大学看作一个系统，那么，大学课程体系就是在学校教育系统之下的一个二级系统。”[②]

一、课程体系观及其价值取向

（一）整体知识观

课程问题一直是美国高等教育界激烈论证的焦点，其中贯穿始终的是关于美国大学本科生教育的目的与性质的论证，而这种论证又集中地表现在通识教育与专业教育两个教育价值观的冲突。几乎每过 40 年左右，就会在这个问题上进行一次大辩论，每一次交锋的结果必然使高等教育家们的课程思想得到进一步升华和明确，进而以各自认同的课程思想来指导大学的课程改革。从 20 世纪 80 年代开始，美国高等教育界出现了课程思想融合的趋向，树立起整体知识观并构建起基于整体知识观之上的大学课程体系，这种课程体系的构建应该说就是这种延绵不断的多样化大学课程思想不断辩论、交锋累积的结果。整体知识观成为美国大学课程未来发展的主要理论基础，建立融通识教育课程和专业教育课程为一体的大学本科课程体系

---

① （美）哈瑞·刘易斯.失去灵魂的卓越——哈佛是如何忘记教育宗旨的[M].侯定凯译.上海：华东师范大学出版社，2007.18

② 胡弼成.大学课程体系现代化[M].长沙：湖南大学出版社，2007.21

成为美国大学课程发展改革的主要趋势。①

整体知识观，即认为全部知识是相互关联的，并且可以整合成为一个统一的知识体系。② 美国教育家欧内斯特·博耶、克拉克·克尔、德里克·博克和耶鲁大学前校长小贝诺·施密德特等学者，积极倡导在本科教育中树立整体知识观，并以此为理论指南，改革大学本科课程体系。他们主张在本科教育中，贯彻整体知识观思想，以整体知识观来统整通识教育和专业教育，并使之有机融合，保持本科课程体系中各个知识系统之间的本质联系，使本科教育内容尽可能系统、连贯并形成一个整体，从而在大学本科教育中建立起一种综合教育，帮助学生形成更加连贯的知识观和更加综合的生活观，使学生有能力在复杂的社会中作为一个独立个体，以时代最好的知识架构来成熟地理解事物的本质。美国高等教育专家认为，"由于课程设置和教师的原因所造成的文科与技术的分家，造成了学生质量低劣、学科设置薄弱和分散的状况。……如果本科教育需要改革，就必须把基础课程和专业课程当作一个整体来看待，从而达到二者为之服务的共同的目的"③。本科教育应该是一种整体与均衡的完整教育，本科教育除了要培养学生掌握专业知识与技能，更要培养学生宽广的人生视野、思辨与表达能力及独立成熟的人格。整体知识观课程思想意在积极倡导在本科教育中树立整体知识观并以此为理论基础改革大学本科课程体系，以克服本科教育过度专业化和职业化带来的弊端。整体知识观成为美国大学课程未来发展的主要理论基础，成为美国大学课程发展改革的主要趋势。

美国课程学习要求本科生教育的目的不仅仅是为了使学生能找到工作，而是为使学生们日后的生活有尊严和目标；不仅仅是向学生传授知识，而是为使这些知识用于人道的目的。20 世纪初最著名的天文学家、威尔逊山天文台首任台长乔治·埃勒里·海耳(George Ellery Hale)认为："最伟大的工程师不仅仅会理解仪器设备等机器和应用公式，而且要认识到这些事

① 郭德红.美国大学课程思想的历史演进[M].北京：中央编译出版社，2007. 6～10

② 郭德红.整体知识观：美国高等教育本科课改的核心理念[N].中国教育报.2007-4-30.

③ E. L.波伊尔.学院——美国本科生教育的经验[A].吕达，周满生.当代外国教育改革著名文献(美国卷　第一册).北京：人民教育出版社，2004. 135

物本质，具有更宽广的视野和丰富的想象力，无论是在工程或艺术、在文学和科学方面，缺乏想象力的人，就做不出有创造性的工作来。”[①]美国卡纳基教学促进基金会主席 E. L. 波伊尔在《学院——美国本科生教育的经验》中总结道：“只学习知识，而不学习价值观念是不行的。科学家与工程技术专家必须具备对现代科技与自己的工作决策对我们生活环境的影响做出评价的能力。……今天我们需要的是那些既了解技术又了解它的社会意义的人才。”“一个能够把自己学到的技术融汇在整个社会结构中的学生可以说是受到了人文主义的教育，而做不到这一点的学生，甚至连个好的技术专家也配不上。”“教学内容不应当仅仅局限于学科范围本身，还要在课堂上体现出人文主义的教育精神。”[②]在学习课程方面，他进一步总结美国大学十分注重语言课程的学习，认为语言学习是首要条件。他们认为：“熟练运用笔头和口头语言是大学本科学习成功的基础。大学生需要用语言来有效地掌握和表达自己的感情和思想。要在大学里获得成功，大学生们应当能够清楚地写作与交谈并能够理解所阅读的文字和听懂别人的讲话。语言和思维密切相关，而且随着语言能力的发展，大学生们可以使自己的思维能力得到磨炼，使其智力和社交能力得以提高。”[③]杜克大学颁布“课程 2000”计划，主要是一个将课程的四个教学目标结合起来的框架：知识领域、探究方式、重点研究和能力培养。而每一门课程也可以融合几个教学目标。四个知识领域是：文学与艺术；社会文明；社会科学；自然科学与数学。两个探究方式是：定量、归纳和演绎推理；阐释和审美的方式。重点探究三个领域：交叉文化探究；科学、技术和社会；与伦理有关的探究。还要培养三种能力：外语能力；写作能力；研究能力。杜克大学在本科工程专业教学计划的设计目标上要求培养学生成为专业工程师，能解决技术和社会问题，并接受通识教育。学生的教育环境应使课堂教学经验能适应未来需要，这种环境由两个部分

---

① 朱清时主编. 21 世纪高等教育改革与发展——国外部分大学本科教育改革与课程设置[C]. 北京：高等教育出版社，2002. 156

② E. L. 波伊尔. 学院——美国本科生教育的经验[A]. 吕达，周满生. 当代外国教育改革著名文献（美国卷　第一册）. 北京：人民教育出版社，2004. 142～143

③ E. L. 波伊尔. 学院——美国本科生教育的经验[A]. 吕达，周满生. 当代外国教育改革著名文献（美国卷　第一册）. 北京：人民教育出版社，2004. 116

构成:一部分是师生之间的研究和现代技术设计活动;另一部分是整个大学的文学艺术环境。美国富兰克林——欧林工程学院课程体系(欧林三角图 1)同样能够体现整体知识观的思想。[①]

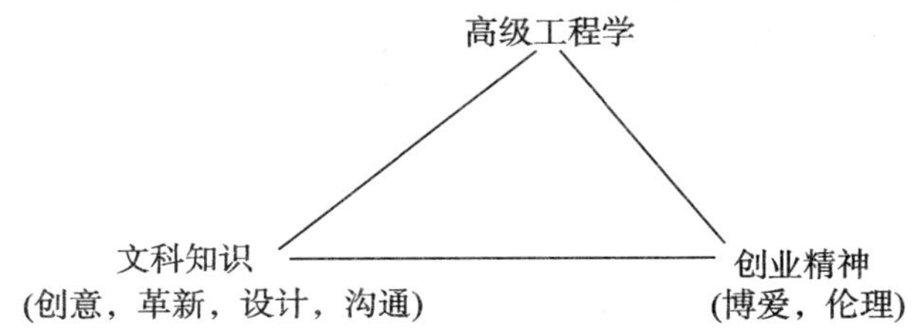

图 1 欧林三角图

这种整体知识观具有很大的影响力。从 70 年代初起,日本就提出培养"理想的世界上通用的日本人"的口号,强调没有综合化,就不会产生伟大的文化和伟大的人物。到了 1985 年,日本就积极筹备并实施培养"四合一"人才计划。所谓"四合一"人才就是指赤胆忠心报效国家,具有健康体魄的前提下,集科技、文学、经贸、外语于一身——既有科学技术内涵,又有文学艺术气质,既有经贸才干,又有外语的翻译本领。为了宣传培养"四合一"人才的意义,日本内阁颁布了一份又一份的文件。日本的一些大学在课程设置方面,强调文理科的相互渗透和相互交叉,把综合科学纳入教学计划。由此可见,国外把课程内容综合化成为课程体系改革的一种趋势。[②]

(二)课程价值取向

在课程体系构建中存在着不同的教育的价值理念。社会中心主义课程观认为,课程为社会发展而设,重视教育与社会的关系,强调课程必须满足社会发展的需要。学科中心主义课程观认为,课程设计要强调科学知识的内容逻辑性,即应服从学科自身的发展与重视学科逻辑体系,所以在课程设计上把学科内容作为课程水平及垂直结构的基础,课程的选择以不打破学科的内在联系为前提。但是,无论是社会中心主义课程观还是学科中心主

① 美国国家工程院. 2020 年工程人才报告暨 2020 年工程教育报告[M]. 蔡先金等译. 青岛:中国海洋大学出版社,2008. 157

② 田佩淮. 每一片森林的每一棵树木都是不同的——学生多元智能构成调查后的思考[OL]. http://www.qhfz.edu.cn/es/kw/xk03,3,m.htm,2011-11-1

义课程观，都不应该脱离学生中心主义。学生中心主义课程观强调课程设计为学生的发展服务，培养全面发展的人。未来的课程设计必须是强调学科知识逻辑、市场需求逻辑、人自身发展逻辑的融合，而且要以人的发展作为课程设计的根本追求。课程的价值是多方面的，学习文化知识、强调适应社会的根本目的应该是为了促进人的发展，因此，必须使三种课程价值取向和谐地统一于人的发展之中。[①]

不同的教育价值观关系到人才培养的质量标准问题，学科中心主义重点强调的是学术质量标准，社会中心主义重点强调的是社会质量标准，两者应该是协调而统一的。例如，有些专业尽管自身办学条件较好，有较好的师资和设备等，但由于社会需求减少，毕业生就业同样面临困难。如果我们不顾社会需求盲目扩大招生，即便我们培养出来的学生符合我们自身的学术质量标准，却无法满足社会的质量标准。这样的质量还不是真正的教育质量，按照这样的质量观去办教育就会削弱我们学校的整体竞争力，影响到学校的健康发展。因此，我们必须树立符合科学发展观的质量标准，在注意到学术要求的同时也要关注社会需求的导向，然后按照学术要求、社会需求以及学生自身发展需要确立我们具体的教学质量标准，才会有最好的人才质量。

为了处理好社会中心主义、学科中心主义与学生中心主义三者之间的关系，我们在和合教育理念的指导下，按照学术要求、社会需求以及学生自身发展需要确立的教学质量标准，构建了集通识课程、专业课程和生涯课程于一体的GPC人才培养课程体系。（参见图2）

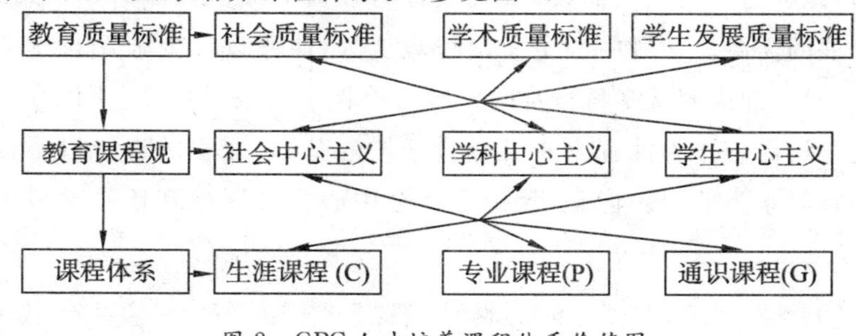

图2　GPC人才培养课程体系价值图

① 季诚钧.大学课程概论[M].上海:上海教育出版社,2007.31～32

无论课程作何改革，都不能忽视“学生究竟能从课程中学到什么”这个基本问题。如果课程内容陈旧，“这种教学，应该被称为‘负教学’，因为它浪费了老师，也浪费了学生的生命资源。而生命资源对每个人来说都是极其有限的，不管这个人有多么聪明，或者多么有钱”①。

二、课程体系结构

我国大学课程体系通过不断建设也已日趋完善，但是也有不尽如人意的地方。首先，缺少育人的理念，人才培养目标不明确，思路不清晰。其次，课程结构不合理。课程体系单薄，结构失衡。重学科课程，轻其他课程类型；偏重理论性课程，忽视实践性课程；有的课程体系有拼凑之嫌，处在一种“自在”状态，甚至出现不符合学科知识逻辑的问题。再次，课程体系刚性有余，弹性不足。必修课程多，选修课程少。第四，课程内容陈旧，重复现象严重。第五，课程体系设置缺乏特色，人才培养同质化现象严重，就像一个模子套出的坯子。这些都需要我们在课程体系建设中予以防止出现的现象，要充分地考虑到大学课程设置新特征，如综合化、多样化、国际化、信息化、人文化。② 大学课程改革主要围绕两个方面进行，其一是改善课程结构，根据科学技术发展与社会进步的需要，淘汰一些过时陈旧的课程，缩短最新科学技术进入课程的周期；其二是提高课程的集成度和整体性，加强课程的内在联系和智力刺激，使学生形成知识的整体观，发展问题求解和综合能力。而教学内容应当由通识、专业和职业三大知识体系构成，每类知识体系都由一系列必修课、选修课等组块构成。

（一）GPC课程体系结构

由于知识体系大体包括认识世界是什么的“内容性知识”、如何认识与改造世界的“方法论知识”、为什么要认识与改造世界的“价值性知识”三个侧面，因此，应将知识传授、学习方法与探究能力培养、人格塑造结合起来，

---

① 丁学良．什么是世界一流大学[M]．北京：北京大学出版社，2004．19

② 胡弼成．大学课程体系现代化[M]．长沙：湖南大学出版社，2007．15～24；季诚钧．大学课程概论[M]．上海教育出版社，2007．65～68

强调在学习过程中加强三方面的有机联系，以便进一步提高整体发展与个性选择、知识的广度与深度的结合度。针对这三类知识体系，也就有三种学问的课程教育：

其一是“使人成为人的学问”的教育，主要通过有效地建立与实施通识教育“核心课程”体系承担起这一主要任务，可以使师生回归到“书院”式的教学状态中。通识教育课程包括通识教育课程Ⅰ（公共基础课）和通识教育课程Ⅱ（通选课）。在通识教育Ⅱ中设置了“核心课程”体系，共包括六大“模块化课程域”：中华传统与文明对话课程域、科学与技术课程域、艺术与人文课程域、社会探究与批判思维课程域、方法与技能课程域、生涯设计与生命关怀课程域，为不同专业的学生按照“分类限选”的原则提供可选的通识课程。

其二是“使人成为某种人的学问”的教育，这类课程可称为“专业课程”，主要通过建立与实施专业教育“主干课程”体系有效地予以实施，可以使教学走向产学研结合的道路上去。专业教育课程主要是由学生必修的一系列“梯级递进”学科基础课或专业基础课、专业课或专业方向课组成，形成一个轴心状的课程体系，以体现不同专业人才培养的目标、规格、特色。

其三是“帮助人践行学问的学问”的教育，这类课程可称为“生涯课程”，主要通过建立与实施生涯教育“多元课程”有效地予以实施。生涯教育贯穿于大学教育全过程。除了显性课程，我们还设立了以生涯教育为目标的多元隐性课程，如学生生涯规划、心理咨询与辅导、创新训练、社会实践、志愿者活动、成功人士报告与讲座、音像学堂等，这种课程体系在促进学生未来生涯发展方面发挥了潜在而巨大的作用。

这种GPC和合型课程体系解决了课程分布的随意性和非均衡性，确立系统培养目标，强调人文与科技、理论与应用、基础与前沿、专业与管理的“四个结合”的原则，并充分体现出“四个特性”：第一是针对性，即课程体系和课程内容的设计必须针对学科性质和专业特点；第二是基础性，即课程体系和课程内容的设计必须强调知识的学术性、逻辑性、合理性和稳定性，这是深入学习和发展的理论基础；第三是时代性，即课程体系和课程内容的设计要充分反映学科专业发展的最新成果和前沿研究状况；第四是社会性，即课程体系和课程内容的设计要充分考虑到社会的需要以及职业的需求。

（二）课程体系的学程结构

课程体系的学程结构是指按照学期的纵向进程分出的结构形式。学程结构的安排不是一件可有可无的事情，除了按照知识的逻辑体系与青年学生成长规律安排课程，对于固有学程结构的改革也是很有必要的。比如，我们大学都过早地让学生选择专业，即在没有进入大学之前就选择了固定的专业，这是很不合理的，因为有的学生在中学时期甚至不知专业为何物，如此的选择就具有很大的盲目性。学生被录取后，带着专业身份进入大学，这种“身份”将决定着学生的学习专业，显然成了另一种“身份决定论”的翻版。而大学由于处于“居高临下”之位置，受到惯性思维的左右，不愿意改变已有的传统的做法，在面对学生选择专业问题上尤其显得颐指气使、“盛气凌人”，甚至将“专业”作为紧缺资源看待，囤积居奇。这有违于“以人为本”之思想，也有违于个人发展规律。其次，过早地进入某个专业，专业化乃至职业化色彩太浓，也不是一所优秀大学应该采取的态度与做法。在美国，大学生一年级一般是不会定专业的，专业一般在二年级以后才定，而且四年中换专业、换系的可能性很大。在 20 世纪 80 年代，美国就学生进大学以后是否有自由选择主修权进行了一个大辩论。当时辩论的结果，布朗大学（Brown University）决定取消对学生选课的限制。其理由是出色的学生和优秀的师资力量的结合会产生积极的教学效果：学生四年中所受的教育熏陶和所修的课程最终会引导他们达到自己所希望追求的目标。这种情况当然有些走极端，但是布朗大学一直坚守着自己的做法。从历史上来看，哈佛大学在艾略特执掌期间，在推行学分制的初期曾经实行过类似布朗大学的做法，但结果出现了一些问题，所以，在这轮辩论之后，哈佛大学仍旧实行其“核心教纲”的做法来拓宽学生受教育的知识面。在美国，从学科的选择来看，企业管理（MBA）、法律、医疗和建筑等职业倾向和专业性极强的学科一般都不属于大学本科生（undergraduates）修习的范围。学生必须先打好全面的知识基础以后才能进入研究生院攻读这类专业。因此，我们应该关心课程体系中的学程安排的问题。

当下，学生的就业是依靠市场方式调剂着，专业选择却被计划经济的方式支配着，这造成了一对扭结着的矛盾。为了帮助学生理性地选择未来要学习的专业，济南大学在和合教育理念的指导下，实行“1＋2＋1”的学程结构，效果比较好。按照“实基础、重应用、强能力、高素质”的人才培养要求，实现在学科大类基础平台之上，建立起一个专业群；再在一个专业的基础平台之上，建立起灵活的专业方向，如此形成一个“学科——专业——专业方向”的枢轴。第一学年的培养方案淡化专业界限，打破学科课程壁垒，按学科大类招生与培养。第二、三学年学生选择进入专业领域，第四学年选择进入专业方向，如此形成“1＋2＋1”的学程结构，相应地设置“三级平台”课程进程。第一学段为“一级平台”，按照学科大类招生，给予学生一定的选择专业的权利；第二学段为“二级平台”，学生进入所选专业学习，这时给予学生选择导师的权利，同时由于试行“课题工作＋课程学习”的学习机制，又给予学生在导师指导下选择课题的权利；第三学段为“三级平台”，给予学生选择专业方向与“出口通道”的权利，“出口通道”是多向的，如服务外包方向、校企联合培养方向、创业方向，直接与社会需求对接。

三、课程的各种类型

（一）通识教育的“核心课程”：“模块化课程域”

通识教育可以有许多途径和形式。对于一个完整的通识教育体系而言，设计并建设适应通识教育教学目的并符合大学自身实际的通识教育课程体系是通识教育改革的主要任务。根据我们的教育实际，设置通识教育的“核心课程”体系，建设通识教育的六大“核心课程域”，为通识教育课程体系的构建奠定了坚实的基础，为不同专业的学生按照分类限选的原则提供选修的课程。课程体系的结构模式可分为两类：第一是“层次构成”，即通识课程、学科基础课程、专业基础课程、专业方向课程；第二是“形式构成”，即必修课程、限定选修课程、任意选修课程。先按照和合教育课程体系要求，分别介绍通识课程、专业课程、生涯课程三者不同构成的设置。通识教育重在“核心课程”体系建设。

核心课程(Core Curricula，亦译核心教纲)，指的是通识教育的一整套涉及人文、社会、自然三大领域的、作为全体学生都必须掌握的课程体系。美国哥伦比亚大学于1930年最早设立通识核心课程，而哈佛大学通识核心课程最为典型，被美国高教界称为“学术界的革命”。1978年，哈佛大学发表了“通识教育核心课程计划”，把哈佛大学通识课程开课领域分为五大类：(1) 文学与艺术；(2) 科学与数学；(3) 历史研究；(4) 社会与哲学分析；(5) 外国语文和文化。1985年又将课程领域分为六大类：(1) 文学与艺术；(2) 科学；(3) 历史研究；(4) 社会分析；(5) 道德思考；(6) 外国文化。① 进入20世纪90年代以来，核心知识课程理论对知识结构提出了明确的要求：共享、稳固、序列和具体。共享就是使人们能相互理解，便于交流和沟通；稳固就是指能代代相传，不因时代发展而失去价值；序列是指课程内容的编排要有一个次第，便于教师了解学生的水平；具体是指课程要求应明确具体，课程目标不能太抽象。②

每个国家的不同高校设置的通识教育课程体系可能有所区别。在广泛总结国内外高等学校先进经验的基础上，我们又进一步建立起“模块化课程域”(core curriculum territory)。根据现状及未来发展的需要，本着专业学识精深、知识力求宽广的原则，采用核心课程的方式来建构课程体系，在“模块化”的基础上又引入了“域”的概念。“域”指知识的领域和范围，模块化课程域为学生规划出几块大的知识范围，使学生明确自己的位置和需要，并根据学校的规定和自己的兴趣加以选择。这一设计旨在增强学生的自信力、灵活性和创造性，改善学生的交流和共事能力。学生在学校的有关规定指导下进行必选项目的深度认识，并同时考虑社会、经济、政治和技术因素下进行针对个人的个性选择，这一系列选择的过程本身就是对学生的历练，培养学生全面解决复杂问题的能力。“模块化课程域”还有利于教师理解和领会学校通识教育的基本精神并向着统一的方向努力，同时这一设计还可以着力培训教师讲课的同时提出问题和解决问题的能力。这种模块化课程域有利于实现分科课程的整合，还能实现理论与实践的结合，把知识教学与情

① 黄坤锦.美国大学的通识教育——美国心灵的攀登[M].北京：北京大学出版社，2006.77、92～99

② 赵忠建.美国核心知识课程理论与实践[A].胡弼成.大学课程体系现代化.湖南大学出版社，2007.70

感、态度培养结合起来，从而达到全面培育人才的目的。

通识教育可以有许多途径和形式。对于一个完整的通识教育体系而言，构建通识教育课程体系是开展通识教育的核心，设计并建设适应通识教育教学目的并符合大学自身实际的通识教育课程体系是通识教育改革的主要任务。通识教育改革就是从构建全新的课程体系入手的。在课程体系构建上，我们重点将通选课程划分为由六大模块组成的核心课程域，不同专业的学生按照分类限选的原则选修某一个或两个课程域的课程，以保证学生可以学习一些与自己所学专业不同的课程；多元课程则是指在更广阔的学科范围内为学生提供全方位多元化的课程资源。核心课程以限制性必选方式要求学生选修，多元课程则完全由学生任意选修。这种核心与多元的课程体系既体现了教育者对通识教育的特定要求，又充分保障了学生自主的学习需求能够得以满足，使通识教育很好地协调了教育的统一性与学习的个性需求之间的矛盾。

通识教育的课程建设一直是大学课程改革中的一大难点。从理念的层面上讲，通识教育的重要性和必要性已经为教育界普遍认同，但是通识教育在课程建设的道路上却是艰难坎坷。在课程化的过程中最大的障碍是理想和现实的冲突，这也就是通识教育课程建设中必须要解决的问题。通过课程设置的调整来加强人文教育和科学教育以及二者的融合是许多学校已经采用并行之有效的教育途径。

通识教育是指建立在拓宽基础知识前提下的专业教育。如何有效地实施这一教育理念，以美国为代表的一些高校走在了最前列。美国高校普遍实行文理学科的融合和创新，学科交叉十分普遍，非但涵括了 14 大学科门类，所有学科门类均有复合交叉，还在课程结构上建立了一套本科教育的核心课程，提高课程的集成度和整体性，使学生形成知识的整体观，发展问题求解和综合的能力，以培养学生的智能和思维能力，给学生以“基本学术训练”。

哈佛大学于 20 世纪 80 年代实施了核心课程体系。其核心课程涉及文理学院文艺、史学、哲学与社会、科学、外国文化、道德思考等六大领域，不同领域都试图给学生确定知识广度的最低标准，每一领域平均开设 8～10 门，整个核心课程每年共设80～100门。哈佛商学院还推行了一种“成组教育”(Team teaching)教学方式，把从前分割开来的学科知识重新融合，使学生更多地学习到不同领域多种专业知识整合在一起的宽幅的知识，而不再像传统的学习过程那样孤立地学习各门课程。哈佛核心课程的实施对北美地区以至整个世界都产生了重大且深远的影响。耶鲁等大学规定，低年级大学生必须修满文学与艺术、历史、自然科学、社会分析与道德观、外国文化等五大“核心课程”。斯坦福大学开设“文化、思想和价值”课程，目的在于让学生涉及更广泛的文理领域。在课程安排上，采取“核心课程＋选修课”模式。杜克大学的本科基础教育是通过知识分类要求，来指导学生选课，以达到学校对学生通识教育的要求，即规定学生要在艺术与文学、外语、定量推理、文明社会、自然科学、社会科学六个领域中选择一定的课程。还将能力分为外语能力、写作能力、交流能力和研究能力，要求学生在选课和课程设置上要涉及这些知识和能力的培养。法国巴黎高师为学生提供历史和哲学科学、数学和经济学、社会学和人类学、古代历史和科学、美学和艺术史、音乐和文学、医学和生物学、经济学和法律、地理和地缘政治学、生物学和化学或数学等方面的跨学科课程，实现了课程设置的多样化，满足了学生不同的需要。1984年4月5日，中国台湾教育管理部门发布“大学通识教育选修科目实施要点”，要求各大学在“文学与艺术”、“历史与文化”、“社会与哲学”、“数学与逻辑”、“物理科学”、“生命科学”、“应用科学与技术”等七大领域内，开设各种选修科目，共4～6学分。香港中文大学本着通识教育宗旨，推行均衡教育，课程设计逐渐形成了“中大模式”。该校的通识教育内容包括四个层次，第一层次：中国文明(必修范围)，第二层次：分科课程(选修范围)，第三层次：跨科课程(选修范围)，第四层次：书院科目，属各书院自己开设的科目。欧美以及港、台等各高校通识教育的先进经验为我们提供了借鉴。

与我国高等学校传统采用的“专业模式”相比较，“核心课程”教学模式的特点是课程结构弹性化，课程设置灵活、多样，课程安排留有相当大的空间，更大程度上为学生提供了选择课程的余地。学生能够根据自己个人的教育目的、特殊兴趣、知识背景和未来目标，制定个人学习计划和实施学习过程。对于高校自身来说，“核心课程”的课程结构富有弹性，设置灵活，可以充分发挥学校教师的积极性和创造力，大力开发优势教学资源；另一方面，课程开设门数多，就能够自我调整，比较容易开辟学科专业之间的交叉地带，形成新的专业方向，能快速应对科技进步和社会变化，更能满足社会和学习者的需要。

通识教育核心课程采取科际整合的方法，或有连续性的编排组织，并将课程分成若干类，学生必须在每一类当中必修或选修若干科目或学分。“核心课程”的设置不是为了让学生掌握某一学科的系统知识，而是侧重于启发思想，培养学生自主学习和创新知识的能力。通识教育核心课程的设置对于加强素质教育、实现创新人才培养目标有着重要意义。通识教育核心课程在教学方法上注重发挥学生的主动性，运用课堂模拟、项目参与、社会实践等多种形式，让学习成为创造性思维的过程。其教学重点是培养学生发现问题、分析问题和解决问题的能力。知识的细节或事件的详细经过应当尽量让学生通过自主学习去掌握。在教学环节上应包括课堂讲授、课外阅读和练习以及课堂讨论等多个部分。教师应为学生提供参考资料目录，并对学生提出必要的课外阅读量和练习量的要求。通过适当安排讨论和撰写报告、小论文等办法，协助学生尽快进入思考状态。济南大学核心课程由六部分“模块化课程域”组成：

1. 中华传统与文明对话课程域

国务院总理温家宝2003年12月在美国哈佛大学发表了题为《把目光投向中国》的演讲，其中一项重要内容就是展示中华传统并且提出以平等和包容的精神开展广泛的文明对话和深入的文化交流的主张。中华传统文明，是指以人与自然、人与社会和谐发展为导向的中华传统文化精髓，传统思想和价值观是我们民族智慧的结晶，是我们民族生存和发展的依据，是我们民族几千年来屡遭灾难而不会解体的凝聚力。党的十六大报告指出：“面对世界范围各种思想文化的相互激荡，必须把弘扬和培育民族精神作为文化建设极为重要的任务，纳入国民教育全过程，纳入精神文明建设全过程，使全体人民始终保持昂扬向上的精神状态”；2006年9月《国家“十一五”时期文化发展规划纲要》第三十条则明确提出了要“重视中华优秀传统文化教育和传统经典、技艺的传承”；2007年9月党的十七大报告中指出：“要全面认识祖国传统文化，取其精华，去其糟粕，使之与当代社会相适应，与现代文明相协调，保持民族性，体现时代性”，要求“弘扬中华文化，建设中华民族共有精神家园”。当今，人类社会进入了一个全新的发展阶段，经济全球化和社会信息化，尤其是网络技术的普及和世界共同市场的形成，使全人类的利益以前所未有的方式更紧密地联系在一起，教育改革和发展战略需要具备全球视野。亨廷顿在《文明的冲突》一书中，把当今世界的组成归纳为八个文明，也就是西方文明、中华文明、印度文明、日本文明、伊斯兰文明、东正教文明、拉丁美洲文明以及非洲文明。与文明对话是知识界近20年来最关心的课题之一。纵观人类智慧生成和发展的历史，各个大文明传统无一不是在对话的基础上开始的，文明对话是一个具有历史意义的课题。全球化的出现促使人文学者关心全球化对人的生活信念等方面的改造。世界是丰富多彩的，不同的文明在竞争比较中取长补短，在求同存异中共同发展。随着我国国际地位的提高，对外交往的扩大，我们在对自己民族和国家的文明有了足够的了解并具备了文明的主体意识之后还应向世界展现具有强大生命力和先进性的中华文明，关注与其他文明的对话。人类文明需要对话，从包容再到承认、尊重、相互参照、相互学习，这一切需要了解古今文明发展的基本状况。

中华传统与文明对话课程域的教育功能主要定位于以下四个方面：第一是民族精神教育；第二是国情教育；第三是人文精神培育；第四是思想道德教育。其核心是弘扬中华优秀传统文化、阐释和培育民族文化精神，促进民族文化的认同和文化自觉。因此，本课程域教学的主要目标是：了解中华民族数千年所创造的灿烂文化，借鉴世代先人的生活经验，总结自我、家庭、族群的历史记忆，从中国文化的产生、发展脉络、文化成果和特征等不同层面把握中国文化的主要特质，学习并思考中国传统文化所提供的智慧资源和精神资源，使学生对中国文化获得较宏观和全面的认识；准确而深刻地认识我们民族自身、我们当前的国情，提高民族自信心，增强民族忧患意识，以理性态度和务实精神去继承传统、创造中华民族的新文化，为中华民族的伟大复兴做出努力。

中华传统与文明对话课程域包括文化发展史、科技发展史、思想史、发达国家简史、国际关系史、人类文化发展历程、主要文明发源与演进、古代主要文化分支、西方文化演进、当代西方文化、美国文化、中外文化比较、宗教文化等方面的课程内容。

2. 科学与技术课程域

科学知识的传授与技术技能的训练历来是高校传统的教学重点。但从现今社会的发展和对学生的需求看，以往的教学模式片面注重知识的传递而忽略了对能力的培养。科学与技术课程域主要引导学生认识自然、科学与科技，检讨人类在大自然的角色；观察科技如何改变人生、社会与自然环境，及其对人类的未来的启示。这个课程域主要解决物质科学问题、分析自然，关注生命、进化和环境科学等，使学生获得相当程度的科技素养，以便了解与生活息息相关的科学知识、科学方法和科学原理，了解最新的科学发现以及科技对生活、人类的影响。

科学与技术课程域的目标是探索自然现象、探索观察和理解自然现象的方法、探索综合自然现象形成和发展、变化的理论、规律，探讨科学理论基础的方法论，从而形成对这个世界的科学概念，塑成科学精神。学生通过学习理论、反复习得、动手实验来参与这些课程，有效增加科学知识和增强计算、推理能力，对于所处的自然的社会环境有基本认识，进而关怀生活环境，珍惜自然资源。这种学习经历帮助学生对这个科技飞速发展的社会有更好的理解。

科学与技术课程域主要包括科学学科发展、科学与社会、科学精神、科学与人的发展、数学、物理学、化学、生物学、医学、天文学、地理学、信息技术、机械、电力、电子、自动化、材料、建筑、化工、能源、环境保护、食品营养等。

3. 艺术与人文课程域

艺术具有陶冶人的情操、丰富人生意蕴、提升文化品格、塑造美的心灵的功能，诸如绘画、舞蹈、音乐、雕塑、文学作品等人类艺术创造可以提高人的审美能力，开发人的智力。艺术活动通过形象性、感染性和愉悦性能有效诱发人的创造力。特别是优秀的文学作品可以总结人类经验、传递圣明哲理并直接具有教化劝善的功能。人文课程研究过去人类的贡献及人类的未来，以普遍理念或原理来研究不同国家的不同价值观或理念，以人文科目的共同要素来研究文学、艺术各种形式中所隐含的人文精神；介绍探讨社会、政治、经济或文化议题的相关理论和研究方法，可以加深学生对人类社会与文化的构成和表象的理解，以助其掌握当中的通则和多样性；人文教育指导人发挥人类的智慧，能在适当的时候，做出的价值判断。在今日社会价值重组的时代，人文教育课程有助于学生寻找人之所以为人的价值，并帮助学生了解自我人生与生命的价值，增强社会责任感。

艺术与人文课程域的目标是陶冶人性、弘扬文化、完善人格，给人以大智大慧，培养学生对艺术表现的批判性理解力，让学生熟悉古今中外艺术经典、主要主题或特定时期和地点的创造性成就。还有一些课程对学生进行有关视觉理解或音乐理解的教学，介绍美术或音乐作品与当时的历史和文化背景的关系。有些课程研究历史上创造性的文化时代，通过对重要时期、重要风格或重要运动的研究，分析创造、阐释和传播文化的方式。一些课程注重文学作品的赏析的方法，提供一系列关于文学批判和分析的方法，回答了文学功能的实现，文学体裁和传统的形成和演变，作家、读者、文学作品以及当时的环境之间的关系等。

艺术与人文课程域包括著名文学名著导读、文学家思想分析、文学批判、文学的典型形式、各种艺术表现形式、艺术欣赏、艺术与文明、艺术家、艺术与社会发展等多方面的内容。

4. 社会探究与批判思维课程域

社会探究与批判思维课程域涉及社会科学领域的相关内容。人生中必然会遇到一些重大的选择和价值判断，大学阶段的经历对于一个人一生的走向起着至关重要的作用。这个课程域的目标在于让学生熟悉社会科学的一些核心概念和方法，并且显示这些方法在理解当代人类社会行为中的作用，通过运用与经验性资料相联系的正式理论，更好地理解方法在研究人类和组织行为的重要难题中的作用。要求教师在传授科学知识和技能的同时，聚焦于思维的科学习惯以及思维的创造性的培养，注重批判性思维方式的形成及追求真理的科学精神的培育。有的课程培养学生对法律制度的认识和对各种问题的思考与解决能力，有的课程使学生了解政治结构的基本知识，包括静态政治学与政治制度、与动态政治学的互动关系，加强学生的国际观念，锻炼学生对于社会的探究能力。

社会探究与批判思维课程域包括伦理学、政治学、社会学、公民公德、家庭价值观念、公民权利和义务、民主与法制、科学发展观、生态与环境、经济学、人类学、行为科学、管理学、民俗等。

5. 方法与技能课程域

如果说在大学期间可供储备的知识如同宝山，那么方法就是开掘这座宝山的途径，技能就是获得宝藏的工具和技巧。在大学教育中，不重视方法和技能，就是“身入宝山空手归”。

汉语词“方法”的起源可追溯到《墨子》一书，原意是量度方形之法。《墨子·天志中》说：“中我矩者谓之方，不中我矩者谓之不方。是以方与不方皆可得而知之。此其故何？则方法明也。”这里的“方”指方形，“法”实际上指的是一种“标准”和“规则”。今天人们用“方法”这个词来翻译英语词“method”，这也就是我们现代应用的“方法”的意义。现代人所理解的“方法”指人们用以认识世界并改造世界的方式和手段。人们在进行实践活动以及由其引起的思维活动（其目的就是认识世界、改造世界）时所采用的方式或所利用的手段就叫做方法。大学期间学生应学会将来所从事的某专业活动的基本方式，即从事专业的思维方法。

学术性教育和职业性教育是高等教育的两大任务。“学术性”是指大学对高等教育中理性、学术与知识等目标追求的一种倾向，其价值取向着重于增进人类科学文化知识，培养学生进行高深学术研究、从事学术性工作的能力；“职业性”则指大学对高等教育职业功能偏好的一种倾向，其价值取向着重于为满足经济、政治和社会发展需要服务，培养学生从事专业实际工作的能力。“职业专业化”是指“成为专业的成员并且在职业中具有越来越成熟的作用这样一个转变过程”。其含义包括四个层面：学科和技能“双专业”，既有规定的学历标准，也有必要的职业知识、能力和职业道德要求；有专门的职业教育机构、内容和措施；有对职业资格与机构的认定和管理制度；既是一种状态，又是一个不断深化的过程，更是一个终身学习、不断更新的自觉追求。职业性质相关的综合要求决定了长期、持续的专门技能训练和高度的专业方法，是大学通识必备的教育内容。决定职业发展水平高低，概括起来包括三方面："知识、技能和情意。"对于大学生职业发展而言，知识水平就是我们所探讨的"学术性"要求，技能就是我们要揭示的"职业性"素质，情意是我们所谓的"专业伦理"和职业道德。这就说明教育培养的人首先应是"社会人"，即具备做人的基本素质；其次才是"职业人"，即具备做事的职业技能与素质。"能力建设"就是"促进发展"，强调的是个人和组织之间基于学习、技能和资源获得基础上的能力发展。

方法与技能课程域包括自然科学的方法、社会科学的方法、辩证法、统计学、实验方法、逻辑学等方面。

6. 生涯设计与生命关怀课程域

从世界范围看，高校学科的发展历史经历了三个阶段：其一是主要关注人本身，以文学、医学、神学为主要学科；其二是关注人与自然的关系，以理学、工学、农学为主要学科；现在正在经历第三个阶段，高校学科要反映人、自然与社会的和谐共处。学科发展出现了现代社会的人文科学、社会科学、自然科学等学术系统形成并相互渗透的局面和学科大融合的趋势。现今全世界在倡导人与自然、人文与科技的和谐发展，培养既具有科学素养，又富有人文精神的一代大学生，因而社会与学校史无前例地结合起来。大学生应对个人的生涯设计有自主选择的机会和能力，培养这方面的能力是当前高校义不容辞的责任。同时在当前经济潮流的涌动和商品社会的喧嚣中帮助学生透过人文及相关学科，加强对自我的认识和反省、探索人生的意义与价值之多元性，是一个亟须解决的问题。人性的尊严是教育的首要价值，培养人的道德品格，学习如何做人，如何生活，建立一个人生命的意义，增进个人与周围世界的和谐关系，使人生活在这个世界有一种亲切感和归属感，这在大学通识教育中是一个重要的命题。本课程域中的一些课程由其课程性质决定，形式上多采用讨论、追问等授课方式，教师和学生就课程内容自由地平等地发表自己的观点，互相提问、质疑，共同探索，通过对各种不同观点的澄清这一辩证的过程，去批判谬误、发现真理。在这一过程中，学生可以形成终生受益的批判性思维方法和正确的世界观、人生观和价值体系，对于将来走上职业生涯，设计自己的未来人生，愉快并圆满地融入人类社会进程中去，有着重要意义。

生涯设计与生命关怀课程域包括职业规划、幸福学、成功学、创业学、创新学、道德伦理、价值观、人际交往、形象设计等内容。

（二）专业主干课程

专业教育可以使学生在某一个学科领域具有一定的深度，这是大学教育必需的。本科教育的中心内容是要充实专业教育，以鼓励学生钻研某一学科的深度，同时也能帮助他们将专业学习运用于对外界事物的观察之中。专业课程包括必修课程与选修课程。主干课程（Stem Curricula）主要是指围绕特定专业（专业方向）上开设的学科基础课、专业基础课以及专业（专业方向）课中必修课程。主干课程在专业设置的课程体系中占据重要地位，相当于“轴心课程”，是重中之重。它主要以学生专业知识、能力、素质的获得为共同目的，旨在满足个体以及社会发展的要求。其作用是培养学生专业知识、技能和能力，使学生适应某一领域专业性岗位要求，成为特定专业领域的高级专门人才。

学科基础课是指以传授某个学科领域内的基础知识体系和基本技能、能力为主要目的的课程。学科基础课的开设对象不局限为特定专业的学生，而是面向更广泛的学生。这些课程的目的是帮助学生了解某个学科领域的基本内容，为学生进一步学习专业课程提供平台。学科基础课往往是多个相近专业共同的基础课程。

专业基础课是指传授某个专业领域内的基础知识体系和技能、能力的课程。其目的是培养学生掌握特定专业的知识和能力。专业基础课是学习后续专业课程的先修课程，也是确定专业学习基础的课程。

专业课程和专业方向课程是传授特定专业专门知识和技能、能力的课程，与专业基础课不同，专业课的目的是向学生传授某一特定领域内的知识和技能，是学科与知识分化到高级阶段的表现。专业方向课是指在一个专业内分化出来的更加专业化的分支领域所涉及的知识和技能。设立专业方向课是课程体系建设的一种尝试，也是构成主干课程的最高级阶段的课程。它体现了人才培养规格的专业性和针对性。在专业课程体系中，同一个专业可以设立几个专业方向，以更加突出学生专业学习的针对性，适应学生在同一专业内不同的发展需求。

（三）生涯教育的多元课程

高等教育大扩招以来，大学生就业难问题凸显，矛盾更加突出。解决这一问题，涉及社会生产、经济发展、劳动力素质、劳动政策、文化传统和大学生就业观念等许多方面。高校的任务是，分析学校所服务的区域经济社会发展的劳动力市场需要，研究如何培养和提升大学生的职业能力。大学生职业能力的培养最终要落实到人才培养过程中去，换言之，要提升大学生的职业能力，必须重视和研究人才培养过程，探索总结并实践适合本校实际的新型人才培养模式。生涯教育重在学生人生规划及职业能力的培养。职业能力是指顺利完成某种职业活动所必需的并影响活动效率的个性心理特征，其中包括一般职业能力和特殊职业能力。一般职业能力是指与岗位各项任务和各种岗位、各种职业有关的共同能力，诸如学习能力、语言文字表达能力、社交与活动能力、外语和计算机应用能力等。特殊职业能力是指人从事某种专业活动所具体需要的专业能力。在培养职业能力来说，通识教育培养学生的一般职业能力，专业教育培养学生的特殊职业能力，生涯教育直接针对劳动力市场开展就业教育，三者共同形成学生的综合职业能力。生涯教育主要是依靠多元课程体系来完成的。大学提供的课程不是课程的简单汇总，而是对多种学习体验与学习序列的组织，强调整体选择与个性选择、知识广度与知识深度的结合，确保本科生能共享多种教育体验。多元课程（plural curricula）的基本特征是采用灵活多样的教学形式，丰富多彩的教学内容，以培养学生掌握综合性的知识、思想方法、技能与能力为目的。多元课程包括各种隐性课程、拓展性课程、学术讲座、音像学堂、学生科技创新活动以及实践性课外活动等多种形式。多元课程体系的构建是基于对课程内涵的认识，为学生提供多层次、多学科、多角度的知识和能力教育服务。“大学制定课程表和教学大纲的因素主要有两个：其一是就业市场的反馈，即你培养出来的学生要能尽快地找到合适的工作，这反过来影响到招生的生源。其二是研究的领域要尽可能求新、求广，如耶鲁大学原来以人文和法律见长，但现在也开始注重理工科。麻省理工学院最早只有理工学科，因此，历史上有几次差一点被临近的哈佛大学吞并，于是就逐步开设政治、经济、管理、语言、哲学等学科，现在它的这些科目也都跻身于世界一流。”[①]

1. 指导学生制定生涯规划

生涯是一种连续不断、循序渐进且不可逆转的过程。生涯发展是一种动态的过程，是一种有秩序、有固定形态且可以预测的过程。人的自我观念一般是在青春期就开始发展，至青春期逐渐明朗，并于成年期转化为职业生涯的概念。个人的兴趣、价值观、需求、对父母的认同、社会资源的利用、个人的学历，及其所处社会的职业结构、趋势、态度等，这些均会影响个人生涯的选择。

大学阶段作为一个人职业发展的重要准备阶段，其发展目标对个人职业发展目标有着十分重要的影响作用。大学阶段的发展方向归纳起来可以分为四类：就业、考研、出国留学和自主创业。不同的发展方向使学生在大学期间的学习生活的侧重点有所不同。要实现大学阶段的发展方向与目标，就必须对大学期间的学习、生活做出合理规划。大学生涯规划与大学期间的各种学习、生活计划是不同的。大学生涯规划是一名大学生进行自我职业发展准备的战略行为，而大学期间的各种学习、生活计划是一种战术行为，是为实现规划目标而采取的具体实施办法。大学生涯规划是针对大学生涯发展重大问题的决策，而不是对一些具体事情的决定。大学生涯规划一旦确定后，就应该成为整个大学阶段的行动指南，而具体的行动计划可根据情况经常变化。大学阶段，既要明确自己的发展目标，还应制定实现目标的规划，更应采取实施规划的行为。

帮助学生选择合适自己的工作，将来在社会中扮演积极而有意义的角色，同时通过合适的工作，充分发挥才能和潜质，迈向丰盛的人生，是培养具有健全人格的合法国家公民的需要，是实现高校教育目标的必要条件，是促进学生全面健康成长的重要内容。为此，在大学生中应积极开展学生生涯教育，并教育引导学生合理规划自己的生涯。一定的性格适合于从事一定的职业，不同的职业对人有不同的性格要求。如果一个人的性格特征与所从事的职业很符合，就可能在事业上获得成功，反之，则会使从业者的心理

---

① 丁学良．什么是世界一流大学[M]．北京：北京大学出版社，2004．47

健康受到损害，甚至妨碍事业的成功。所以，对大学生来说，求职时不仅要考虑自己的职业兴趣，还要考虑自己的职业性格，从而根据自己的特点选择最易适应的职业，找到一份与专业有关的工作。

2. 生涯教育落实于教学之中

（1）分类教学。生涯教育是为本科毕业后做准备的生涯教育，是指针对学生的不同去向与出路而采取的一种分类教学的区别性教育。在同一专业内可以设置不同的专业方向，使每个学生可以灵活选择，较好地满足学生在同一专业内的不同学习需求。设置“专业方向模块”的课程，学生可以根据兴趣自由选择。否则，在我国大学生就业中，结构性失业的情况就难以改变。本科教育目标分类有助于学校制定明确的专业培养计划。学校培养什么规格的人才标准确定以后，各专业据此来确定本专业的人才培养规格，课程体系设置也就有依据了。专业结构和课程体系决定大学生专业知识结构和专业能力结构，不同层次和类别的培养目标，使大学生更易于形成独特的知识和能力。

（2）就业教育与创业教育。就业教育是指学校根据国家利益和社会需要及职业结构对大学生素质的要求，结合大学生的个性特点，通过就业形势、社会职业介绍、职业兴趣、能力素质测试和就业心理辅导等一系列教育活动，帮助学生了解自己的能力、志愿和爱好，并使其认识现代社会的职业情况，树立职业理想，获得职业所需要的知识和技能，进而能够正确合理地就业。大学生就业工作是学校非常重要的工作，加强对学生就业能力的培养是生涯教育的重要一环。就业能力可以分为职业能力和职业选择能力，核心是职业选择能力。大学毕业生难以就业的主要原因在于对自我的认识、对社会职业的认识不充分，不知道自己能够做什么，适合做什么，去应聘职业面试时不知道表现自己哪些才能、怎样表现自己的才能，追逐眼前利益，把握机遇的能力差，结果丧失就业机会。高校应着眼于学生创业能力的培养，对大学生开展创业教育，进行创业指导。

（3）励志教育。为正确指导学生科学定位大学生活，合理规划职业生涯，进而引导学生树立明确的奋斗目标和远大理想，激励学生珍惜大学时光、奋发图强、励志成才，学校应紧紧围绕大学生全面发展这一目标，紧紧抓住学风建设这条主线，不断拓展促进学风建设的有效途径和载体，教育和引导学生把大学学习计划和近期发展目标结合起来，把长远发展目标与职业生涯规划结合起来，把人生奋斗目标和为祖国、为人民服务的远大理想结合起来，努力学习、励志成才。

（四）其他课程类型

1. 显性课程和隐性课程

课程按其形态载体一般可分为显性课程与隐性课程。显性课程是指列入教学计划的学科课程和活动课程。隐性课程是相对于显性课程而言的潜在课程，它存在于教学计划之外，隐藏于显性课程之外。隐性课程和显性课程共同构成了完整的课程体系，在学校的教育教学活动中发挥着重要作用。显性课程与隐性课程不是对立的，二者总是以合力的形式对受教育者施加影响。隐性课程和显性课程是以不同方式在不同层面对学生施加教育，其作用效果是互补的，显性课程是学生学习过程中，自主性和能动性在指导教师引领和激发下表现出来的学校行为；而隐性课程是在无师自学的过程中，由学生自行决定自由实施的、无目的或无意识的学习行为。显性课程可以调动培养学生有目的自觉掌握认知因素和能力，但它在情感教育和综合素质训练方面显得盲然，需要向潜在的课程寻求解决方法。因此，显性课程和隐性课程共同构成学校实际发生的课程的全貌。隐性课程与显性课程同样重要，隐性课程更具愉悦性、易接受性和教育功能的全面性等特点，能够很好地达到品质、习惯、态度等教学目标，并能比显性课程的明确目标保持得更久。隐性课程是学校中持续不断、无所不在、有形无形的教育资源，隐性课程的主要范围包括(1) 学校物质文化，包括高校中的建筑物、设备、景观等物质环境。它们传达给学生一种广博的、自然的、高邃的文化气息，使大学生在学习期间感受到一种美妙高雅的文化气息。(2) 学校行为文化，主要包括师生员工的生活方式、行为方式以及在此基础上形成的校风、系风和班风。教师和学生在教与学的过程中主动打破壁垒分明的系科限制，对其他学科知识应抱有开放的胸襟，汲取各种文化知识的营养。(3) 学校制度文化和规范文化，主要包括各种教学、科研、生产、生活和管理制度，以及群体行为规范和典礼仪式等。(4) 学校精神文化，指学校的校园精神，如学校的历史传统、人文精神、办学风格、学生的学习态度、理想、信念、价值观等。校园精神是校园文化观念、历史传统的集中体现，为校园大多数师生所认可，是他们共同遵循的思想意识、价值观和生活信念，对学生终生做人、做事都有深刻影响。

2. 刚性课程与柔性课程

课程按其实施动态过程分为刚性课程与柔性课程。刚性课程是一种课程体系，与柔性课程相对应，体现了统一、确定的课程观及自上而下执行课程的课程实施理念。刚性课程作为一种课程体系体现了课程的刚性特质，是指由国家教育主管部门设定的各级各类学校(课程实施者)必须遵照执行的、不可改动其内容的一种课程表达方式。它与柔性课程相对应，反映了课程权力的集中程度和表达方式。刚性课程便于人们对课程进行管理、实施、评价。原因有三：首先，在刚性课程框架内，课程管理的权力集中在少数专家和机构，便于课程的统一管理和课程管理的权责分明；其次，在课程实施过程中，教师有一个统一依据，如教师可以按照课程标准来组织教学以加强教学的计划性与科学性，减少课程实施的盲目性和不合理性；最后，统一的课程标准、内容、计划等有利于建立一个同一且公平的课程评价体系，便于客观了解课程的实施效果，为教育决策作出指导刚性课程有其有利的一面。同时它也存在着负面影响，首先，它限制了教师的创造性思维，使教学陷入“讲—练—考”的单一模式，形成被动实施、忠实执行的课程操作取向；其次，刚性课程体系形成全国性的大一统格局，课程缺少对不同地区的适应性。在经济、社会、文化、教育发展背景差异很大的各地，在东部与西部、城市与农村、教育发达地区与教育欠发达地区实行统一的课程模式，课程不具有因地制宜的可选择性、可创造的空间，造成了课程实施的死板、低效与课程理解的差异；最后，刚性课程缺少对学生的适应性，导致千生一面的格局。不同经验背景、不同智力水平、发展速度不同的学生必须面对统一的不可选择的课程，而统一课程的实施与无情的考试评价机制将学生分成三六九等，还淘汰出局相当一部分学生，磨灭了学生学习的积极性、限制了学生特长的发挥。刚性课程把学生看作被加工的“原料”，把教学看作加工过程，把课程看作加工的工序，一切都是事先规定好了的，并相对稳定不变。柔性课程则是相对刚性的教学体系而言的。柔性课程把学生看作社会人,他们具有自主性、能动性,在教学过程中,他们拥有选择的权利,学生既是教育的接受者又是教育的设计者,加工的工序和内容虽然是事先规定的,但在教学过程中是可以改变的,教育管理部门在此过程中起协调和支撑的功能。因此,柔性课程是一种以市场需求和学生需求为导向,不断随市场需求和学生需求变化而变化,具有动态和渐变特征的课程体系和教学方法。具体包括:(1) 柔性的教学理念;(2) 柔性的课程体系和柔性的教学大纲;(3) 柔性的教学方法;(4) 支持柔性教学的管理信息系统;(5) 信息反馈机制。其目的是增加对社会的适应性,缩小学校教育与社会需求的差距,建立更好的教学形象,吸引更多的生源,培养更加适应现代市场环境需求的人才,使我们的教学具有"柔软"贴近市场的特性。柔性课程的目标直接指向学生的就业。柔性课程给教师和学生都赋予了相当多的课程权力,教师有创造性的课程实施权,学生被赋予课程选择权,还有教材的选择、课程资源的利用等都突破了强制的束缚,课程回归应有的合理性——从教师及学生角度考虑课程各构成。这样强化了教师的课程意识,强化教师作为课程实施者的主体意识和改革的主动性。柔性课程的开设一般采用柔性教学大纲,即不固定教学内容,教师可以根据学生的实际需求灵活安排教学内容和教学形式。例如,工程训练类的通选课可以根据学生专业特点设置教学内容,如果理工科学生较多,则可以安排一些难度较深的课程,如果文科学生多则以基本的工程技能为主,这样的教学大纲可以充分适应学生类别和程度的差异,较好地实现因材施教。

3. 专业导论课程

每个新生入学之后,首先应在其学科大类的平台之上学习该学科大类内的各个专业的导论课程,了解不同专业的过去、现在与未来。专业导论课深入浅出地介绍一个专业领域内的基本理论问题及本专业的主要内容、规律和特点,使学生可以在很短的时间内对这一专业有一基本了解,从而拓展学生的专业视野,为学生进一步学习该专业的知识打下基础,并可以有的放矢地制定好自己的学业规划及生涯规划。

4. 学术讲座

学术讲座伴随着大学的产生而存在。广义上的讲座就是学者与学者、或学者与学生之间的学术交流形式。学术讲座是大学教育的重要表现形式。学术讲座可以为师生提供一个思想交流的平台，通过这种形式培养学生严谨求实的科学态度、踏实的工作作风，使学生逐步学会做事，学会生活，学会做人，从而树立良好的道德品质，培育健全的人格。我们认为，单纯课堂知识的传授、实用技能的培养不能使学生全面接受精神文化的感染和熏陶，造成人文教育的偏失。人文学科的学术讲座往往以浓厚的人文精神、自信的民族传统、高远的大学文化调动广大青年学子的学习热情。学术讲座是交流和传播研究者独特见解和学术研究成果的重要形式，也是向学生进行人文思想和科学思想教育的有效途径，学者们在各自研究领域的独特见解和创新成果往往对学生的思维和价值观念具有巨大的影响力，其教育作用因而备受关注。学术讲座为高校带来新鲜的学术空气，可以帮助学生超越同辈文化限制，帮助学生消除知识的自我异化现象，可以扩展理论视野、把握科技脉动、领略学者风范、感悟人生真谛。

讲座是学者与学者或学者与学生之间的学术交流形式。在通识教育过程中起突出作用的是学术讲座、课堂讲座和辩论，学术讲座处于中心地位。杜维明认为："对一所大学而言，如果内部没有悠久的讲学传统或教授间良性的跨系科的对话、切磋、研习之风，学者之间没有辩难，那么步入这种大学，人们很快就会意识到即使有雄厚的资金，这种大学也将很难有巨大的发展潜力。"[①]学术讲座可以为高校带来新鲜的学术空气，可以培养学生的悟性思维。悟性思维中所包含的创造功能，有利于受教育者认识社会、实现自我。

5. 音像学堂

音像学堂是利用多媒体教学条件，将各类知识性、艺术性、思想性俱佳的音像资料向在校大学生播放，为在校大学生开辟一个了解世界、了解社会

① 李若虹. 人文学和高等教育——杜维明教授访谈录[OL]. http://www4.zzu.edu.cn/ces/body/wenhuashiping/culture111.htm，2011-11-1

的全新的信息窗口，以达到教育引导学生，提高学生人文素养目的的一种隐性课程形式。从内容上看，音像学堂的内容可分为教学内容和非教学内容。教学内容主要指由教师制作的用于教学目的的教学多媒体资料，具有模拟课堂教学环境，使学生在自学基础上再接受系统讲授，加深对所学知识的印象等特点。非教学内容主要指用于非课堂教育形式的内容，涉及政治、经济、科技、法律、历史、文化艺术、外语等诸多方面。

6. 名著导读

经典阅读是开展文化素质教育的一种行之有效的方法。开展经典阅读有利于培养人格完善、全面发展的人，培养独立思考、具有批判精神的人，培养具有国际意识、全球视野的人。阅读经典名著是通识教育的传统形式，阅读名著对于形成独立思考和批判意识，对于学习和理解多元文化，培养具有全球意识的新一代人才具有特殊重要的作用。特别是中国文化经典是中华民族也是人类的共同精神财富，作为当代大学生更应该熟知并运用到当前的文明建设中去。面对挑战就必然要回归到那些积淀了人类思想精髓和民族文化精华的经典文本之中，通过经典阅读来提升学生的人文素质和修养，完成语文教育所肩负的历史使命。阅读经典既可以传承文化，提高民族文化素质，也可以改变个人气质，转变社会风气，名著导读在高校教育中有着极其重要的作用。朱永新说，一个人的阅读史就是一个人的精神发育史。阅读是人类一种高尚的生活方式。读着，就是活着；活着，就要读着。我“读”故我在。缺乏阅读的生活肯定不是一种完满的生活。阅读可以令人过上一种幸福完整的教育生活，把分数的教育变为一种心灵的教育。

课程体系或课程结构没有一成不变的道理。法无定法，式无定式。世界上没有一成不变的事情，因为事物总是在变革中前进与发展的，长期不变革就会呈现出一潭死水的僵局。守旧一个模式，没有出路；死抱一种方法，没有活力。教学模式不创新，教学方法不变革，提高教学质量与水平就将成一句空话。既要有高等教育自信心，又要有改革自信心。改革不是革命，改革更不是全盘否定。既要借鉴世界上一切成功的经验，又不能完全按照西方的步调起舞。该借鉴的借鉴，该丰富的丰富，该反诘的反诘，该重新界定的重新界定，该扬弃的扬弃，把合理的东西吸收进来，把颠倒的东西颠倒过来，并在这个过程中逐步建立自己独立的体系，并把许多被中国经验证明的成功理念和标准推荐给世界，如知行合一、学思结合、因材施教。GPC 也仅是很多种课程体系或课程结构之一，也需要在育人实践中进一步完善。只要大学不断地变革，大学就必将日益获得成就。一切新体系的建立，思想转变是前提，目标路径是抓手，教师队伍是根本。

第七章 教学策略

子曰："不愤不启，不悱不发。举一隅不以三隅反，则不复也。"

——《论语·学而》

我们的时代还没有发展到让教授去问："如果把时间花在和学生交流上，我哪还有时间做自己的事情呢？"①

——罗洛·沃尔特·布朗

尽管在教学中存在自发的成分，有效的教学却是系统的科学观的产物。每天的课堂活动必须加以规划、确定和评价。这一过程可确保序列性地掌握目标。②

——加利福尼亚杰西帕学区《教师手册》

凡事预则立，不预则废。言前定则不跲，事前定则不困，行前定则不疚，道前定则不穷。

——《中庸》

教学可以被比做销售商品。除非有人买入，否则没有人可以卖出。如果一个商人说他已卖掉了大量的物品，而实际上并没有人买走任何东西，我们会嘲笑他。但是，或许也存在这样的教师，他们认为他们已

---

① 哈瑞·刘易斯.失去灵魂的卓越[M].侯定凯译.上海：华东师范大学出版社，2007.61

② （美）小威廉姆·E.多尔.后现代课程观[M].王红宇译.北京：教育科学出版社，2000.16

经完成了一天的出色的教学任务而不管人们已经学到了什么。教学和学习之间的这种确切的等同关系就如同买与卖的等同关系一样。[①]

——约翰·杜威

教学是大学育人的最主要途径，可以说，没有了教学可能也就没有了大学，所以大学要以教学工作为中心，以育人为根本，以质量为生命线。何为教学？教学乃是教师教与学生学共同完成的活动过程，同时教学又是育人的一种手段，一种艺术。夸美纽斯认为教学是“把一切事物交给一切人类的全部艺术”[②]。为何教学是一门艺术呢？那就是因为教学是具有策略的。上乘的教学艺术肯定是有绝妙的教学策略支撑的。何谓策略？策略就是为达到某种目的而使用的手段或方法。何谓教学策略？教学策略就是教师在教学过程中，为达到一定的教学目标而采取的相对系统的手段或方法。其特征有三：其一是对教学目标的清晰意识和努力意向；其二是对有效作用于教学实践的系列方法的设想；其三是在目标实现过程中对具体教学方法进行灵活选择和创造。[③] 运用策略是一门艺术或技巧，教师应该学会运用之。但是我们现在存在着教育观念落后、培养目标趋同、教学内容陈旧、教学方法过死、理论与实践脱节、拔尖创新不足、评价方式单一等问题。换言之，从目前的现状来看，我国大学教学普遍缺乏教学策略，缺乏教学艺术，教学活动显得枯燥而干瘪，乏味而呆板。教学改革是人才培养模式改革的重头戏，而教学改革的重要内容即是在新的教育观念的引领下，为实现人才培养目标所进行探索与构建新的教学策略的过程。

一、差距

国内有位大学校长曾说过，国内大学与世界一流大学的最大的差距在教师。其实，从教学角度来说，这其间最大的差距在于教师所使用的教学策

---

① 约翰·杜威.我们如何思考[A].(美)奈尔·诺丁斯.教育哲学.许立新译.北京：北京师范大学出版社，2008.52

② 张楚廷.教学论纲[M].北京：高等教育出版社，1999.1～2

③ 李晓文，王莹.教学策略[M].北京：高等教育出版社，2000.3～5

略。与理想中的大学教学比较起来，我们有些教师的教学方式单一而死板，不甚讲究教学策略，亦无教学艺术可言，无法满足现代教学工作的需要，更难以呈现出教学的活力与生机。这需要我们进行深入的反思与检讨。熊丙奇曾经发表过一篇博客文章《“原来在国内我上的不是大学”》，现摘录如下[①]：

一位在MIT（麻省理工学院）读大二的中国留学生告诉我，他是世界奥林匹克物理竞赛金奖获得者，高中毕业时保送进了北大，进了北大之后，一个学期选10门课，甚至更多，都没问题，因为只要学期结束，考试通过，就可以了。他觉得大学的日子基本上是在混中度过。

一个同样和他保送进北大的同学，混到大二，因为长期缺课去打游戏，最终多门考试不及格被退学。他觉得这样混下去，实在对不起自己，因此申请MIT，到这里继续读大二。到了MIT，虽然只选了五门课，但他感到异常的繁忙，因为每门课，老师都要求要阅读大量的书，有的课，还必须做大量的实验，稍微掉以轻心，就跟不上，在他们的同学中，晚上在图书馆熬夜看书到深夜的情形，十分普遍。

这位同学告诉我，他曾经对大学十分失望，而到了MIT，才发现自己以前上的哪是大学啊。他说，他对此的感受最有说服力，因为其他的本科生，大多是直接高中毕业后来留学；而研究生们，感受不到本科生教育。听了他的话，我在想，这可以解释，为何近年来会出现中国留学生捐巨资给自己的美国母校却不捐给中国母校。

我国大学，也反复在谈提高本科教育的质量，要对学生提出严格的要求，可是，这只是说说而已。重视本科教育，意味着必须要求教授们把大量的时间用到课程设计、课程教学中，可我国大学的教授们，在高校强调论文、课题、经费的现实中，是不愿意在这方面花“无谓”的精力的。这样的教育教学环境，几乎在一夜之间，就可摧毁学生们对大学的美好期望。我国很多高

① 熊丙奇．“原来在国内我上的不是大学”［OL］．http://blog.sina.com.cn/s/blog_46cf47710101800z.html，2011-10-22

中毕业生，怀着美丽的大学梦进入校园，上完第一节课之后，就从梦想回到“现实”——原来梦想中的大学竟是这个样子。而对于学生们在大学里的“不认真”，大学将其原因归为学生的学习态度不端正，进入大学没有进入角色。

……

有什么样的学校定位，有怎样的学校风格，就有怎样的学生。美国的大学，可以让学生在忙碌中热爱学校，融入大学，而我国的大学，却让一个个好学生把“混”字挂在嘴边。如果要说差距，这是我国大学与国外名校最大的差距。如何赶上这些名校，国外学生们的感受最深处，也就是我国大学最应该做的。

这篇博客发表之后反响很大，如有位网友跟帖：“现在的中国大学，最可怜的是学生，天天顶着社会上的批评！其实，学生要求的并不多，他们只是想要一个老师，而已！”当然，仔细分析熊丙奇所揭发出的问题，会有很多的原因，决不是单单教师一方面，但是，教师作为教学的主导者肯定具有不可推卸的责任。美国教育学大家杜威(John Dewey)认为从事教育的工作者的第一责任就是领导。他说：“教育家包含教育行政人员与学校教师。在不同的教育家中，求其共同之点，就是有‘领袖的责任’。领袖是教育家的第一责任。”并强调“教育的领袖有三种要素或三种资格：(1) 对于知识有热诚；(2) 对于被领者有兴趣与共同利益；(3) 明白所做的事对于社会的价值”[①]。如此看来，教师同样应负有“领导”的责任。其实，一所大学的办学高度重要的是由全体教师的平均水平决定的。我们的大学遭受诟病的往往在教学策略方面，国内顶尖大学的硬件设施不比世界一流大学差，科研实力可与世界一流大学并肩，为国家与社会所做的贡献一点也不会亚于国外之名校，社会感到失望的还是在人才培养方面，再一进步说就是教学方式方法了。

国内大学的教学策略还是有些问题的。我们有些所谓高考落榜生出国

① 杜威．教育家的天职[A]．单中惠，王凤玉．杜威在华教育讲演．北京：教育科学出版社，2007．422～423

留学之后，学习劲头十足，有的成绩在其所在班级名列前茅，倘若在国内就可能沦为下等生了。有的留学生说在国内大学四年的阅读量不如在国外大学一年的阅读量。笔者曾经与留学生交谈过，他们在国内大学学习确实比较轻松，有混日子的时候，但是到国外却紧张起来，整日泡图书馆，原因就是在国内的学习目标不明确，教师布置的课程作业相对也少。再向深处追问，导致这些现象产生的原因何在？为什么一些留学生出国之后就不再混日子了？记得郭沫若说过，每位年青人都是要求上进的，除非是精神病患者。由此看来，我们的教育不足之处就是没有能够培养出具有独立行动和独立思考并且把服务社会看做自己人生的最高目的的个人，而独立行动与独立思考能力恰恰是青年学生所渴望具有的，服务社会观念的树立也恰恰是青年学生期望自己高尚起来所需要的。激发学生学习的激情与探索学科领域的勇气，挖掘学生的学习与研究的潜力，是我们每位大学教师需要认真对待的事情。

我们每个人都支持教育教学改革吗？我们愿意为教育教学改革付出努力吗？我们愿意打破传统的教育教学模式吗？我们需要重新制定"教育游戏规则"吗？这些都是我们需要从心底里回答的问题。世界教育教学改革潮流浩浩荡荡，顺之者昌，逆之者亡，不改行吗？美国教育部在30年前就发出这样的报告：如果某个不友好的国家将那种劣等教育体制强加给我们，"我们很可能会视之为战争行为"。美国新闻集团董事长兼首席执行官鲁珀特·默多克号召美国应以乔布斯的方式变革教育体制，以新的教育标准引发创新。① 2012年1月24日，美国总统奥巴马在第三次国情咨文中说："我们知道一个好老师可以使他的学生收入总体提高25万美元，可以让学生摆脱贫困，实现其家庭背景无法让其实现的梦想。"②

二、协同教学

面对大学教学策略存在的问题，我们提倡协同教学。协同教学是世界

---

① 鲁珀特·默多克.以乔布斯方式变革教育体制[N].参考消息.2011-10-21(12)

② 奥巴马.教育是构建美国蓝图的4个核心要素之一[J].世界教育信息.2012-3(7)

教学改革的一种潮流，是未来教育教学的发展趋势。国外许多大学都在做这方面的实验，取得了一些研究成果，并积累了丰富的经验。美国的大学早在1950年代就已经提出协同教学，并使其成为实践科际整合教学及研究的主要方法，如，美国密歇根大学、斯坦福大学实施跨学科协同教学的改革。在美国大学，采用协同教学的课程相当普遍，甚至将协同教学视为未来的教育趋势。为了充分体验协同教学的益处，教师调整了其课程计划及课堂管理策略来配合协同教学，教学管理部门同样也调整了原有的管理模式，以适应协同教学模式的需要。他们认为，协同教学法呈现出许多教学和智力方面的优势：它有助于创造一个互动的学习环境，能在学科内或学科间、学校内或学校间、学校与社会间为师生提供一种有益的思维方式，能激发新的研究观点，并能建立起教师、学生间的智力合作关系。国内对于协同教学的理论研究还不够充分，在实践方面也大多是中小学在这方面有所尝试，大学在协同教学方面的研究与实践就更为缺乏，而恰恰现在大学急需探讨协同教学，以应对目前死板、灌输、个体化的教学局面。陶行知很早就提倡教学合一，《陶行知教育生涯中的细节与精神》一文记述：

陶行知发现所有学校里先生只管教，学生只管受教，这不是把一群天真活泼的孩子都变成书呆子和字纸篓了吗？陶行知认定有改革的必要，在南高师的一次校务会议上阐明道理后，他公开提出要用“教学法”代替“教授法”。然而他的提议遭到了全体出席会议人员的抵制和反对。陶行知坚持己见，毫不退让，与这些反对者辩论了两个多小时，但结果还是被校方拒绝。他因此不接受“教育专修科主任”的名义，以示不妥协。

1919年2月24日，应蒋梦麟之约，陶行知写出《教学合一》一文，批判教学分离、重教太过的流弊。阐述“先生的责任不在教，而在教学，而在教学生学”；“教的法子必须根据学的法子”；“先生不但要拿他教的法子和学生学的法子联络，并须和自己的学问联络起来。做先生的，应该一面教一面学”，因此要教学合一。五四运动后，学校受新文化运动的冲击和影响，南高师的教授们无暇坚持，5月中旬陶行知排课时将南高师全部课程中的“教授法”均改为“教学法”，为改革旧教育迈出了重要的一步。1922年，陶行知进一步主张："事怎样做就怎样学，怎样学就怎样教；教的法子要根据学的法子，学的法子要根据做的法子。"陶行知于是提出教学合一，主张教学做是一件事，不是三件事。先生拿做来教，方是真教；学生拿做来学，方是实学。做是学的中心，也就是教的中心。[①]

我们可以发展已有的有关协同教学的理论，将其与合作教学、合作学习、协作教学等统合起来，建立起一种新型的协同教学模式，进一步促进大学内涵发展。

(一) 协同教学的概念及其功用

"协同"一词源于古希腊语，是指在开放环境下大量亚系统之间相互作用的、整体的、集体的或合作的效应。协同学(Synergetics)是西德斯图加特大学理论物理学教授赫尔曼·哈肯(Hermann Haken)于1976年提出的，它以各类开放系统所共有的"协同性"为研究对象，既应用于自然科学也适应于社会科学领域。协同教学是教师、学生等相关人员以及学校与其周围社会组织之间利用各种合作、交流方式进行互动的教学形式的统称，具有系统性、接续性、涵容性和发展性等特征，有利于提高教学有效性，培养创新人才。协同教学与传统的、单一教授授课方式相比需要更多不同的准备，特别是有关组织方面的课程管理。协同教学不同于合作教学或合作学习。协同教学要大大超出合作教学或合作学习的范围，合作教学主要是指教师与教师之间的合作，合作学习主要是指学生与学生之间的合作，而协同教学包括教师与教师之间、学生与学生之间、教师与学生之间、学校与学校之间、学校与企业之间，可以说只要共同参与教育教学活动且形成了一个教学组织(无论是松散型组织还是紧密型组织)的都可以成为协同教学的一部分。协同教学重在教师教学形态的改变。

协同教学呈现出许多教学和智力方面的优势，它有助于创造一个互动的教学环境与学习环境，能在学科内或学科间为教师们提供一种有益的模式化思维方式，能激发新的研究观点，并能建立起从教者之间的智力合作关

---

① 储朝晖.陶行知教育生涯中的细节与精神[N].中国教育报.2011-10-18(3)

系。协同教学可以有效解决我们目前教学过程中的一些问题，可以说是目前灌输式教学的克星，是转变目前教学方式与方法的杠杆撬点，只要协同教学模式得到实施，那么我们的教学模式就会活跃起来，充满生机与活力。协同教学的功用可以总结如下：①

1．创造一个互动的教学与学习环境

教学包括教与学两个方面，两者之间应该是一种协同关系，而非断裂与孤立的状况。加强教师与学生之间的交流与沟通，真正确立教师在教学过程中的主导地位，而归还学生应有的主体地位，完成从“应试学习”向“主动学习”的转化。从教的方面说，应做到教师与教师之间的教学协同，形成优良的各种形式的教学团队；从教与学的方面说，教师与学生之间应做到协同，做到教学互动与教学相长；从学的方面说，学生与学生之间应做到学习协同，形成各种行之有效的学习组织。协同到位，则会出现学思结合、知行统一、因材施教以及课内课外统一、目的与手段统一的良好局面。

协同教学对学生的学习成绩有非常积极的影响，这很大程度上是由于它增加了学生参与教学活动的机会。更重要的是，协同教学为学生在学习的过程中提供了一个更积极的环境，因为协同教学对同一个题目鼓励多个见解，学生更容易地感受到他们对课堂讨论做出了有价值的贡献。从上课开始就一直在努力创造一个协同教学的学习环境，在该环境中师生就会真切期望并珍视彼此的贡献。在此我不得不录用《杨澜：一问一世界》中的大段内容，以便说明师生之间协同教学的重要意义：

做访谈节目的人是以提问为生的。我们这辈子做的最重要的工作就是不断地提问。但是如果我们回想一下我们从小受的教育当中有多少环节是在训练我们问问题呢？基本上没有。我们一直受到的训练是回答问题，先把老师教的答案记住，然后在考试的时候再还给老师。

美国学校的老师特别鼓励学生提问。在中国的学校，老师可能对学生

① 以下内容参阅了斯坦福大学教学中心（CTL）2006时事通讯秋季刊《话说教学》第16卷第1篇。

说，这儿有三道方程式需要你来解答；在美国学校，老师很可能说，你自己编三道方程式让其他的同学解答。这可能是一种教育方式上的不同，所以实际上大多数中国人，特别是我们这种被学校一步步培养出来的“好学生”，对如何提问没什么概念。我在北京外国语大学读书时，正好有一节是外教上的宗教课，他讲完了以后问大家有什么问题吗？一个大教室里面，100多个学生，寂静无声，大家都羞涩地低下了头，没有一个人举手。教授非常生气地从兜里掏出了一块美金，说：“谁要是问出一个问题，哪怕是再愚蠢的问题，我就把这一块美金给他。”我们都有一点受屈辱的感觉。记得后来我举手了，至于硬着头皮问了个什么问题，了无印象。

同样的事情发生在我在哥伦比亚大学读研究生的时候。我当时选修的一门课是社会学，因为我觉得做传媒的人需要有一些社会学方面的基础知识。我每天上课都准时到，作业按时完成，论文也写得还不错，可是到期末我发现所有的课程里面唯有这门课得了一个B，其他功课都是A或A^+。我就去找社会学的教授理论，我说你是不是搞错了？她翻看了一下我的记录说：“的确你的作业都交了，完成得也不错，但是我要给你一个惩罚，因为你上课从来不问问题，这就说明你上课的参与度不高。”当然后来我据理力争。老师看来是动了心，最终给我一个B^+。①

学生不参与课堂活动责任在谁？首先应该在教师而非学生，是教师没有调动学生主动学习的积极性。教师必须调整自己的教学实践，应该实施对话式讲课，让学生对某一问题或争论得出更多不同的答案。教师试图去提出一些自己也没有真正答案的问题，虽然这样做很危险，但它将会把学生带到知识的前沿，并告诉他们真正的知识是怎样产生的。

2. 教师之间相互共享观念

从教育的角度看，协同教学的目的是通过集体力量，调动师生共同参与教学的积极性，推动教学工作在更高水平上开展。协同教学模式要求教师之间相互共享教学观念，以此来建立一体化进程的模型。教师通过整合他

---

① 杨澜. 杨澜：一问一世界[N]. 文汇读书报. 2011-4-29(14)

们不同的教学方式来取代各自的教学方法。通过尊重对方的观点——即使可能有分歧——他们能够保持学生的兴趣并使其积极参与到课堂中来。无论教师采用哪种方法,要给学生机会去观察教学所起的作用,帮助他们更好地理解教师的期望,以及提高他们的学习成绩。

3. 教师们可以共同制订教学计划

协同教学与传统的单一教授授课方式相比需要更多不同的准备,特别是有关组织方面的课程管理。课程群或教学团队成员可以召开教学计划会议,共同制定课程的教学计划,使教师们熟悉同事的教学内容,并有助于使课堂从一开始就成为一个团队共同努力的结果。这有利于教学团队的建立,也增强了教学团队精神。教师教育学生要具有团队精神,首先自己就应该具有这种精神。团队中的每一个人都熟知课程的教学计划,而制定这一共同的教学计划可能需要花费很多时间以及需要相互不断的妥协,但是,这种额外的努力将最终带来一个非常成功的教学成果以及共同的教学的成就感。美国新奥尔良罗耀拉大学城市学院的协同教学团队视教学计划会议为一种更重要的教学交流,在一个协同教学的模式中,每周通常开两到三次会,以此来检讨和重新确定课堂目标,并为教师协同教学提供相互融合和相互影响的机会。因此,定期的会议非常重要,因为在一个团队教学环境中,大家朝着不同的方向,需要使大家在课堂中的方向保持一致。

4. 教师之间可以相互参与课程授课

协同教学中一条最重要的原则是参与班级所有的课,从来不要错过一个同事的讲课。交互式教学模式,使得该模式中协同教学小组的所有成员都参与所有课程。耶鲁大学的网络公开课就是采用多名教师参与一门课讲授的协同式教学法,就非常容易令聆听者接受。这种模式为不同科目和学科的整合提供了最佳机会,而参与协同授课的学生从许多不同的方面接近并学习新知识。

5. 教师之间可以组织辩论会

协同教学可以让学生参与教师之间组织的辩论会,使学生可以观察到教师间高水平的智力辩论。当这种辩论的目的达到后,学生们可学会以平和的心态去面对分歧。他们还能学会通过不同的侧面去面对新课程,并获得不同学科的特定知识。教师们在辩论中会采取不同的方法，学生们通过观察这些辩论可以发现不同学科的优点，并能理解以哪种方法对特定问题是最合适的。此外，跨学科辩论将鼓励学生将知识整合和协作的技能运用到其他课程及作业中。如果要想使学生能独立地进行跨学科学习，那么就确实需要注意让学生学会什么是跨学科的方法。

6. 提高教师的教学能力

协同教学的部分挑战是教师可能不得不从某一论题的专家或权威的位置上退后一步。教师们必须从“专家”向“专家型学习者”转变，因为在协同教学课堂上，老师和学生一起分享智力发现的过程。除了创造新的研究机会，协同教学也可以鼓励教师锻炼自己的教学技能。协同教学给予教师与学生以不同方式参与教和学的机会，通过增加师生的互动机会以及对教材多维的学习方法，完成教与学的活动。最终，协同教学的好处远远超出了教师所需要的时间和精力。

7. 在教学过程中形成协同创新模式

协同创新主要是指内外部组织各行为主体或资源主体基于共同目标、内在动力和有效合作与沟通，通过构建共享平台（即自组织系统）和共享机制，协调一致实施创新的过程或活动。当协同教学理念被注入人才培养的各项工作和各个环节中的时候，就有可能产生广泛的协同创新领域，如涌现出大量的优秀的教学团队、产学研创新联盟，进一步推进校地（区域）、校企（行业）、校校等各类创新力量的深度合作，从而形成高等教育质量提升的新平台、新机制、新路径。

（二）协同教学方式举隅

1. 课程主讲制

课程主讲制要形成一个相互协作的课程教学团队，团队实行主讲教师负责制。课程主讲教师全面负责该门课程的教学工作，所有教学安排、教学环节、教学文件都要符合学校规定的教学质量控制标准。课程教学团队由主讲教师、讲座教师、助理教师、实验人员、校外兼职教师、辅导员等组成。讲座教师是指承担某门课程的个别章节或个别单元或个别主题教学任务的教师，允许某门课程的主讲教师担任其他门课程的讲座教师，课程教学团队内的教师可以相互兼任课程讲座教师。助理教师是指辅助主讲教师做好习明纳(Seminar)(包括课程讨论、思想观点阐发、课程内容演讲)组织、课后答疑、作业辅导与批改、学生自学指导等教学任务的教师,允许教师之间相互兼任助教。主讲教师负责安排课程的环节有:课程大纲的制定、课程考核与评定(包括学生成绩的考核与评定)、课堂理论教学(包括讲座教师的讲授安排)与课程的实践教学(包括各种形式的实验与实习)及学生自学内容的安排、学生授课与讨论课的部署、辅导答疑、作业布置、学生创新研究活动安排等。协同教学团队的所有教师参加每次授课,但往往只有一位教师负责准备某天的讲义。不授课的教师通过充当模范"学生"仍有机会帮助学生更好地理解讲义。

2. 合作学习与"学习圈"

合作学习是一种古老的教育观念与实践,它基于"人多智广"(Four heads are better than one)的哲学思想。合作学习是对过去一节课中只有教师讲学生被动听——"填鸭式"教学的否定;是让异质的学生在小组活动中,根据一定的学习目标通过共同学习讨论研究,使每个学生都达到一定目标的学习活动;是学生在小组或团队中为了完成共同任务,有明确的责任分工的互助性的学习活动。合作学习是当前教学改革的主流。合作学习的价值在于确定一种生活态度,教给学生一系列的学习内容,充分挖掘利用同伴学习资源。合作学习还能培养学生的合作精神,掌握与人沟通的技巧,形成良好的人际关系,促进学生人格的健全发展,否则学生就会陷入"独学而无友,则孤陋而寡闻"的境地。对于大学生来说,合作学习的形式不仅可以促进合作意识的形成,激发学生的学习热情,而且对学生学习成绩结构的改善也具有明显的作用。总之,合作学习是一种有效的学习方式,不仅会促进学生的学业成就,更会激发学生的学习动机,有利于培养学生的团体协作精神;从更深远的意义上来讲,学生会将合作由一种学习方式扩展为其日后的一种生活方式。

瑞典的"学习圈"出现于1902年。学习联合会源自于民众启蒙运动的传统。它的创立者基本为个体或非政府机构。由于学习联合会指对的对象是不受公共教育制度和国家考试约束的课程,所以比较自由,招收的学生也因此更加宽广，突出体现在女性学习者的比重很大。在学习联合会开展的各种活动中，“学习圈”(study circle)是其中最有特色的活动。学习圈一般由5～10人组成，依据成员的不同兴趣、需求开设不同的课程。学习圈中的参加者在学习聚会期间都应该选择自己的阅读文献，自己做些准备，积极地与其他参与者一起交流他们的知识。

合作学习与“学习圈”做法的共同之处在于通过群体内个体之间的互动与协作来获取知识、交流经验以达到共同提高的目的。合作学习在实践中的探索主要表现在教师引导学生开展合作式、讨论式学习。大学生的合作学习还体现在合作完成一个课题上，因此会更多地发生在课堂之外。学习圈可以是“宿舍学习圈”，也可以是“游学圈”或者是“学习小组”。

3. 协同学业评价

在对学生学业的评估上，应将过去只注重考试结果的终结性评价改为注重学习过程的形成性评价，强调通过成绩检测、实证或综合考核方法的结合，使对学生的考试成绩评定回归到真正的学习评估上，以此反对机械的知识测量，反对学生以纯粹的考试分数的形式来结束他们的大学学习。高等学校的教育质量是一个多元的复杂的范畴。不同的专业要制定出不同的质量标准，然后再用质量标准去引领学生的发展，最终形成以学习者为中心、以学习过程为重点、以学习经验和产出为基准的学习质量评价体系。但是，要培养具有创新思维和创造能力的学生，仅有高分成绩是不够的，还要看其是否有开创性的想象力；仅有知识是不够的，还要看其是否有探索未知的好奇心；仅关注所学专业领域是不够的，还要看其是否具有关注其他方面的广泛兴趣。“教学成果可以通过学生在某一学科中所学的知识和掌握的技能来评估。包括知识转移成果和毕业能力成果，可以由内部机制或课程评估来实现。但直到现在也没有一种方法能够检测学生在大学阶段的学习成果。对个别的学科能够做出评估的就是雇主，但是缺乏相对的公平性。”① 1999 年，澳大利亚联邦政府要求教育研究委员会拿出一种方法来检测学生

---

① 澳大利亚联邦教育、科学与培训部. 十字路口的高等教育(摘译)[A]. 侯松岩译. 世界高等教育:改革与发展趋势(第三辑). 国家教育行政学院，2004-7(49)

的总体技能。毕业生能力评估(GSA)的目的是核实学生所学的技能,使其适应未来就业需要。衡量学校的教学质量,有四个检测方向:危急时刻的思考能力,解决问题的能力,人与人之间的理解能力,文字交流能力。

协同教学为学生提供的优势之一是增加了他们从教师那里接受到的教学反馈的数量。一个教学团队的成员可以给出学生不同阶段、不同方面的成绩评定。每一个分数也是一次教学反馈,适合协同教学课程的需要。同时,对于一张试卷或一篇论文,可以采用协同评价的办法,比如,一张试卷的评定可以采用"流水作业"的方式,论文既可以仅由一名教师阅读、反馈并评分,也可以对于第一个评阅的老师认为不能满足期望的或属于"边缘"的论文由两位老师进行评阅。最后大家一起对这部分论文做出建议,给出分数。在这种情况下,用在打分上的额外时间和精力如同协同教学的多数方面一样,可以通过鼓励教师们增进理解评分程序背后的道理,来增强他们的教学实践能力。例如,协同评分使得大家对评分标准的重要性及其原因有了更明确的理解。

(三)协同实践教学之"合作教育"

协同实践教学是世界性的趋势。协同实践教学包括理论与实践教学的协同,大学与企业之间的协同,教学与科研之间的协同,学科与学科之间的协同,协同实践教学既是目前大学的重要任务,又是需要努力的方向。合作教育是协同实践教学的方式之一。托马斯·M.阿金斯在《合作教育简论:历史、理念和现况》一文中认为:"合作教育主要涉及理论和实践学习的阶段性训练,理论和实践的训练主要是在循序渐进的教育课目中协调进行,对学校和学生来说,学习变成了'应用性课目',这是因为理论学习能在工作的实际运用中得到体现。通过雇主对学生水平的反映,合作教育也是一个对本科教学科目成果评估的有效手段。从雇主的角度来看,合作教育反映两个十分重要的因素:一个是雇主对雇员的选择;一个是通过工作中的实际操作来启发学生的学习兴趣。"他描述的合作教育应该是:[①]

---

① 美国国家工程院.2020年工程人才报告暨2020年工程教育报告[R].蔡先金等译.青岛:中国海洋大学出版社,2008.123~124

·合作教育应当通达本科、硕士和博士教育及学位；

·要求和允许所有或部分学生在大学期间可以分时段来学习；部分课程或一两门课程可以在实际工作的行业里进行；

·合作教育在教学大纲中应当成为正规的、延续的、必不可少的部分；

·要求学生阶段学习和专业学习与工作就业挂钩；

·合作应是多样化的，这样学生可以有着广泛的经历；

·在随后工作的时期里，随着工作责任的提高，应当给实习生布置工作任务；

·在获得学位科目的要求里，具体规定最低限度的合作教育学时和学生在合作中必须达到的最低水准。

合作教育是学生、雇主、大学、社会四方获益的事情，世界各国大学都是按照协同与合作的路子一直向前进。早在1978年英国大学实施了一项名为Dainton Scheme工科课程改革计划，就要求采用合作教育的形式，以一体化方式，把对工程的学习和把工程作为广阔工商背景下的活动结合在一起。这套计划集中在两个方向：一个是实施所谓“加强型课程”，另一个是实施所谓“拓宽型课程”，解决工程教育“技术上的狭窄”和“狭窄于技术”两个问题。前者是指工程教育过分专门化，学机不懂电，学电不懂机；后者反映工程学生不懂成本，不懂经营管理，缺乏人文素养，以为工程技术只是技术，或者只是科学。同时在1978年帝国理工学院实施了英国丹顿商务工程师计划，设计4D(4年制Dainton)课程，不仅包括某一工程分支的学位课程内容，还包括了会计工作、工业关系、管理和经济学课程，以及综合工业经验。同时，包括学习交流技能和现代外语，把工业和商务的课题精心融合到工科教学内容中，其商务学习内容也要针对性地适应工程环境。越来越多的人开始重视或审视商务的技术支持和技术的商务潜力所包含的重要意义。一位英国学者说：“如果我们希望保持我们大学的高水平，那么，必须牢记他们是为谁服务的，我们该怎么正确判断他们工作的优劣。”[①]英国布律内尔大学实施“加强型工程教育计划”，确立以设计教育为基础，引进各种工程任务和设计课题为核心的课程——问题求解课、设计课、产品研究课、任务课和专题课，由简到繁逐年安排。早先企业在价格上相互竞争，然后在质量上相互竞争，今后则在设计上相互竞争，所以应该加强工程设计教育。

美国自19世纪90年代就开始尝试合作教育。美国许多大学是从事基础研究和科技创新的主要基地。首先，美国政府科技政策的引导和倾斜在促使美国大学的科研面向产业领域的技术创新活动中起着重要的推动作用。鼓励大学与产业界联合申请基金项目，同时对有企业介入投资开发产品的项目实行重点资助。其次，美国企业界特别是实力雄厚的大企业重视与大学在技术创新方面的合作，使美国大学的科研工作能与生产紧密相连。美国这种“产—学”合作模式突出这样几个特点：(1) 建立各种产学研合作教育专项基金，用于学生搞科学研究、发明创造；提供科研项目、科研设备、科研场所，用于学生开展科研活动；在政府的积极资助下，建立实验室、科研中心、工业中心，用于学生创新实践。(2) 企业与大学合作创办研究中心。大学创办研究中心是美国大学发展科学研究和提高学术声誉的主要因素之一。美国四所一流的研究型大学——加州大学伯克利分校、哈佛大学、麻省理工学院和斯坦福大学的“产—学”合作研究中心是较为成功的范例，它们使大学增强了对社会需求的适应能力，有利于交叉学科的研究，提高了大学的研究活力。(3) 美国大学创办高技术公司。

德国的工业在国际上享有良好的信誉，德国现代高等教育以其严格而著称，这自然形成了该国高校产学研合作模式的特有内涵。与美国比较，德国高校产学研合作模式强调的是目标的始终如一，过程的持续长久，效率的极大化。起源于职业技术教育的“双元制教育”堪称德国高校产学研合作模式的典范。德国产学研合作教育的特点可概括为：(1) 学生做工与理论学习交替进行。做工时，以企业为主，合作学校派出教师进驻企业给予理论指

① 朱清时主编. 21世纪高等教育改革与发展——国外部分大学本科教育改革与课程设置[C]. 北京：高等教育出版社，2002. 308～324

导;理论学习时,以学校为主,企业派出技术专家(师傅)到学校协商课程的设置与教学。这极大地提高了合作的效率。(2)独特的"顾问合作制"。由于德国推崇职业教育,全国许多企业与高校(特别是工科院校)都有产学研方面的"顾问合作制"。(3)德国高校与企业的产学研合作关系一旦建立,那将是长期的、稳固的和紧密的,其合作非常注重实效。德国产品饮誉世界,与他们的产学研合作教育模式是分不开的。

长期以来,加拿大高等教育科研重基础研究、轻应用研究;重发表论文,轻科研成果转让和开发的现象较为严重。20世纪80年代以来,随着政府不断紧缩科研经费,高校科研教学人员的观念也被迫发生了很大变化,他们纷纷走出校园,主动与企业合作,建立长期伙伴关系,取得了理想的效果。加拿大产学研合作教育的特点有:(1)高校、学生、企业三方的合作模式。将学生的专业学习同实际工作相结合,是加拿大模式的一大特点,也是产学研合作的一种重要方式。其基本做法是:学生在完成一定的专业学习后,被安排到与所学专业有关的合作公司、企业等进行有酬实际工作,学生从事实际工作的时间一般为专业学习时间的1/2。学校负责联系实习单位,用人单位付给学生工作报酬。学校负责跟踪检查学生的实习业绩,用人单位负责对学生的工作实习进行指导和鉴定。(2)教师社会化。吸纳合作单位的人员到学校担任教学工作。(3)加拿大模式特别重视产学研合作中"学"的位置,使高等教育的人才培养职能在合作中得到真正的体现,这是区别于其他模式最为显著的地方。

日本产学研合作教育的特点为:(1)视产学研合作教育为基本国策。日本政府认为,大学的教育、学术研究必须和产业界的生产密切结合。(2)制度化。已建立了委托研究制度、委托培训制度、捐赠奖学金制度、捐赠讲座、研究室制度、经费划拨与使用制度、研究权属保障制度、人员互派制度等一系列行之有效的制度。(3)高校必须与产业界相结合,共同培养高级科研技术人才,双方都承担着重要的教育责任。在日本,研究生由大学招收,完成基本理论学习后,进入合作企业,企业提供经费、场所和课题,助其完成整个学业。作为回报,企业有优先用人的权利。(4)高校组建科学园,以此为载体进行产学研合作。

在中国推行合作教育的过程中，要重视学生实践能力的培养，具体的教学模式无论是以自主学习为中心的教学模式，还是以问题探究为中心的教学模式；无论是以情境体验为中心的教学模式，还是以合作学习为中心的教学模式，这些教学模式都要处于一种旨在培养学生实践动手能力的“协同”状态。为此，应实现四个方面创新：其一是教育主体观的创新：从“教师中心”走向“以学生为本”；其二是教育质量观创新：从“知识中心”走向“能力为本”；其三是学生教学观创新：从“课堂讲授中心”走向“课程建构为本”；其四更强调知识“内化”后向能力的转化，即达到学与用、理论与实践处于一种融通状态。在教学及教学改革的全过程中，强调实践能力的培养；在学生学习的全过程中，突出实践动手能力的培养；在师资配备的全过程中，强调师资结构有利于学生实践动手能力的培养；在课程结构调整与优化过程中，强调有利于学生实践动手能力的培养，以此实现“全过程实践能力”培养目的。统筹协调理论教学与实践教学内容，从学分和课时上为实践教学的开展留出空间。课堂教学更多地通过实际问题引导学生学会独立处理复杂问题、提高解决实际问题的能力。积极落实包括认识实习、实验、设计、实践和论文训练等在内的一系列实践环节；切实从提高学生实验分析技能入手，减少基础验证型实验、构建综合型、设计型和研究创新型的实验体系，帮助学生养成科学作风、培养实践动手能力和创新能力。

师资结构与水平是学生实践动手能力培养的关键。要从三方面提高师资实践教学水平：第一是“走出去”，使校内教师，特别是专业课程和实验课程教师深入到企业实践中，参与到企业的研究课题和工程实践中，掌握企业的技术发展动态，在服务企业的同时，提高自身的工程能力。这样有利于为课堂教学提供可靠的工程背景。第二是“请进来”，将优秀企业家、企业高级工程技术人员请进实践教学过程中，聘为实践教学教师，设立工程实践讲座，提高学生的工程实践意识。第三是专业课程的“双师制”，既有主要负责理论教学的教师，又有主要负责实验与实践教学的教师，达到师资力量“1＋1＞2”的效果。例如，为提高学生实践能力培养效果，首先推行的青年教师上讲台前在企业跟班实践锻炼制度，提高了教师的“双师”能力，取得了显著效果。

(1) 整合校内与校外学习环境，开设“典型实例教学”。大学生的培养，必须符合社会与企业的需求，学生也必须在校内与校外整合的教育环境中学习与锻炼。校内教学、实验、实践环境的建设，必须跟上最新的技术进步，还要能满足社会的要求，校内课堂内容、实验内容、实践环节的设立与运行，都要以社会需求为前提，尤其是强调工程应用背景。校外教学环境主要有社会大环境和企业微环境两个层面。地方大学的工科类专业教学必须为地方经济建设服务，校外学习环境的建设必须精心选择，有效组织，讲究实效。社会层面的教学环境主要以社会实践基地的方式建立与管理，提高学生的社会责任感和服务意识；企业层面的教学环境主要以实习基地、人才培养与应用共建单位等方式建立与管理，所有环境的建设都服从于学生实践动手能力的培养。

(2) 协同大学与企业培养机制，建立校企紧密型联系。以高校的应用型人才培养、高校的科研优势、企业的工程需求等为纽带，强化校企联合。例如，我们发挥重点学科与重点实验室的人才优势与科研优势，吸引企业将工程实验室放到学校，实现共建共享，为学生补充具有工程背景的实验条件；利用企业的工程现场，为学生提供实习平台；利用企业的科研课题需求，教师与学生深入企业现场解决实际问题，甚至将毕业设计设在工程现场，由校、企双导师进行指导，以此锻炼学生的实践动手能力；通过校企“和合”培养模式的探索，建立了高校与企业“和合”的人才培养机制。

(3) 学生实践内容与教师科研课题协同培养。在学生实践动手能力培养过程中，充分利用了教师的科研项目与条件，引入“第二课堂创新导师制”、“SRT(大学生科研训练)计划”、“课题工作＋课程学习”、“大学生科技竞赛活动”等，保证了教学与科研的“和合”机制，实现教学与科研一体化，提高了大学生的科技创新能力。成立合作学习与工作小组，即结合某个实际项目或实验，把学生组织在若干小组内，几个学科的教师联合指导，让学生自己合作去完成项目，从中学习相关知识及培养综合能力，让学生学会横向思考、学会联系实际地学习、学会对部分内容进行综合、学会处理好一些不确定性因素、学会团队合作等。这些项目不是去代替课堂讲授，而是相辅相成，对课堂教学的改革有促进作用。

（4）积极拓展合作教育的途径。这些途径包括：① 出台政策性文件。② 加强与企业界沟通，企业界以捐款、成立基金、捐赠设备与其他研究设施等方式，协助大学进行专业条件改善和各项研究，诸如联合办专业等。③ 企业与大学在大学中设立共同研究中心或者实验中心。④ 大学与企业界进行知识与人员的合作交流。⑤ 参与政府资助企业和大学共同进行的研发项目。⑥ 利用政府的补贴政策（现在政府直接用于鼓励企业接纳学校学生实习的补贴政策还没有）与企业合作，开展学生实践活动，参与企业生产和技术开发活动。

（四）协同教学努力的方向

在实施协同教学方面，各大学任重而道远。

从教学理论角度看，（1）继续拓展协同教学理论。在借鉴协同论的基础之上，探讨建构主义以及人本主义对协同教学的价值，构建适应于大学教育教学活动需要的协同教学理论，有利于进一步拓展我们的理论视野，指导目前的教学改革实践。（2）形成合作教学意识。丰富已有协同教学理论，有利于我们在教学过程中建立以学为主，围绕“学”展开教学的观念，并形成协同合作意识。（3）实现教学理论新突破。教学理论的构建是一件十分困难的事情，而协同教学理论恰恰符合东方人的整体思维方式，有可能由此探寻到一种符合东方大学教学需要的新的理论体系，从而可能实现教学理论的突破。

从教学实践角度看，（1）形成新型教学互动与交往关系。建立新型的协同教学模式，可以帮助大学改变传统教学模式造成的师生隔离、生生隔离、师师隔离、学校与社会隔离、校校隔离之问题，从而形成新型的互动与交往关系。（2）构建新型的教学管理架构。开展协同教学模式在大学教学中的应用性的构建研究，有利于我们建立多种互动、交往式的制度架构、教学组织形式与运行机制。（3）创新教学法。目前制约教学的重要因素就是传统教学法，而协同教学模式可以带来教学法的改革，转变教师一贯的灌输式教学，转变教师的一些教学习惯，让学生参与到教学之中去。在协同教学框架内，创新各种教学方式，如在导师指导下的“课题工作＋课程学习”探究性教学方式；“大班授课＋小组讨论＋独自学习”相结合的教学方式；科际之间或课程内合作授课方式；以基地为基础的“工作人员指导＋教师教授＋学生实际操作”的教学方式（将学业学习与课堂理论与实际工作经验统合在一起而构成的教育、商业、工业和劳动力之间的伙伴关系），等等。（4）进一步确立学生在教学中的主体地位。在学生成为协同教学的主体的时候，大学课堂必将被进一步激活，各种教学组织也必将进一步得到完善，学生的知识、能力、素质在协同教学过程中同样得到有效提升。（5）构建协同教学组织形式。探讨在开放环境下的新型协同教学组织形式及其运行机制，建立起包括教师与学生、教师与教师、学生与学生、学校与学校、学校与社会之间的不同的协同关系与协同组织，如高校之间的协同教学联盟、学校与企业之间的交互式教学平台以及各种有效的教学团队。（6）实施跨学科与合作学习。所有参与大学学习的人之间应建立一种合作关系，以提供一个更明确的新的教育环境。学生在受“基础”教育时必须加强研究热情，与同伴、教授交流与合作。不幸的是，大学里常常是一个个智力孤岛，常常不会注意多学科之间的交叉与渗透，不注意研究人员和学生、学生与学生、教师与学生、教师与研究人员的相互交流。教师应开发合作的学习方式，同学生们一起工作，一起学习，教师们更应像是顾问或者教练，而非教师，形成“交互式”学习局面。这样的学习社会能更好地解释学习是怎样真正在大学发生的，而非直线式的、连续的课堂讲授型传统学院课程。

为此大学应解决这样一些关键问题：（1）转变陈旧观念。将教学观念从以教为主变为以学为主，“教”不是目的，学生的“学”才是教学的最终目的，扭转“教”压倒“学”的现象，提高教学的有效性的同时就是降低了教学的无效性。突出“教是为了学，教是为了不教”的思想，将教学观念从以教为主变为以学为主，真正落实“育人以学生为本”的理念，指导一切教学活动在开放环境下为了学生的“学”而展开。（2）打破教学“自闭”状态。从教师角度看，高校教学大多表现为“个体化”劳动，教师之间、师生之间严重缺乏交流与互动，学科与专业之间壁垒森严；从学校角度看，地方高校之间严重缺乏同行之间的教学交流与教学资源共享机制；从社会角度看，高校的教学成为远离社会的“孤岛”，没有与社会形成必要的交互式平台，导致教学内容与社会需求之间脱节现象严重。（3）转变教师已有的教学习惯。普遍的灌输式教学形成了教师唱“独角戏”的局面，压迫学生更大程度上自主学习的空间；教师“上课就讲，下课人走茶凉，期末试卷一张”，没有更多地关注学生的学习状态和学习过程，造成师生之间的隔膜；缺乏“多方互动”教学模式，“单向传递型”课堂教学模式始终占统治地位。（4）创新教学管理制度及教学评价方式。人才培养方案的修订工作缺乏同行与社会用人单位参与，结果可能就是闭门造车；考试试卷不像国外那样需要同行评阅，结果可能就是听课检查；学生学习缺乏共同研讨，结果可能就是知识不牢；授课缺乏合作教学，结果可能就是自说自话。（5）解决大班教学的教学效果问题。招生规模扩展之后，大班教学存在教学效果问题，这就是规模效益与教学效果之间的矛盾。教师合作授课，学生分成小组讨论等协同教学模式有利于提高教学的有效性。（6）解决学生在教学过程中主体“缺位”现象。学生在学习知识的过程中常常处于一种被动学习状态，同时缺乏由知识向能力转化的环节，这些可以通过协同探究、情境学习等强化学生的主体地位。

三、推进教学方法的改革

提高教育教学效率一直都是教育教学改革和发展的价值追求，其中有三次重大变革在教育史上影响深刻和广泛。第一次是捷克教育家夸美纽斯创立的班级授课制，由个别化教学变为群体教学。夸美纽斯系统论述了统一教材、统一教学时间和空间、统一教学要求的班级授课制。第二次是德国教育家赫尔巴特提出的课堂教学阶段论。它把以教师为中心的班级课堂教学程序化、模式化，这样，教师就能有计划、有步骤地进行教学，而不会出现混乱无序的现象，从而极大地提高课堂效率。第三次是美国教育家杜威提出的学生中心论。杜威认为，赫尔巴特从根本上只重视“教材”而忘记了教育中的“人”。教学的中心不在教师，而在学生，教学中心应该来一个转移，就像宇宙中心要从地球转到太阳一样，这是教学领域的“哥白尼式的革命”。杜威对教学的贡献主要不在于发明了某些具体的教学方法，而在于使教学方法迈入了一个新的时代，即旨在唤醒主体意识，提升生活经验，关注个体独立性，促进个性自由与解放的教学时代。“有效教学”是我们在教学过程中追求的一个永恒目标，但是提高教学有效性，就不得不从教学方法改革入手。教学方法包括广义与狭义两种，广义的教学方法是指为达到教学目的和完成教学任务所采用的途径和方法的总称，其中包括教材内容的编写方式、教学组织形式等；狭义的教学方法则是指在教学活动中，教师如何对学生施加影响、怎样把科学文化知识传授给学生并培养学生能力、发展智力，形成一定道德品质和素养的具体手段。总体看来，高校的教学方法主要包括五大类，即课堂教学方法（如讲授、讨论、实验等），现场教学方法（如参观、调查、实践和实习等），自觉与自觉指导方法（如阅读、复习、练习、课外作业和辅导等），科研训练方法，学业检查与评定方法（如平时检查、学年论文与课程设计、毕业论丛与毕业设计）。在具体的教学实践中，高校经常采用的教学方法有讲授法、讨论法、实验方法、实习、调查法，其中讲授法占据主导。而密歇根大学倡导的新教学模式值得借鉴：(1) 从教的组织到学的组织；(2) 从被动的学生到主动的学习者；(3) 从以教师为中心到以学生为中心；(4) 从单独的学习到互动的协作的学习；(5) 从课堂学习到学习化社会；(6) 从线性的、连续的课程到超学习经验；(7) 从学分或课堂学习时间的认证到学习评价；(8) 从“以防万一式”的学习再到“及时式”学习到“量身定做”的学习；(9) 从学生或校友到学习化社会的终身成员；(10) 从以校园为基础的学习到异步（任何时候、任何地点）学习再到普遍的学习。

（一）教学方法改革的必要性

一般的教师教学生以真理，而好教师教授学生去发现真理。现在大学教育中，“真正的问题不是教什么，而是怎么教”。教学方法改革几乎成为了改变中国大学教育现状的命门，照本宣科式的简单灌输式教学已经成为了一种教学慢性病，侵蚀着大学教育这个有机体。这种灌输式教学表现出种种变异的病象：一边是大量的课程堆积，一边是不堪重负，结果是造成大量的无效教学；一边是大班制的工业化流程式的授课，一边是“听”得了无兴趣，结果造成受教育者呈现严重缺乏个性的同质化现象；一边是死记硬背，一边是标准化考试，结果造成学习“目的”为考试“手段”服务的本末倒置；一边是“认分不认人”，一边是师生之间缺乏交流与互动，结果造成教育氛围漠然。面对灌输式教学，我们应该提倡“适度教育”的观念。

在当前教学改革的过程中，教学方法改革是教学改革的“切入点”和“突破口”。要改革传统的封闭式、灌输式教学模式，大力倡导启发式、探究式、讨论式、参与式教学，切实转变重讲授、轻互动；重课堂、轻课外；重考试、轻学习；重教书、轻育人的僵化的教学局面，营造开放性、协作性、自主性、探究性的学习氛围。为此，要从学生被动听到把课堂还给学生；要从评价教到评价学来引导教；为学生参与课堂提供时间与空间；促使教师转变角色形成新型师生关系；引导小组合作课堂新秩序的产生。审视当今的高校教学方法改革，其改革的趋势主要包括如下几个方面：1. 由“教给知识”到“教会学习”，注重知识与方法的共同培养。2. 由“注入式”转变为“启发式”，强调学生的主动性。3. 由“讲授为主”到指导学生独立学习与研究为主，强调学生的自主学习能力。4. 由教师主导转变为师生互动、生生互动，注重学习资源的多元开发。总之，教学方法改革的中心是加强学生的创新精神和实践能力的培养，要有利于增强学生自学能力、分析问题、解决问题的能力和实践能力的培养，要有利于学生个性和才能的全面发展。课堂讲授要采用启发式、讨论式、研讨式、合作式教学方法，要提供给学生自主学习和实践的空间，提高学生自主学习和独立研究的能力，要突出学生在教学活动中的主体地位，充分调动学生学习的主动性、积极性和创造性。教学手段的改革主要是采用现代教学技术和手段，特别是多媒体教学技术。1998 年 10 月联合国教科文组织在巴黎召开的世界高等教育会议上的《21 世纪的高等教育：展望和行动世界宣言》“第 9 条　创新的教育方法：批判性思维和创造性”指出：“a）高等教育显然应以学生为中心……　b）为了达到这些目标，可能需要用恰当的新方法来重新设置课程，这样学生的学习就不再只是对各学科知识的简单掌握而已。……　c）新的教学方法也意味着应采用新型教材。这些还必须与新型测试方法结合起来。这些新型测试方法不仅应该能够增强记忆力，还应该能增强理解力、实际工作能力和创造力。”①

面对大量的课程量与课时量的堆积，面对大班级的大规模化教学，面对大量的内容灌输，我们应该提倡适度教育。为了进一步提高教学有效性，应

---

① 朱清时主编. 21 世纪高等教育改革与发展——国外部分大学本科教育改革与课程设置[C]. 北京：高等教育出版社，2002. 11～12

该建立起"少即是多,多即是少"的观念,相信少的力量,《老子》早已说过"善者不多,多者不善"。在整个教学活动中,应遵循"减法胜加法"的原则,由粗放式向集约式转变,规模式向内涵式转变,做到小而精,少而强,而非大而粗,粗而劣。因此,"小与少"就是未来教学的发展趋势。

教学方法的改革要做到几个转变:第一是变"以解决问题为目的"的教学为"以产生问题为目的"的教学,即变"考生"为"学生","考生"是寻找已知世界的现成答案,"学生"是指勇于探索未知世界的人,不是培养"一流的考生"而应该是"一流的学生"。第二是变"以课堂讲授为中心"的教学为"以课程建构为本"的教学,即重在突破"灌输式",使整个教学活动丰富多彩、生机勃勃、富有成效,充分体现出教学的艺术性与创造性,呈现出一派诗性教学的氛围。第三是变"以教材宣贯为主"的教学为"以学术为导向"的教学,即要注重学生知识、能力、素质的培养,尤其要注重知识向能力与素质的转化,培养学生学术独立、思想自由的品格。考试内容教材化,考试方法单一化,评价标准教条化。重"知识传授",轻能力培养;试题以书本内容为中心,忽视对学习态度、实际能力的考察;考试分数一刀切,忽视个性与特长,考试只是一种手段,不能误将手段作为目的,当考试这一教学当中"之一"手段,变为整个教育链条中的"唯一的目的",完善人格的教育就会变成"认分不认人"的淘汰式应试教育,从而出现教学为考试服务,"目的"为"手段"服务的本末倒置。

(二)世界不同教学方法举隅

1. 永恒主义教育哲学的教学方法

我国著名教育学者陆有铨教授指出:"在永恒主义者关于教学方法的主张中,最有特色的是苏格拉底的问答法和读书。"因而我们重点阐释这两种方法。

(1)阅读。在教学上,永恒主义者认为,应该注重的是方法。针对通识教育的目的与内容,永恒主义者如赫钦斯、艾德勒等人提出用阅读的方法来学习名著,训练心智,发展理性,交流思想。赫钦斯认为,西方经典名著不仅有助于学生思考问题,而且有助于解决现代问题。读书的方法包括方法学习,阅读的规则,写作、语言和推理的规则,因而,在更高的层面上,阅读或读不只是一种方法,“读,就是真正的崇拜(culte),这正是文化(culture)一词告诉我们的”。通过读书,“受过良好阅读训练的心灵已经发展了它的分析和批判的力量。受过良好的讨论训练的心灵进一步增强了这种分析和批判的力量。通过耐心的、通情达理的辩论,人们获得了在辩论中容忍对方的修养”①。其中,研究人文学必然要注重文本解读,以虔敬的心情对经典文本进行理解、诠释、研究,通过对这些蕴藏着丰富文化资源的原著的诠释,得到智慧的启迪。可以说,经典阅读是开展文化素质教育的一种行之有效的方法。以科学求真的态度、持之以恒的决心、理智超然的心态和必要的制度规范开展经典阅读,实现培养人格完善、全面发展的人,培养独立思考、具有批判精神的人,培养具有国际意识、全球视野的人,培养明礼诚信、讲求信誉的人是通识教育的重要目标。阅读经典,既可以传承文化,提高民族文化素质,也可以改变个人气质,转变社会风气。

(2) 苏格拉底问答法。苏格拉底问答法(Sccratic elenchus)是谈话法,又称产婆术,比喻为思想接生。这种方法教人学会逻辑地思考,形成正确的思想。它是通过一系列问题与对话者进行相互质问,苏格拉底由此寻求暴露对话者的各种观点中的冲突,并在反思这些冲突及关于它们的可能答案的基础上重建这些信念。在许多柏拉图的早期对话中苏格拉底展现了众多的问答,这些对话因而也叫做“问答性对话”。由于这类相互质问总是在结束时没有达到任何明确的结论,这些对话也叫“疑难性对话”。苏格拉底问答法既不纯粹是否定的,也不只是为了揭示他的对话者的观念混乱。苏格拉底采用问答法,目的在于让人们看到事物的本身。苏格拉底在教学生获得某种概念时,不是把这种概念直接告诉学生,而是先向学生提出问题,让学生回答,如果学生回答错了,他也不直接纠正,而是提出另外的问题去引导学生思考,从而一步一步得出正确的结论。苏格拉底倡导的问答法对后世影响很大,直到今天,问答法仍然是一种重要的教学方法。

苏格拉底式问题研讨是苏格拉底问答法在当代的发展。苏格拉底式问

---

① 外国教育史[OL]. http://edu6. teacher. com. cn/ttg035a/wai/CHAP6/ch6-8-8. htm, 2011-11-2

题研讨是一种讨论，但它不同于以往的课堂讨论。以往那种教师提出问题、学生做答的讨论，是在教师操纵下进行的，对学生参与的评判，完全以教师的主观印象为标准；学生少有交流、提问、磋商的机会。苏格拉底式问题研讨具有如下特质：首先，它以学生为中心，重视学生的主动性，学生围圆而坐，自主发言和提问；老师也是平等的参与者，其作用是使讨论能有效进行，出现问题能稳定情势，进行指导；能使所有人都感到讨论像交谈一样。其次，讨论围绕确定的主题展开。教师要确定讨论的内容和论题，并让学生准备。再次，它是在确立让学生学会表达思想，进行批判思考，用参考支持自己的观点，有效提问和交流的前提下采用的方法。这些目标正是学生必备的能力。第四，这一方法是与课堂教学及阅读、写作、演说、问题解决等训练综合进行的，但不能互相替人。第五，它根据学生在讨论中的表现，按照既定的标准进行评价，作为测验与考试的补充。对学生的学习情况和教师的教学效果都能提供反馈信息。在高等教育阶段，最主要的方法就是读书与讨论法，这是进行理智训练、发展人的理性、交流思想的最好方法，需要在实践中继续探索它的价值。

2. 进步主义教育哲学的问题教学法

问题教学法又叫问题解决法，属于启发教学法，由杜威倡导。杜威认为，客观的真理、最初只需要证实的假设，以其具有的实用价值作为真理衡量的标准。此种方法符合实验的科学精神。即在未证实之前，只是暂时的假设，在解决问题的过程中，随时加以推翻改造和重组，只要有实证性的充分证据，真理便可成立。问题教学法是优于灌输学科知识的教学方法。

进步主义所倡导的方法主要是问题教学法。关于问题教学法，进步主义者提出“从做中学”的观点。在具体的教学实践中，问题教学法分为“五步”，它源于杜威的“思维五步”：(1) 学生要有一个真实的经验的情境；(2) 在这个情境内部产生一个真实的问题，作为思维的刺激物；(3) 他要占有知识资料，从事必要的观察，对付这个问题；(4) 他必须负责有条不紊地展开他所想出的解决问题的方法；(5) 他要有机会和需要通过应用检验他的观念，使这些观念意义明确，并且让他自己发现它们是否有效。

现在，问题教学法演变为问题导向的教学方法。问题导向的教学方法是一种统整式的教学方法，通过寻找问题、确认问题与解决问题的过程，牵引学生主动学习。

3. 案例教学法

案例教学法是19世纪70年代美国哈佛大学法学院院长兰德尔(C. C. Langclell 1826～1906)首创的。在我国，案例教学法已有20多年历史，它对我国教育尤其是高校教育思想和教学方法的全面改革有着重要启示和推动作用。案例教学法(国外称为个案研究，即 case study)是为了培养和提高学习者综合能力的一种教学方法，即将已经发生或将来可能发生的问题作为个案形式让学习者去分析和研究，并提出各种解决问题的方案，从而提高学习者解决实际问题能力的一种教学方法。它以学生为主体、注重学生参与到讨论过程中，具有极强的操作性，因而不同学科课程的教师都在自觉地把案例教学法运用到教学实践中，并取得了一定成效。案例教学法在具体教学中具有提升教师的专业化水平、促进理论与实践结合、培养学生分析问题与解决问题等能力的重要作用。

4. 探究性学习

探究式学习，又称"问题导向式"学习，因此"问题"往往被视为探究式学习的核心，"问题是接生婆，它能帮助新思想的诞生"(苏格拉底)。对于大学生来说，养成探究式学习习惯，为后续学习和终身学习奠定坚实基础尤为重要，因为对科学的好奇和热爱是进行研究工作最重要的思想条件。探究性学习可以为学生提供研究机会和宽松的实践环境，使其在解决实际问题的过程中了解科学研究的一般过程，掌握科学研究的基本方法。具体看来，大学生探究性学习的途径包括：实验、科研训练、社团活动、社会调查与实践、竞赛等。

探究性学习的核心要素在于"问"，因为"最有效的教育方法不是告诉人们答案，而是向他们提问"(苏格拉底)。世界上最早的教育学著作《学记》云："善问者如攻坚木，先其易者，后其节目，及其久也，相说以解。不善问者反此。善待问者如撞钟，叩之以小者则小鸣，叩之以大者则大鸣，待其从容，然后尽其声。不善答问者反此。此皆进学之道也。"但在实际的教学中最突出的问题是"无问"，所以对于教师来说重要的是引导学生发问并通过不同

的方式给予回应。“思想应当诞生在学生的心里，教师仅仅应当像助产士那样办事。”（苏格拉底）

5．游学

游学（Study Abroad），是世界各国、各民族文明中，最为传统的一种学习教育方式。《圣经》中记载的东方五学士祝贺耶稣基督诞生的故事和意大利旅行家马可·波罗在中国的游历，都透露出古代东西方游学交流中，所蕴涵的丰富信息。而中国民间自古以来就非常重视游学对人格养成和知识形成的重要作用，孔子率领众弟子周游列国，增进弟子的学识，培养弟子的品质，开阔眼界。现代教育意义上的游学是一种国际性跨文化体验式教育模式，开设游学课程，同时承认本校学生在国外及校外选修的游学课程学分，积极鼓励并正确引导青年学生到人类不同文明的文化环境中去探访、并沉浸其中，通过亲自体验而学习和理解非母语或非本地的文化历史传统，同时强化提高外语水平。游学就是“行万里路，读万卷书”的过程，通过到不同国家和地区游学，打通历史，融合不同文明过程，通过游学可以在国内和国际、传统和现代之间找到融合点。了解别人才能真正地了解自己。

与学校教育相比较，游学就是走出课堂，学习课本以外的知识，从充实的游学生活里，学会待人接物的应有态度，并且与同辈建立正确的价值观及良好品格的一种教育学习方式，它反映了教育教学的空间流动性。游学可以为青年学生提供具有深远教育意义的文化探索和发现之旅，有利于培养青年学生的文明素养和文化宽容精神，增进对不同文化的认识和尊重，也使他们能够更好地认识和传承本民族和本土的文化与历史传统，在语言强化训练、思想道德教育、人格养成教育、文化知识教育和世界和平教育等方面，都具有特别重要的作用和良好的效果，受到世界各国政府及教育界、相关国际组织与机构的高度重视，并已经成为教育与文化和旅游相结合的一种全球性时代潮流，受到全世界青年学生的普遍欢迎。

6．自主式学习与个人体悟

在教学过程中，大学生是主动的参与者，而不是被动的接受者。从强调传授知识和技能到重视学生的主动学习。不是仅仅通过研究和思考才能学到东西，主动地发现和应用知识也同样是学习。自我教育与学习是教育的重要方法与目标，也是教育的最终目标。人本主义心理学家罗杰斯指出，没有人能教会任何人任何东西。换言之，学生学会任何东西，最终都要通过自己的内化与体悟，因而，这个最后过程并不是由教师完成的。就这个意义来说，人的获得最终不是依靠教，而是依靠学。因而著名教育家苏霍姆林斯基说："我深信，只有能够激发学生去进行自我教育的教育，才是真正的教育。"

自主性学习不是传统的那种依附于"教师、教科书和课堂教学"的学习，也不要求学生摆脱教师的指导，而是学生在教师的指导下有主见地学习。自主性学习不仅是学习过程中的"自学"，而且是在整个在校学习期间的自我识别、自我选择、自我培养，以及为了搞好这三个"自我"而进行的自我评价和自我调控。自主式学习的内涵包括自我识别、自我选择、自我培养、自我评价与自我调控，它具有促进个体全面发展、形成个性特征、传承优秀文化遗产以及培养创新精神与创新能力的积极作用。

体悟式学习是一种倡导自主学习精神，创设自主学习情境，提供自主学习支持，培养自主学习能力的学习方式。体悟式学习始终追求这样一种理念：让学生真正从心灵深处发出对新知识、新事物的可求性和可知性，并在尊重的体验中学会尊重；在真诚的体验中学会真诚；在爱的体验中学会爱；在探求的体验中学会探求；在成功的体验中学会成功。

个人体悟式学习是中国传统教育中一笔难得的精神财富，我们有丰富的经验可以借鉴。另外，在中国传统文化中，儒道佛并重的文化奇观亦可以为我们提供个人体悟的具体方法，如禅宗的"参禅"、佛家的"静坐"都是个人体悟式学习的重要资源。不仅如此，个人体悟式学习也较适合中国人的性格。中国人不善于张扬个性，那是因为中国人的传统是含蓄和内敛，他们重视内省，注重"慎独"，因而个人体悟学习适合中国人的性格特点。实际上，我国的传统教育以个人体悟为中心的学习方式本身就是最具个性化特征的教育方式。这是延续中国几千年文化传统教育的有效方式，直到今天仍然具有价值。对于现代人来说，体悟仍然是一种有效的学习方式，尤其是经典阅读学习中更是如此。这是需要提倡与引导的。

四、柔性教学策略

为了体现育人以学生为本，形成以学生为主体的教学活动，我们应该探索实施柔性教学策略。柔性教学策略与刚性教学策略相对应，刚性教学策略把学生看作被加工的“原料”，把教学看作加工过程，把课程看作加工的工序，一切都是事先规定好了的，并相对稳定不变。这种刚性教学体系重点突出了教师的主导作用而忽视了学生的主体作用；柔性教学策略则把学生看作社会人，学生具有自主性、能动性，在教学过程中，学生拥有选择的权利，学生既是教育的接受者又是教育的设计者，加工的工序和内容虽然是事先规定的，但在教学过程中是可以改变的。因此，柔性教学策略是一种以学生为本，考虑学生的需求变化，具有动态和渐变特征的课程体系和教学方法，充分发挥教与学的互动作用的一种教学策略。柔性教学策略的实现需要以下几方面的条件：

（一）“柔性”专业设置方式

调整高等教育学科布局和专业设置，加快紧缺型人才培养。抓好学科结构调整与建设，从长远的角度整体地规划学科的发展，主动适应地方经济社会需要，积极设置面向地方支柱产业、高新技术产业、现代服务业的应用型学科，通过全面的学科结构调整，形成与地方经济建设、社会发展相适应的学科和人才培养结构。调整内部的学科结构，稳住基本专业，发展特色专业，调整短线专业，增加对社会的适应性，缩小学校教育与社会需求的差距，建立更好的教学形象，培养更加适应现代经济社会环境需求的人才，使我们的教学具有“柔性”贴近经济社会的特性。灵活的专业设置方式主要表现在：第一是根据地方经济社会的实际需要灵活设置专业方向；第二是按照学科大类招生，实现学科、专业、专业方向三级设置；第三是将专业选择权返还给学生自己，因为这项权利本该属于学生自己。

（二）建立柔性教学计划与柔性教学大纲

教学内容可以根据社会和科学技术发展做及时调整，允许教师教学内容上的个性化，允许教材的多样化和个性化；以学生为中心，用心设计教学方案，让学生共同参与，彼此分享教学的意义；教学计划要由教师、用人单位、学生三方共同参与意见，合作完成；积极推进民主化教学，培养学生的自主选择意识，建立柔性选课制度，让学生有机会选择课程，从体制上强化学生的读书、实践、实验设计等自主学习环节。

（三）探索柔性的教学方法

建立“课堂是平的”的柔性的教学文化。课堂是属于教师的，更是属于学生的，每个学生都是课堂的主体，因此要让课堂变平，改变“教师严格控制知识的选择与组织，控制传递和接受知识的进度”的教学方法，教师应在不断地更新自己的知识、严格准备教案的基础上采用启发式教学方法，充分发挥学生在教学过程中的主体作用。在教学组织上，积极推行大班讲授与小组合作学习相结合，建立临时的“学习圈”，通过小组讨论激发学生参与课程学习与问题讨论，以弥补大班讲授的不足；探索开展“主题串”学习，将进行某一主题的学习通过讲座、讨论等形式长期坚持下去，可以使学生在这一知识领域打下坚实的基础，使学生能够比较深入地探索这一知识领域，同时，也使学生能够形成一个学习群体，使他们在相互的持续的交流中受益；培养学生独立自主学习和探究的习惯和能力，强调体验式和探究式的学习模式，教会学生学会终身学习；增加学生的“游学”体验，开阔学生视野，增加人生经历。

（四）支持柔性教学的管理信息系统

加强网络化教学环境建设，鼓励教师与学生开展网络教学互动。学校校园网可以提供网络教学平台，建立网络“课程中心”，将部分课程的教学互动移至网络，利用网络技术手段开展问题答疑，利用网络技术嵌入教学改革，提高课程的师生互动水平，促进教学质量的提高。

五、构建友好的师生交往关系

教学是由教师与学生共同参与的活动，师生关系不但影响教育的质量，还影响教育的品质。当师生关系隔膜的时候，对于学生而言，他们失去了那种会心的亲切感，这种疏离感也将逐渐使教育失去温暖的力度，学生对于课程的兴趣将受到无形的削弱，师生也很难形成一种教学相长式的共同体；当师生关系融洽的时候，教师在教书的过程中发挥着育人的作用，既是知识的传授者又是学生的人生的导师。高尚而和谐的师生关系，可以带来师生心灵之间的沟通，促进文化的传承，营造一种良好的教学氛围。在一种温暖的师生关系中，教师与学生都应该正视自己的角色。

（一）教师角色转换

教学模式的变革呼唤教师角色的转换或拓展。教师真正参与到改革的计划和执行过程中是非常必要的，因为教师文化的转变是最大的挑战。教师的创造力和努力是成功的关键。

1. 教师＝学术辅导员＋导师

为学生创设和提供丰富的环境、经验和活动；为学习者的协作学习、问题求解活动、知识共享和责任担当等方面整合各种机会。帮助学习者建构意义，根据学习者的需求予以支持，帮助学习者将信息与先进的知识联系起来，改进学习者的学习策略，提高学习与生活能力。

2. 教师＝专家＋学者

教师的专业成长是一个在实践中不断反思和完善的过程。教师从事的是学术职业，既要做教学方面的"教授"，又要成为所从事专业的专家，还要成为学者。教师是大学的主要学术源泉，教师的质量和责任心决定了大学各方面的优异程度，影响到大学的学术活动、学生整体的质量、教学本身与学术的优异成绩、通过公益服务更广泛地向社会提供服务的能力，以及从个人和公共渠道吸引资源的能力。教师不可以做不懂得教学的专家，不可以做没有文化的专业人员。研究型大学致力于创造新知识，教师的研究能力显得尤为重要，应该拥有世界级的学者。麻省理工学院校长 Charles M. Vest 指出，大学所获得的政府研究基金也是对于下一代教育的投资，每一个美元起到双倍的作用，是"一个美好而有效的观念"。

3. 教师＝课程开发者＋教学设计者

教师的作用在于要培养和指导主动的学习，而不再是确定并传授特定内容。即人们希望他们启发、激励、管理并指导学生。教师有必要把教师的角色放在一边，而成为学习内容、学习过程和学习环境的设计者。而不是教师所教的与学生所需的之间有差距，学生所学的与未来所用的之间缺乏联系。

4. 教学能力培养的认识

大学教授之职几乎不对这一专业的基本活动——教学提供培训，这在众多的专业中是独一无二的。事实上，多数的研究生教育都倾向于假定学生仅仅通过上大学而不用通过教学法方面的正式培训就可以学会如何教书。极少有教师能够意识到急剧增长的源自心理学和认知科学的有关学习的知识。学术界中几乎没有精通或者运用这个知识基础。有人说，如果医生像大学教师那样运用科学，那么他们还会用水蛭来治病。

（二）学生角色转换

学生应该转变为学习者。从学生到学习者，从教师到设计师、教练、顾问，从校友到学习化社会的终身成员，大学将会承担巨大的压力来转变以教师为中心的模式，大学将会转变成以学习者为中心的机构。教学模式的变革将极大地转变或拓展学习者的传统角色。

1. 学习的管理者

学生应该能有效地计划、监控、调节和反思自己的学习进程与结果，有效地管理自己的学习时间、学习环境、情绪意志、努力程度和寻求他人的支持。这就要求学习者学会“自主性学习”。斯坦福大学培养学生学习主动性的举措就是开设小组课程(small group courses)，即斯坦福初级研讨班课程(Stanford Introductory Seminars)，其目的是通过大学生与一些知名教授相互交流，使大学生们进入大学智力生活中，在师生之间建立长期的指导关系。

2. 探究者

有充裕的机会探索观点和展开研究。研究型大学应该进行基于研究能力的教育，教学型大学应该基于应用能力的教育。这种模式不仅提供普通教育的基本内容，而且引导学生进入基于研究的学习。杜威强调高等教育的重点：学习应基于教师指导下的探索研究，而不是信息的简单传授。基于探究式的学习是师生互惠的要素：教师能向学生学习就像学生从教师那儿获得知识一样。爱因斯坦说，想象力比知识更重要，因为知识是有限的，而想象力概括世界上的一切，推动进步。“科学技术发现的历史告诉我们，人类独立思考和创造性思维方面的能力仍是很弱的。当客观世界和科学需求长时期地等待一个新思想诞生时，通常需要外部刺激下才使它实际产生。因此可以说，在正确思想到来之前，人们必须不断地探索。”“发展独立思考和独立判断的一般能力，应当始终放在首位而不应当把获得专业知识放在首位。”[①]因此，在大学里，传统的讲课不应该是占支配地位的教学模式，大学生从传统的文化知识的接收者变为文化知识的探究者，在这个变化中，教师与学生都能共享科学发现的成果和经验。

3. 认知学徒

在导师的指导下学习相关观点和技能，模拟专业人员的角色。可以采取“课程＋课题”学习方式。导师指导下的课题式学习是指对于实施学科大类平台招生的学生，在第二学年开始配备本科阶段指导教师，并在导师的指导下选择符合自己专业方向和兴趣的研究课题，且该课题作为学生本科学习阶段不断关注、探索的研究方向，为本科毕业论文（设计）选题做准备。可以“通过做来学”，成立兴趣小组，培养兴趣点，兴趣是最好的老师。建立创新活动，认真设计实习环境使基于探究式学习向实际动手能力培养转化。还要抓住想象力，爱迪生说：“任何成功都需要付出99％的汗水，但是1％的灵感是必需的。”

无论教师与学生怎样深刻地认识自己的角色，师生之间的关系只有通过“爱”来衔接。爱是教师之魂，有了爱心，学高身正才有发端的凭据，才有那生生不息的楷模力量。学高为师，身正为范。潘光旦曾有一个“从游”的比喻，说师生之间就像大鱼和小鱼，大鱼在前引导，小鱼紧跟其后，这就是教育。陶行知提倡“爱满天下”、“捧着一颗心来，不带半根草去”的无私奉献精神。古人说，“经师”易遇，“人师”难求，“人无德不立”。知识和道德是成就教师职业的两根支柱，弱化其中任何一项都将无法践行教师职业。面对如今的风气，教师要坚守自己的责任，最有力的一大支撑点，恐怕就必须来自于内心深处的情感，从对于这个职业的热爱、对于学生的爱护，放缓身心，进而从从容容地做教师该做的教书育人的职责。师生关系要体现以学生为中心，以大爱为内容，以传到授业解惑为载体。我们要去除冷漠，建立温馨；要

① 爱因斯坦. 论教育［A］. 爱因斯坦文集（第三卷）. 北京：商务印书馆，1979. 147

打破阴霾，迎接阳光；讲究师道，赢得尊严。一所大学只有造就一批热爱教育事业、担当育人责任、具有优良素质的教师队伍，才能重塑良好的师生关系，才能培养出高质量的人才。师资队伍建设首先要以德为先，因为师德是教师的灵魂，而热爱教书育人的事业就是师德的核心，教师对于教学的投入就是师德的重要外在表现。这就要求教育者具有高度的使命感、责任心，静下心来教书，潜下心来育人，做爱岗敬业的模范、教书育人的模范、终身学习的模范，成为受学生爱戴、让人民满意的光荣教师。这一切都表现在不同的师生关系之中。

中国高等教育已经发展到了一个关键时期。从生源来看，自 1990 年到 2000 年的 10 年间，全国新生儿下降近 1000 万；全国高考生源自 2008 年突破千万后开始全面下降，2011 年下滑至 933 万；2011 年，有 84 万考生放弃高考，出国留学的高中生增加了 28%；还有 2011 年在校生退学人数约 10 万。从“十二五”高等教育发展规划来看，到 2015 年毛入学率将达到 40%，而有些省份届时毛入学率可能超过 50%，高等教育普及化就近在眼前。国内生源“下降”的趋势与高校招生“上升”的趋势，两者对于中国高校来说造成一种很大的挤压，我们做好应对的准备了吗？从体制机制来说，市场经济及其市场形成的力量冲击着大学校园，而计划经济方式及其计划行政的堡垒无形地禁锢着校园，在这两者之间大学不得不寻求在夹缝中生存，练就一身“过硬”的本领。五千年中国又遇到一次大变局。中国经济社会在发展，并形成了“中国模式”；中国走在大国复兴的道路上，迅速崛起；中国高等教育同样正在向普及化迈进，这是大势所趋，不可阻挡。不久的将来，中国高等教育不再是稀缺资源，占有高深知识也不再是少数人的特权，高等教育作为公民的一种基本权利将得到有效的保障，社会真正进入了高等教育与高深知识自由获取的阶段，由此中国将由人力资源大国向人力资源强国转变。中国高等教育正在由大众化向普及化转变，这既是高等教育发展中的一件大事，也是中国社会再次转型的一个重要标志！中国大学正在崛起中……

研讨篇

团队合作是探讨与研究问题的趋势，彼此思想碰撞是交流与沟通的有效方式，传递与共享知识是我们知识工作者的光荣与梦想。《学记》说：“独学而无友，则孤陋而寡闻。”在科学研究以及其他工作中，我们需要努力转变农业经济中形成的自耕农生产模式；在学习与管理知识方面，我们需要学会与他人一起思考，学会向他人展现自己的知识，学会发现与创造知识，以如此方式去发挥知识的价值。

形式篇

沙龙之一　人才培养模式的本体认识

时间:2010 年 12 月 1 日,星期一

地点:济南大学高等教育研究所

主持:蔡先金,济南大学副校长、教授、博士

参与人员:

宋尚桂,济南大学教育与心理科学院院长、教授、博士

王希普,济南大学高教研究所所长、教授

徐梅,济南大学管理学院党委书记,华中科技大学高等教育学博士生

张素玲,济南大学教育与心理科学院副教授、博士

张晓霞,济南大学学校办公室主任,华中科技大学高等教育学博士生

王玲,济南大学高等教育研究所副教授,博士

卢旺,济南大学服务济南办公室副主任,华中科技大学高等教育学博士生

蔡先金:(开场白)我们尝试采用“沙龙”的方式来探讨与研究问题。这种研究方式,表面看来是很洋货的,采用“沙龙”的外壳,其本身却是草根式的。换言之,说好听的是中西合璧,说不好听的似乎是“挂羊头卖狗肉”,挂

的是洋人的牌子,其实兜售的却是自家的货色。这种研究与探讨的方式,重在通过相互启发来表达自己的想法,而非重形式的追求以及繁琐的经院式表述。我们也讲究"学理"的调教,也注意思想的创造,但是主要还是来自于实践以及个人的思考。我既相信草尖的力量,我更相信草根的作用。今天开场的沙龙讨论的主题为"人才培养模式的本体认识"。

通常情况下,在确定研究对象之后,我们首先面临的问题是对于问题对象本体的认识。如果没有搞清楚研究对象为何物,那么又怎么能够继续思考下去呢?所以,我们现在就很有必要剖析一下"人才培养模式"这一概念。这是符合一般的学理的,因为从概念入手是研究的逻辑起点。从一定程度上来讲,定义能力也是一种学习能力和学术研究能力的体现,我们不能笼统而模糊地认识某一概念。围绕"人才培养模式"这一概念,我们应该探讨的问题主要包括:什么是模式?什么是人才培养模式?人才培养模式的要素有哪些?人才培养模式的优劣标准是什么?人才培养模式会不会落入范型的陷阱?人才培养模式是讲究过程论?还是系统论?还是控制论?还是信息论?人才培养模式在形成过程中,是否可用"熵"理论来进行解释?

一、模式与"模式丛"

王希普:《辞海》中有对模式的解释。在社会科学研究领域,简单来讲,模式是指方法和过程。在自然科学领域也有一个解释。我主张从实践中来反观模式,它更多是一种过程和方法。从这样的内涵推开来看,人才模式就是一个系统,有很多要素。首先就是指导思想定位的问题,要有一个目标。第二,课程体系(培养方案),把显性的和隐形的资源融合在一起。再一个就是制度问题。如果从宏观、微观层次来看,比如高等教育是素质教育的继续还是专业教育的培养,这是一种模式;具体到制度层面,教学方式、教学方法改革等方面也有模式。可见,要成为模式应该有一个或几个突出的东西来凸显出其核心特征。在大学中,模式还包括各个学院的模式。

蔡先金:刚才您讲的可谓"模式丛",各种各样的模式,大模式与小模式,宏观模式与微观模式,都可以称为模式。但这都是些模式的现象,我们应该去看它的本质。有的将模式定义为:以一定的理论基础表征活动和过程的一种模型或形式。一种模式蕴含着一定的理论倾向，代表某种活动结构和过程的范型，是将理论转化成实践经验的中间环节，既表征学术团体成员共享的且共同接受的惯例和观点，又表现在根据一定的理论提出假设，设定相应的活动条件和操作程序以指导实践，但模式不同于规则。还有人认为，模式是带有一系列明显特征的发展战略、制度和理念，模式是对其特殊性的界定，为现实提供定义，为比较提供知识，为未来提供指南。这是一种比较宽泛的定义。

教学模式是指，在相关理论的基础上，为达到教学目标而构建的较稳定的教学结构或程序，既指教师教学的模式，也指学生学习的模式。它代表着有关教学与育人的信念以及共享的价值标准。新的模式可以注入新的活力。我们必须刺激更多的人走出他们的思维惯式的老路，鼓励实验。改革和创新存在风险性。我们却不能因此而裹足不前。具体而言，改革可能失败，但不能不改革；创新也可能失败，但不能不创新。

高等教育的人才培养模式是指，在高等教育过程中形成的相对稳定的可操作的人才培养要素及其结构方式的总和。高等教育人才培养模式的形成过程包括人才培养目标制定、教学内容与课程体系设计、教师教学方式和学生学习方式的选择以及相应的教学管理运行机制和教学资源配置机制的构建。简言之，人才培养模式，就是指在一定教育理念下，围绕一定人才培养规格，采用相应教学方式和方法，以相对稳定的课程体系和教学组织管理制度，实施人才教育过程的一整套有机体系、结构和程序。因此，创新人才培养模式既成为大学教学改革的牛鼻子，又是摆在我们面前的重要课题。为了转变人才培养模式，就有必要将一个组织推向无序和不稳定引发的危机。这些危机可能带来一些变革结果，这就是熵的理论。这是我最早的一个学理上的模式理论。

我觉得模式大体有这么几个要素：一要有理念指导；二要有目标和规格；三是课程体系（培养方案）；四是教学的方式方法；五是评价体系；六是保证这些要素存在和运行的制度、管理机制。一个总的标准就是所培养人才的质量。如果培养不出高质量的人才，就不能算作好的模式。什么是高质量的人才培养模式？重点就是以学生为本，能促进学生发展的就是好的质量。质量不能单纯地指成功，因为成功很难界定。例如，英国提高教育质量的手段，就是每所大学要维护和提高人才培养标准，“宽进严出”，既要提高又要维护。这是他们人才标准的维护与制定。

任何一个模式都是一个过程，比如说大学对学生四年的培养就是一个过程，最后一年校企合作模式也是一个过程。不管时间的长短，模式总是一个过程，这是过程论。作为过程的整个模式贯穿下来，又是系统化的，所以系统设计非常重要，大学的顶端设计很重要，设计好了好执行，设计不好就会变乱。而且在整个模式运转过程中，信息要充分沟通，沟通得越好，教师和学生投入的积极性就可能越高，假如教师学生不参与，那么顶端设计也就是一张白纸，只能纸上谈兵。还有，如果执行过程中没有信息反馈，出现偏差不能得到及时修正，导致方案得不到完善，变得残缺不全。我认为模式也是一种控制论，要保证机制正常运行，就需要监控，否则就会出现混乱。我也认为，每次的改革都符合熵理论，只要改革，整个系统就会动，动的过程当中就可能会产生混乱。一位学者也曾用普利高津的耗散结构理论分析过，认为每一次的改革都会使系统远离平衡，出现混乱，熵的增高，当到了一定程度就会突变产生新的平衡。改革有可能导致混乱，但烦乱、怕乱也改不了。乱的时候，同时产生打破死寂的活力，在乱的过程中可以达到新的平衡。在自然界中，熵值达到最高就会失去跟外界的能量交流，从而进入死寂。在我们的教育系统中，同样熵值不能太高，并不是熵值越高表明人才培养模式越高，但是模式越好可以表明人才培养质量可能越高。

宋尚桂：我认为模式是针对活动而言的，不是所有的事物都有模式。不管是教育活动还是教学活动，只要是一种持续存在的活动过程，它总是有某种特征，与其他事物有所不同的特征，就可以用模式一词来概括。模式肯定会包含着一些要素，比如人才培养活动就有教师、学生、图书等教学资源；同时活动还有自身一定的方式，各种活动总是在一定的实践过程当中形成一种相对稳定的形式。我们把构成活动的要素，以及要素之间的内在联系和在运行过程中那些比较固定的形式叫做模式。模式不是人们提前设计好的，而是在实践过程当中自发形成的一种较稳定的形态。由于人具有主观能动性，人可以对活动进行认识和调节，可以对模式进行设计、改变、完善，因此可以进行认识和完善模式。

二、多元的模式与模式的多元化

蔡先金：我觉得模式应该有两种：一种是自在性的、被动性的模式，没有什么理念指导；还有一种是主动性，在某种理念指导下形成的模式，就是主动的模式。现在看来，原来的模式属于自在性的，而改革就是要主动地建构模式。

宋尚桂：首先我们应该弄清楚，人才培养模式在高等教育活动中处于什么层次，占有怎样的位置？高等教育发展到今天，高等教育体系中教育资源的配置显著改善，硬件、软件、师资等都发生了很大变化，规模也得到很大提高，但高等教育内部的活动不仅仅是各组成要素自身质量、数量的提高，还有更重要的——就是这些要素之间的内在联系、相互作用，这样才构成了完整的高等教育活动。因此，高等教育活动既需要各种要素，但更重要的是这些要素之间的相互作用，后者对教育质量的影响更大。这十年来，虽然各种构成要素自身都得到了提高，但是最大问题就是各要素之间的相互作用没有达到一种令人满意的程度。所以提出模式的问题，就是要理顺各要素之间的相互关系。

蔡先金：我觉得你讲的就是系统论，指出了高等教育的一大症结：各要素都有，并达到了一定的发展，但支离破碎，没有形成一个系统。我认为中国教育是一种经验性的教育，没有一个理念统领起来，形成一个系统。因此，价值理念的缺失，是人才培养模式的首要问题。当提及很多高校的教育理念时，都很难清楚自己的理念，包括北大、清华。清华不是只培养留学生，北大的"兼容并包"是否贯彻下来了，是不是又分成了一些系统的小的理念？一般大学就更难了。所以，我们的大学需要出现教育家，引领大学的发展。

宋尚桂：事实上，模式是个多元的东西，虽然现在要搞一个统一的模式，但每个高校自身内在的特点是不一样的，在资源供应、培养目标等方面都有很大的差异，所以在模式改革的时候，要强调它的多元性，或是个性化的模式，因此，改革总是基于某一高校的。刚才提到一个模式评价标准问题，模式评价应该是一个多元评价，而不是机械的，不是某一个单一的东西。比如说，质量评价标准，质量也是有多种情况的，每个国家、地区教育质量的标准都是不一样的。因此，改革一定要基于每个高校自身的特点。教育理念也是一样的道理，理念也不是统一的，而是高校的教师、校长根据学校自身特点选择的结果。在中国这个问题更是明显，我们在政治、经济、文化等领域都存在着不平衡的现象，高等教育领域也如此，因而，高校一定要根据自己的实情，因地制宜推进自己的人才培养模式改革。在大的改革指导思想上可以提出一些统一的宏观要求，但在具体改革过程中，不能一刀切，不能寻求放之四海而皆准的真理。

蔡先金：因地制宜、多元化，我都很赞同。但多样化不能作为质量提升缓慢的一个理论依据和借口。质量标准可以多样化，但标准一定要高。理念也应该是多元的，才能生动活泼，丰富多彩。一个大学要有宏观的理念，一个学院要有自己的理念，一个教师也要有自己的理念，国外一些高校要求教师在做自己的课程教学计划的时候必须说明自己的教学理念，如美国的密西西比大学，但是，他们之间应该具有一致性，否则就会出现混乱。我们应该怎样认识多元化，假如所有学校都是一个理念、一个质量，那就会陷入统一的范式之中。要"百家争鸣、百花齐放"，但不是混乱的局面。

张素玲：标准的多元化，但必须都是高质量的。每个学校都应该有自己的高质量。

蔡先金：质量是不能穷尽的。

宋尚桂、王希普：高质量的高，也是多元，在这个院校是高，在那个院校就不一定是高了。价值是多元的，评价标准就一定是多元的。

蔡先金：模式是整体与多元的统一，评价标准也是整体与多元的统一，质量也还是整体与多元的统一。整体与多元是一个事物的两个方面，正如一枚硬币的正反面，处于矛盾的统一体之中。从哲学的角度说，这就是事物的普遍性与特殊性的统一，是矛盾的同一性与对立性的统一。我们是两点论者，不能强调一点而忽视了另一点；我们又是重点论者，不能均衡地看待所有问题。

三、模式变革的方式

宋尚桂:关于模式变革的问题。模式改革有几种方式?我想大致有两个维度,一个是时间轴上的,分为两类:渐进式的与突变式的。我们国家的情况很复杂,高等教育发展不平衡。很多百年老校已经形成了自己的一套模式,应该进行一种渐进的改革,进行逐渐的修正、完善。有些院校成立时间比较短,在新的高等教育大背景下,要想适应新的发展,是不是可以采用一些突变式的改革,比如在很短的时间内,大幅度地调整它的人才培养模式。另一个维度是在改革的范围上,也可以分为两大类,一种是内在动力,学校的领导、老师、决策者有内在的改革动机,尽管外界的评价不错,但内部改革的动力仍很强;第二种就是来自外部的压力,社会不断发展,对高等教育的要求越来越高,高校感觉到外在的强大压力,在新形成的高校竞争机制下,不改就得灭亡。所以每个学校就要考虑自己的改革趋势:是突变式的还是渐进式的,是外在的还是内在的。

蔡先金:你刚才提到动力和方式,其实,一般老大学都采用渐进式的,新大学要新建,就像在一张白纸上可以画最新最美的图画。我觉得每一所大学都应该在吸收原有传统的基础上进行改革,我不太赞成突变,因为突变的方式风险太高,说不定就会出现"崩盘"现象。

宋尚桂:突变或者可以称为移植式。

蔡先金:移植也是一种办法,将自己的跟别人嫁接。华中科技大学就移植了 MIT,外国朋友也向我推荐了芝加哥、威斯康辛等大学的人才培养模式。经别人介绍,我们可以自己再研究,把他们的运行机制、体系研究透,在我们的基础上很好地利用他们的优势。问题是,在中国一突变就容易乱,我还是赞成在稳定的基础上变革。刚提到的这几种改革模式,如借鉴式、引进式、突变式都是一种模式。新的院校是更容易移植别人的东西,因为它自身原来什么都没有。

蔡先金、宋尚桂:就像霍金认为,在宇宙大爆炸以前什么都没有,南极就是最南端,南极以南再没有什么。他认为宇宙只有起点没有终点还是很有道理的。

张素玲:我们教育学院是新型的,我们可以移植好的东西,实行跨越式发展。移植来以后再慢慢融进自己的东西。美国的高校不也是移植的欧洲的吗?

蔡先金:世界高等教育重心转移的轨迹,是从意大利到法国到英国,到德国,然后美国又向德国学习,再转移到美国。每一次重心的转移都是与民族的复兴联系在一起的。美国当初出台《国家在危机中,教育改革势在必行》,原因就在于他们认为输给苏联的是输在课桌上,大学职能从教学到教学、科研再到教学、科研、社会服务。假如重心转移到中国的话,就必须有个东西做引领,那就是文化。教学为了育人、科研为了生产、社会服务为了经济,这些都是外在的功能,只有文化是为了人本身。要想中国成为别人学习的中心,那就要推出自己的新东西、自己的实力,包括自己的模式。目前恐怕还很难找到.当时蔡元培的北大改革也是采用了德国的很多东西,中国的理念很少。这次《纲要》当中在人才培养模式上很多就是在提炼、挖掘、总结中国古代的教育思想精华,如《论语》中的学、思、行结合,因材施教等,这些东西是具有普遍性的。上述教育思想精华产生于我国近代高等教育产生之前,但自从近代大学在我国出现之后,这种针对指导大学教育的思想产生得就相对少多了.我们应该产生像纽曼、洪堡、艾略特、杜威这样的教育思想家或实践者,首先影响自己的整个国家,然后再影响他国乃至世界。我们呼唤具有自由创新精神的大教育家或大教育思想家的出现。

张素玲:上个世纪二三十年代,杜威来中国讲学,待了两年多。

蔡先金:现在重温杜威当年来华演讲的讲稿,仍旧感到受益匪浅。

张素玲:我们再回过头来看模式,模式会不会把很多东西变得僵化?我认为模式就是对实践过程的一种反思、抽象、概括,通过总结出来的理论来指导实践。人才培养模式是不是可以分为三部分,一是理念指导,任何一种理论都有它背后的哲学思想,比如杜威的教育思想也受实用主义哲学的影响。二是人才培养方案,比如课程设置、教学方式、方法、评价都可以归入其中。这可以叫静态的或理论的模式。三就是实施层面,包括运行机制、保障等,这可以看做是动态的模式。最关键的还要看实施这一环节,蓝图规划得很好,实施过程却往往是另一回事。

在人才培养的实施上，教师是关键，受传统教育的教师以他接受的教育方式来教学生，如果这样的话，改革的难度就会很大。

蔡先金：这是文化遗传或叫习惯性遗传。

张素玲：所以教师这一块很重要。还有教学条件、教学设施，以及现在的实践教学、校园文化都很重要，这些有时候比老师讲授对学生的影响还要大。还有就是学生的主体性，无论建构什么样的人才培养模式，如果不能调动学生的积极性，所有的改革都不会有好的效果。归根结底，还是内因起决定作用。

蔡先金："泡菜理论"说的就是环境对人的影响。有一则报道说，一个中国小女孩在国外刚开始很不能适应国外的派对，但也坚持去了。到了大二的时候，就全变了，所有能参加的活动都去参加。已经被美国的文化模式所熏染了。文化的力量是巨大的，地理环境的影响力是不容忽视的。

张素玲：刚才我讲到人才培养模式的三大块。关于实施方面，想起上世纪 80 年代，武汉大学的一个校长刘道玉，他进行了很多有创新、有力度的改革，可是却好景不长。

宋尚桂：刘道玉校长很多人和事都可以再开一个专题，我们今天先不谈。

张素玲：记得当初学习中对高等教育的理解很多是源于刘道玉的。虽然现在的环境宽松了很多，但找个学校做样板来移植的话，还是要考虑现实的状况。在我们院进行教学方法改革的过程中就是这样，很多国外的教学方法，别人都用得很好，但我们拿来实际运用的过程中却存在很多问题。

蔡先金：我们的改革最终还是为了学生的，我感觉老师的教学主要靠老师自己的学识和教学方式。我认为我们的教师在教学方式上还是需要改革的，比如你刚才讲到的讨论式就应该进行下去，现在很多学生还是有潜力的，他们不再像早先的学生那样内敛、保守，他们有独立思考、发展个性的一面。我认为教学方式上还得靠老师，如果扣而不鸣，可能是老师启发得还不到位、前期工作没做好。我在教学中做了尝试，布置一本书让学生读，读完了自己在课堂上讲，学生讲得还不错，只不过有些时候比较偏激，但偏激就有可能创新。

讲个实例，我到英国某大学计算机系，看到有一学生自己在实验室编游戏，做得很投入。他演示给我看，我觉得很好。这需要用到计算机编程、心理学以及人文方面的知识，这应该是以问题为中心的综合性知识运用的结果。

张素玲：我们还主要是学科教学，还是单一的专业，国外很多学校，学生可以自由选几个专业的课程来学习。我们的学生往往陷入自己的专业学习，不能把很多知识联系起来，合理构建自己的知识体系。

我们现在是开了很多选修课，但问题是学生能不能选其他专业的课程？这在培养方案上没体现出来。

蔡先金：我们在学分制上应该进行柔性、弹性管理，教务处应该多思考一下这个问题。但主干课还是必须学完的，选修课可以灵活选修。

张素玲：我们通识教育课程占到总课程学分要求的将近三分之一。这是全校统一的。但两课、英语、通选课就占了很多学分。

蔡先金：一个人老是处于自己的专业领域之中，确实容易陷入一种"范式陷阱"。他学习得越多，可能在一种常规科学的范式中陷得越深，快乐并且得意地陷得越深，就越无法、也不愿从旧的范式中突围出来。专业之间是有隔阂的，彼此之间容易产生"文人相轻"的现象。现在这种现象被称为"科斯命题"，说的是人文学科学者与自然科学学者之间的相互抵触的问题。现在提倡交叉学科，就是要打破学科与专业之间的疆界，谨防陷入各自的"范式陷阱"。

最为极端的例子，就是甲骨文公司的执行总裁艾利逊(Oracle CEO Larry Ellison)。他执意要不受任何范式的束缚，倡导大学生辍学，走到了另一个极端，甚至进入反大学或反教育或反文化的状态。2000年他在耶鲁大学毕业典礼上的演讲，就是他这种想法的表达：

你们感到沮丧，这是可以理解的。为什么，我，埃里森，一个退学生，竟然在美国最具声望的学府里这样厚颜地散布异端？我来告诉你原因。因为，我，埃里森，这个行星上第二富有的人，是个退学生，而你不是。因为比尔·盖茨，这个行星上最富有的人——就目前而言——是个退学生，而你不是。因为艾伦，这个行星上第三富有的人，也退了学，而你没有。再来一点证据吧，因为戴尔，这个行星上第九富有的人——他的排位还在不断上升，也是个退学生，而你，不是。

在提倡创新教育的今天，我们应该培养全面发展的人，而非“半人”教育，更非“工具化教育”。狭隘的专业教育是不可能培养出创新人才的，专业面越窄，创新的可能性就会越小。

四、模式本身的构建及改革的方向

王玲：我还是接着张老师提出的，模式是不是会带来保守性、封闭性的问题来说。模式概念的提出是现代的事情，有其现代哲学的基础。假如以后现代的视角来看待模式的话，它本身就具有保守性、封闭性的特点。在模式本身存在问题的情况下，我们研究人才培养模式是不是更多的应该是一种批判的观点。

蔡先金：是的，这里关系到建立起一个什么样的人才培养模式的问题。这一问题很重要，只谈解构也不行，不能陷入无政府主义，还必须建设新东西。建设什么就显得更为重要了，然后才能考虑如何建设的问题。如果建设的内容搞错了，再会做实施性的建设，也可能是错的。

王玲：基于模式本身的弊端及对高等教育改革带来的负面影响，比如常出现一些形式化的东西，我们是不是应该提人才培养体系或人才培养系统，这是概念上的一点看法。

蔡先金：这从一个极端方面颠覆对模式的看法，是有一定道理的。

王玲：假如把它称为人才培养系统，那么信息论、系统论、耗散理论等都是在一种社会组织的层面来看问题，是不是应该从系统的内涵，考虑各要素之间的联系更能提升它的作用呢？

蔡先金：现在提人才培养模式改革，说明目前培养的人才还不能达到令国家满意的程度、还不能从人口大国变成人力资源强国。这样的说法应由国家来改。可能大家对于目前已经存在的人才培养模式都不甚满意，于是就提出了人才培养模式改革这个问题。这种改革肯定是一种具有系统性的，而非一蹴而就的。一旦改革成功，可能就形成了一个新的人才培养系统。这么一个系统无论是动态地看，还是静态地看，人们可能还会称之为人才培养模式。

张素玲：用什么词并不是很重要，关键是看怎么去做。

王玲：我们研究本体的东西，就要从概念入手。

宋尚桂：体系和模式是两个层次的东西。体系是一个更宏观的东西，模式是体系之下的东西，是体系的下位概念，体系是整个的架构，模式是运行的东西。

蔡先金：大家没有一个一致的逻辑起点，往往造成讨论的时候开始发散思维，有的讨论得很多，有的讨论得很少。

王玲：关于人才培养模式有人用公式表达为：目标＋过程与方式，其中过程与方式里面包括了教学内容、方法、评价、制度等。到了每一所高校，如果目标确定的话，就只有过程与方式方法了，人才培养模式到底是什么？如果只有过程和方法，人才培养模式就是一个方法论的问题。

蔡先金：首先要有一个理念，我认为应是和合教育理念。概括地讲即整体和谐，个性发展。在这样的理念指导下，我们要建设高度重视学术和适应社会发展需求的本科教育。培养具有高度社会责任感和有可持续发展能力的高素质复合型专门人才。目标是实基础、重实践、强能力、高素质、求创新的人才规格。特色是基础扎实、工作踏实、作风朴实、实践能力强。接下来应该考虑的就是过程与方式的问题了。

王玲：所以我认为应该思考方法论的问题，人才培养模式的背后都有其方法论的支撑。

蔡先金：我们应该采用计划＋市场的方式。

宋尚桂：其实我们存在这样一个问题，就是一方面要创新，但另一方面原来的方式做得也不够好，有人说我们的学生满腹经纶却没多少能力。我觉得不是这样，要是有满腹经纶倒好了，假如我们的学生张口就来，也不发愁找不到工作，问题就怕既没有满腹经纶也没有多少能力。所以说我们的模式注重知识传授，但这一点也没有做到极致。

蔡先金：知识是很重要，但很多学生的学习属于死记硬背知识，学习没有用脑，更不用说创新了。

张晓霞：人才培养模式自身的三个要素就是人才培养者、培养措施、培养对象，围绕这三方面，应该从人才培养模式的内涵和外延来认识它的定义。内涵就是目标和过程，外延就是理论的指导、资源配置、机制保障、评价制度、管理制度的设定。接下来就是要建立多样化的人才培养模式。国家要总结现在已经存在的人才培养模式，在总结的基础上提出一些指导性的意见。作为学校来讲，要结合自己的情况进行探讨、创新。对于国家和学校来讲，都缺少总结的过程。

蔡先金：每个大学肯定要结合实际，起草学校的人才培养模式方案就应该注意到两点：一是规划，顶端设计；二是实际的案例、操作还是要靠老师。在人才培养模式方面我认为有几个要提出来的，它们分别是：开门办学、开放办专业、开发建课程，很多学校做得不够。我们应该把握守和攻，该坚守的要坚守，该攻的要攻得出去。我们一些精神的东西没有坚守住，对外跟企业、研究院所联系又少，虽然有些什么什么基地，但实质性的接触很少。如果每个课程、专业都能和社会联系起来的话，就会办得很好。

模式如果设计好了执行不好的话也不行，另外只得到部分人的认可也不行。孙子曰："上下同欲者胜"，设计者认为顶端设计得好，但下面执行者没什么感觉也不行。

张晓霞：所以我认为，人才培养模式改革文件出来以后，需要大家再讨论，把一些好的意见融合进去。

蔡先金：读了陈嘉映写的《海德格尔哲学概论》，开头有一篇讲了一个故事，说的是希腊哲学家泰利斯对宇宙比较感兴趣，一次他边走边仰望天空，结果不小心掉到井里去了，婢女在旁边窃笑说，都可以仰望天空，却看不到鼻子底下的事。柏拉图后来评论，哲学家总得有些让人值得一笑的地方。海德格尔认为，婢女嘛，总得有点取笑别人的东西。当然，这是海德格尔不地道的地方。大学是理性化、爱思考的人，应该不会出现"下视"的现象。我们在做"上视"层面的东西，必须能够指导具体的实施。

我们的讨论一次比一次深奥，还是应该从哲学的层面去认识人才培养模式，来探讨它的特征、要素、规律的问题。人才模式的概念是怎么样提出来的，很多学者都从不同的角度去研究，大体有过程论、方式论、方案说、要素说、机制说。但归纳起来还是有些共性的东西。有理念的指导，有为实现目标而形成稳定的结构，有指导性、持续性、多样性，我们应该从这些方面去理解，但不是说必须形成一个定义。从特征方面，人才培养模式具有目标性、相对性、发展性、时代性、系统性、多样性、多要素性。通过认识进一步了解哪些是最主要的，以及各要素之间的关系。从认识论的层面再抽象概括出最重要的，那就是目标和方式要素，然后再认识它的内外部规律。人才培养模式的内部规律，就是要调动教师和学生的积极性，认识教师与学生、学生与学生、学生与书本知识间的关系。外部规律，就是要考虑社会、政治、经济对教育的影响，也影响到了人才培养模式。

张素玲：人才培养模式改革的问题说到底就是教什么、怎么教，学什么、怎么学的问题。

王希普：总之，主要是两个方面：一是从哪里下手？一是如何把现有的要素调动起来，发挥出各要素的作用？

蔡先金：我认为任何人才培养模式都要遵循两个规律、三个逻辑，两个规律就是要遵循高等教育规律与人才成长规律，三个逻辑就是要符合学科知识自身逻辑、社会需求逻辑以及人的发展逻辑。

在认识论的指导下才能更明确我们的改革目标，然后就要有方法论的指导。我讲一个美国教授关于培养学生自主创业学习方法的报告，提到信息社会所需要的人才。创新人才、能动人才、有合作精神的人才、有多元智能的人才、能主动获取知识和信息的人才、有责任心、关注未来的人才、具有研究意识和多元文化的人才、能够跨越文、理、工科有综合性知识的人才、复合型的人才，这是世界高等教育所要培养的人才，我们将来要培养什么样的人才，这些都很有启发。美国也感到高等教育存在着危机，在人才培养方面，注重能动性、创新性，在教学方法上注重如何让老师与学生、学生之间、学生与知识真正地互动。

沙龙之二　人才培养模式改革的“瓶颈”与出路

时间:2010年11月22日,星期一

地点:济南大学汇源宾馆

主持:蔡先金,济南大学副校长、教授、博士

参与人员:

别敦荣,华中科技大学教育科学研究院副院长、教授、博导

宋尚桂,济南大学教育与心理科学学院院长、教授、博士

王希普,济南大学高教研究所所长、教授

徐梅,济南大学管理学院党委书记,华中科技大学高等教育学博士生

张素玲,济南大学教育与心理科学学院副教授、博士

张晓霞,济南大学学校办公室主任,华中科技大学高等教育学博士生

陈荣,济南大学教育与心理科学学院博士

卢旺,济南大学服务济南办公室副主任,华中科技大学高等教育学博士生

蔡先金:(开场白)这次我们讨论的主题是人才培养模式改革中的“瓶

颈”与出路。我认为这也是一个非常重要的问题。我们大都对目前高等教育人才培养模式存在不甚满意的地方，也都认为需要进行必要的改革。在人才培养模式改革过程中，只有找到了问题，才知道从哪里突破，才能找到解决问题的出路。没有问题就没有出路，改革不能乱改，不找出问题就有可能头疼医头、脚痛医脚，还有可能本末倒置。我们需要为目前高等教育人才培养模式把把脉，诊断一下“病征”或“病根”到底在哪里？今天我们主要围绕这个问题展开讨论，不一定要给出所有的答案，重要的是能够提出问题与给出建议。别老师，你是有名的“老中医”了，那就请你先谈谈。

一、评价人才培养模式好坏的标准

别敦荣：人才培养模式的概念其实并不是很清楚，在实际工作过程中没有人以“人才培养模式”来考虑问题。现在的情况相当于一种工业化生产，大家都是在某个方面做好自己的事情。我们可以说，人才培养模式涉及了哪些要素、哪些方面。在学校来讲，教务处就是一个很重要的点，学院是一个点，教师、学生也分别是一个点，大家都在每一个点上做自己的事情。在人才培养中有一个问题我经常讲，那就是教务处经常干一些虽然辛苦但不该干的事情，比如排课、监考、哪个学院该怎么教学、老师该怎么教学，这还用教务处去做？所以，经常做得很辛苦，做得很好，大家还不一定满意。教务处应该做什么呢？应该从整体出发，做一些学院做不了的事情，不要去做一些很细节的、很具体的事情，而要从最优化的角度进行模式上的整合。学校得有一个部门从整体的角度、从人才培养模式的角度去思考问题。

蔡先金：我觉得别老师有一点说得非常好。刚才提到人才培养模式的很多要素，我们能不能从每个要素出发，比如从理念、评价方式、教学管理制度、课程建设等方面，看看我们在每一领域具体存在哪些问题。比如说理念，我们有没有一个先进的理念？在学制方面，我们是学分制还是学年制，还是二者的杂合？在评价方面，是应试的，还是另有比较好的方式呢？我认为评价标准要从这么几个方面来看：首先，要符合人的发展需要。每一个模式都是要培养人的，如果这个模式不能促进人的发展、甚至阻碍人的发展，那它就不是一个好的模式；第二个标准就是要符合国家和社会的需要，如果培养出来的人才不能符合社会需要，大量失业，那肯定不行；第三，知识逻辑、学科发展需要，我们培养的专业人才就需要符合一些学科知识体系发展的需要。应该将这三个方面统合起来考虑一个模式的好坏。我觉得评价一个模式的好坏总得有个标准。

我们要从人才培养模式的每个要素、每个领域找出改革的瓶颈。比如理念问题，我们究竟有没有教育思想、教育理念，理念是什么？如果没有理念作指导，那么一切就只是操作层面的东西，今天向东、明天向西，没有统一的思想指导，我认为这是一个缺陷。另外一个重要的问题就在学业评价方式方面，我们实际上采用的是应试的标准，就是经常让学生死记硬背一些东西去考试，学生变成考生，而不是学生，不是学习者。还有学籍管理制度方面，我们的学分制还没有完全、科学地推行，我们课程不足，资源短缺；课程不足，学生怎么选课，不能选课就会限制他们的自由发展。我们曾提出了还学生五个选择权利，即选专业、选课程、选导师、选出口（考研、考公务员、就业等）、选课题（到大二选研究方向）。如何把学生的权利还给学生？这和学分制有关，如果学分制不能贯彻，那么这五项选择权很难落实。再说课程体系，这也是人才培养模式的一大要素，以往有些学校的有些专业的人才培养方案采用“剪刀加糨糊”的办法制造出来，你抄我我抄你地“互相学习”，但没有一个指导思想。我们的人才培养模式改革（2010 版）目前还是有一个统一的指导思想的，就是坚持“整体和谐、个性发展”的融通教育理念，通过“整体养成，分类培养”途径，实现人才培养方案的“结构化”。在课程体系结构上可分为通识教育Ⅰ、通识教育Ⅱ、专业基础、专业方向等。在学程结构上，实施“1＋2＋1”学程阶段培养，大一是基础，大二、大三是专业，大四是“出口”。在专业方面，教育部控制的程度比较高，专业设置和人才培养是紧密联系在一起的，我们的专业设置死板，遵循的是苏联的模式，没多大突破，这也是一个问题。在文化方面，社会的、教师的、学生的文化也影响着人才培养的模式。我主要就是想从这些要素来谈谈，意在找出瓶颈，寻找出路。

别敦荣：人才培养模式可分为七个部分：人才培养目标、课程体系、教学方法、评价方式、教学管理、信息化和国际化，五个方面和两个手段，五加二，这么几个要素形成一个人才培养模式。这七个方面有一基本的导向，即人才培养的现代化、人本化、国际化。这是从一个要素的角度考虑人才培养模式的问题，还有一些在这里面很难涉及的东西。我们的学科教学，怎么样最终能集成在学生身上。按学科设置也好、按专业培养也好，课程、教学都是各自独立进行的，到一个人身上之后，应当形成一种集成的素质。这是在人才培养模式里面的一个核心问题。另外一个重要的问题就是，现在的人才培养模式和现实的社会需求存在脱节，主要表现在缺乏从实践的角度去考虑，我们梳理一下现在开设的课程，都是什么什么学、什么原理、什么理论，就是理论导向的，而且理论还局限于学科层面，不能围绕现实需要来考虑人才培养。人才培养实际是以现实需要为基础的，在实践当中有一种教学叫problem-based teaching，这就是问题导向的教学，问题就会联系到实际，以这种导向培养出的人走向社会就能满足实际的需要。而我们现在培养出的人才走向社会总会觉得与社会格格不入，从工作适应性、社会适应性、环境适应性来讲都需要一个比较长的过程。这就反映出我们人才培养模式的一种缺陷。如果把这一问题解决的话，那么即使哪一个培养要素出一点问题的话，也不至于影响人才培养的质量。

蔡先金：当然，任何人才培养模式都要围绕两大问题展开：一个是培养什么样的人，一个是怎样培养人。在现实中还要面临两个直接的问题：一个是如何培养学生的创新精神与创新能力，一个是如何促进学生的全面发展与个性发展。如果可以解决这些问题，人才培养改革就有可能达到了目的。我们从中学到本科到研究生教育，一遇到问题就问老师如何做，让老师指导，而自己缺乏那种质疑、批判、创新的精神，有的问题甚至应该是中学生阶段都可以解决的，但研究生还要求老师指导，真是让人悲伤的一个问题，不仅学生伤心，老师也伤心。

别敦荣：这个表象的后面，反映了一个问题，就是学生所学到的知识无法融会贯通，无法解决实际问题，他学的知识是个别化的，而不会综合、不会应用，这就是在教学过程中，老师不教他怎么运用知识。教师的责任心也是非常重要的。

二、教师的教学投入与教学方式

蔡先金：刚来我们这里讲学的英国教授，他不适应我们的这种大班授课方式，本来我们的老师出于好心，为英国教授安排大班，省时省力，但他认为这达不到教学质量，不接受！要求将大班分成小班和小组，以他的模式来教学。这就反映出了教学方式的不同。英国这位教授的责任心很是打动人的，宁愿自己多出力，也不愿意舍弃“有效教学”方式。这还使我想起了另一位美国外教，名字叫本杰明。上个世纪90年代初，我做外办主任期间，有一天他突然提出要与我当面“对话”，说是有一个困扰他的问题需要解决。你们知道是什么问题吗？原来他是埋怨教学部门给他安排的课时量太少，不能满足他的教学要求。在中国教师看来，已经不少了。大家要知道，那个时候是不按课时量计酬的。外教也大多是一批 volunteers。

别敦荣：其实应该组织我们的老师观摩一下国外教师的教学，看看他们的教学方式与我们的有什么不同。

蔡先金：我曾在英国听过教授的课。教授并不照本宣科，课堂很活跃与多样化，讲授的并不是很多，可以有学生的陈述，可以有学生与教师的讨论。我们国内的课堂大多是“满堂灌”，通常就是不停地讲。

宋尚桂：这是源于不同的教学价值观。我们的老师觉得教学就是要传授给学生很多知识，从小学到大学都是这样的，而西方则不同，教学的主要任务是让学生学会思考问题。所以，掌握知识只是为了思考问题、解决问题，而不是把知识的掌握作为终极目标。

蔡先金：忽然想起《中国教育报》上的一则报道：一个老师在美国教小孩汉语，他曾看到过国外教师教学的时候，一个简单的问题让学生猜半天、鼓励质疑、并且答错了不批评还鼓励，他觉得很烦。在他自己上课教汉语的时候，就憋不住地告诉了学生正确答案，结果学生不满意了，说：“老师，你漠视了我对汉语的兴趣。”我们总是忍不住要告诉学生正确答案。

中国古代教育经典《学记》中有这么一段话仍旧值得现代人深思：“善学者，师逸而功倍，又从而庸之。不善学者，师勤而功半，又从而怨之。善问者，如攻坚木，先其易者，后其节目，及其久也，相说以解，不善问者反此。善待问者，如撞钟，叩之以小者则小鸣，叩之以大者则大鸣，待其从容，然后尽其声不善答问者反此。此皆进学之道也。”

别敦荣：还有一个问题就是，很多教师知道要让学生主动学习、要培养学生的学习能力，但我们没有这样一种教学方式、模式让他来遵循。他去哪里学呢？他的老师就是这样教他的，一代一代就这样做。所以他最终还是选择就这么做，这种方法也“最有效”。

宋尚桂：对老师来讲，他觉得这样最省力，在教学过程中老师也追求一种“最优化”，对他自己来讲，投入最少，得到最多。我们的评价体系实际上都鼓励老师这么去做，风险较小，比较保险。比如，教务处通过学生的评价来反映老师的教学水平，教师按照传统方式比较保险，可以得到好的评价，而改革就比较冒险。

蔡先金：我现在评价一个人教学工作是否辛苦跟从前不一样了。原来觉得一个人教学学时多就一定比学时少的人要辛苦、要勤奋，其实这种评价是不全面的。如果一位教师几年一贯制地重复教授同一个教学内容，也没有任何教学方法革新，那可能就是一种“简单劳动”了，而非“复杂劳动”了，相对来说就不是那么辛苦了，变成了一种简单的体力劳动而已。如果一位教师采用新的教学内容，进行必要的教学方法改革，那么这位教师付出的辛苦就很多了，往往会用更多的时间去思考，才能收到教学效果。甚至后一位教师的 20 个课时的辛苦程度要超过前一位教师的 40 个课时。有些教师为什么在教学方法上不主动改革？主要就在于要改变一些早已形成的教学习惯，要消耗自己的脑力，那是很难的。人的惰性表现在两个方面：一个是体力劳动方面；一个是脑力劳动方面。不过脑力劳动方面的惰性表现得非常隐蔽，而体力劳动方面的惰性表现得较为明显而已。德国大学那些有名的教授一生都上过几十门新课，我记得海德格尔一生上过 70 门新课，也就是说，每次上课的内容是有区别的。上新课是不容易的。我们的教师可能只是上了几门课而已。

宋尚桂：口才好的老师，即使满堂灌，学生也常认为是很好的老师，他讲得很精彩，各部分内容贯穿得都很好。我们一些老师连“满堂灌”做得都不令人满意。

别敦荣：是这样，在学生没有接触到其他教学形式的时候，那讲得好的老师当然要比讲得不好的老师要好。

蔡先金：是的，当他得到更多启发的时候，他就会做出“你抹杀了我的兴趣”的判断。

王希普：我觉得现在地方高校的发展陷入了一个谜局，搞不清楚方向在哪里。在教学改革过程中，我们常提到手段优先、质量优先，但在实际改革中存在很大风险，你如何评价老师是一回事儿，领导怎么评价你又是另一回事儿，很难处理教学过程中的一些问题，比如很多老师基本上都知道一些教学理念，但他没有把握去改，如果改我能改好吗？在改革攻坚的阶段，培养模式不改，教学很难改。学生就没接触过另外的模式，教师没把握去改。

三、学生在教学过程中扮演的“角色”

蔡先金：你引出了另一个问题就是，有些老师也愿意改，但学生不配合。有老师说，他很想启发学生，但学生没有跟他互动，就等着听他讲。

王希普：应该告诉学生在大学不要指望老师每天跟着手把手地教，并把教学模式的改革，评价标准的改革，让学生知道、理解。同时要从制度上保证老师改革的安全性。

宋尚桂：你提出了另一个问题，就是改革要发挥学生的积极性，在教学改革中老师的作用很重要，但是学生的作用也非常重要。我们的学生不适应教学改革，他们从小学、中学一直走过来就是习惯这种教学模式，上课听一听，考前背一背就算学完了一门课。你让学生用其他的方式来学习，他会抵触的。

蔡先金：其实我觉得还是老师起主导作用，因为学生来学校是受教育的，怎么样教育是学校的责任，学生进入甲大学就适应甲大学的模式，带有甲的印记，进入乙大学就有乙的印记。有一名在校学生告诉他的家长说，一定不能再继续在国内读大学了，四年学不到东西，浪费四年的青春。我听了内心很愧疚，因为我是分管教学的校长，这反映出我们大学育人模式确实存在某些问题。我们与国外大学的差距在哪里？为什么很多孩子拼命地学外语想出国？这是我们应该反思的问题。你的教学不能满足学生的需要，或者没有一个兴奋点。有一名大学生在国内某985大学读了四年后去了英国，在国外学习一年后回来说，在国外一年所学的东西和所读的书比在国内四年还多。也许这只是个个案，但我们必须反省。

别敦荣：应该说这不是个案，而是国外的普遍情况。我们的学习量确实太少，一本书、一本教材基本就代表一门学科的全部。而他们所学的课程是一个领域，与这个领域相关的很多东西都要去懂得，都要去学习，这就是一个很繁重的学习任务。

张素玲：蔡校长提到改革的瓶颈和出路，我是这么想的：理念方面，一些先进的理念比如全面发展、注重个性等是不是还没有渗透；制度方面，关于教学改革、课程设置、评价机制等相应的制度还不健全。可能是由于很多方面的原因造成的。首先，是经费不足，从部门到学校改革的经费还是个问题；还有就是老师精力的投入，可能老师积极性不高，也有可能老师驾驭不了这种改革所需要的素质，比如启发式、研讨式等教学方式；再有就是学校的一些评价制度、教学与科研的制度不利于教师积极性的发挥；还有一块就是课程资源的问题，课程资源不足，学生没有充分的选择余地；最后是学生的积极性不高，对改革的模式不适应。

王希普：改革是个双向的互动，否则老师在这里改，学生不知道情况，不配合，也不行。

蔡先金：最近几年，在高考过程中出现高三学生辍考现象，山东电视台公共频道为此还采访过我。我说，辍考是考生自己的权利，辍考可以，但万万不能辍学。2010 年出国学习的学生大约是 28 万人，在国外学习的学生也 100 余万人。他们大多目的是为了寻求更好的教育资源，接受更好的教育。其实，这是无可厚非的。从舒尔茨的人力资本理论来分析，每个青年人的大学时光也是一种投资，既然是投资，就要追求最大的回报率。要得到好的回报率，就要找好的"师傅"，大家相信"名师出高徒"这一基本定论。

我们作为教师不能埋怨学生，有位教育家曾说过，在他的眼里没有坏的学生，也没有差的学生。中国古代教育名著《学记》里有句话值得思考：大扣则大鸣，小扣则小鸣。记得有一次看电视节目，内容是美国得克萨斯大学与北京大学学生与两校管理者之间的交谈。有一位北京大学学生站起来向当时的许智宏校长发问：请许校长对北大校园里流行的一种说法发表自己的看法，这一说法是：在北大，一流的学生，二流的教师，三流的管理者。许校长在语塞之后，说了一些什么话，就记得不很清楚了。我感觉不是一个回答，而是一种自然随意的"卮言"而已。

四、"唯教材"现象

别敦荣：不得不来谈一下教材。教材本来就是一种国际通用的教学模式，不仅仅是苏联，现在的问题主要是我们唯教材。教材是什么，怎么理解教材，它的意义是什么，在中国和欧美的理解上是不一样的。打个比方，教材就是导火索，知识是炸药包，我们现在是把导火索点燃了，而且导火索还是个潮湿的，所以最后没有引到这个知识的领域，没有发挥课程应有的威力。把课程教学就等于一门教材的学习，把一个很复杂的学习最后简化到一系列的概念、公式、定理，那是不对的。

蔡先金：面对这种"唯教材"教学现象，教师照"教材"宣科，照"教材"划出考试重点，学生照"教材"死记硬背，照"教材"给出标准答案。一旦"教材"缺位，教学整个过程顿时就会坍塌。教师埋怨，不知如何教授，学生埋怨，不知如何学习，最终两者都埋怨，不知如何出考卷与如何答考卷。教材，本来就是教学参考资料的简称，为什么异化为教学的"主宰"？何以至此？原来我们没有自己的一整套高等教育教材体系，只有向苏联学习，后来终于建立了自己的教材体系，觉得是一大建树，确实是一件好事！然而，我们产生教材依赖症就不好了。有时候想，倘若没有教材那该多好啊！当然没教材也不行，我觉得教师应该有自己的教材，在教学过程中正确地利用好教材，这样才好。

宋尚桂：其实教材就是教学活动的一个线索而已，它提供了一个学习知识和思考问题的框架，在这个框架下面还有很多其他的内容需要学习，需要在教师的引导下继续学习，而现在是老师不引导，学生也不知道该怎么学习。而且即使引导了，高校也可能没有那么多的资源。比如我十年前就建议图书馆为每一门课程建立一个基本教学参考书目录，保证每门课程都要有一定量的参考书，这样学生学习这门课程的时候就可以去图书馆借阅相关资料了，而且只有上这门课的班级学生才对这个目录中的图书具有优先借阅权。我们学校的图书馆号称300余万的藏书量，但具体到每一门课却不能保证基本的教学参考书，如果教师指定学生去图书馆借阅某本书，往往借不到。

蔡先金:说起来我们就是教师中心、教材中心。资源是一个问题,纸质图书估计达不到,但电子书籍、网络资料非常丰富,应该说可以解决这个问题。现在关键的是我们如何转变对教材的认识,如何在课堂上用教材,如何转变课堂教学模式,这个非常非常重要,但改革一旦落到每一位教师头上的时候都很痛苦。有一次精品课程录像,我就给学生讲了近两个小时,学生听得也很带劲,但录完了我就想,这是教学吗?只有教没有学,没有互动。平时倡导大家改革,但做的时候,自己也陷入了传统的轨道。这种习惯性的东西怎么能改起来?!

季羡林先生对于"教材"特别过意不去,甚至有些深恶痛绝。他在清华园期间,就曾写下这样的日记:

"今天才更深切地感到考试的无聊。一些放屁胡诌的讲义硬要我们记!"

"今天作 Faust 的 Summary

无论多好的书,even Faust even Faust。

只要拿来当课本读,立刻令我感觉到讨厌,这因为什么呢?我不明了。"

别敦荣:我们通常就是先把讲义写好,然后照着讲义去讲。现在我上课没有讲义、也没有教材,在讲授的过程中会提出一些问题,大家共同讨论。刚开始学生也不适应,也没有问题,要求看书也不看,但慢慢的学生就觉得不看书不行,在课堂上总不参与也不行,一是感觉光听别人说没意思,二是自己总不说面子上也过不去。当然研究生的班比较小,经过一段时间效果就出来了,学生对学习感兴趣了,也慢慢思考问题了,对很多问题有了一种自己的思维方式,有了相应的思想或启发。但我要求的工作量也比较大,所以经常旁听的比较多,修学分的较少。

蔡先金:这就是我们中国人常讲的"走捷径是最好的方式"。

宋尚桂:外国也有这样的,有的学生为了凑学分,修一些较容易拿学分的课程,但这不是主流。

五、经典阅读与“图书馆”地位

蔡先金：今天又聊到一个事情，说经过测量，世界上有两种人最聪明，一个是犹太人，一个是中国人。有学生问，为什么智商相当，但近代以来，犹太人好像对世界的贡献比中国人要多，比如科研、思想方面。爱因斯坦、马克思、弗洛伊德等都是犹太人，有人甚至说美国人的钱装在犹太人的口袋里。相比而言，我觉得我们这个民族是一种被动学习，阅读习惯没有养成。很多学校提“阅读性大学”，我也提倡，但大学本身不就应该是一个阅读的地方吗？大学是一个教育的场所，与其他场所不同的就应该是阅读，最基本的嘛。但我们现在每年读不了几本书。有一次我在英国一所大学等一位教授。他一走出来，我马上就感到，一种油然而生的敬意。他浑身洋溢着一种书卷气，真是腹有诗书气自华，这就是长期的阅读积累的一种气质。反观我们现在的大学，除了少数研究者以外，大家很少读书，老师不读，学生也不读。很多学生就带着脑袋去听，也不思考。这需要怎么打造，也是个问题。

胡适在美国留学期间所记日记中有段特别搞笑的地方，现读给大家听一下：

7月4日

新开这本日记，也为了督促自己下个学期多下些苦功。先要读完手边的莎士比亚的《亨利八世》……

7月13日

打牌。

7月14日

打牌。

7月15日

打牌。

7月16日

胡适之啊胡适之！你怎么能如此堕落！先前订下的学习计划你都忘了吗？

子曰："吾日三省吾身。"……不能再这样下去了！

7月17日

打牌。

7月18日

打牌。

在这种"打牌"的情形下，胡适提到了阅读《亨利八世》，说明他没有忘记经典阅读。

季羡林先生有一天的日记中也有这么一段：

今天早晨考 Philology，不算好。

过午作 Faust 的 Summary，也不甚有聊。

这几天来，一方面因为功课太多，实在还是因为自己太懒，Helderlin 的诗一直没读，这使我难过，为什么自己不能督促自己呢？不能因了环境的不顺利，就放弃了自己愿意读的书（写文章，也算在内）。

可见，季羡林先生也在时时提醒自己不要忘记阅读经典。据说，德国的哲学系的课程就是阅读经典，除此之外别无二致。所以，大家名人之所以是大家名人，主要受益于阅读经典，德国之所以是哲学的国度，主要也是因为大家在阅读经典。经典阅读对于一所大学来说就显得尤其重要。

宋尚桂：我们现在鼓励学生读书，特别是阅读经典。

别敦荣：这只是一个方面，主要是应该围绕着课程教学来读书。

蔡先金：就像宋院长说的，老师指出参考书目让学生去读。

宋尚桂：我上大学的时候，学校管理还是挺好的，我是物理系的，要学高等数学，第一节课老师就列出几本教学参考书目，图书馆接到通知，那几本书是物理系的同学必须读的，那么在借阅的时候，我们可以优先借阅。这是1979年上大学的时候一所大学图书馆的一种管理方式。

别敦荣：某大学的馆长是个教授，但他认为教授当馆长是学校不重用他。

宋尚桂:不只是馆长,所有的管理员都应该是高学历的,国外很多大学的图书管理员都是博士,我在美国看到一个硕士去应聘中学的图书管理员。我们现在图书馆是一个安排闲杂人等或是家属的一个地方。

别敦荣:图书馆是一种学术的象征。

蔡先金:是的,图书馆也应该是一个学术的场所。图书馆应该承担起高校的公共文化空间的角色,应该营造成为一个具有重要文化氛围的育人场所,而不仅是一个简单的图书借阅处,这就像一个财务金融机构不应该是一个简单的出纳柜台一样。由此看来,高校图书馆建设与发展首先应该突出其文化特性,努力从物质、精神、文化等方面建设成为校园的一处重要的公共文化空间,为学校增添厚重的文化品位,而不仅是一个大建筑!图书馆应该真正发挥育人功能,努力从学术、学科、学业等方面建设成为具有价值取向的学术场所,为学校办学质量的提升提供有力的支撑,而不仅是一个大书库、一个大资料室!

图书馆工作是一项专业性很强的工作,严格来说,是一项要求较高的职业,因为图书馆学是一门世界性的学问,既然可以培养出博士,那么也就具有其内在的本质规定性。这就如同汽车行业一样,大家都可以进入,但是专业汽车工程师同"爱车族"还是不一样的,也就是常说的,修理工程师的"一榔头"行为就是有别于一般工人,因为同样是一个简单的行为要看发生在什么样的人的身上,价值、境界、品味是不一样的。由此看来,我们应该进一步提升图书馆工作人员对于图书馆工作认识的高度,因为思想的高度将决定着他们的行为的高度,也只有如此他们才会具有这份职业应有的尊严,一旦没有了这份职业的尊严,失掉的不仅是他们自身,而将是整个图书馆。还有,既然图书馆是高校必不可缺的一部分,那么也将有损于学校的事业。

图书馆在高校中的地位如此重要,这对图书馆馆长岗位的学术提出很高要求,好院校必须有好馆长,因为馆长的学术水平就是一所大学的一张名片。真正的图书管理者在学生面前应该是一位真正的高校教师!在同事面前应该是一位真正的读书人!在社会面前应该是一位真正的高校人!我在参观江汉大学图书馆的时候,就发现有关馆长的大幅专栏介绍,很是令我感动。

六、高考加分与自主招生

宋尚桂：我觉得对大学的要求有点儿高，学生从小就是这么走过来的，要想在大学四年一下改过来，很难。要改，就应该从根上改，从幼儿园就开始改，到大学自然就好了。

蔡先金：现在不是取消奥林匹克加分了嘛。

群：五部委联合下文，在全国取消。

蔡先金：我很支持，现在还有利用这个加分造假的现象。这是一个信号，改变中学的应试教育向素质教育发展。

别敦荣：我主张促进社会公平的加分政策，其他类型的要取消。促进社会公平的加分政策只有两种：一是社会弱势群体；一是为国家做出重大贡献、重大牺牲的家庭的子女。这是可以考虑的，剩下的什么个性化、特长生之类的，都可以在高考招生中作为具体的要求提出来。现在可以加分的竟多达200多项。

蔡先金：一些合理的加分是可以存在的。我要提一个建议是，高校招生要自主。

宋尚桂：要是没有统一考试，这个问题就不成为问题。高校应该有自主招生的权利，愿意录谁就录谁，只要觉得合理，不怕社会舆论也可以。统一考试就得统一录取制度，把自主权给高校就行了。

蔡先金：其实国家不信任高校能做好，还是不能放手，假如把权力下放了，谁也不敢胡作非为，所有高校人都会对这件事负责的，谁敢胡闹，不久高校不就完了吗？但现在政策要加分，高校不就管不了吗？

别敦荣：现在这种体制是这样，但体制改了也不好做。全国改了全国乱，主要是没有一种保障措施。

蔡先金：现在有部分学校可以，一所和多所有什么区别？

别敦荣：现在社会对这个事情反映很强烈，没有保障机制不行。假如统一分数线，它还有个东西在那里卡，全放开就乱了，江苏某校点招赢得一亿多的收入，社会公平在哪里？

蔡先金：今年就有些省份完成不了专科招生计划，主要是因为学生不愿意上。所以，现在情况发生了变化，不是你愿不愿意招，还存在学生愿不愿意上的问题。山东“十二五”教育规划确定高等教育毛入学率目标要达到45％，江苏是65％，假如真的要达到这个比率，那么问题的关键不是在于高校招不招，而是在于学生上不上。一旦高等教育进入普及化状态，高校之间的生源竞争就会显得更为激烈。品牌大学照样是人满为患，而缺乏竞争力的学校就可能是门可罗雀了。选择优质的教育资源，可能是所有考生的共同愿望。

宋尚桂：一个重要问题是，优质的高等教育资源很短缺。假如南京大学只要掏钱就可以上的话，那肯定有人愿意掏钱去上。

蔡先金：我觉得中国的名牌大学还好，没这么做。

别敦荣：自主招生你说校长能保证公平、严格，我还真不相信。其实，原来教育部也想过这种方式，但很多学校不敢信任，全国敢信任的学校只有北大、清华。

蔡先金：我们不能过低地低估高校的自我约束的能力。高校难道不再是“圣洁”的化身？政府才是信得过的机构？我们是否太习惯于让别人代替我们的思考，习惯于让别人代替我们的行动。有些人是希望别人帮助自己思维的，有些人却是不希望别人帮助自己完成思维的任务的。我们往往就是这样失掉了自我，找不到自己。我们不会走路，需要他人的搀扶；我们不会做主，需要他人的帮助；我们不能独立，需要依附于他者。这是一种不太好的逻辑。然而，谁相信你高校？是民众还是政府？这是高校的悲哀还是民族的悲哀？这里确实存在一个深层次的问题，就是大学的“办学自主权”的问题。大学有些办学权力放在他人的手里，就像目前这样，大家似乎是放心的。一旦将有些权力赋予大学，可能就不放心了。由此看来，一方面大学的权威形象确实需要再次树立，另一方面质疑方是否可以做些必要的试验，拿出更多的证据，说明自己的立场。

别敦荣：应该给予高校多方面的自主权，但同时必须培育大学能享有自主的保障机制，如果把权力放在校长、书记等个人的身上，这都是腐败的根源。

宋尚桂：靠媒体、社会舆论监督。比如美国有一段时间就照顾少数民族，但做到一定程度后，白人就有意见，在舆论的压力下，政策又往回调了，逐渐趋于公平。

蔡先金：如果书记、校长对于大学负责的话，就不会产生这些问题。比如，招生自主权的问题，如果这所学校的生源严重不足的话，可能大家对于这所学校的招生权就不会太过于关注了。一旦这所学校的生源很好的时候，那么这所学校的招生权肯定就会受到高度关注。如果一所大学不珍惜自己的生源的话，有好的不招，专招差的，这所学校到底还能够维持比较好的生源状况能有多久。再说了，中国的生源最好的大学可能没有超过清华与北大的，但是它们反而可以具有自主招生权。由此看来，最好的学校同最差的学校都可以具有自主招生权，只有中间地段的学校是不可以具有自主招生权的了。

别敦荣：高校自主招生权力要用得好，它固然有利于高校的发展，可以招到自己需要的学生。但问题是很多时候把这种权力用来规避阳光招生中很多不能解决的问题。

蔡先金：说白了，还是对于高校的不信任。这种逻辑就是认为我们目前高校文化不足以达到可供信任的高度。什么时候诚信程度达到一定高度，什么时候才能实现这种自主招生的公平化。

宋尚桂：还有就是腐败的风险太小，如果舆论监督很强大，假如出一件事情就让校长、书记身败名裂，那这么大的风险就没人愿意去做了。

别敦荣：可不，全国有一批校长、学者被揭露之后，还在原位干得好好的。

蔡先金：我们谈论的前提是建立在高等教育是稀缺资源，如果高校都招不来学生，我们的担忧还存在吗？据说，有些高职院校拼命地在做生源市场，通过很多手段去吸引生源。这些学校的校长与书记还一直担心生源问题，为何担忧他们的招生不公问题呢？如果是品牌的高校那自有其作为品牌的道理。我想，在高等教育普及化的情况下，这些问题可能会迎刃而解。还有一点，就是我们的高等教育一定要实现由身份教育向学力教育的转变，一定要让过去传说中的“鲤鱼跳龙门”的事件成为历史。终身学习要成为每个人终身的需要，学习力的竞争才是未来的最重要的竞争点。

南方科技大学胆子够大的，一切任着自己的性子来。这是在我们现有体制下出现的一种反常的现象。大家都感到新鲜，表面看来是在做别人不敢做也做不了的事情，完全抛开现有的一切教育管理制度，另立“中央”，自己说了算，可以自建学校，不需要国家教育主管部门审批，可以自己招生自己发证，完全处于一种“无政府”状态。这真是从一个极端走到了另一个极端，“矫枉而过正”。我们需要反思，在目前的情势下，为何会出现朱清时及其南方科技大学这种现象？我们又应该作何评价呢？朱清时及其南方科技大学确实是在制造一个历史性的事件，未来高等教育史学家面对此事件也肯定会很挠头的。

七、调动教师、管理者、学生参与改革的积极性

陈荣：我只能站在学生的角度来看。刚谈到教学模式的改革，我认为在理念方面，老师是不缺的，很多老师都有一些新的、先进的教学理念，但同时自身带有很多教学习俗，这些习俗不是短时间内能够改变的。就是说，他所拥有的先进理念和他实际的操作层面融不到一起，这是最大的问题所在。具体到教学过程来讲，我觉得教师是占主导地位的，新的教学改革中必须由教师把握方向，教师的引导是非常重要的。比如教师要引导大家读书，但只提出读书的要求还不够，还必须给学生一个表达的机会，使他把所学的东西讲出来，这就迫使学生必须认真去读，最后就可以慢慢养成一种主动学习的习惯。为什么会出现在国外一年学习的东西比国内四年还多的现象呢，就是因为学生的学习有一个问题域，而且他必须对此做出答复，搜集相关资料，这样的一个机制就会促使学生自觉地学习。

蔡先金：在国外听课时发现，上课前就有一个学生在主持，接着另一个同学上来将自己准备的东西当着全班同学的面陈述，讲完以后老师予以点评。学生必须做陈述，我们现在往往是忘掉了这样一个环节。

陈荣：尤其是文科，更应该这样，文科当中很多是软的东西，比如看书，我看没看书老师是看不见的，不像理科做实验那么明显，所以必须通过学生自己的表达来反映，读完书之后，通过互相交流、讨论，才能达到学习效果。

卢旺：听了老师们的讨论、阐述，学了不少东西。讲到出路，我觉得主要

是要以学生为本，对先进教育理念的梳理也很关键；在教学的环节、课程的设置等方面要合理配置、很好地利用资源；在评价模式、文化建设、制度建设等方面需要做的都太多了，只有这些方面都努力做好了，人才培养模式才能找到出路。

蔡先金：看来改革的神丹妙药还掌握在老师的手里，教师如何做好教学是很关键的。

群：在调动教师积极性的过程中，要做到科研与教学政策的平衡。

宋尚桂：主要是高校还没有进入市场经济的这种机制，一旦进入，不改也得改，逼着你就改了。

群：大学还没有破产的机制。

别敦荣：假如学生有再次选择的话，在同水平的大学间可以自由选择，估计要好很多。

宋尚桂：前提是高等教育资源十分充足。

别敦荣：在国外也不是教育资源过剩才这样做，大学的办学理念、导向就是为学生服务，学生的选择是第一位的。

王希普：如果自由选择实行起来，那就不是一个两个转学的问题，学校面临的压力就大了，假如一所大学一年有上百个学生转出去，那就是很丢人的事情，如果有一两百个学生转进来，那就不一样了。

群：这个措施不错。

蔡先金：当我国高等教育人才培养模式不再适应时代发展需要，不再适应人民群众对于高等教育的需要，不再适应国家经济社会发展的需要，自然就需要变革。但是，我们不能说，现有的人才培养模式已经阻滞了人才的培养了，而只能说不适应社会快速发展的需要或者说达不到人们的期望高度了。不是全盘否定，而是发展性地否定而已。既然是发展中的问题，那么我们就需要采用发展的办法来予以解决。我们对于我国高等教育人才模式的分析还应该找准“坐标系”，既要放在中国的背景下，又要放在世界的背景下；既要放在近代高等教育的背景下，又要放在新中国的背景下，还要放在改革开放的背景下。在这样的背景下，分析中国高等教育人才培养模式改革的瓶颈到底在哪里？只有寻找出来，改革才有针对性，否则就可能是头痛医头脚痛医脚，或不着边际地乱改。当然，我们应该从办学与育人理念、体制机制、历史文化环境，从教学的模式、师生关系、学术养成等各个方面进行深入的思考，既要注重宏观层面、又要重视微观层面，能够切实突破育人的所有“瓶颈”，从而走出一条育人的康庄大道。非常感谢别老师能来和大家一起讨论，希望还有更多机会做这样的交流。

别敦荣：每次的讨论主题都很好，有机会再交流。谢谢！

沙龙之三 人才培养模式的本土化与国际化

时间:2010 年 11 月 3 日,星期三

地点:济南大学汇源宾馆

主持:蔡先金,济南大学副校长、教授、博士

参与人员:

别敦荣,华中科技大学教育科学院副院长、教授、博导

王希普,济南大学高教研究所所长、教授

宋尚桂,济南大学教育与心理科学院院长、教授、博士

徐梅,济南大学管理学院党委书记,华中科技大学高等教育学博士

张素玲,济南大学教育与心理科学院副教授、博士

蔡先金:(开场白)诸位,晚上好!

今天讨论的主题是“人才培养模式的本土化与国际化”。在教育国际化的大潮中,我们的人才培养模式处于国际大背景之中,可以说是一种比较性“生存”。只要有比较,就会有长短优劣之说,也就会产生取长补短、扬优去劣之功效。在所谓一切追求世界“一流”的过程中,“知己知彼”就显得尤为重要,这也是我们山东的兵圣孙子总结出的“知胜之道”。中国大学确实是一直在“睁眼看世界”,学习过西洋也学习过东洋,学习过苏联也学习过美利

坚，尤其在改革开放的大潮中，一直在面向世界，面向未来，开放办学。由此看来，中国大学貌似不乏“国际化”的。但是，当面对“本土化”的时候，我们如何评价我们的“国际化”；当面对“国际化”的时候，我们又如何评价我们的“本土化”；评价来评价去，到头来，我们还是很有必要再来认识一下“本土化”与“国际化”。因此，围绕这个主题，我们会产生众多的疑问，如人才培养模式的本土化与国际化的关系是什么？如何借鉴与移植国外模式？是生吞活剥、拿来主义还是学习消化、寻求在本土与国际的接轨过程中产生自己的模式？倘若移植，那么移植过来能否保证成活呢？中国大学现在的人才培养模式怎样？我们人才培养模式是一无是处吗？我们失掉了自信心了吗？我们需要有自己的原创吗？我们有无雄心壮志、需不需要向世界输出我们的中国模式呢？我们大学未来的人才培养模式到底应该是什么样子？大家可以围绕主题或这些问题进行自由发言，无需拘泥于表达方式及措辞。

我们先谈本土化的问题。别教授，您对我们本土的培养模式怎样评价，是一无是处？是优势大于劣势？还是劣势大于优势？

一、国内外人才培养模式的变迁与认识

别敦荣：您提的这个议题很好。从国际比较的角度看，欧美已经历了两个世纪的变革，高等教育人才培养模式已经历了三个阶段，也即经历了三次大的变革。这三次大变革大致为：第一次变革发生在19世纪初期，第一代人才培养模式向第二代过渡。第一代人才培养模式为知识为本的人才培养模式，第二代人才培养模式为学生为本的人才培养模式。第二次变革发生在20世纪初期，第二代人才培养模式向第三代过渡。第二代人才培养模式为精英化学生为本模式，第三代人才培养模式为大众化学生为本模式。第三次变革发生在20世纪后期，基于信息化互联网的学生为本模式的第四代人才培养模式的出现。我们国家目前的高等教育所采用的人才培养模式大致还处于欧美19世纪的第一个阶段的水平。当时欧洲大学的人才培养模式是基于一定的社会发展水平和信息传播手段而形成的，这种模式可以称为一种接受型的培养模式，即让学生在学校学习科学、人文知识、技能。这种模式不能说不好，更不能说它不对，它是大学的一种基本培养模式。但是这样

一种人才培养模式还需要其他的模式来补充，我们现在所缺乏的正是这样一种模式之外的模式，我们现在不是没有这种新的模式，也有少数学校在探索建立一种新的模式，但是还没有现成规模和体系，这些探索性的培养方式是在现有模式之外生长出来的个别的案例，还没有形成固定的形式和范式。

蔡先金：我们一直在谈人才培养模式的改革，也就意味着我们现存一种所谓的"人才培养模式"，那么我们需要改革的原来的模式是什么？如果说1898年以前我们存在过一种书院模式，1898年以后到民国末期是欧美模式，1949年中华人民共和国建国后到改革开放前期是苏联模式，那改革开放后30年又是什么模式？如果不存在，那么改革的逻辑起点就有问题；如果存在，那么这种模式又是什么呢？

别敦荣：这是一个逻辑起点的问题，我们今天探讨的问题可以起始于逻辑上的理论命题，也可以起始于我们今天中国高等教育的现实，即我们今天的高等教育人才培养模式需要进行改革。我们今天的中国高等教育有没有人才培养模式，如果有的话，它是一种什么样的模式。我认为，客观地讲，我们是有一个模式的。

张素玲：我认为模式是理论与实践的一个中介，它不是事先就界定好的概念，也不是在实践之后才有的，而是在研究经验的时候有一些具体的做法，但总结的时候需要一个提升，总结提升后形成的东西就成了模式。

蔡先金：我认为我们的模式目前还是一个比较模糊的东西，难以描述，它需要我们去"完型"。如果我们描述不出来，那就只能说是一种人才培养的"自在"状况，用黑格尔的说法就是这还是需要"自为"的。我们没有一种可以拿出来呈现给别人的有中国特色的模式。

张素玲：模式是研究者为了研究的方便，或者是想把经验推向实践的时候产生的一种东西。

别敦荣：张老师说的模式是理论与实践结合的产物是有道理的。

张素玲：我觉得模式是为了研究的方便提出的一个概念，为了把一种理论推广到实践中去，也需要一种模式化的东西，于是就有了培养模式的概念。

别敦荣：你说的是另外一个层面的问题，蔡老师说的是在现实中，我们认为是否有一种具体的模式？我们中国的大学在人才培养方面存在着高度的同质化现象，现在讲的模式是否就是这样的一种高度相似的模式，这种模式是否代表了我们中国高等教育在人才培养过程中的高度共性的特征，把这些共性的东西总结出来，再进行抽象，就能够概括出我们现在中国高等教育的人才培养模式。那么它具体有什么特征？有什么表现？这就需要我们去研究和总结，因此，我们说的要进行人才培养模式的改革，它的立足点就是我们中国高等教育还是有模式的，但是这种模式存在不足，它还不是一般的不足，而且是需要进行全面改革的不足，因此我们现在的人才培养模式总体上还不能适应社会的需要。中国是一个守成性的人才培养模式，它所带来的结果是一种守成性的，但是模式本身，它的几个构成要素之间的关系还不是很清楚。

蔡先金：是的，我们的模式是一种泛化的、残缺不全的模式，好似它总是缺少一个先进而科学的教育思想的指引。他人的模式总有一个教育思想来引导，而我们中国好像欠缺这个所谓的教育理念，总得有一个理念引导吧。比如大学教学制度设计问题，我们现在也是处于一个转型期吧，原来是学习苏联的学年制、现在是学习欧美的学分制，这是一种模式？再比如评价体系，应试教育的评价方式，就叫应试模式？我们缺少一种从学理基础上概括的模式。这还是一种泛化、模糊不全的模式，还没有上升到一个理性的、概括的、中国化的模式。

别敦荣：虽然我们的模式残缺不全，但在实践中还是比较体系化的。虽然在理论上我们还没有对它进行概括、抽象、总结，但是在实践上它却是完整的，体系化的，它有非常完善的人才培养规格、课程体系、教学内容、教学方法、评价方式等一个完整的体系，至于这个体系合不合理，则另当别论。

蔡先金：难道那就是一种无意识的模式吗？

张素玲：我觉得国外的模式都是与某位教育家联系在一起，与教育家的思想联系在一起的，他们先有理论后有实践，比如英美一些国家。而我国总是搬来一些如欧美、苏联的东西用，我们没有理论就直接实践，也没人去研究。我们就一直做下去了，缺乏像纽曼、杜威那样教育家去引导。总之，教育家的思想引导是十分必要的。

宋尚桂：我觉得模式还是存在的，这么多年肯定形成了一个东西。但为什么现在对这个问题如此感兴趣呢？是因为我们高等教育的供求关系发生了变化。30年来，高等教育资源短缺，人才缺乏，人才一培养出来社会马上就可用。但扩招以后，供求关系发生了变化，就感觉到高等教育的培养模式存在问题，并引起了专家、学者反思人才培养模式问题。其实问题一开始就有，只是在长期计划经济的时代没有显现出来，或者显现出来的问题没有成为主要矛盾。那时人才短缺，即使培养的人才再不好也是需要的。而现在情况发生变化，中国高等教育进入大众化阶段之后，人才供应增加了，甚至出现了相对的人才过剩，于是社会对人才的质量要求提高了，意识到人才质量的问题，凸显出培养模式的问题。

其实，30年来我们的高等教育是一种"畸形"的发展，不是按照世界高等教育的正常模式发展，否则也不会新中国成立后60年来才发展到今天的这种状态。我们应该反思我们的高等教育在这个发展过程中走了多少弯路，今天听别老师讲我们的培养模式与欧美高等教育相差了200年，我们应该感到很震惊。虽然也不能说我们白干了，毕竟还培养出了几千万优秀大学生，但高等教育的发展确实也浪费了很多时间和资源，我们应该好好反思。

张素玲：我想提个问题，西南联大当时条件那么差，为什么还能培养那么多优秀人才，而我们现在的条件与过去相比不知道要好多少倍，但怎么会有这么多问题。

宋尚桂：它当时外在的条件是很差，但西南联大时期它重内在的发展是健康的，是符合高等教育规律的。现在我们高等教育外在的条件好了，却忽视了内在的发展规律，或者说是没有遵循内在的规律。

张素玲：我们的高等教育有一种从娘胎里带出来的先天性不足，它一开始就没有走一条规范化的道路，假如把现在的模式打乱重来，真的很难很难。

二、本土人才培养模式孰优孰劣

蔡先金：假设我们存在一种模式，它就是存在，我感觉它还有很多缺陷，无论先天性的还是后天的，我们应该正确认识我们本土的培养模式。那么我们应该怎样批判性地对待这种模式呢？从大的方面来说，比如文化、体制等。我认为，高等教育人应该有意识地、主动地去建构一个模式。我们的大学新老师还是一种“遗传性”地教学，他老师如何教他，他就“照葫芦画瓢”去教他的学生。高校教学模式与中学很难区别开来，也就是说，中学怎么教大学也就怎么教。我们大学人倒很少自觉地去反思、总结、提升，很多人不像是在搞大学教育，而是在跟着感觉走。

我们原来没有去思考人才培养模式的问题，今天应该去反思。我们现有模式的优势、劣势在哪里？我们原来也培养出了不少优秀人才，肯定在培养模式上也有它的优势，优势在哪里？优势应如何保留，劣势应如何改革、修正、完善？

张素玲：优势也很明显，为什么我们培养的大学生到了国外也很抢手，在各行各业的中国学生都不差。清华大学做了一份关于清华大学学生的教育学情状况的调查，并与国外一流大学的情况进行对比，结果显示没多大差别。唯一的区别就是我们的师生互动不够。

宋尚桂：清华、北大恐怕那只是个案，我们绝大多数高校还是存在问题的。整个学生创造力培养模式的缺失是个不争的事实，这就是我们长期的体制问题造成的。蔡校长提到我们该怎样去评价这个体制、这种模式。我认为更重要的是去思考我们模式形成的外部环境，它是如何形成这样一种模式的？这个外部环境的作用是什么？在这个环境作用下，我们高等教育的培养模式、内部运行机制受到的影响是怎样的？是在这样的环境作用下我们才形成了这样的培养模式，所以我们讨论培养模式改革还是要从更深层次去思考，要探讨我们整个高校的改革问题，如果高校不改革，单纯改培养模式，可能只是隔靴搔痒。别老师讲的构建现代大学制度，这恐怕是更重要的问题。

我想我们应该遵循高等教育本身发展的内在规律去发展高等教育，不需要提更多的什么创新，甚至不需要提什么改革，只需要回到高等教育本身就可以了，要按照高等教育规律去办高等教育。能做到这点就很好了。中国高等教育还有可能赶上去，否则改革、创新就只是停留在理念的层面。我们应该先看看国外高校教育的发展过程，了解他们这 200 年的发展历程，我们按他们的模式再走一遍，能学好就很好了。当然这中间还有本土化的问题。我想还有一个更重要的问题是我们中国的文化、传统的教育思想如何融入现在高等教育改革过程中去。当然这是另外一个层面的问题。首先还是要学习，遵循规律，做到这一点再回过头来根据自己的体制、文化来改造我们的高等教育，我认为不要提创新、改革，改造倒还是比较恰当的。

蔡先金：我认为你说的有一定道理的，但要遵循规律，就要用这个规律去衡量我们现在模式的优劣。规律就可能起到“标尺”的作用了。我觉得我们的培养模式还是有很多优势的。但同时感觉优势在一定程度上又是我们的劣势。比如重视教师对于基础知识的传授，但同时又使得学生在教学中的主体性难以得到充分发挥；受中国文化传统的影响，中国教育总是教孩子听话、懂事、墨守，但却缺少了批判思维的培养；基础很好，但到顶端感觉就走不动了。是不是知识越多，包袱越大，创新越难呢？还是激励太少了？我曾看到一篇文章，就认为知识太多，可能会成为一个人的负担，反而压抑了人的创造性。不过，这一结论值得考量，我们不能回到“知识越多越反动”的逻辑怪圈中去。还有一点就是存在一个教育的“工业化流程”问题，国家制定什么，学校、教师就做什么，步调一致，千篇一律。这样做的优势是利于国家稳定，但从未来发展来看就是弱势。教育要以人为本，不但要使人成为某种人，还要使人成为人。

宋尚桂：工业化初期，国家是需要以这种模式来培养大量的急需人才的。

蔡先金：还比如教学方式上也是，灌输式教学非常普遍，非常严重，造成学生与教师之间相互埋怨。教师埋怨学生“只扣不鸣”。怎样才能使学生与老师更好地实现教学互动呢？恐怕只是埋怨，永远改变不了这种状态。我们现在教育模式以育人为中心，但我感觉有些教师还是存在一定缺失的，比如教学先进经验、使命感、责任心。我觉得先要梳理一下这些东西，哪些要改，哪些要留，本土好的东西不能被淹没掉。在人才培养模式的改革过程中，国外先进的模式要学，但生搬硬套肯定不行，本土好的东西不留恐怕也不成。我感觉北大永远是北大，永远没有必要成为第二个哈佛，况且也成不了哈佛。北大拷贝哈佛就没北大了，中国拷贝欧美就没中国了。那以后的发展怎么办？大家都希望按欧美的人才培养模式去做，学习英国的导师制、德国的教科研一体化、美国的学分制，只是跟在别人后面学。我们这一代要不要摸索一条自己的道路？我们学马克思主义，我党创造出了毛泽东思想，就是要在学马克思主义的过程中将马克思主义理论同中国具体实际结合起来，走出了中国化的道路。我们现在学习欧美的一套，有没有与本土结合，我们知识分子不应该再走完全只学欧美的老路，我觉得应该思考这个问题。别老师，您是什么意见？

别敦荣：我觉得问题很好，就是要探讨我们现在的人才培养模式有哪些可取之处，应该说它还是有可取之处的。

蔡先金：是的，总不能把传统的全部一脚踢开吧。要思考这个问题。

别敦荣：对同一个东西，优势是什么，劣势是什么，主要是以什么标准来看，站在什么立场上来看。当我们看到同一个东西既是优势又是劣势的时候，那就是标准出问题了。要评价人才培养模式的不足或优势，那要看你站在什么立场上来看。如果站在改革的立场上看，如果我们对现在的人才培养模式在总体上是肯定的，只是在局部上有不足，在某些因素上有缺陷的话，那么这就是一种标准，或立场；如果认为人才培养模式总体上不适应现在社会发展的要求，只是某些要素有可取之处，这可能是另外一种标准，或立场。现在谈人才培养模式改革，谈人才培养模式的一些基本构成要素，我们不要讲太远的事情，60 年太远了，我们只看最近 30 年吧，这 30 年来我们一直在进行人才培养模式方面的改革，比如选修课、学分制、双学位、精品课程、特色专业、教学名师等都是与人才培养高度相关的各种要素的改革，还有包括制度的，它都反映出我们一直在对人才培养模式进行改革。还有包括我们现在讲的教师的责任心、教学方法、学生学习的目的性、学习方法、学校资源的配置方式、技术支持，也包括课程体系、教学内容、教材等，我们发现这些问题不是局部的，我们可以认为这个教育过程从理念到模式，在总体上还是落后于时代的。如果说这个模式究竟有什么可取之处呢？我认为，我们在过去专业化的教育理念下所构成的专业知识教育的体系可能是我们面向未来进行改革的基础。30 年来我们一直在进行模式改革，但我们面临传统的惯性使改革非常困难。还有新的理念没有树立起来，相关的条件还不具备，新模式的构建从理论上还没解决好，包括学分制、通识教育等都在一定程度上希望构建起一个新的人才培养模式。

三、素质教育与通识教育

蔡先金：中国学习借鉴国外的东西要看消化得如何，应该像中医治疗那样，渐进的反而效果估计还好，大动外科手术可能会适得其反。我们现在借鉴国际的一些模式，学过来消化得好还行，消化得不好就很麻烦。比如说素质教育，素质教育和通识教育如何互相包容，两个在理念和操作层面上是什么关系；学分制学年制也应该看怎么和中国结合；再说导师制，中国传统的书院中的个别化教学、师徒制教育就是一种导师制，但为什么现在导师制在中国很难做呢？当然有一些客观条件，但总是很难把别人的东西搬过来就用得很好。怎么把通识教育和素质教育包容在一起成为一个更好的模式呢？我觉得需要研究。只提素质教育恐怕不足以解决问题，我还是希望能从课程上解决问题，但如果只讲通识教育的话，又有可能水土不服，素质教育目前还是有很多功效的，那怎么结合呢？国外的东西怎么在中国扎根，寻找生存的土壤，能用得很好，又见成效，学成之后又生成我们的东西，特别难。

别敦荣：你说的有的学校做的通识教育效果很好，有的就不理想。什么原因呢？一提素质教育全国都接受，政府部门能接受，学校也能接受，文化素质教育从讲座开始，慢慢进入课程，进入课程体系，进入培养方案，它实际上在很大程度上所起的作用也就是通识教育的作用。

蔡先金：素质教育一旦进入课程状态，就基本上与通识教育混在一起了。（别：中国化了）素质教育以通识教育的形式出现，那到时候怎么提，是素质教育，还是两张皮？国家提素质教育，学校搞通识教育。

张素玲：实际上两者并不矛盾，素质教育是本土的、国产的，通识教育是外来的，本质上是一样的。

别敦荣：中国化的东西大家容易接受，比如国外讲大学自治，中国就讲自主办学，或办学自主权；国外讲学术自由，我们讲兼容并包。这是用中国化的表达来说明一个共同的东西，其实反映的是同一个理念。这个提供的理念它就不是一个西式的东西，它是人类所共有的东西，或者说是普适的东西，这个普适的东西在中国有中国的特殊性，素质教育和通识教育也是这种关系。

蔡先金：这是种概念的变式，不知将来是把它们各自定义呢？还是统一到一个概念上去呢？素质教育与通识教育两者之间的区别还是有的，对于高等教育来说，素质教育是在专业教育基础上提出来的概念，是在强调专业教育之后的一种育人的必要的补充与完善，目的还是在培养高级专门人才（简称“专才”）；通识教育却是一种培养方案或模式，强调的是培养“通才”而非“专才”。素质教育重在强调“课外”教育，而通识教育却直接进行“课内”教育。素质教育重在强调人文教育，而通识教育内容却更为宽泛。

别敦荣：如果说允许学校完全自主进行改革的话，学校还是会各自进行个别化探索的。如果还是在现在体制要求下，学校按照上面的指示进行改革，那就可以统一到一个体系中。

蔡先金：现在感觉素质教育在学生工作中提得比较多，而没有进入教学系统之中去，即素质教育大都通过各种非正式课程来完成，而通识教育却通过正规的课程来实施。素质教育是否应该纳入到人才培养体系中，纳入课程教学计划中？还是各自搞自己的一套。

别敦荣：素质教育进入课程方案是大趋势，所谓推进全面实施素质教育，不进入课程、不进入培养方案就不是全面实施。

蔡先金：我觉得素质教育是在特定的历史阶段提出的。当进入课程体系后就成为了通识教育课程，还有必要再称之为素质课程这种名称吗？

别敦荣：在美国叫通识教育，在日本叫普通教育，在英国根本不提通识教育，它就是融在教学中的。从价值上讲没有本质区别。中国高等教育面临的问题是如何将这种教育理念以某种形式在教学活动中体现出来。

四、人才培养模式的完善体系

蔡先金：在教育过程中，从某种角度来说知识体系可分为：内容知识、方法知识、价值知识。专业教育偏重于内容知识的传授，通识教育则偏重于价值知识的传授，生涯教育则偏重于方法知识的传授。三种教育可以使人成为某种人、使人成为人、使人成为“自为”的人。一种理想的人才培养模式在这三个方面都不能忽视。这三种教育融合在一起成为融通教育、和谐教育、全面发展的教育。这三者的融合还需要时间,怎么去融合,还需要探索。

通识教育还得学习美国;专业教育还是学习苏联的;生涯教育也是借鉴美国的。任何一种模式都必须有强大的教育思想作支撑。如何继承传统的?如何借鉴国外的?我们谈得比较多的还是国际化,但偶尔也能听到或看到国外学习中国教育模式的消息,如虎妈妈的教育模式讨论就在美国闹得沸沸扬扬,看来国外也学中国的,向中国学习,向中国看齐,这需要我们去认真思考。在与国际接轨的过程中,接得好,前途就是光明的;接得不好,就创不出自己的模式。如果创不出自己的模式,中国高等教育模式未来就难以成为世界“一流”。我的一个设想就是,如果中国教育模式中有那么一项或两项模式使得别国纷至沓来学习,那中国就厉害了;如果一项都没有值得别人可学,那就还在别人后面。

在教学、科研、服务社会三大职能外,大学现正在出现第四大职能——文化引领。中国大学应该下决心研究如何形成引领文化这一职能。文化是人生活的样式、状态,人们越来越关心文化的发展与文化的功用。一所大学所培养的人才如何引领社会的发展、文化的发展,这方面是不是需要探讨?

张素玲:高等教育最主要的问题,包括管理者也罢、老师也罢……原来讲大楼、大师,后来讲大爱,其实教育中最重要的是学生。要把学生培养成什么样的人,现在太针对社会需要培养人才了。我觉得应该先遵循教育自身的规律,大学是以培养人为目的的,最主要是培养什么样的人。

蔡先金:是的,我也觉得这里最难解决的是怎么样做好学生发展的问题、社会需要的问题、学术增长的问题三者之间的统一,即学科知识逻辑、人自身发展逻辑、社会需求逻辑三者之间的统一。我们现在需要一种建立在中国传统“和合”哲学基础之上的融通教育。如果我们只进行自由教育,培养出来的学生不进入社会吗?社会不需要这就造成人才浪费或是挤压,很难在社会上生存就很难说到自身发展;如果完全以社会为导向的话,就忽视自身发展了;如果以社会发展为目的的话,人就变成了职业人了,人类知识的发展、学术的增长怎么办?职业教育可以教技能,但大学教育不能仅限于此，大学教育还要考虑学术的培养、学术的传承、学术的增长，也就是说，培养的人要传承学术、为学术做贡献。所以这三者之间有时候很难调配，很难量化，它不是30％、30％、30％的简单关系。怎样把三者融合得很好，这就是个难题了。

五、人才培养的体制问题

宋尚桂：我们的思路不能存留于计划经济的框框里面。这可以拿中国企业作参照，中国企业在市场化以后已经解决我们高等教育遇到的类似的问题。实际上我们原来培养学生从课程设置来看是从计划经济的思路出发的。我们觉得社会可能需要什么，就去设计什么，实际上真正开放后会有无形的手，这个无形的手比我们的教务处、管理者要高明得多，它会告诉我们应该怎么样去教育学生。我们的课程设置、专业、学科等，如果我们面向社会的话，这个社会会告诉我们怎么做，不需要我们挖空心思去想，我们应该怎么把各部分分配百分之多少。我们只需要去适应社会，就可以了。

刚才蔡校长的第四个文化引领问题，我觉得中国高等教育应该有一个雄心壮志，就是把世界的教育中心转移到中国来，这个没有问题。我们每个从事高等教育的人都希望这样做。但是我个人认为在完成这样一个宏伟的目标之前，我们必须先把别人做到的前三个完成好，原原本本地做到，做好了再做第四个。我们现在的问题是前三个还没有做到。我们走了很多弯路，做了很多违背高等教育规律的事情，在很多事情都没有理顺的情况下，我们想把中国高等教育带到更高的第四个高度不太可能。设想是好，但是需要打好前三个基础，前三个走不好，第四个台阶就迈不上去，所以我觉得我们还应该更多地国际化、更多地去学习、按照别人的成功经验再走一遍，如同商品经济生产领域一样，如果生产力达不到，生产关系不可能向更高的程度发展，还必须老老实地走别人走过的道路，当然我们可以避免走弯路，走他们的成功的道路，然后下一步才能创新，这一过程的时间不好妄言。中国的高等教育没有像中国的经济改革一样学习了30年，经济领域完全市场化了，开放了；高等教育领域还是实行计划经济那一套，成为计划经济的最后一块“堡垒”，高等教育领域却不能与经济领域改革同步，至多也是个双轨制。这是与体制有关系的，不能一下子改变。当我们高等教育遇到问题要进行改革的时候，我们发现我们浪费了30年的时间。本来1978年、1979年就应该按照市场经济的模式同步开放高等教育，按世界公用的方式去管理高等教育。这有很多实际例子。比如印度的高等教育比我们好，遵循的就是这个规律。他们的高等教育自主性极强，政府投钱，高等教育自由发展。结果发现印度的高等教育比我们好。原因很简单，就两个经验：第一个政府给钱，第二个什么都不要管。

蔡先金：这就是既管又不管，就是要构筑一个耗散的自洽系统。

张素玲：所以去行政化很重要。

宋尚桂：不仅仅是去行政化的问题，整个管理体制都有问题。

蔡先金：我们需要市场，但是要切记市场不是万能的。“无形的手”既然是“无形”的，那么你就很难捉摸它。你既然捉摸不住它，它就有可能出现胡乱指挥的现象。经济自由主义也是有陷阱的。美国出现的金融危机就是一个很显然的事例。

我觉得讨论人才培养模式的国际化和本土化十分必要的。为什么呢？因为人是体制化的人，《肖恩克救赎》这部影片就描述一个长期蹲监狱的人十分适应监狱的体制，到刑满释放的时候，他就想方设法接续刑期，因为一旦走到了社会中来他反而不适应了，最后走上了自杀之路。人也是文化了的人，我们常将国外的一些华侨称为“黄香蕉”，就是因为他们虽然仍是黄皮肤但是却有一个“白色”的文化心。举一个事例，一名国内高考落榜生，高考成绩肯定不是一般的不理想，但是去了英国一所著名的大学读书，学习成绩却在班里名列前茅，而且英文写作能力相当强。如果在中国的教育体制下，这名学生就可能被排挤在大学门外了。即使进入中国高校，成绩也未必有如此理想。为什么到国外发展就很好了呢？这说明别人的教育体制好，改变了人。说明他培养人的模式非常适合人自身的成长。我们派到英国去的研究生，星期六、星期天肯定要学习，动力非常非常强。他们坦言在国内就没有这么个动力。这说明国内的人才培养模式还没有激发出学生的学习的一种体制上的动力，也可能缺乏一种学习的氛围。

王希普：国内的体制是被逼无奈去找市场，国外是主动去找市场，我们教育的适应社会需求实际上是被逼得没办法了。社会发展太快了，压得高等教育不得不从理论上面去总结模式，实际上最后总结出来的这个模式有时候很是同质化，用这个框框去指导可能还会产生同质化。各个大学培养人才有特色，避免同质化是个难题。实际上，既要避免同质化又要统一指导是一个两难问题。我们要把握角度和层次。我们总结30年、60年，我们的模式很好总结，没有多少。所以我们经济发展太快了，对我们高等教育期望太高了。高等教育被迫要赶上社会的发展，需要跨越，原来纯粹的为知识而知识、为能力而能力的环境消失了，十分烦扰。

群：完全放开学生，老师不能完全放心，确实目前的学生也不令人放心。

六、国际化与本土化接轨

蔡先金：我强调一下，既然我们一定要拿国际化来说事，那么我们就应当考虑我们在教育国际化过程中，是拿过来就用、还是消化后用、还是对接使用。我想究竟哪一种国际化的方法比较合适？

别敦荣：这个模式啊，我们究竟应该如何来借鉴、模仿、创新，我们必须考虑社会文化背景。日、英、德、法、美国模式都不一样，那么我们需要跟哪一种接轨？所以单纯接轨不太好接。所以对国外的模式还是应该学习其核心的东西，加以借鉴。英国的模式是好，但是它的模式是在其高等教育上千年的积淀基础上形成的，是在这种传统下面建立起来的模式。比如它的博雅教育，我们的学生在英国的时候都很有绅士风度，在那个环境下面，在那个文化背景下面他就形成了这种行为特点和习惯，如何尊重女性、如何对人友善，对别人的帮助表示感谢，见人要微笑等。但是这种风度，英国古老传统环境是必要的。反过来如果在中国到处微笑就很可笑了。氛围环境很重要，你一进去就被感染了。

蔡先金：牛津、剑桥对于自己的精神与模式是很坚守的，我们如何进行借鉴？这需要“大手笔”的布局与规划，要避免出现头疼医头、脚疼医脚的情况。我们的价值理念不能太功利化了，太实用主义了。我们应该从宏观上考虑这个问题。我们既要能够从现在的教育状况中提炼出好的东西，大家真正认为好的，能够传承下去的，也要知道该引进哪些东西，要经得起推敲。

但是现在完全打乱了，也不知道自己有哪些是好的，需要我们自己长期坚守的。我们的人才模式改革中缺乏这个缺乏那个都是表象，大家都改变表象，表象背后的东西不研究了。拿了一堆零件能组装一个中国牌的汽车吗？我在起草人才培养模式改革的文件的时候，总是很困惑。我们起草文件的指导思想到底是什么？希望通过沙龙的形式把我们改变培养方式的思想呈现出来。

别敦荣：你刚才的话说明我们缺乏总体的设计，要提出这个总体的设计是不容易的，本土化还不仅仅是理念的问题。

蔡先金：是的，我们从不否定也存在操作层面的问题。

别敦荣：对。理念问题需要对高等教育过去十几年进行深刻反省。然后在这个基础上考虑未来很长一个时期的、也是符合现实的理念的问题。

蔡先金：对，感觉我们现在就缺失这个东西。

别敦荣：实际上感觉我们现在是可以与起草文件同步进行的。

蔡先金：希望能形成一个共识，在起草文件时可以作为思想背景，不至于那么慌，流于形式，干瘪思想内涵。缺乏了思想的方案肯定会沦为没有灵魂的框架。

别敦荣：这主要是完成任务，需要一个过程，需要慢慢梳理。

蔡先金：高等教育的问题和卫生系统啊、体育系统啊它们的问题不一样。我觉得，指导大学的人才培养模式改革应该有一个支撑的系统的东西。我们现在几乎所有的都是拿来的，奉行的是拿来主义，难道我们那么多年的中国传统的东西都不要了？难道我们就一个不坚守吗？在《国家中长期教育改革和发展规划纲要(2010～2020年)》中，国家提倡“创新人才培养模式”，特别强调要学思结合、知行统一、因材施教，这些都是中国传统的东西。而我们现在谈到人才培养模式改革的时候，提到的全部是来自国外的导师制、科教一体化、住宿学院制。那我们中国传统5000年教育，高等教育100余年，有没有能提炼出适应当下需要的东西来呢？难道我们置这些教育的传统于不顾吗？那我们将来怎么办呢？

宋尚桂：没事儿，牛顿的物理定律我们不是跟人学的吗，我们一样物理搞得挺好？这不要紧，只要是好的东西就行，唯一的标准应该是好还是不好，不要去考虑它是中国的还是外国的，只要好的我们就用。

别敦荣：我是有一个基本的判断。（笑）但是这些都是不能写的。你要讲，我们哪一个方面是合理的？从课程设置、从培养方案、从目标设置、从教学过程、从资源的配置方式、从对学生老师的管理方式……没有什么可以坚守的。

蔡先金：那就是革命而不是改革了。

集体讨论：还是改革，因为是渐进式的。

蔡先金：你已经做了一个基本的价值判断了，就是说，目前我们没什么可以坚守的。

别敦荣：你要说坚守的东西，我觉得真没有什么可以坚守的东西，当然也许某一个学校它在进行探索的时候提出了一些合理的东西，总结了一些有益的经验，但还不足以成为一种值得坚守的东西。

张素玲：人家英国法国……

蔡先金：重视基础教育……

别敦荣：你说重视基础的话也不行，那要分析我们是怎么个重视基础法。我们重视：我们开了高等数学、开了化学、开了大学物理这就叫重视基础吗？你看看我们这些课是怎么上的、看看这些课是什么效果、看看这些老师的水平是怎么样的？你不要说我开了课，好像我就重视这些基础了。

蔡先金：我们大学教育有些地方是做得有些不好，但肯定不是一无是处的。培养出这么多有用的人才，参与国家经济社会建设。再说，我们还是有很多好的理念的，值得发扬的，比如知行统一、因材施教。

别敦荣：这只是我们的理念，这不是模式。因材施教我们说了几千年了，我们做到了吗？国外因材施教，为一个人开一个专业，我们能行吗？

蔡先金：是的，哈佛大学曾为一个人设立过一个谜语专业，全世界就一个人，这种一个人开一个专业，我们能拿进来吗？这需要思考吧？可能我们的教育资源还不足以支撑起如此设置吧？超越了我们的现实状况，是不可以的。现在不是流行一种说法吗，“领先一步是勇士，领先三步是烈士”，太先进了，可能也消化不了。苏格拉底是怎么死的，公元前399年，雅典城邦的一个民众法庭以投票的方式，判处苏格拉底死刑的。我看，也未必都埋怨体制，民众觉悟达不到，或物质财富达不到，都是一个问题。我们的体制是有问题，从来都没有否认问题的存在，但总的来看是好的。何谓其好？衡量的标准就是目前体制能够适应当下的现实，并能引领当下社会的前进，就是好的体制。“左倾”或右倾，都会带来危害的。跑步进入共产主义是不可以的，几年之内就赶英超美也是不可以的。我们可以学习世界上一切先进的文化，可以借鉴西方先进的办学模式，但是，一定要看到中国的实际，全盘否定是不可以的，全盘西化肯定是走不通的。

宋尚桂：我个人认为，不能总是去界定是中化还是西化，比如中学的物理课本，你说哪些是中化的哪些是西化的？整个概念体系全变成了一个。当然可能教育科学与自然科学不太一样，有一些传统的文化这些东西在里面，但是基本的概念体系是统一的，无论中化还是西化，不能过分地去区分是中化还是西化，就像政治上不过分地去强调姓资还是姓社，不过多讲是国际化还是中国化的东西，大多数是共性的，个别是个性化的。只要是普世的东西，拿来就用就行了。只要有合理的东西我们就不要自己去创造了。

别敦荣：从改革的角度讲，我们一时半会还不能抛弃（传统的东西）。要从解决关键性的问题着手，如果试图通过一个文件就解决问题是不可能的。我们要考虑重点解决几个问题，从目前守成性的模式向探究性的模式转变，逐步推进还是可行的。你想从理念从课程从管理体系发生改变是不现实的。应该强调在现实的条件下去创造。考虑哪些方面是急需啊，要注意现实性。理念问题需要特别重视，在现实环境下哪些是急需解决的，哪些是需要时间去慢慢解决的，要分清楚。

蔡先金：当年美国派了1万多人向德国学习，并且学习后，消化了。成功地兴办了自己的研究性大学，普林斯顿大学就是一个典型的例子。当时美国也是模仿，后来它就发展了，我们应当先学习再去改革和提高，但是我们时刻不能忽视创新这一问题。

宋尚桂：美国当初也是模仿德国的大学去办大学的，后来它创新了，所以要先学习。

别敦荣：后发学校有一条捷径，就是确定一个参照学校或标杆学校，找一个与自己的学科、专业、条件等各方面都大致相当的比较好的学校作为标杆，以它为榜样，学习它的发展模式。首先要把导向性的问题搞清楚，学校主要的发展方向是什么，把这个根本问题明确了，在这个大的方向上再去考虑具体的问题。

蔡先金：起草人才培养模式改革的文件要有关键词，不能眉毛胡子一把抓。

宋尚桂：这个文件能启迪高校改革就行了，具体每个学校该怎么改，要符合每个学校的具体情况，不能靠一个文件就解决所有的问题。

蔡先金：作为一个执行者，我拿到文件后，第一要有启发，没有启发越来越不行；第二要清楚哪一个方面是个新鲜的东西，有一定新鲜性。我们认为目前要广泛地深刻地向国外高等教育学习，当然学习的过程有一个方法论的问题。

别敦荣：你说的那个方法论我很赞同，先要把国外的东西吃透，不同大学、不同类型大学的共同的模式和理念。不同学校有不同的理念和模式，找出它们的共同的东西。美国的不同大学具有不同的大学理念，相互之间差异很大，比如哈佛大学和伯克利大学，伯克利大学就不能学习哈佛大学，它是一所公立大学，主要由政府投资，它要遵从政府的意愿，哈佛大学办学则十分自由。那么我们学习它们的个性还是共性呢？我们要先吃透，然后学回来进行中国化的改造，中国化的改造不是照搬，而是将它的内在的经验和规律来指导中国的教育。

蔡先金：具体问题具体分析，所谓的国际化就是把我们的实际和它们的经验相结合。

别敦荣：就你所讲的通识教育，我们和国外的就不一样，但是却借鉴了通识教育的理念、基本方式，往后再进一步进行改造。根据中国社会需要，学校需要，去构建，关键是怎么去学，学到的东西进行中国化改造。要注意在学习过程中了解国外人才培养模式的社会限制的前提条件。

蔡先金：我们面对国际化，一定要国际化，我们很关注国外大学的经验，在国际化的过程中再探索和我们的实际结合起来，这可能是每个高校都需要做的。实际上，我们现在要避免跟风浮漂，这个确实需要认真思考，尤其管理者要思考，国际化的路一定要走，要先吃透消化，再根据自己的情况去执行，还有必要回头看看，评价一下，看看效益如何，执行得怎么样？

七、“精英班”是否有存在的必要

别敦荣：比如举办精英班的问题，这是古典大学在几百年前就采取的模式，是否就适合中国的情况，值得探讨。

蔡先金：我也不看好一些大学搞的所谓精英班，像北大、清华本来就是精英教育，它们招进去的学生都是全国最优秀的学生，都应该采用精英教育的方式，又不是资源不足以支持它们的精英教育。中国科大的少年班，现在看看也不能算是真正的成功啊。

张素玲：大学里面可以没有老师，但是一定要有一群人，可以相互交流。

别敦荣：它这种做法没有考虑到中国大学的变化趋势，你究竟要学习外国的什么东西？精英教育是约定俗成的概念，重点大学每个学生都是精英，如果再搞一个精英班就会让其他家长和学生伤心失望。

蔡先金：是的，北大又搞基地班，人才似乎不是通过这样的办法培养出来的。欲速则不达。越急于求成，越取不了预期的效果。难道说基地班的培养方式就比其他班的培养方式不同？同样是高智商的学生又为什么不同呢？

别敦荣：济南大学还在想问题，主动想问题，先想清楚再做，你做领导学校很幸运，你在主动想问题，考虑问题。

蔡先金：过奖了。你不想就糊涂了，做错了也不知道。谁都不愿做糊涂人吧？难得糊涂其实是不糊涂的，要是真糊涂了，那也就完了。

别敦荣：很多人都不想就去做。

徐梅：想的角度不一样。教师和学生这两个方面应该如何去落实，地方大学和重点大学在培养目标上不同，如何调动老师学生两个积极性是人才培养改革的重点。这么多年的改革是否调动了教师的积极性，学生的积极性？好像宏观指导停留在理念层面。这个问题还需要重视。教师应该从学术职业需求上去面对改革，参与人才培养模式改革。注意外在和内在的两个积极性的调动。

蔡先金：在人才模式培养实际过程中，就要增加学生和老师交流，如何让学生和老师参与模式设计、构建、行动、落实，确实是一个问题。如何真正发挥教师的主导作用与学生的主体作用，就显得非常重要。

别敦荣：独立的办公场所很重要。学术应该独立的。思考应该不被打扰。不在乎空间大小，但是一定要有私密空间。年轻人应该在工作室。很多老师没有学术精神世界，是一个流浪者，有必要建立老师的学术精神世界。建议每个老师都能有一个独立工作间。有什么样的工作方式，就有什么样的工作绩效。

蔡先金：今晚，大家谈得很多，畅所欲言，虽然表面看起来有些信马由缰，其实结果都是"超以象外，得其环中"。在面对本土化与国际化这个问题上，讨论仍将会继续下去。但是，历史经验反复证明，高教不改革开放不可以，照搬照抄也是行不通的。同时，我们还不可缺少"中国信心"的。信心，比黄金更重要。中国高等教育并非一无是处，秉持"中国信心"，于中国教育之今日、于中国教育之明天，都很重要。从国内视角看，改革开放以来的中国高等教育持续快速发展，是讨论人才培养模式改革的基础。在取得巨大成就的同时，也存在着一系列深层次的矛盾和问题。育人成就与育人问题一起构成了中国人才培养模式讨论的内在动力。不难看出，"中国人才培养模式向何处去"，首先取决于对中国未来高等教育发展道路的认识。从国际视角看，中国高等教育成就的取得吸引了众多关注的目光，从而凸显了中国高等教育发展道路的比较意义。"中国人才培养模式"的问题自然就会成为高等教育界关心的重要议题。这既是一个理论的问题，也是一个实践的问题。也可以说，人才培养模式改革被提到议事日程，这是高等教育发展的结果。衷心期望中国的高等教育发展既能够融入这个世界，又能够让人识别其身份，不至于迷失自己的方向，如此方可直指目标，勇往直前。最后借用毛泽东同志的话说："我们的目的一定要达到，我们的目的一定能够达到。"

谢谢诸位！

附录

一切真知来源于实践，实践又是检验真理的标准。真正有效的实践一定是在系统理论指导下的实践，缺乏理论指导的实践一定是处于低级阶段的行动。而理论是思之产物，我们应该永远行走在思之道路上，揭开一切之遮蔽，让我们的世界呈现出一派澄明。

附录

附录一 和合教育理念与模式*

在连续十年扩招之后，担当着我国高等教育大众化历史重任的地方院校现已进入后扩招时期，即内涵发展。面对后扩招时期的机遇与挑战以及内涵发展的形势与任务，地方院校需要在科学发展观指导下，进一步深化改革，努力将地方高等教育发展推进到一个新的水平。反映在人才培养方面，就需要在借鉴国内外教育改革经验的基础上，创建富有特色的教育理念与模式。为此，济南大学积极进行有益的尝试，以和合教育理念为统领，建立了融通识教育、专业教育与生涯教育于一体的和合教育模式，有效地化解了教育过程中面临的诸如大众教育与精英教育、学术取向与职业取向、标准化与个性化、知识与能力和素质等方面的矛盾。

一、构建“三位一体”的和合型人才培养模式

和合哲学是中国传统思想的重要组成部分，具有典型的东方属性。和合思想强调，社会生活的各个方面和各种关系是一个相互联系、相互作用和相互依存的有机整体，只有各种要素和合、协调、有序组合，才能使社会有机体有效运行。由和合思想出发，社会通过自组织和自调节的功能，而达到新的和合。因此，和合思维又是调控各种复杂社会关系的一种方法论。在此

* 本文发表于《光明日报》2009 年 4 月 8 日“理论版”。

语境下，将和合思维转移为一种和合教育理念，是根据时代的发展以及整合已有教育思想的基础上提出来的。

从和合教育理念出发，结合济南大学的现实状况，我们提出了“三位一体”的和合型GPC人才培养模式，字母“G”代表的是通识教育(general education)；字母“P”代表的是专业教育(professional education)；而字母“C”代表的是生涯教育(career education)，这三种类型的教育教学共同构成了人才培养模式的框架，其目的在于形成一个促进学生的知识、能力和素质协调发展的教育环境。该模式坚持“整体养成、因材施教、分流培养”的原则：“整体养成”主要是指按照整体知识观通过通识教育方式达到健全人格养成与“全人”培育的效果；“因材施教”主要是指尊重学生的兴趣与爱好，学生自主地选择专业与选修课程，达到个性化发展的目的；“分流培养”主要是指按照学生不同的生涯规划与趋向，针对学生毕业时不同的“出口”实施分类教育教学。

我们在和合教育理念的指导下，按照学术要求、社会需求以及学生自身发展需要确立教学质量标准，旨在实施专业教育的同时，强调通识教育与职业生涯教育的价值，使通识、专业、生涯三者的教育处于“三位一体”的和合状态，实现全人教育与实用教育之间的有效结合。这种结合主要表现在四个方面：(一) 通识教育与专业教育有效结合。在和合教育理念下，通识教育与专业教育相互作用、相互影响，在矛盾运动中互动发展，在教育教学中，它们是统一的关系。(二) 学术旨趣与职业生涯取向有效结合。和合教育要求把实用知识吸纳在整体知识范围之内，既培养学生的学术能力，又发展与职业相关的关键能力，以利于学生未来的职业发展。(三) 理论教学与实践教学的有效结合。在和合教育理念指导下，强调理论知识向实践能力的转化，让学生在实践教育中学会创新。创建产学研结合新途径与新模式，使本科应用型人才具有工程意识与实践能力，努力做到知行合一。(四)“进口向前进”与“出口向回找”有效结合。在主要按照学科知识体系制定专业教学计划的情况下，学生接受教育的方式大多是顺着教学计划“向前进”，原有的这种“进口”教育模式可称为“进口向前进”。当我们的教学计划突出社会需要的时候，学生接受教育的内容与方式就要充分考虑到经济社会发展状况，以便毕业后有更好更多面向社会的“出口”通道，这种“出口”教育模式可称为“出口向回找”。

从整个教育过程来看，一个完备的课程体系，既要注重“专业教育”，又不能小视“通识教育”，更不能忽视“生涯教育”，只有三者处于“和合”状态，本科教育内容才可能系统、连贯并形成一个整体。

二、构建核心、轴心与多元的和合型课程体系

根据“三位一体”的和合型人才培养模式，我们构建与实施了核心、轴心与多元的课程体系。通识教育设置了“核心课程”体系，包括六大“模块化课程域”：中华传统与文明对话课程域、科学与技术课程域、艺术与人文课程域、社会探究与批判思维课程域、方法与技能课程域、生涯设计与生命关怀课程域，为不同专业的学生按照“分类限选”的原则提供可选的通识课程。专业教育设置了“轴心课程”体系，主要是由学生必修的一系列“梯级递进”学科基础课程或专业基础课、专业课或专业方向课组成，形成了一个轴心状的课程体系，以体现不同专业人才培养的目标、规格、特色。生涯教育则贯穿于大学教育全过程。除了通常意义上的显性课程，我们还设立了多种以生涯教育为目标的隐性课程，如学生生涯规划、心理咨询与辅导、创新训练、社会实践、志愿者活动、成功人士报告与讲座、“音像学堂”，这些便称为“多元课程”。这种课程体系在促进学生未来生涯发展方面发挥了潜在而巨大的作用。

核心、轴心与多元的和合型课程体系与课程内容，强调人文与科技、理论与应用、基础与前沿、专业与管理的“四个结合”，在课程体系和课程内容的设计方面充分体现出“四个特性”：一是针对性，即针对学科性质和专业特点；二是基础性，即强调知识的学术性、逻辑性、合理性和稳定性；三是时代性，即充分反映学科专业发展的最新成果和前沿研究状况；四是社会性，即充分考虑到社会的需要以及职业生涯的需求。

三、构建柔性的教学体系

为了体现教育以育人为本，形成以学生为主体的教学机制，我们构建了

与刚性教学体系不同的柔性教学体系。刚性教学体系把学生看作被加工的“原料”,把教学看作加工过程,把课程看作加工的工序,一切都是事先规定好了的。这种教学体系突出了教师的主导作用而忽视了学生的主体作用。相反,柔性教学体系把学生看作社会人,他们具有自主性、能动性,在教学过程中,他们拥有选择的权利,学生既是教育的接受者又是教育的设计者,培养方案虽然是预定的,但教学过程是师生互动的过程,教学内容也处于适时完善之中。

(一)灵活的专业设置方式

调整学科布局和专业设置,地方大学应打好地方牌。济南大学专业设置与结构调整的思路是“巩固优势、突出特色、扶持新兴、优化结构、协调发展”。专业设置的灵活性主要表现在:一是根据地方经济社会的实际需要灵活设置专业或专业方向;二是按照学科大类招生,实现学科、专业、专业方向三级设置;三是将专业选择权交给学生。

(二)建立柔性教学计划与柔性教学大纲

教师可以自己决定如何开发课程,进行课程规划,教学内容可以根据社会经济和科学技术发展做及时调整;以学生为中心,让学生共同参与教学方案的设计;教学计划要由教师、用人单位、学生三方共同参与意见,合作完成;积极推进民主化教学,培养学生的自主选择意识,建立选课制度,从体制上强化学生自主学习环节。

(三)探索柔性的教学方法

建立“课堂是平的”的柔性教学文化。课堂是属于教师的,更是属于学生的,每个学生都是课堂的主体,因此要让课堂变平,改变“教师严格控制知识的选择与组织,控制传递和接受知识的进度”的教学方法,教师应在不断地更新自己的知识、严格准备教案的基础上采用启发式教学方法,充分发挥学生在教学过程中的主体作用。

(四)支持柔性教学的管理信息系统

加强网络化教学环境建设,鼓励教师与学生开展网络教学互动。我们利用学校校园网提供的教学平台,将部分课程的教学互动移至网络,利用网络技术手段开展问题答疑,提高了师生互动水平,促进了教学质量的提高。

四、构建和合型实践动手能力培养体系

在学生实践动手能力培养方面，贯彻文理工三者以及软硬“渗透”的思想，注重知识“内化”后向能力转化，即达到知识和能力之间的“和合”，达到学与用、理论与实践的融通。为此，实现三个方面创新：一是教育主体观的创新，从“教师中心”走向“学生为本”；二是教育质量观创新，从“知识中心”走向“能力为本”；三是学生教学观创新，从“课堂讲授中心”走向“课程建构为本”。

（一）建立实践教学和合型培养方案

优化培养方案和教学计划，统筹协调理论教学与实验教学内容，从学分和课时上为实践教学的开展留出足够的空间，发挥实验学分的“杠杆作用”，帮助学生培养实践动手能力和创新能力。实践教学和合型培养方案主要表现出这样一些特点：在教学及教学改革的全过程，强调实践能力的培养；在学生学习的全过程，突出实践动手能力的培养；在师资配备的全过程，强调师资结构有利于学生实践动手能力的培养；在课程结构调整与优化过程，强调有利于学生实践动手能力的培养。为此，济南大学构建了“一体化、全过程、分层次、多模块”的实践教学体系。

师资结构与水平是学生实践动手能力培养的关键，济南大学从三方面提高师资实践教学水平：一是“走出去”，使校内教师，特别是专业课程和实验课程教师深入到企业实践之中。二是“请进来”，将优秀企业家、企业高级工程技术人员请进实践教学过程之中，聘为实践教学指导教师。三是专业课程的“双师型”，即教师在负责理论教学的同时又要负责实验与实践教学，达到理论教学与实践教学不脱节的效果。

（二）建立有效的产学研“和合”机制

产学研合作教育是培养与提高学生运用多学科知识分析和解决实际问题能力、达到“知晓”和“能做”目标的有效途径。为了更好地实施产学研合作教育，我们在借鉴国外先进经验的基础上建立了自己的产学研“和合”机制。该机制主要有三个特点：(1) 校内与校外学习环境的“和合”。大学生的培养，必须符合社会与企业的需求，学生也必须在校内与校外的教育环境中

学习与锻炼。校内实验、实践教学环境建设，必须跟上最新的技术进步，还要能满足社会的要求；校外实践教学环境主要是以社会实习、实践基地的方式进行管理，但这两种实践教学环境的建设都要服从于学生实践动手能力的培养。(2) 大学与企业培养机制的“和合”。大学生的培养是大学的责任，也是社会与企业的责任，大学培养的人才最终要服务于社会与企业。企业尽早参与到学生培养的过程中来，可以实现企业与需求人才之间的对接。通过校企“和合”培养模式的探索，济南大学建立了一种高校与企业“和合”的人才培养机制。(3) 学生实践内容与教师科研课题的“和合”。在学生实践动手能力培养的过程中，充分利用教师的科研项目与条件，引入“第二课堂创新导师制”、“SRT（大学生科研训练）计划”、“课题工作＋课程学习”、“大学生科技竞赛活动”等，保证教学与科研“和合”机制的建立，实现教学与科研一体化，提高大学生的科技创新能力。济南大学还成立了合作学习式项目小组，即结合某个实际项目或实验，把学生组织在若干小组之内，几个学科的教师联合指导，让学生自己合作去完成项目。这些项目不是去代替课堂讲授，而是相辅相成，对课堂教学的改革有促进作用。

五、构建全方位的教学运行保障体系

（一）构建教学组织保障体系

从人才培养的体系建设、优化人手，选择科学途径和方法，优化组合影响人才培养的各个方面的要素，推进人才培养组织管理体制改革和创新，提高人才培养和教学工作的组织程度和管理水平，为教学协调工作提供了组织保障。

（二）构建教育教学改革制度保障体系

教学制度既关系到学习主体“学的规定”，又关系到教学主体“教的要求”。教学制度的设计和改革要体现两个目的：一是有利于学生的全面与个性和谐发展；二是有利于教学质量的保障和人才培养质量的提高。为此，济南大学围绕人才培养和合模式的开展，健全了一系列管理制度，如学分制、辅修制、选课制、弹性学制、教师聘用制、教学评价机制、教学资源配置机制，为教育教学改革提供规范的教学秩序。

（三）完善的教育质量监控保障体系

从制度与政策设计、教学过程因素调控、教学质量意识确立等方面入手，逐步构建起科学、完善的“1234 链型闭环式”教学质量监控体系，即围绕一个人才培养整体目标，确定“教”与“学”两个监控对象，建设被监控主体层面的“自控”、学院与学校层面的“校控”、校外社会层面的“社控”三个控制层次，实现质量监控组织网络系统、教学过程适时监控系统、质量信息采集与评价系统和教学质量调控与行为约束系统等四大系统之间的协调运行，从而构建起一个从目标的确定、各主要教学环节质量标准的确立，到信息的收集整理与分析、评价，再到信息反馈、调控的“链型闭环式”教学质量监控体系。

附录二　创新人才培养模式，为建立富有特色的高水平大学育人体系打下坚实基础(节选)*

在认真学习、贯彻落实全国教育工作会议和《国家中长期教育改革与发展规划纲要(2010～2020)》的形势下，我们迎来了我校第四次教学工作会议，我们按照中国共产党济南大学第二次代表大会的精神，确定本次会议的主题：创新人才培养模式，为建立富有特色的高水平大学育人体系打下坚实基础。现受学校党委及行政委托，我对两年来学校教学工作做一简要总结，并对今后一段时期的教学工作作出总体安排，供大家讨论。

一、两年来主要教学工作回顾

(略)

回顾前一段教学工作，有五条深刻体会和工作经验值得总结与汲取。

(一) 必须牢固确立"以学生为本，以教学为主，以质量立校"的教育教学工作原则

大学的第一职能就是育人。培养人才就是要体现出"以学生为本"的思

* 本文为2010年12月27日济南大学第四次教学工作会议上的工作报告。

想，否则就会偏离大学办学的宗旨。“以教学为主”就是要牢固坚持教学工作中心地位不动摇，否则就偏离了育人的主渠道。教育教学质量和人才培养质量是高校生存与发展的生命线，是衡量高校办学水平的主要尺度，只有坚持“以质量立校”，才能办出人民满意的高等教育。

（二）必须坚持以改革创新为动力，建立体系开放、机制灵活、渠道互通、选择多样的人才培养体制

教育要发展，根本靠改革。改革是推进教育教学工作的强大动力。凡是阻碍人才培养的，就要改；凡是利于人才培养的，就要试。教育教学改革发展必须立足校情，必须调动各方面改革的主动性，尤其是教师与学生参与改革的积极性，尊重教师与学生的首创精神；必须注重改革顶层设计和总体规划，先行试点，分步实施，积极稳妥地推进各项改革。

（三）必须增加教学投入，建设一支热爱教学的高素质教师队伍

一所大学只有造就一批热爱教育事业、担当育人责任、具有优良素质的教师队伍，才能提高教学质量，才能培养出高质量的人才。师资队伍建设首先要以德为先，因为师德是教师的灵魂，而热爱教书育人的事业就是师德的核心，教师对于教学投入就是师德的重要外在表现。这就要求教育者具有高度的使命感、责任心，静下心来教书，潜下心来育人，做爱岗敬业的模范、教书育人的模范、终身学习的模范，成为受学生爱戴、让人民满意的光荣教师。

（四）必须具有严谨的教风、学风以及扎实的教学工作作风，建立起一种高尚的大学教育教学文化

办大学某种程度上说就是办氛围，有什么样氛围的大学就会培养出什么样的人才。教风、学风端正了，教学氛围就好了。作风扎实了，教学工作水平就高了。教风、学风、作风都严谨了，大学就办出了一个氛围来了，办出了一种文化来了。教学文化是大学培养人才的一种综合能力的表现，是一种推动大学发展的不竭的源泉。严谨的教风、学风、作风一旦形成，教学文化的质量与品位则会获得巨大的凸显。

（五）必须加强教育教学研究，深入探讨与把握高等教育教学规律与人才成长规律

观念引导发展。切实尊重、把握与运用教育教学规律是转变教育发展方式的客观要求和根本保证。在当前教育改革发展的关键时期，我们必须充分认识教育学术的研究价值与意义，必须具有对于现实问题的理论把握能力，充分运用教育教学研究产生的潜在效应，推动教学建设与改革工作。

回顾过去的教学工作，我们为取得的成绩感到欣慰。这些成绩的取得，是学校党委和行政的坚强领导、科学决策的结果，是全校教职员工，尤其是广大教师勇于创新、共同努力奋斗的结果。同时，我们也应该看到，教学工作还存在不少问题，主要表现在：我们对大众化高等教育规律的认识不够深入，对建设高水平大学教学工作的办法不够多，人才培养的体制机制不够灵活与高效，教学管理的专业化程度不够高，教学资源尤其是经费紧张的状况没有完全缓解，市场经济体制下教师、学生的正确的教学观与学习观还有待建设，等等。这些问题，有的是管理工作不力带来的问题，有的是高等教育发展过程中长期积累下来的问题，有的是新形势下出现的阶段性问题，都需要在今后的工作中加以克服和解决。

二、今后一段时期教学工作的总体部署

今年是“十一五”结束之年，明年是“十二五”开局之年。值此之际，谋划好、落实好今后一段时期教学工作就显得更为重要。在新的形势、机遇与挑战面前，我们应该保持清醒的头脑。无论是回溯高等教育发展的历史，还是放眼世界各国的大学，培养人才始终是高等教育的基本职能。在大众化教育的形势下，提高人才培养质量成为高等教育发展的核心任务，因此，今后一段时期，创新人才培养模式就成为了改革人才培养体制机制的核心环节，也成为了教学工作的首要任务。

我们人才培养模式改革总的指导思想是：以邓小平理论和“三个代表”重要思想为指导，深入贯彻落实科学发展观，遵循高等教育规律和人才成长规律，以加快转变教与学的方式方法为主线，以激发教师和学生参与教学改革的积极性为重要着力点，以提高人才培养质量为根本出发点和落脚点，以

改革创新为动力，强化责任和投入，为建立富有特色、生机与活力的高水平大学育人体系打下坚实基础。

在人才培养模式构建与改革过程中，我们首先应该回答这样几个问题：

——树立什么样的人才培养理念？教育实践一定不能缺乏理念的指导。在以人为本的思想指导下，我们确立“整体和谐、个性发展”的融通教育理念。所谓整体和谐，就是按照整体知识观的要求，在人才培养的过程中关注知识、能力、素质之间的和谐融通，实现学科知识逻辑、社会需求逻辑、人自身发展逻辑的统一。所谓个性发展，就是培育与发展每个学生的兴趣与好奇心，注重创新精神与创新能力的培养。如何正确处理好大学教育中的各种关系呢？那就要做到统合是手段，和谐是目的。

——举办什么样的本科教育？大学是具有高深学问的机构，是养育学术的场所，大学教育不同于其他类别教育的基本区别就是学术教育被提高到一定的高度。大学教育适应社会需求是一种主动的适应，而不是被动地迎合社会的需要，是全方位地参与到解决社会问题、推动社会进步之中，如此方可做到适应社会需求与大学的内在精神品质的统一。因此我们应该创建高度重视学术与适应社会需求的本科教育。

——培养什么样的本科人才？培养什么样的人是由人才培养目标与人才培养规格决定的。整个社会对于人才的要求简而言之就是德才兼备，即成人又成才，因此我们的人才培养目标就确定为具有高度社会责任感和持续发展能力的高级复合型专门人才。人才培养规格就是一种人才质量标准，作为一所地方性综合大学，我们确定的规格应该是“实基础、重实践、强能力、高素质、求创新”，为青年学生的未来生活、个人成功与服务社会做好充分的准备。

——突出什么样的本科人才培养特色？特色就是一种差异化，其对立面就是同质化。我们在长期办学过程中已经形成了“三实一强”人才培养特色，即基础扎实、工作踏实、作风朴实、实践能力强。基础扎实，就是要突出所培养的本科人才具有牢固的知识基础与持续发展的延展力；工作踏实，就是要突出所培养的本科人才具有端正的态度与“知行统一”的精神；作风朴实，就是要突出所培养的本科人才具有高尚的道德情操与美好的人生境界；

实践能力强，就是要突出所培养的本科人才具有创新精神与解决实际问题的能力。

——创建什么样的人才培养模式？人才培养模式就是根据人才培养目标和质量标准，为学生设计的知识、能力和素质结构以及怎样实现这种结构的方式。我们就是要创建一个注重学思结合、知行统一、因材施教并富有特色、充满活力的融通识教育、专业教育、生涯教育于一体的高水平大学人才培养模式。为此，我们要建立一整套与之相适应的先进的、高效的高水平大学教学管理流程与体系，实现通识教育与专业教育、学术旨趣与职业取向、理论教学与实践教学的有效结合。

为了实现我们既定的教学工作及人才培养的各项目标，应该着力做好如下几项工作：

（一）解放思想，转变观念，提升教育教学管理能力及育人水平

大学与大学之间的差异重在办学理念之不同。我们应该提高转变观念的自觉性，切实把创新人才培养工作放在学校发展的新阶段和新任务中来把握，放在未来教育教学改革发展的方向、目标、使命中来思考和谋划，从而让先进的教的意识决定教的行为，使我们的教育教学系统产生深刻的变化。

要具有改革的勇气，建立“变则通”的观念。改革宽容失败，但是不可以不改革；尝试允许修正，但是不可以不尝试。只有与时俱进，大胆探索与试验，才能取得内涵发展和改革的成果。

要转变教学方式，建立“教学协同”的观念。协同教学与合作学习是当代高等教育改革的主要趋势之一。为此，教师之间应形成各种形式的优秀教学团队；教师与学生之间应做到教学互动与教学相长；学生之间应建立各种行之有效的学习组织。

要发挥学生的主体作用，建立“适度教学”的观念。提高教育教学效率一直都是教育教学改革和发展的价值追求，任何时候都不能忽视“学生究竟能从课程中学到什么”这个基本问题。教不仅是为了完成课时任务，教是为了不教。教什么就要教得彻底，真正实现“量下质上”的结果。

（二）采取切实有效措施，积极推进教育教学组织及教学方法改革

衡量人才培养模式的根本标准就是人才目标与规格的实现与否，要创

建多样化的育人方式，并以教育教学组织及教学方法改革带动教育教学质量的全面提高。

教育教学组织是教学的平台。要重建教学基层组织，使其成为增进教师交流与教学研讨的平台。要推进课程主讲教师制，倡导授课小班制，讨论小组式，营造一种平等交流的气氛。要鼓励组建多种多样的创新班、联合班等教学试点组织，组成不同形式的“人才培养模式改革创新区”。

教学方法改革是教学改革的“切入点”和“突破口”。要改革传统的封闭式、灌输式教学模式，大力倡导启发式、探究式、讨论式、参与式教学，切实转变重讲授、轻互动；重课堂、轻课外；重考试、轻学习；重教书、轻育人的僵化的教学局面，营造开放性、协作性、自主性、探究性的学习氛围。

要用质量标准引领学生的发展，就必须深化评价体系改革。在对学生学业的评估上，要将过去的只注重考试的终结性评价改为注重学习过程的形成性评价，重视对学生学习态度、实际能力的考察以及学习方法与创造能力的培养，使对学生的考试成绩评定回归到真正的学习评估上。

（三）进一步开门办学，促使整体教育教学呈现出积极开放的良好态势

实施开放战略是人才培养模式改革的必要条件与强大动力。要破除院系之间、学科专业之间、教学与科研之间、学校与社会之间的壁垒，促使相互之间开展交流、沟通与合作，开放办专业，开放建课程，创立院系合作、教科一体、校企联合的培养人才新机制。

专业建设要面向经济社会主战场，面向国家新兴的战略产业，要将课堂教学的“小课堂”延伸到课外、校外乃至国外，建立课内课外、校内校外、国内国外相衔接的开放式培养体系。

构建全方位、多层次、宽领域的教育国际交流与合作平台。积极开展各种合作项目，探索与境外学校间的课程学分互认。大力发展留学生教育，进一步扩大留学生规模。

（四）构建课堂智力生态环境，形成有利于人才培养的教学文化

高校的生存与发展取决于人才培养质量，人才培养质量的高低很大程度上取决于课程建设水平的高低。课程改革的重点在课堂，难点也在课堂。教师应把全面提高课堂教学质量作为全部教学工作的中心任务。效果好的

课就是好课,而效果好的标识之一就是建立新型的师生关系,全过程地让学生积极地自主学、合作学、探究学。

要提升每个学生的学校生活品质,为人才培养提供一种特殊的智力生态环境,使得学术生活与非学术生活融为一体,教学、科研和校园生活融为一体,显性课程和隐性课程的教育融为一体,建立良好的教学文化与校园文化,使教师与学生教与学积极性与创新性得到充分的发挥,获得最佳的教与学的生活体验。

(五)注重实践教学,强化社会体验与工程创新能力的培养

推行产学研深层次合作教育模式。积极寻找专业教育的企业合作方,建立紧密型专业教育建设伙伴关系,试行工学交替培养,把毕业实习、毕业设计、定岗见习三个环节融为一体,形成一种与企业共同培养兼顾学生就业预定的校企联合培养人才新机制。

试点 CDIO 工程教育模式,让学生以主动的、实践的、课程之间有机联系的方式学习工程。搭建面向工程创新能力培养的实践教学平台,探讨将教师的科研与工程实践融会于工程教育教学之中的有效途径,强化学生实践能力培养。

(六)充分调动教师参与改革的积极性,建立有利于教师职业发展的有效机制

强校必先强教,强教必先强师,强师以德为先。要大力倡导教师为人师表、爱岗敬业、关爱学生、教书育人,将严谨的治学态度与高深的学术素养结合起来,以人格魅力和学识魅力感染学生,努力造就一支全心全意为育人、尽责尽力为教学的高素质专业化教师队伍。

要尊重教师工作的特殊性,建立尊重教育教学的劳动人事制度。把教学作为教师考核的主要内容,把提升教师专业化水平作为教师培训的重点,鼓励中青年优秀教师潜心教学工作,鼓励教师创新教育思想和教育方法,远离流程化、工厂型、灌输式的教学模式,形成促进学生个性发展、具有济大特色的教学风格。

只有高水平的教育教学质量与人才培养质量才能保障一所高水平的大学。值此高等教育加快转变发展方式的关键时期,我们应该以更加强烈的

责任感、更加昂扬的精神状态、更加执著的事业追求，积极投入到新一轮教学改革实践中去，投入到高水平大学建设中去，努力形成自下而上和自上而下共同推进的人才培养模式改革的新局面。

最后祝愿在座诸位新年愉快！并通过大家向全校师生员工表达新年的祝福！

附录三 大学课程教学改革势在必行*

2011年9月，济南大学启动了“百门课程改革”试点项目，至今已半载有余，在这半年多的时间里，在学校教务处的组织下，在教育与心理科学学院课程研究与支持中心各位专家的指导下，参与百门课程改革的教师们从课程内容、教学方法、学业评价、学业考核等多个方面进行了积极的探索与思考，课程改革和建设工作取得了一批阶段性的成果。今天，课程研究与支持中心将百门课程教师的改革和研究部分成果集结成册，这既是一种总结，也是一种探讨与交流。借此机会，我也谈谈我的一些想法，共商于各位同仁。

一、为什么要开展“百门课程改革”试点项目

在高水平大学建设过程中，济南大学广大教师表现出积极向上、团结一致的高昂的精神状态，并以极大的热情投入到学校各项改革与发展过程之中。在这样的背景下，学校为了进一步推进教育教学改革，提高人才培养质量，及时推出了“百门课程改革”试点项目。

在大家共识中，改革已经成为了当下一项十分重要的事业，但是我们并不能为了改革而改革。到底为什么要继续进行课程改革试点工作？大抵有如下几个主要缘由：一是广大教师有进行课程教学改革的愿望。广大教师

---

* 本文为2012年《高等教育论坛》“百门课程改革试点”专号“卷首语”。

热爱教育事业，积极投入到育人工作中，取得了令人瞩目的教学与育人成果。但是，广大教师并不满足于现状，深知课程教学改革是一切教学改革工作的核心，因此，课程教学改革又一次被提到了议事日程。二是广大学生期盼学校推进课程教学改革。近年来学生工作处所做的学生基本思想情况调查结果表明，广大学生热盼我们能够在新的时代建立起一个新的课程教学模式，而非仅仅限于传统的模式。同时，海外游学的校友也有同样的建议，期望我们能够建立起更为先进的课程教学模式。三是高教界同仁呼吁全国大学进行课程教学改革，躬身自问：为什么出国留学的学生感叹在国内四年的读书量比不上在国外大学一年的读书量？熊丙奇甚至借用一名从内地顶尖大学到美国留学的本科生的话发出这样的质疑：原来在国内我上的不是大学。四是大学国际化趋势要求大学进行课程改革。世界教育教学改革潮流浩浩荡荡，顺之者昌，逆之者亡。美国教育部在30年前就发出这样的报告：如果某个不友好的国家将那种劣等教育体制强加给我们，“我们很可能会视之为战争行为”。现在美国号召应以乔布斯的方式变革教育体制，以新的教育标准引发创新。基于此，我们并不满足于现状以及已经取得的成绩，敢于迎接挑战，抓住机遇，积极开展“百门课程改革”试点项目。

课程改革的直接目的主要包括这样两个方面：一是要调动学生的学习自主性与积极性，激发学生的学习兴趣，充分体现以育人为第一要务；二是要促进教师教学思想、方式方法的转变及教学能力的提高，充分体现以育人为主旨。这两个课程改革目的是相辅相成的，也是具有一致性的，即育人，因为无论是学生学习自主性与积极性的提升，还是学习兴趣的激发，均需要教师改变传统的以教师为中心、以课堂为中心、以教材为中心的教学观念，将学习的主动权还给学生，增强学生的自主探索空间，形成启发学生思维成长、培养学生质疑与批判精神的教学意识。

二、“百门课程改革”试点项目的主要改革内容是什么

课程教学改革是无止境的，因为我们只能无限地接近于课程教学的理想境界，只要大学继续存在，课程教学改革就不会停止。美国几乎每过40年左右，就会产生一次具有重大影响力的课程教学改革，有力地推动美国大学

的发展。课程改革是方方面面的，但又要切忌眉毛胡子一把抓。那么，“百门课程改革”试点项目的主要内容是什么呢？从总的方面来说，课程改革工作应该主要包括两个方面：一是精益求精，就是固化原有的教学优势与传统；一是变革立新，就是在已有的基础上去除旧弊，建立新的教学模式与教学文化。具体来说，应该包括如下几个方面：

（一）转变教学思想观念

思想是行动的先导，解决思想问题比解决教学技术与能力问题更重要。教学思想到位不到位并不是虚得看不见，这里可以列出一些具体的表现：投入教学的精力与责任心是否足够；课堂教学中是否体现出以“学”为目的而不是以“教”为目的；教师与学生的距离是否很近；教师在教学中是发挥引导者与组织者的主导作用还是仅仅是填鸭式满堂灌；学生是在积极主动地参与教学活动中发挥主体作用还是仅仅作为被动的接受者；教师是人师还是仅仅是经师。同时，我们还应该革除教学认识上可能存在的误区，如将课堂教学分为精英教育模式与大众化教育模式，其实这种分类方法是不存在的，倘若如此，将来高等教育普及化之后还会出现普及化模式吗？当然不会。精英教育时期一样可以进行大班授课，大众化教育时期同样可以使用小班授课。再比如，学生学习不好的责任一般都归罪于学生自身，其实非也，教师教学的责任是无论如何推脱不开的。其实学生都是好学生，都是经过反复选拔出来的好苗子，等待大学的培育。改革为何有时难以推进下去，只要是因为教学思想不到位，结果还会出现这样的现象：要么不愿改，要么不知改什么，要么不知如何改。因此，在教学改革过程中，我们应该学会反思，学会转变教学观念；学会研究，学会先进的教学思想；学会规划，学会将先进的教学思想观念落实到现实的行动上。

（二）构建新的教学组织方式

我们的教学不但表现在课堂讲授上还表现在教学组织上，我们应该在教学组织上下更多工夫。美国教育学大家杜威认为，教育工作者的第一责任就是组织领导。我们提倡协同教学，提倡课程主讲制，提倡大班授课小组讨论，提倡课堂陈述，提倡开设 OFFICE TIME，提倡书院式，提倡游学，提倡组建教学团队，提倡强化教研室教学基层组织建设……总之，通过教学组织形式的变革，建立起一种以学术为基础的新型的教师与教师之间、教师与学生之间、学生与学生之间的教学关系。有什么样的教学组织形式，有怎样的师生关系，就可能会有怎样的学校风格，培养怎样的学生。

（三）推进教学方法的改革

现在大学教育中，真正的问题不是教什么，而是怎么教。教学方法改革几乎成为了改变中国大学教育现状的命门。狭义的教学方法是指在教学活动中，教师如何对学生施加影响、怎样把科学文化知识传授给学生并培养学生能力、发展智力，形成一定道德品质和素养的具体手段。在当前教学改革的过程中，要改革传统的封闭式、灌输式教学模式，大力倡导启发式、探究式、讨论式、参与式教学，切实转变重讲授、轻互动；重课堂、轻课外；重考试、轻学习；重教书、轻育人的僵化的教学局面，营造开放性、协作性、自主性、探究性的学习氛围。为此，要从学生被动听到把课堂还给学生；要从评价教到评价学来引导教；为学生参与课堂提供时间与空间；促使教师转变角色形成新型师生关系；引导小组合作课堂新秩序的产生。审视当今的高校教学方法改革，其趋势主要包括如下几个方面：1. 由“教给知识”到“教会学习”，注重知识与方法的共同培养。2. 由“注入式”转变为“启发式”，强调学生的主动性。3. 由“讲授为主”到指导学生独立学习与研究为主，强调学生的自主学习能力。4. 由教师主导转变为师生互动、生生互动，注重学习资源的多元开发。总之，教学方法改革的中心是加强学生的创新精神和实践能力的培养，要有利于增强学生自学能力、分析问题、解决问题的能力和实践能力的培养，要有利于学生个性和才能的全面发展。提高教育教学的有效性一直都是教育教学改革和发展的价值追求，但是提高教学有效性，就不得不从教学方法改革入手。

（四）创建新的课程教学秩序与模式

通过教学改革，建立起一种新的教学秩序、教学模式以及教学文化。密歇根大学倡导的新教学模式值得借鉴：1. 从教的组织到学的组织；2. 从被动的学生到主动的学习者；3. 从以教师为中心到以学生为中心；4. 从单独的学习到互动的协作的学习；5. 从课堂学习到学习化社会；6. 从线性的、连续的课程到超学习经验；7. 从学分或课堂学习时间的认证到学习评价；

8. 从“以防万一式”的学习到“及时式”学习再到“量身定做”的学习；9. 从学生或校友到学习化社会的终身成员；10. 从以校园为基础的学习到异步（任何时候、任何地点）学习再到普遍的学习。

当然，我们应秉承“具体问题，具体分析”的科学态度，以所授课程之特点为基础来思考具体的改革方式方法，正所谓“法无定法，合适为好”。同时，在改革措施探索过程中，教师应加强与学生之间的沟通与交流，因为，课程改革并不是教师单方面的责任，而是教师与学生共同的责任。对于课程改革而言，充分调动学生参与课程改革的积极性不仅可以减少改革的阻力，而且可以达到“事半功倍”的效果；而对于学生而言，积极参与课程改革，则不仅可以让自己从课程改革的结果中受益，更可以在课程改革过程中受益。

三、如何衡量“百门课程改革”试点项目的效果

由于本次百门课程改革是以项目形式实行的，因此，无论是教学管理部门，还是参与课程改革的教师都十分关注课程改革效果的评价问题。由于课程改革本身的复杂性决定了课程改革效果评价的高难度，所以，对于该采取何种方式进行评价也存在着一些争论，但是主要应考察“教师怎样教以及教得怎么样”与“学生怎样学以及学得怎么样”两个方面，而课程改革效果评价的重点应放在“学生学得怎么样”上，而不是“教师教得怎么样”上。教是为了不教，学才是目的，不能本末倒置。因此，在课程效果评价方式的设计上，我们应多从学生视角入手，通过量表、访谈等多种形式获得学生对课程改革的感受与认识。

衡量一门课程的教学效果，不只是看教师教得如何，更重要的是看学生学得如何；不只是看学生学了多少知识，更重要的是看学生掌握了多少知识以及知识转化能力。不妨也可以设置一些可以参考的过程性具体指标，如学生课堂的参与度（包括学生听课的有效度）到底有多高，学生有多少次小组讨论的机会，学生有多少次课堂陈述的机会，学生做了多少次富有效果的作业，学生阅读了多少与该课程相关的资料，总之，从学生层面来说，就是学生投入的学习精力如何；从教师层面来说，就是教师调动学生的学习兴趣与积极性如何。当然，长远的最终效果，也是我们努力要追求的效果就是我们

培养的学生未来适应社会经济发展需要与自身成长及发展如何。

四、如何开展"百门课程改革"试点项目

从心底里来说,我们每个人都支持教育教学改革,我们愿意为教育教学改革付出努力,我们愿意打破传统的教育教学模式,我们需要重新制定"教育游戏规则",但是我们也应该注意方式方法,防止急躁冒进,应该找出正确的路径,以免迷失方向。

(一)领导重视,认识到位

学校各级领导尤其是学院领导,应该做好百门课程改革试点的领导工作,充分认识到这种改革所起到的以点带面的作用,鼓励、支持与扶持参与改革的教师的改革举措,同时,包容改革过程中可能出现的失误。

(二)教师主动,学生获益

没有教师的积极参与,任何教学改革都不能够取得成果;没有学生在教学改革中获益,那就很难说教学改革是成功的。激发学生学习的激情与探索学科领域的勇气,挖掘学生的学习与研究的潜力,是我们每位大学教师需要认真对待的事情。因此,应该充分调动教师与学生参与课程改革的积极性与主动性。

(三)明确目标,逐步推进

我们教学改革的基本工作方针是:系统设计,分类指导,试点先行,整体推进。我们本科教育体系目标是:创建高度重视学术与适应社会需求的本科教育体系。我们人才培养目标是:培养具有高度社会责任感和持续发展能力的高素质应用型专门人才。我们人才培养规格是:实基础、重实践、强能力、高素质、求创新。我们人才培养特色是:基础扎实、工作踏实、作风朴实、实践能力强。我们营造的教育生态环境是:学术生活与非学术生活融为一体,教学、科研和校园生活融为一体,显性课程和隐性课程的教育融为一体。围绕这些方针与目标,切实开展好课程改革工作。

(四)制度到位,保驾护航

在课程改革过程当中,改革措施倘若受到传统教学管理制度以及僵化习惯的制约而无法实施,那么广大教师应放下包袱,勇于打破制度枷锁以及

习惯势力的束缚。教学管理层面应该形成一个共识，即教务管理要为教师的课程改革保驾护航，任何阻碍课程改革的制度都要改革，任何阻碍课程改革的思想都要改变！

总之，课程改革任重而道远，需要全校师生的全力投入，我相信，只要我们坚持课改不动摇，我校的课程建设一定会取得新的更大成绩，课程改革也必将对全面提高我校人才培养质量，建设高水平大学发挥重要作用！教师恳恳以教，学生孜孜以学，大学幸哉！

附录四 大学美育论纲*

逻辑是有力量的，而且常处于一种“自在自为”的状态，人们只要自觉遵循一般不会受到逻辑的惩罚，忽视逻辑的存在可能就会有很大的风险。倘若一所大学缺乏美育，那么其教育就不是一种理想的大学教育，而且背离了党和国家提出的德智体美全面发展的教育方针。这一逻辑推理应该是没有什么问题的。然而，这么一个简单的逻辑却被埋藏在事物表象的背后，往往不受到人们的重视，更不会去作更为深入的认识与思考了，尤其是在功利主义教育盛行的情势下，忽视乃至轻视美育似乎已是司空见惯、见怪不怪之事了，而美育的呼吁之声反而倒有可能显得不合时宜了。现实越是如此，我们越应该保持高度清醒的头脑，真正能够做到不为浮云遮望眼。在中国的高等教育大踏步迈进的过程中，在不断推进大众化教育的背景下，认真思考，理清思路，高扬美育旗帜，做好美育实践。

一、美育是什么

美育是什么？回答这个问题的前提条件就是要回答美与美学是什么？美，属于感觉的范畴，至今没有一个公认的统一的定义，见仁见智，但并不影响人们对于美的接受、认识与传播。美学原是哲学的一个分支，英语是

---

* 本文发表于《长春工业大学学报》（高教研究版）2011 年第 4 期。

aesthetics，是以美为研究对象的一个学科。在简单分析了何谓美、何谓美学之后，我们再来回答何谓美育。早在1930年蔡元培为《教育大辞书》中“美育”词条所写的定义是：“美育者，应用美学之理论于教育，以陶养感情为目的者也。”今天看来，这个定义并不过时，但是应该进一步予以发展与完善，因为美育不仅是美学理论之教育，还应包括鉴赏美、创造美等审美实践活动，所以较为完善的美育定义应该是：美育就是指对于受教育者进行审美的教育活动，目的是为了增加受教育者的审美认识、审美体验以及美好情感的培养，是实现人的全面发展的必要的教育内容与形式之一。

（一）美育是一种审美教育

美育主要是为了增加受教育者的审美知识，提高受教育者的审美能力与素养而设置的一种教育活动。倘若一个人是一名“美盲”，那么这将是人生的一大缺憾。审美可以跨越族群界、国界、政治界、经济界，人们不会因为族群的不同就不审美，不会因为国籍的不同而影响审美，不会因为政治派别不同而消除审美，不会因为经济拮据就失掉了审美。季羡林在《留德十年》中回忆了这样一幕令人感动的场景：二战中德国一位年迈的妇人在极端艰苦的环境下不忘清晨在房门前的轰炸废墟上摆放一盆自己种植的鲜花。审美不需要任何功利性，不需要任何附加条件，为的就是生命存在得更高贵，更鲜活，更有价值，更有意义，更有情趣，也是为了这个世界更加美好。

（二）美育是一种生命教育

人的生命从某种角度说是由感性与理性组成的，谁来养育感性？美育主要担当起了养育感性的责任，使人更能认识到自身存在的价值。人们需要生命的延续，但是“活着”只是一种生命存在的基本状态而已，“活得好”才能成就一个高质量的生命体。那么怎样才能维持生命体处于一种高位状态？这就需要增加生命的体验，尤其是审美的体验，因为过分强调理性，生命体就会干瘪，当然过分强调感性，生命体也会疯狂。这两者之间应该适当地达到一种平衡。中国古人是最为有智慧的，早在三代时期，就设计出一种比较理想的符合感性与理性平衡的礼乐生活方式，并且上升为国家的一种礼乐制度。今人难道还不及古人吗？

（三）美育是一种人性教育

爱美之心人皆有之，人们需要美的感受与体验，既然如此，我们为什么不能够根据人性的需要进行教育呢？《孝经·圣治章》云："天地之性，人为贵。"审美教育超越了人之初性本善与性本恶的争论，而更为重要的是体现了以人为本的原则，可以让人更加爱人与自然。何谓人性？马克思主义认为人性主要是人的社会性，是社会关系的总和，当一个人的社会关系处于一种"美"的状态，这种人性是何其美啊！

（四）美育是一种生活教育

美育可以使人更加热爱生活，也可以使生活变得更加美好。美育是丰富现实人们生活的教育，从某种角度来说，可以改变人们的一般日常生活世界，让人们发现美，感受美，让生活充满着美，洋溢着美，正如何其芳《生活是多么广阔》诗歌所写的那样："生活是多么广阔，生活又多么芬芳。凡是有生活的地方就有快乐和宝藏。"美育帮助人们认识生活，理解生活，享受生活，让人们懂得原来生活还可以有一种审美的活法，从而获得"花枝春满、天心月圆"（李叔同偈语）与"面向大海，山花浪漫"（海子诗）的人生境界，提高人的生活品质。

二、大学美育的价值认识

我们为什么要提倡大学美育？这是由美自身存在的价值与意义决定的。无论是优美还是壮美，人类都需要以获得美来满足自己与升华自己。对于现代大学教育来说，美育是不可或缺的，天生就应该是大学教育的内容之一，否则大学教育就不可称为完整的、健全的、理想的人类教育形式了。

（一）美育可以使大学与大学人更有文化

文化是大学的一种很伟大的能力，也决定着大学命运，所以文化的意愿是大学发展的一种动力。没有任何人怀疑大学是知识汇集的场所，但是能否是文化汇集的场所，不同大学却会显得各有差异，因为知识的汇聚度不能代表文化的厚度与高度。大学最为可怕的现象就是沦为只有知识而没有文化了。《易·贲卦·彖传》云："观乎人文，以化成天下。"从教育的角度来看，文化是指以文教化，知识的传授还不能简单地断言其就能起到以文化育之效果，因为知识堆积的场所，可能是文化的沙漠，显得单调、寂寞、乃至荒芜；而审美富足的地方，肯定是文化的绿洲，又显得那么鲜活、丰实而生机盎然。在现实中，我们可能太有知识了，所以我们可能缺少文化；我们可能太功利化了，所以我们忽视了审美。美育是直接的文化教育形式，大学开展了美育活动，那肯定是有文化的一种表现。常话说得好，一流的大学靠文化，二流的大学靠制度，三流的大学靠人治。我们没有了文化，何来一流大学？大学原本就应该有文化，所以大学原本就应该有美育。

（二）美育可以使大学与大学人更为高尚

大学应该是社会中最为高尚的场所，所培养的人应该“自视自己能够配得上最高尚的东西”。[①] 英国纽曼早在阐述大学理念的时候就曾强调大学生人格养成的重要性，提倡以绅士与淑女作为培养目标的“自由教育”。理所当然，大学培养的人应该是“一个高尚的人，一个纯粹的人，一个有道德的人，一个脱离低级趣味的人，一个有益于人民的人”。[②] 然而，“世界精神太忙碌于现实，所以它不能转向内心，回复到自身”，我们的大学也常常如此，将“现实上的很高的利益”占据着大学精神世界，以至于大家“没有自由的心情去理会那较高的内心生活和较纯洁的精神活动”。[③] 倘若我们的精神世界太忙碌于现实的生活，那么我们大学人的气质从何而来？我们大学生的素质从何而来？我们大学生的自信力又从何而来？事实上，我们可以从审美当中去寻找，因为美育可以培养人的高尚情操与美好气质，王国维认为“盖人心之动，无不束缚于一己之利害；独美之为物，使人忘了一己之利害而入高尚纯洁之域”。[④] 倘若大学缺失了美育，一切呈现出的都是冷冰冰的理性，那么怎么能够培养出具有生命活力与现代精神风貌的青年人？现代大学生的仪态、仪表、气质、风度的养成不能完全依赖于理性知识的灌输，还要依靠审美的熏陶。没有吃过梨的人肯定不知道梨的滋味，没有接受过审美教育的

---

① 黑格尔．哲学史讲演录[M]．贺麟，王太庆译．北京：商务印书馆，1958．3

② 毛泽东．纪念白求恩[A]．毛泽东选集(第二卷)．北京：人民出版社，1967．621

③ 黑格尔．哲学史讲演录[M]．贺麟，王太庆译．北京：商务印书馆，1958．1

④ 王国维．论教育之宗旨[A]．周锡山编校．王国维文集(第四册)．北京：中国社会科学出版社，2008．8

人也有可能不知道美育的感受。一个人的审美历来超越于自然境界与功利境界之上,应该日臻于“诗意地栖居”的理想境界。

（三）美育可以使大学与大学人更具有创新精神

中国曾经遭遇李约瑟之谜,即近代科学为何没有产生在中国而是在十七世纪的西方;当下又面临钱学森之问,即我们的大学为何总是培养不出杰出人才?我们需要回答这一谜一问,却难倒了整个知识界,尤其是大学人,皆无法给出令人满意的答案,原因是没有找到问题的症结所在。其实,一问一谜的问题实质就是在追问我们为何失去了创新精神与创造力。一个民族或一个人的创新与创造的先决条件就是要具有强烈的想象力,想象力是国家的最大资源之一,可以孕育发明、科学发现、优越的管理、经济效益、就业机会和更安全的社会,兴旺繁荣亦因此顺应而生,而想象力的培育主要源于审美熏陶,因为审美可以使科学和技术变得更加丰富多彩。那么我们可以反思一下,我们的大学教育是具有想象力的教育吗?我们的校园是一个具有想象力的校园吗?美育正是培养想象力的有效途径与手段。当我们将一粒沙子仅看作一粒可怜的沙子的时候,就不会产生审美;当将一粒沙子看做一个美妙世界的时候,当然就会产生审美的想象。当钱学森谈到他从其夫人弹奏钢琴的美妙旋律中获得想象力的时候,难道他不是在提醒我们应该注重审美教育吗?麻省理工学院曾在上海招收笔试考分不是最好却会演奏钢琴的学子,因为他们不是唯分数论,唯知识论,而是要看到一个年轻人的发展潜力与价值取向。在这个世界上,凡是取得人生成功的杰出人才大都具有很高的审美水准,钱学森的钢琴欣赏水平不亚于科班出身,杨振宁的古典诗歌的审美具有专业水准,就连美国前总统克林顿都将萨克斯管吹得如此美妙。创新是一个民族的灵魂,审美教育是滋养这个灵魂的有效养分。美育是培养想象力的教育,远离了美育,我们还有想象力吗?没有了想象力,我们的精神生活仅仅处于一种温饱状态乃至处于贫困状态,何谈创新与创造?中国制造如何才能转变为中国创造?一所大学最为可怜的就是想象力的贫乏,而且比物质的匮乏更为可怕。困境中的西南联合大学为什么能在中国教育史上树立起丰碑?因为这所大学不乏高涨的激情,不乏丰富的想象力,这构建起让后来者惊叹不已的“联大神话”。

（四）美育可以促进德育、智育、体育的发展

美育同德育、智育、体育之间彼此处于一种相辅相成之关系。蔡元培说："美育者，与智育相辅而行，以图德育之完成者也。"王国维认为："审美之境界乃物质之境界与道德之境界之津梁也。""美育者一面使人之感情发达，以达完美之域；一面又为德育与智育之手段，此又教育者所不可不留意也。"[①]在德育的要求上，不但要明辨是非，而且要分出美丑，分不出美与丑，就分不清道德上的高尚与庸俗，也就很难达到德育之目的；在智育方面，不但要传授知识，还要启迪智慧，缺少智慧的教育肯定是一种落后的教育，而缺乏审美、没有想象力也就有可能不会唤起智慧；在体育方面，体育活动本身就可以展示力、体魄之美，体育与美育可以相互补充、相互促进，体育中体现审美可以进一步升华体育，美育中融进体育可以更为充实与完善美育。真正的大学，最终表现在育人上，即德育上的决定力，智育上的发展力，体育上的健康力，美育上的审美力，这四大要素的集合，方可造就杰出的大学与人才。因此，欲强人才，必强大学；欲强大学，必不可忽视美育。

三、大学具有美育的传统

我们人类早已萌生出了审美意识，也不缺失美育。我们的祖先北京人都知道用朱砂来装饰自己，8000 年以前河南舞阳人都能用骨笛吹奏出美妙的乐曲来愉悦自己，西班牙北部海岸的阿尔塔米拉岩洞已经绘画出生动的"站立的野牛"美术作品。人类爱美之心既然早已存在，那么审美活动也就同步开始了。到了文明时代，恩格斯指出这"是真正的工业和艺术产生的时期"。[②] 审美教育一样起步得很早，以诗乐为教，传唐尧虞舜业已开始，《尚书·尧典》载舜命夔典乐，教育胄子"八音克谐，无相夺伦，神人以和"。[③] 诗乐之教为化民成俗之需，《礼记·学记》云："君子如欲化民成俗，其必由学

① 王国维．论教育之宗旨[A]．周锡山编校．王国维文集(第四册)．北京：中国社会科学出版社，2008．8

② 恩格斯．家庭、私有制和国家的起源[A]．马克思恩格斯选集(第四卷)．北京：人民出版社，1972．23

③ 吕绍纲．中国文化史宜从尧舜讲起[J]．社会科学战线．1998(3)

乎！……是故古之王者建国君民，教学为先。”中国夏商周三代时期已经将审美教育上升为国家制度层面，成为中国最古老之教育形式之一。无论是东方的“六艺”（礼、乐、射、御、书、数）教育还是西方的“七艺”（逻辑、语法、修辞、数学、几何、天文、音乐）教育，都不乏美育的内容。孔子“审美学上之理论虽不可得而知，然其教人也，则始于美育，终于美育”。① 所以，美育历史悠久，渊源有自。然而，当欧洲面临近代科学危机的时候，“现代的生存似乎已经分裂为一个带有自然科学技术理性烙印的世界及其组织中的无精神生活和在一个历史地和个人地成长起来的世界及其文化产物中的充实的此在”，②于是，人类的审美活动受到了威胁，表现出对愈来愈彻底的理性化组织和管理的社会的不满，急于想得到“有居家的感觉并且能够在完整的意义上‘生活’”。③ 大学教育的处境同样如此，希望回归于大学教育的自身与本质，由此美育应该得到再次复兴。

大学历来重视审美教育。现代意义上的大学可谓是中世纪文艺复兴的产物，最初的大学也大都是以人文为主要学科的基础上建立起来的，从这个角度来说，人文学科与人文精神应该是大学的传统与基调，而美学与美育正属于人文学科与人文教育之范畴。美国的大学具有营造科学、艺术、人文、技术氛围的传统。哈佛大学开了美国以人文学为中心的风气之先，而斯坦福大学在1891年10月1日的首次开学典礼上，主席台分别挂着“科学”、“艺术”、“文学”和“技术”四面锦旗。美国1980年教育改革催生了美国《艺术教育国家标准》，2000年联邦法律规定艺术是一核心课程，如同英文、数学、历史、公民和政治、地理、科学、外国语一样，在教育上具有同等的重要性。不只美国如此重视艺术教育，发达国家的大学也都十分注重艺术与审美教育，在大学校园里营造出一种艺术的氛围，陶冶与熏陶大学生的身心成长。中

---

① 王国维.孔子之美育主义[A].周锡山编校.王国维文集(第四册).北京：中国社会科学出版社，2008.3

② (德)克劳斯·黑尔德.导言[A].(德)埃德蒙德·胡塞尔.生活世界现象学.倪梁康，张廷国译.上海：上海译文出版社，2005.2

③ (德)克劳斯·黑尔德.导言[A].(德)埃德蒙德·胡塞尔.生活世界现象学.倪梁康，张廷国译.上海：上海译文出版社，2005.1

国近代意义上的第一所大学——北京大学成立不久,蔡元培就力主提倡美育,希望通过美育来改造旧有的教育;清华大学四导师之一的王国维同样十分重视美育,认为完全之教育必须具备德、智、体、美四种教育。重视美育是世界大学教育的基本取向,经过上千年的不断发展、完善,这个理念已经成为大学教育的深厚传统,也正是这个美育(人文、艺术与科技相融)的传统提升了大学的品味,构造了大学的风格。

传统原本就不是一尊站着不动的雕像,而是不断发生变化的,有时汹涌澎湃,有时溪流潺潺。我们依靠科学教育,可是科学并不可以拯救一切,不是包医百病的万能之药,科学教育也不能代替其他教育,更何况科学技术还是一把双刃剑呢!然而由于过分强调科学技术,我们又会陷入理性主义的漩涡,甚至服膺于工具主义。我们的教育对象是活生生的人,而现实的人表现出理性与感性两个方面,因此除了理性教育感性教育(美育)也是十分必要的。

四、大学美育的使命

时代在发展,大学在进步,美育同样需要与时俱进。在新的时代背景下,大学美育承担的任务及肩负的使命将越来越重,只有明确了使命,大学方才可以树立起美育的愿景,然后勇敢地担负起这些伟大的使命。

(一)培育善于审美的青年才俊

培育善于审美的青年才俊是美育的第一使命,因为大学的核心要务就是育人。杨国荣认为:"教育的使命在于人的完成。除了知识的传授、德性的培养和能力的提升,教育还涉及另一重要方面,即审美品格的培养,后者构成了人的完成过程中重要的内容。"[①]一切教育活动都应该围绕培养人这个主题来展开,美育同样如此。培养什么样的人,怎样培养人,这确实是需要我们认真考虑的,但是无论如何美育应该包涵于这两个问题的答案之中。美育的这一使命与一个民族的审美水平与素质是紧密相连的。完成这第一使命,也就是在为整个民族的发展与强大做贡献。

---

① 杨国荣.教育的使命[J].新华文摘.2011(24)109

（二）让教育者同样接受审美教育

教育者应该首先接受教育。在整个教育活动中，教育者与受教育者分别扮演着不同的角色，受教育者需要接受教育是毫无疑问的，其实，教育者本身更应该需要接受教育。因此，美育的对象不但是受教育者，而且也应包括教育者。从事教育工作的大学人更需要提高审美水平，因为只有教育者成为了美育的典范，才能培养出具有审美能力与素质的受教育者。反过来看，由于教学互动与教学相长，教育者与受教育者同样会处于同一个美育活动过程之中。

（三）构建具有审美氛围的校园生活

办大学就是办氛围，美育应该成为校园文化生活的重要组成部分，为构建具有审美氛围的校园生活做出应有的贡献。美育在大学校园中不能缺席，审美活动也不能沉默，倘若出现了缺席与沉默，那么大学人就没有机会同各类艺术作品对话，也没有机会展示与提升自己的艺术才华，那大学的艺术氛围从何而来？按照“泡菜理论”，大学之所以是大学，氛围起到了重大的作用。纵然我们有的大学硬件设施并不比国外差，为什么用钱堆不出一个世界一流大学？因为我们缺少那种一流大学的氛围。由此看来，美育在大学建设中的重要地位与作用就可想而知了。

（四）促进整个社会提高审美情趣

大学美育还应该向社会产生溢出效应。大学的审美教育产生的审美文化应该辐射到大学周围的社区，从而引领社会审美文化的发展。大学应该为周围的社区以及整个社会贡献更多的审美作品，并提供更为丰富的审美生活，从而影响社会的审美发展。大学还应该胸怀全球，表现出对人类具有的人文关怀，向全世界人民贡献出自己的艺术审美文化。在审美文化传播过程中，大学应该率先行之，这当为大学之己任，同样是美育之重要使命。

五、大学美育的原则

凡是活动就会有规则，否则活动就无法进行下去。教育活动更需要具有规则意识，当然这些规则都是教育规律的外化表现。大学美育同样如此，在整个美育活动中不但不能忽视美育的原则，而是应该自觉遵循美育的原则。

（一）以人为本

马克思主义认为，社会发展的目的是为了促进人的自由而全面的发展，离开人的自由而全面的发展，一切发展便将会失去其价值与意义。美育就是为了人的全面发展、为了人更好生存状态的获得而开展的，因此，人文关怀始终是美育的出发点与归宿，既表现出对现实的人的关心与关怀，也展现出对人性养育的关注与关切。倘若离开了“以人为本”这个原则，美育也就无从谈起了。

（二）寓教于乐

美育不是一件苦差事，一旦美育变成了苦差事，那么人们就会对美产生失望感，也不会从内心油然而生出一种美的感觉，也达不到美育之目的。美，一定是给人产生美好的感觉的，美的作品也肯定是一种富有意味的形式，美育同样需要在寓教于乐中完成其教育活动。当然这种“乐”不但是一种愉悦，而且也是一种深刻的体验，甚至是一种高峰体验。

（三）知行统一

美育不仅是有关美的知识的教育，更应该是使人在审美中产生体验。美育应该培养每个青年学生的兴趣爱好，最好应该擅长于某一项艺术活动，或者积极参与一些艺术活动，也就是说，无论是做“演员”还是做“观众”都可以，但是不能选择缺席，因为从某种角度来看，“演员”与“观众”不但是某种审美活动的参与者，而且都在扮演着各自的“角色”。要引导青年学生从事艺术活动，让青年学生在活动中感受美、欣赏美、创造美，从而成为美的使者。

（四）循序渐进

审美教育更应该遵循循序渐进的原则，引导青年学生逐渐进入审美境界，否则就会出现欲速则不达之现象。当青年学生对于某项审美活动不能理解的时候，教育者不是将其拒之门外，而是应该循循善诱。每门艺术都有其门槛，登堂入室是一个过程，因为艺术的堂奥是深远的。俗话说，台上一分钟，台下十年功，而美育的目的并不是要求每个学生都成为艺术家，而大多应该成为艺术欣赏者则足矣。

（五）情感培养

美是积极情感力量的显现。积极情感是美的，消极情感可能是丑的；积极情感是向上的，消极情感可能是消沉的。美育应该激发出青年学子积极的情感，并通过这种积极的情感去发现美、创造美与欣赏美，最终在青年人心中构建起一个积极向上的、审美的精神世界，当然这个精神世界是主体对于客观世界的一种审美反映而已。美好情感的培养就应该摈弃丑恶，消除冷漠，增加人生的情趣与人生的体验。苏轼曾提出过“技道两进”这样一个艺术的命题，我们的审美活动同样应该遵循这个命题，但最终目的还是应该落脚于青年学生的积极情感的培养。

六、大学美育的对策

我们大学美育的现状是不容乐观的，可谓形势是严峻的，任务是紧迫的，前途是光明的，道路是曲折的。其实，大学学术性教育同美育是不矛盾的，职业化教育同美育同样是不矛盾的，要想得到更好的学术性或职业性教育的话，反而应该更加重视美育，因为忽视了美育无疑也是在削弱对于学术性或职业性教育的追求。世界存在二元依存的现象，有无相随，虚实相生，超功利性审美教育与实用性教育可共处共生。面对这不能尽如人意的美育现状，所有大学及大学人都应该来关注、关心美育的建设。

（一）认识到位

美育重视不足的主要原因可能是没有意识到其重要性，一旦认识到美育的重要性，就有可能会立即重视起来，这里面有一个价值取向的问题，因为美育是教育的一个更高的目标，所以大家都将着力点放在基础目标上，而不能提高自己的目标高度，高度不足，视野不够，美育受损必定无疑。这是事实，是我们需要面对的严肃的事实。认识到位是很有必要的，但是也是很不容易的。认识一旦到位，其他很多问题就可能迎刃而解。经济学界有句流行语：一切都是资金，只有理念才是资本。此话含义深刻，完全可以套用到美育建设问题上来。

（二）师资建设

审美教育可以通过通识教育的方式开展起来，要动员广大教师积极参与到审美教育中来，开设审美显性与隐性课程；同时，要组织教师进行必要的美育培训，建设一支专兼职相结合的美育队伍。大学首先应该调动美术学院、音乐学院等专业性艺术学院参与美育的积极性，尽力发挥艺术专业教师在美育中的主导作用；其次应该动员参与通识教育的教师积极开设审美通选课；然后还应该激励学工队伍积极开展审美活动。总之，美育的师资建设是多方面，也是多层面的，应该纳入学校的整体师资队伍建设规划之中。

（三）硬件设施建设

我们大学的硬件设施有的只能满足基本的专业教育需要，有的也意识不到美育设施建设的重要性，无论是校园规划还是投资计划，美育设施建设项目常常处于要么靠后站要么不列入考虑范围之内的尴尬境地。我们的大学有的是实验室，有的是办公楼，有的是大会堂，有的是宿舍与食堂，我们有美术展览馆吗？我们有体育馆（体育也是一种审美）吗？我们有音乐厅吗？国外大学的校园为何充满具有想象力的活动，因为他们有展示的舞台。有的时候，大家会误认为大学的基础设施已经到位，甚至超前了，其实并没有关注到美育设施的不足及其结构性失调，于是出现了“硬”的建设也不足，“软”的建设更不够的现象，严重影响大学的审美教育力及影响力。所以，我们应该着手考虑校园的美育设施建设问题了。

（四）体制机制建设

现在的大学教育体系中，德育、智育、体育的体制机制显得十分明确且相对到位，管理机构的设置也比较健全，人员的编制也大都能够到位，而美育相比较来说那就显得残缺不全得多了。当年蔡元培执政北京大学期间，为培养学生审美鉴赏能力，还成立了雕塑研究会、音乐研究会、书法研究会、诗歌研究会等有关美育的机构，理顺美育的体制与机制。而今很多大学的美育体制机制都亟待建设与完善，然后美育建设方可落实到位。

我们的大学应该与一流大学标准比较一下，在美育建设方面我们缺少什么就应该逐渐补充与建设什么。国外的一些企业都十分注重审美活动，何况大学。瑞典的公司的工人可以边听音乐边做机械装配，制造的产品销遍全球；美国波音公司一线工程师可以相当专业地演奏小提琴，这样的工人能不创造出一流的产品吗？我们培养出的人才能够了解艺术吗？能够懂得欣赏艺术吗？能够驻足于艺廊的伟大的作品之前吗？能够陶醉于一场古典的音乐会吗？能够在日常生活中体验到美的存在吗？能够在自己的职业中创造出美吗？倘若答案都是肯定的话，那么我们大学培养出的人才肯定是经受了审美教育的了，肯定是具有一定精神境界的了，其精神生活也就不会贫乏了，国家或民族的想象力资源也就是相当富足的了，民族的强盛与大国的复兴也就指日可待了。大学人自然就会从心底里由衷地发出这样的肺腑之声：美育啊，美！

附录五　国学学科设置存在的困境与出路*

新时期“国学热”兴起之后，国学教育以及学科设置问题被学术界、教育界提到了议事日程，《光明日报》“国学版”甚至还曾围绕“国学学科设置问题”展开讨论，支持者言之凿凿，尽出“理”与“据”，媒体舆论似乎在向世人传递国家制度化的“国学”学科设置已指日可待之讯息，然而国家新一轮修订的《学位授予和人才培养学科目录》并没有列入“国学”学科，持异议者在失望之余呼吁之声不绝于耳。“国学”学科是否设置确实不是一个感情的问题，而是一个学理的问题。国学教育既然还要继续发展下去，那么我们就很有必要冷静地反思一下国学学科设置的有关问题，想得明白了，事亦可能顺了，方可信心十足地做好国学教育。

一、历史背景简要回顾

在近现代“西学东渐”之前的中国几千年的教育史上，我们一直在做着所谓“国学”教育的事情，当下没有任何人对此表示怀疑，也没有任何人会将此作为一个重要问题来加以思考，因为那是既“天经地义”又“约定俗成”之事。“国学”与中华天朝帝国同构，“天朝之学”即是所谓“国学”，是故无现在

* 本文发表于《江汉大学学报》2012 年第 2 期。

意义上的所谓“国学”之说。然而,“西学东渐”之后则不然,在原为“天朝之学”的版图上,“西学”作为一股异己力量挟裹欧风美雨而来,于是“天朝之学”出现了“天不兼覆,地不周载”之局面,国人以“炼五色石以补苍天”之力维护“天朝之学”之疆域,并以“国学”名之以比于“西学”而存在,于是乎“国学”与“西学”成为了对立统一的“共生体”,犹如由于“你”的存在方才分辨出“我”的身份一样。国人国学意识迅速觉醒,办起了有关国学的报刊,如1905年创刊的《国粹学报》、1923年创刊的《国学季刊》,以传播国学,在此情势下所谓“国学”教育就应运而生了,其实质只是中国固有学术教育在新阶段以新的形式延续而已,香火可谓依然袅袅。

古代大学是不太讲究学科式教育的,纵然孔子曾分出德行、言语、政事、文学四类弟子。近现代大学始有“分科立学”之说,影响并引导着学术研究的范围与方向。1898年京师大学堂创立,昭示中国现代大学教育之开端,最初起草的京师大学堂章程明言“略取日本学规,参以本国情形”,分普通学科与专门学科两类,普通学科中包括经学、理学、掌故学、诸子学等所谓“国学”内容,为全体学生所必修。戊戌政变后,课程减少到只有诗、书、易、礼四堂和春秋二堂。1899年,改为上午学经史,下午学科学。1902年,张百熙拟定《钦定学堂章程》,仿日本设置学科,共设七科三十五目,其中文学科设有经学、史学、理学、诸子学、掌故学、辞章学等,显然是为“国学”内容。但该学科分类法因有违“中体西用”之原则而未能得以施行。1903年,张之洞等拟定了《奏定大学堂章程》,提出“八科分学”方案,其最大特点是将“经学”置于群科之首,单独设立“经学科”,下分周易、尚书、毛诗、春秋左传、春秋三传、周礼、仪礼、礼记、论语、孟子、理学等11门。此学科分类法一直沿用至1911年清朝覆亡。由此看来,清朝晚期,大学教育一直延续以经学教育为主的传统教育内容,虽然学科分类中没有标榜“国学”之名,但是却在行所谓“国学”教育之实。民国成立后,1912年颁布《大学令》、《专门学校令》,1913年颁布《大学规程》,有关学科分类中取消了“经学科”独尊地位,分设文科、理科、法科、商科、医科、农科、工科等七科,而文科下置哲学、文学、历史学、地理学四门。从此以经学面目出现的所谓“国学”类学科从大学学科设置中消失,这是现代“国学”教育历史上的一个重大事件。但是,国学教育并没有中断,反而很多大学涌现出以“国学”命名的机构，从此“国学”教育终于“名与实”相符了。1922 年，北京大学研究所“国学门”宣告成立；1924 年，东南大学成立“国学院”；1926 年，厦门大学设立“国学研究院”。在当时这些所谓国学教育与研究机构中，影响力最大的要数清华大学的所谓“国学研究院”了。1925 年，清华学校成立大学部的同时，又增设了一个研究院，成为校内与大学部、旧制留美预备部并列的三个相对独立的教学单位之一，由于经费问题，研究院只设国学门，拟陆续添设自然科学、社会科学等科目，但是揆诸实际，研究院以国学一科贯其始终，因此，习惯上又称研究院为“国学研究院”。由此看来，清华大学的所谓“国学研究院”只是一个美丽的传说而已，清华校史上并无此官方机构名称。遗憾的是，这些国学教育与研究机构的存续时间都很短，但却创造了国学的学术神话，成为了国学教育的重要遗产。

20 世纪 90 年代再次掀起了“国学热”。在全球化的时代背景下，在中华民族走向大国复兴的道路上，新时期“国学热”现象的出现是一种历史的必然，这亦是一个民族、一个国家乃至整个东方文化“自为自觉”的一种重要表现。进入本世纪以来，大学国学教育亦再度兴起。2001 年武汉大学在国内率先创办国学本科试验班，2010 年成立了国学院；2005 年中国人民大学正式宣布成立了国学院；2009 年清华大学第二次成立国学研究院；2011 年杭州师范大学成立国学院；一概强调义理、经世、考据、辞章一体的传统中国学术。大学国学教育既然如火如荼地开展起来了，那么在“分科立学”的大学教育现实体系中“国学”就陷入了不明学科身份之尴尬境地。于是，“国学”是否应该在国家制定的学科体系中注册上“户口”就成为了大家相互辩难之题。

二、“国学”学科设置之难题

倘若要将“国学”纳入现代大学学科体系，那么首先就应该弄清楚学科及学科体系之概念。何谓学科？倘若从词源学角度考证的话，学科在词语流变过程中蕴涵有多重含义，但在现代学术话语体系中，学科的定义应为

"学术知识的分类或学问的分支"。[①] 何谓学科体系？简而言之，就是指按照一定的学术知识分类标准与办法制定出的学科结构及其制度。倘若一个学科体系体现了国家的意志，那么这个学科体系就成为了国家层面的一种制度安排，亦可谓之"国标"。而"国学"在目前国家沿用的学术分类标准中又很难找到其合适的位置，这就是国学学科设置所面临之困境。

（一）"国学"学术之疆界难以确定

"国学"一词，古已有之。但在晚清之前其义一直是指国家一级的教育机构，如《周礼・春官》载乐师"掌国学之政"；《明史・选举志》云学校有二：一曰国学，二曰府州县学。最早将汉字"国学"用作他义者是日本人，在日本江户时代，保守派为了排斥儒学和佛教而提倡所谓"国学"，实指日本国之固有之传统学问。20 世纪初，本土国人使用"国学"一词含义发生了转变，1902 年秋，梁启超写信给黄遵宪提议创办《国学报》，"以保国粹为主义"，使用了"国学"一名。1906 年 9 月章太炎还在日本东京发起"国学讲习会"，不久又在此基础上成立了国学振起社。于是，"国学"在本土也由原指"国家一级的学校"向"我国固有的文化、学术"含义转变，以至于后起之义遮掩了原有之义。至此，新的"国学"概念已经确定。然而，迄今为止，"国学"仍没有统一明确的定义，可谓众说纷纭，莫衷一是。邓实曾宽泛地认为："国学者何？一国所有之学也。"[②]这一定义显然模糊了国学一词的外延。倘若说国学是指"我国固有的文化、学术"，那么其涉及的范围也仍旧很难指定，以至于钱穆边讲国学课，边质疑"国学"之概念，并在《国学概论》的"弁言"中说："其范围所及，何者应列国学，何者则否，实难判别。"[③]况且"国学"在定义的过程中还存在"通学"与"专学"之争。当"国学"的学术疆界很难划定的时候，"国学"也就很难归入学术知识分类之学科了，这就犹如"文化学"同样难以列入当下制度化的学科体系一般。

（二）国学在当下学科体系中难以定位

我们当下沿用的学科体系设置的制度原理、框架结构并不是原产于本

① 庞青山.大学学科论[M].广州：广东教育出版社，2006.22

② 邓实.国学讲习记[J].国粹学报.1906(19)

③ 钱穆.国学概论[M].北京：商务印书馆，1997.1

土，就如同我们现代意义上大学制度一样，皆为“舶来品”。在近现代意义上的大学没有诞生之前，我们并没有较为科学的学科体系，当新的学科潮流涌来之后，我们方才建立起了一个较为科学而先进的学科体系，这是不争之事实。而当我们原有的所谓“国学”遇到新的学科潮流的时候，“国学”只有与时俱进地与新学科体系“同构”，从消极的态度来看，“国学”遭受到了“肢解”；从积极的态度来说，“国学”获得了一种“新生”。首次“国学”与新学科体系“同构”发生于19世纪与20世纪之交，因为那时既然新学科体系难以否定，那么“国学”与之“同构”也就成为了一种必然。我们当下沿用的学科体系与所谓“国学”已经“同构”百余年了，现在大家企图将“国学”再从当下的已经“同构”的学科体系中“分离”出来，并且期望仍旧在现有的学科体系中“运行”，其难度之大也就可想而知了。这里既存在着逻辑上的矛盾，也会遇到技术性的难题。逻辑上的矛盾首先突出表现在学科存在的前提是学术知识的分类，而国学从“同构”中“分离”出来的先决条件则是不再服从这种知识分类的制度安排；其次国学学科建立的吁求者一面要求在当下学科体系中建立“国学学科”，一面又无视“国学学科”与现有学科体系中其他学科之间的关系，甚或提议将“国学学科”纳入现有学科体系的某个一级学科之下，真的有些不知所措了。技术上的难题首先表现在“体制”内，倘若在现有的学科体系中设置“国学学科”，那么现有整个学科体系将可能无法保持其学术知识分类标准的一致性，结果可能会出现“叠床架屋”之局面；其次表现在“体制”外，倘若在现有的学科体系之外创建另类的学科体系，令国学学科游离于现有“体制”之外，并处于体制外“循环”状态，这显然既是不可能的又是不适宜的。是故，所谓“国学学科”相对于现有学科体系之“定位”无论系统内还是系统外皆会遇到难以逾越的问题。

（三）国学学科人才培养方案难以设计

学科人才培养方案一般应该包括人才培养目标与规格要求、课程体系与结构。倘若从通才教育角度来看，国学学科培养人才的目标理应是国学人才，其最高之目标也应该是国学大师，这一目标制定是否显得太高，培养单位是否会显得力不从心呢？倘若从专才教育角度来说，国学学科的培养目标是经师还是儒者，是道家还是禅师，这些目标似乎都令人难以接受。倘若说国学学科人才的培养目标是历史学家、文学家、哲学家、经济学家，这又会倒过来落入现代学科体系的“窠臼”，更会令国学学科落入“虚无”境地。培养目标既然难以确定，那么人才培养的课程体系就更难以建立了。一个学科专业人才培养课程体系起码应该分为基础课与专业课（或专业方向课）两个部分，这就难倒了制定课程体系的教授们了。中国人民大学国学院常务副院长黄朴民教授曾坦言：“国学的边际没有弄清楚，哪些是必备的东西，哪些是专长的东西，专和博的关系怎么处理，到现在为止我们的课程还是有一定问题的，只能是有什么人开什么课。”[①]很多大学在国学教育的人才培养的课程体系构建方面都不遗余力，企图有所突破而成为“样板”，结果也只能是依据自己大学的实际情况“有特色”地设置课程而已。

国学学科设置遇到了一些学理上与现实上的难题，导致国学学科设置在“体制”内搁浅，这也是可以理解的。但这将更加激发我们去努力思考一些关键性的问题：“国学”到底是什么？“国学学科”应该如何定位？国学人才培养方案及其课程体系又该如何设计？我们设立了国学院，那只是解决了一个组织机构设置的问题，但对于国学学科设置以及国学人才培养那还是远远不够的。“国学学科”虽然没有进入“体制”内，但这并不意味着否定国学教育存在的价值与意义，只是需要我们更加开动脑筋，寻找出国学教育的更佳途径以及有效的出路而已。

三、“国学学科”教育的出路

“国学学科”虽然没有在“体制”内设置，但这并没有影响有关大学对于国学人才培养的热情，而且国学教育的这种情况还可能会持续下去。国学教育如何打破目前在学科设置方面的僵局，现在各大学无非会采取如下几项措施，以便各自的国学教育有出路，有生机。

（一）大学单独自主设置“国学学科”

大学寻找一切可能的制度性时机，运用大学所谓自主办学的权力，在现有学科体系中强行“嵌入”国学学科，然后获得体制性的确认。最近，中国人

---

① 国学是一门学科[N].光明日报.2009.10.12(12)

民大学就利用国家学位办允许大学在一级学科之下较为自由地申办二级学科及交叉学科的机会，申办了“国学”学科。国学学科虽然申办了，但这并不意味着国学学科及其人才培养体系就已经成熟了，可能仍旧是一项任重道远的事情，需要去探索与完善。

（二）在国学相关学科设置学科方向

在国学学科没有进入“体制”内之前，许多大学仍旧会一如既往地借助现有的学科体系平台培养国学人才，即在体制内的不同学科下设置国学方面的学科方向，有的在历史学科下，有的在文学学科下，有的在哲学学科下，这样，国学人才的培养会体现出不同相关学科的特色且颁发相关学科学位。这种“体制”内的国学教育本质上只是现有学科体系内某个学科的拓展而已，但是，这种学科方向的设置却是“体制”允许的，从制度层面来说，也是合理的。

（三）设置高等级的国学研究课题

借鉴国外大学的高等研究院的经验与做法，超越国学学科设置这一“怪圈”，通过课题研究获得国学研究成果并培养国学人才。清华大学国学院就定位为一个高等级研究机构，并从普林斯顿大学高等研究院、哥廷根大学科学研究院与哈佛大学燕京学社等机构那里，广泛地寻找办院的灵感。但是，这种做法只能适应培养国学高级研究人才，甚至不以培养人才为旨归，而是以培育有影响的国学研究成果为旨趣了。

（四）以国学精神统领相关学科

在现行的学科体系框架内，很多学科同样可以培养国学人才，只要以国学精神统领这些相关学科，这些学科就可以为国学教育服务，因为当初的所谓“国学”已经“同构”地进入了这些不同学科了。有的是不同学科内涉及相同的国学内容，如历史学科、哲学学科、文学学科皆可能培养出经学人才；有的是一个学科可能涉及多方面的国学内容，如哲学学科可以培养出经学人才，也可以培养出诸子学人才，还可以培养出简帛文献人才，不一而足。也就是说，只要在现有的学科体制内，国学相关学科根据现有学科制度安排已经含有的国学知识分类内容，就可以培养出国学的人才了。由此看来，国学精神与国学意识只要体现于相关学科之中，国学人才就可以产生于众多学科，众多学科也可以看做学科中的“无冕之王”的国学学科的下属学科，如此不再拘泥于“学科”之名而行“国学”之实了。

无论采用何种国学教育方式，我们都应该注重通识教育与专业教育相结合，培养适应国家发展需要的国学人才，方可完成时代赋予国学教育的历史使命：一是传承中华民族的传统文化与学术，强化民族身份的文化认可度；二是创新民族与国家文化与学术，国学并不是一尊不动的雕像，而是犹如一道洪流离开其源头愈远则愈加汹涌澎湃；三是通过国学文化与学术进一步推进大国复兴的进程，让我们的中华民族巍然屹立于世界民族之林；四是传播国学文化与学术，为人类的进步做出应有的贡献。

附录六　大学理念之反思*

当中国大学教育发展到今天这个地步，我们很有必要进行一下自我反思。反思是一种面向事物内在本质的深入的觉解，是一种洞察事物发展规律的幽玄的觉悟，是一笔只有觉醒的人才会拥有的稀有的财富。倘若不进行必要的反思，那么我们的大学教育就很难实现可持续性的发展。我们反思得越深入就越会感觉到，中国大学现在最缺的应该是具有价值的大学理念。于是，我们就会发现，目前大学发展面临的困境，在本质上是大学理念的缺失；大学改革出现的困惑，其实质上是大学理念的迷茫；倘若大学深受混乱的困扰，困扰的不是来自于事物的表象，而是来自于深度混乱的理念。难怪美国高等教育家亚伯拉罕·弗莱克斯纳（Abraham Flexner）如此定义大学："大学是由相同的理念或理想，而非行政力量，所形成的富有生命力的有机体。"①

一、大学理念误识之澄清

中国大学改革发展要走向新的高度、新的境界，并向未来奉献出新的传统，就必须站在思想理性的高峰，去熔铸出现代意义上的中国大学理念。何

* 本文发表于《高等教育研究》2012 年第 5 期。

① 刘宝存. 大学理念的传统与变革[M]. 北京：教育科学出版社，2004. 44

谓理念?简而言之,理念就是人们形成、信奉或遵从的一种系统化的思想或观点。[①] 那么,何谓大学理念?概括地说,大学理念就是人们对大学的本质及其办学规律认识的一种哲学思考体系,并得到信奉或遵从。现代大学理念起源来自于西方,而西方的大学理念却是建立在西方思维模式基础之上的。东、西方思维方式历来是有差异的,季羡林认为:"东西文化的不同扎根于东西思维模式的不同。西方的思维模式的主要特点是分析,而东方则是综合。"[②]密歇根大学教授理查兹·尼斯比特亦持有同样的看法,并预言:谁把握了东西方两种观察世界的长处,谁就会在21世纪获得最大成功。[③] 由此看来,大学理念建设的正途应该是,兼用东西方思维模式,融会东西方大学思想,熔铸适应中国的大学理念,方可为21世纪大学的发展提供不竭的思想动力与源泉。然而,我们日常对于大学理念却存在一些误识,需要我们解开遮蔽,予以澄清。

(一)想法≠理念

每个人都可能有一些自己的想法,但是未必有经过加工提炼出的"理念"。想法可以随感而发,而理念却是要经过理性的思考与加工的,而理性的思考相对来说就是一件非常不容易的事情了。看法一般仅存在于一种价值判断的层面,即使这种看法很重要,而理念却不止于此。季羡林就谈过他叔叔对于教育问题的一个看法,当他的叔叔得知他在一所学校所学的教科书中有《阿拉伯的骆驼》故事的时候,他的叔叔就决定让他转学了,因为他叔叔认为这个故事太奇怪——骆驼怎么会说话呢?! 如此教育学生肯定是有问题的。[④] 纵然这种看法导致的结果是很严重的,但是这仅是一种个人看法而已,不可与理念同日而语。人们有想法是一件可贵的事情,最令人担忧的是生存的生命不产生任何想法。而想法是形成理念的基础,当想法变得系统化且具有思想性的时候,这些想法才可以上升到理念层次,也就是说,不是所有的想法,都可以上升到理念的。这就如同一个人可以不停地说话,但

① 至于"理念"词源探究,可参阅韩延明.大学理念论纲[M].北京:人民教育出版社,2003

② 季羡林.悼念忆——另一种回忆录[M].北京:华艺出版社,2008.179

③ 哈娜·艾伯茨.东西方大比拼[N].参考消息.2009-6-17(13)

④ 季羡林.悼念忆——另一种回忆录[M].北京:华艺出版社,2008.196

与演说家之间还是有距离的。

如何才能使一些零星的想法转化为理念呢？一是理念一定是建立在知识基础之上的，没有知识基础的思考可能只是想法而已。要具有一定的知识基础，一者要具有一定的学识，二者应具备一定的专业知识。缺乏学识，视野要受到局限；缺乏专业知识，思考的深度就会显得不足。二是理念一定是建立在逻辑基础之上的，没有一定的逻辑推衍，就不会有理性的思考。三是理念一定是建立在系统化体系之上的，只有系统化的思考才有可能成为一个思想体系。四是理念一定是具有独创性的，而不是拷贝的，是谁的理念就是谁的理念，上帝的归上帝，恺撒的归恺撒，各得其所。五是理念一定是对于具体实践具有指导价值与意义的，而不是空想或幻想。马克思说："人的思维是否具有客观的真理性，这并不是一个理论的问题，而是一个实践的问题。人应该在实践中证明自己思维的真理性，即自己思维的现实性和力量，亦即自己思维的此岸性。关于离开实践的思维是否具有现实性的争论，是一个纯粹经院哲学的问题。"[①]

在推进高等教育现代化的征程中，我们现在的看法其实是不少的，好像大家都可以对于大学建设与改革发表一通"高论"。我们的想法太多了，但是我们的理念却太少了。想法是零星的碎片，可能是一种感性的产物，也可能是经验的产物，但可能不是理性的产物。反躬自问：我们的一些想法是否已经功利化或平庸化？我们的办学思想是否显得苍白？我们的想法是否距离系统化的理念太远？

（二）理论≠理念

我们大都或多或少地具有一些理论思维，也可能产生了一些关于大学的理论，比如见诸报刊的理论文章，但是这些所谓理论是否上升到治理大学的有价值的理念，就值得商榷了。理论与理念之间既相关又有区别。首先，理论只是产生理念的基础，没有一定的理论支撑是不可能产生原创性的理念。理念一定是原创的，可以利用别人的理论作为基础，但是理念是不可以拷贝的。我们认清问题需要从理论上弄清楚才行，即以理论的方式面向现

---

① 马克思恩格斯选集(第1卷)[M].北京：人民出版社，1972.16

实。孙正聿认为这是“现实问题的理论自觉”,“什么是理论？人们可以从不同角度去界说它,然而从理论与实践的关系看,理论就是规范人们的思想和行为的各种概念系统。人们的所思所想和所作所为,都与人们自己所占有的理论密不可分。理论包括三重内涵:第一,理论是世界图景,也就是以概念体系的形式规范人们对世界的理解;第二,理论是思维方式,也就是以概念框架规范人们如何理解和描述世界;第三,理论是价值规范,也就是以人类文明的价值观念规范人们的思想和行为。”①其次,理念是富有实践性意味的理性思想体系,因为理念要得到信奉或遵从,而理论则未必如此。有价值的大学理念一定是同实践相结合,并通过实践检验的,而不是经院哲学。我们不能只做空谈家,但是我们应该做理论家;我们不能只做蛮干的行动者,但是我们应该做实践者;只有理论与实践的结合,方可产生出有价值的理念。从事教育的人应该成为理论家与实践者的完美结合——教育家！既要能实干,还得有理念。温家宝总理在同济大学的即席演讲中谈到:“一个民族有一些关注天空的人,他们才有希望;一个民族只是关心脚下的事情,那是没有未来的。”②再次,理论转化为理念需要教育家具有博大的胸怀与高尚的目标。这就需要我们具有一颗自由而高尚的心灵,然而,现实正如黑格尔所说,我们的精神太忙碌于现实的平凡的琐屑事物了,没有自由的心情去理会那较高的内心生活和较纯洁的精神活动。③ 因此,我们要挣脱世俗的牢笼,不为一时的功利所动摇,从大学的本位价值出发,以服务国家和人类为宗旨,为实现人的自由而全面的发展而努力,因为未来社会将是“一个更高级的、以每一个人的全面而自由发展为基本原则的社会形式”。④ 理念是建立在理论基础之上并用于指导实践的理性哲学思想。倘若大学要创造历史的话,我们不妨听一下科林伍德的话语:“除了思想之外,任何事物都不可能

① 孙正聿.现实问题的理论自觉[N].光明日报.2010-12-14(11)

② 温家宝.仰望星空[M].人民日报.2007-9-4(文艺副刊)

③ 黑格尔.哲学史讲演录(第一卷)[M].贺麟,王太庆译.北京:商务印书馆,1959.1

④ 马克思.资本论(第一卷)[M].中共中央马克思、恩格斯、列宁、斯大林著作编译局译.北京:人民出版社,1975.649

有历史。”①

（三）有行动≠有理念

我们的高等教育已经取得了辉煌成就，但仍旧没有满足国人的要求和期望。大学机构以及大学教育现状往往成为社会舆论的“焦点”，有的是质疑，有的是抱怨，有的是指责，口诛笔伐者有之，赞不绝口者有之。大学机构以及大学教育好像从后台走向了前台，从边缘走向了中心，大学人也许有些不适应甚至出现了一些“过敏”现象，教育主管部门面对发展的新情况、新问题有时也显得有些难以应付自如、游刃有余。在大学教育发展与改革的过程之中，我们有时是否处于一种迷失状态呢？这个问题，乍听起来，给人一种危言耸听之感。其实，提出这个问题，是具有现实意义的。一般来说，任何行动只有在缺乏明确方向的情况下才会出现迷失的状态。但是，在没有大方向而仅有小方向的情况下，也可能会出现一种特殊的迷失，如绕着一个“圈子”的行走，可能会回到原点，即使自己认为某个时候行走的方向是正确的。因此，我们的大学行动仅有短暂的小方向还不行，还需要具有大方向，才不至于出现“只见树木，不见森林”之形而上学现象。在现实的状况下，当我们仅仅审视某个冠以“工程”的项目的时候都会感觉到其行动的正确性，一旦放大视野，又会觉察到其不合理性。为什么会出现这种怪现象呢？主要是因为这些行动的背后可能会缺乏强大的理念支撑，结果导致为行动而行动。

我们大学不乏文字层面的东西，比如堆积如山的文件，然而这些公文却只是某项行动的文书而已；我们大学也不乏几个字排比的校训，然而大家只是感觉到似曾相识；由此看来，目前校训并没有成为大学理念的化身，公文也不是大学理念的产物，可能只是行动的文件或口号而已。我们也不乏大量的有价值的概念，但是我们缺乏系统化的教育思想，因此需要将一些有价值的概念凝练出有价值的理念，而不是仅存于“公文”执行层面。我们大学不乏行动，但在不停的行动中为什么会出现所谓“精神贫血”现象？而今大家埋怨大学精神虚脱，实质上主要是在抱怨大学缺乏有价值的理念的引导。

① 科林伍德.历史的观念[M].何兆武译.历史理论与史学理论.北京：商务印书馆，1999.727

没有高贵的、具有价值的大学理念，大学怎么能够神圣起来？大学一旦没有好的理念的支撑，那就只能陷于一种简单的、模仿性的、低层次的、同质化的运行状态。在如此状态下，大学岂能承担起历史赋予的重任？岂能办出所谓“世界一流”的水准？又岂能产生优良的大学精神与文化？怎么能够赢得社会的尊重？思想是行动的先导，教育实践一旦缺乏切实有效的理念的指导，那是走不远的，甚至会迷失方向；一旦迷失了方向，一切行动都可能是蛮干或枉费无功而已。改革需要理念的指导，没有正确的理念指导下的改革既可能出现头疼医头、脚疼医脚的情况，又容易出现为改革而改革之现象，那可能就叫做折腾了。我们大都在做高等教育的行动者，而非高等教育的思想者；我们大都在做高等教育的“制造”者，而非高等教育的“创造”者。我们看不到像德国柏林大学的缔造者洪堡、美国哈佛大学的前校长艾略特那样的人物，也读不到像蔡元培、梅贻琦那样的论教育的大块“天下”文章。我们高教界为什么缺乏那样的“精神领袖”，因为我们没有产生出那样有价值的理念。世界大学发展的经验反复证明，有什么样的教育理念就会有什么样的教育实践。哈佛就是哈佛，北大就是北大，即使两者的物质条件相同，不同的是两者蕴含的理念与精神。理念是思之产物，我们应该永远行走在思之道路上，揭开一切之遮蔽，让我们的大学世界呈现出一派澄明。

二、大学理念之熔铸

在网络上曾盛传过英国前首相撒切尔夫人自信地预言：根本用不着担心中国，因为中国几十年甚至100年内都无法产生思想家，无力输出影响世界的有价值的思想，并说，今天中国出口的是电视机，而不是思想观念。对于世界来说，中国正走在全面复兴的大道上，要重回世界之巅！这确实需要中国知识分子提出引领时代发展并对于人类有贡献的思想。一个人最可宝贵的东西不是物质的财富，而是自身产生的思想；倘若说人是会思想的芦苇的话，一旦人没有了思想，那就真的成为了一棵无足轻重的芦苇了。西塞罗认为：“人，因为具有理智，凭理智能够感知各种关系，看出事物的起因，理解因果之间相互作用的性质，进行类比推理，善于高瞻远瞩地观测自己生活的全过程，并为自己的行为做好必要的准备。”[①]没有思想的人生肯定是一种缄默式的生存，缺少理念的大学展示的只能是一所大学的躯壳而已，一个人的生产力重要的表现是在向外界输出自己正确的思想，一个民族、一个国家同样如此。我们的大学又何尝不是如此呢？在中国高教史上有影响的教育家如蔡元培、张伯苓、梅贻琦都是具有教育理念的人，以至于我们至今仍津津乐道，歆羡不已！而中国自实施改革开放政策30余年来，高等教育取得了令世人瞩目的斐然成就，然而却没有出现拥有卓越教育理念的教育大家，真乃令人扼腕叹息，遗憾不已！以至于世人怀疑起中国高教界是否真的能够办出世界一流的高等教育了，其实这种怀疑论大都来源于世人对于中国大学“软实力”的评估而非“硬实力”的评判。美国教育家杜威曾指出：哲学是教育的普遍原理，教育是哲学的实验室。我们大学有的是“实验场”，却鲜有哲学的思考，因为我们有时会抱定这样一种可笑的想法：教育哲学性的思考是没有什么作用的。这倒使人想起海德格尔那句不太厚道的对于哲学的定义：“哲学即是人们本质上无所取用而婢女必予取笑的那样一种思”。[②] 也恰如中国古代那位遁世的老子所言：“上士闻道，勤而习之；中士闻道，若存若亡；下士闻道，大笑之。不笑不足为道。”[③]

(一) 传承与守望是大学理念形成的前提

在大学蓬勃发展的今天，大学传统传承与大学自身守望问题应该引起大学人的高度关注，这既是现实的需要又是为了大学未来更好地发展。大学越是重视传统的支撑，就可能越具有迎接各种挑战的能力，因为“传统并不是一尊不动的石像，而是生命洋溢的，有如一道洪流，离开它的源头愈远，它就膨胀得愈大”。[④] 大学越是善于守望自己，像《麦田里守望者》主人公霍尔顿守望的愿望一样，就可能会越具有良性的品质，因为大学是有边界的，无论是有形的还是无形的。传承与守望表现为大学的一种守成能力，而大

① 西塞罗．论义务[C]．(美)莫特玛·阿德勒，查尔斯·范多伦．西方思想宝库．周汉林等译．北京：中国广播电视出版社，1991．8

② 陈嘉映．海德格尔哲学概论[M]．北京：生活·读书·新知三联书店，2005．21～22

③ 陈鼓应．老子今注今译[M]．北京：商务印书馆，2003．229

④ (德)黑格尔．哲学史讲演录：第一卷[M]．贺麟，王太庆译．北京：商务印书馆，1959．8

学的守成能力与创新能力是处于同等重要的地位的，有无守成能力是大学能否受人尊重的重要因素，“世界上（包括中国）一些历史悠久的名校，地位之所以越来越低，甚至越来越不像自己的过去，不是因为其创新能力下降了，而是因为其守成能力丧失了。”①无论是英国的牛津、剑桥还是美国的哈佛、耶鲁皆是具有很强守成能力，从这些名校产生或传出的许多美妙的故事无不显现出其守城的一面。一所具有厚重感的大学，肯定会表现在大学的传统之中；一所办学成熟的大学，肯定是善于自我守望的大学。反过来说，没有厚重感的大学必将会变得浮躁与轻飘，最终会处于一种“难以承受之轻”的状态；远离其本真状态的大学也必将会迷失自己，最终会处于一种自我消解或被解构的状态。大学不能失却自身的精神领地，因为大家知道，缺乏精神的民族是一个可悲的民族，缺乏精神的大学同样也是一个没有希望的大学，“大学精神是高尚的，是圣洁的，她无时不受到世俗的、功利的甚至公共权力的扭曲和蚀剥，要抵御各种社会侵袭，有时甚至需要守护者作出牺牲。”②

在这个高速运转、令人缭乱的世界，大学人不能为事物的表象所迷惑，要清醒地知道大学之所以是大学的自我规定性所在。大学一旦随波逐流，一切就会像浮萍一样，既然缺乏扎于深深泥土的根系，那么也就会迷失自己的方向，只能在困惑中发出这样的哀叹：“我是谁？”“我从何处来？”“我向何处去？”大学无论任何时候都需要坚守住自己的阵地，坚守住大学的底线，回归到大学本体，否则大学将不是大学了。复旦大学杨玉良校长呼吁：“当前来讲，回归和坚守，比改革更重要，回到大学应该担负的使命，回到大学应有的状态。”③在改革与创新的浪潮中，大学更需要冷静下来，一方面要按照一所传统的大学的标准与要素塑造自己，使自己更像一所新古典主义大学，但不是为了满足于一种启蒙信念或浪漫主义的怀旧情感；一方面要谋求改革，拓展自己，使自己更像一所现代化大学，在传统与现代之间谋求平衡，在自

---

① 徐显明．大学理念论纲[J]．中国社会科学．2010．6(40)

② 徐显明．大学理念论纲[J]．中国社会科学．2010．6(41)

③ 中国名校为何难进亚洲前十[OL]．楚天网，http://news.sina.com.cn/o/2010-06-23/064017694606s.shtml，2010-6-23

由创新与传统坚守之间达到一种均势，从而赢得社会的尊重，赢得世界的未来。

中国大学制度起初主要是“旁采泰西”而不是“上法三代”的结果，甚或可以认为其为“舶来品”，而非本土太学或书院之制，“这其实正是本世纪中国大学教育的困境所在：成功地移植了西洋的教育制度，却谈不上很好地继承中国人古老的‘大学之道’”。① 无论是“洋为中用”还是“古为今用”，当下我们都应该传承与坚守大学之道。蔡元培曾经为大学这一“研究学术之机关”开过一个方子：“研究也者，非徒输入欧化，而必于欧化之中为更进之发明；非徒保存国粹，而必以科学方法，揭国粹之真相。”②按此说法，我们既要守望又要发展。从大学传统建设来说，我们任何一所大学如果不能脚踏在坚实而厚重的本土上，那么必将失去自身存在的支撑点，也将不会从这块土地上源源不断地获得营养，结果只会成为无源之水，无本之木。今天我们谈论大学改革，重要的“是对‘传统中国’以及‘现代中国’的理解与尊重。”③大学人不能忘记大学的本土性，尤其在大学建设的过程中更应该明白这样的道理：有价值的大学理念肯定是原创的，是无法简单复制的。中国大学之所以永远是中国大学，而不是美国的哈佛，也不是英国的剑桥，即使许多硬件设施完全相同，那主要是因为我们之间有着不同的办学理念及价值理想。我们既要学习世界上一些先进的文化与经验，又不能丢失自己的本土特色，否则永远走不出差异化的具有中国特色的道路。既然我们当下充满着古今之间、中外之间的矛盾冲突，就像是一个大大的十字路口，那么我们也许就会迎来了古今中外都不见的中国大学的大格局。我们既要继承传统，坚守本真，又要迎接各种挑战，适应当下时代发展的需要，那么我们就应该立足中国这块宝贵的土壤，面向大海，然后看潮涨潮落，云走云飞，尽享山花浪漫，海阔天空。

---

① 陈平原. 大学之道——传统书院与二十世纪中国高等教育[OL]. http://chenpy.vip.bokee.com/，2009-10-4

② 蔡元培.《北京大学月刊》发刊词[C]. 杨东平主编. 大学精神. 沈阳：辽海出版社，2000.1

③ 陈平原. 大学三问[J]. 书城. 2003(7)

（二）主体性觉解是大学理念形成的条件

大学就是大学，许多哲人学者给予大学许多美妙的描述，无非都是在张扬大学那份不可侵扰的主体特性，纵使张扬解构主义的德里达(Jacques Derrida，1930～2004)也认为："大学，与所有类型的研究机构不同，它原则上(当然实际上不完全)是真理、人的本质、人类、人的形态的历史等等问题应该独立、无条件被提出的地方，即应该无条件反抗和提出不同意见的地方。"[①]但是，正如尤根·哈贝马斯指出的那样，战后经济高速增长背景下出现的大学成为行政系统和市场系统附庸的趋势，是大学自主性的最大威胁。[②] 为此，丁学良则认为，大学没有自主性就不可能成为现代型大学，"企业必须要有自主权；当中国的企业还是'衙门'或'衙门'附属品的时候，中国的经济没有希望。我们同样可以说，如果中国的大学仍然是'衙门'或'衙门'附属品的时候，中国的大学没有希望。"[③]大学只有具备了明确的自主性，才能焕发其精神活力和创造力，才有可能建设属于自己的传统；倘若处于附庸状态，则可能会失掉自己独立的身份，以至于不可能去履行自己的使命，也不可能向着自己确立的远大目标迈进！

大学仅有自主性是不够的，还需要大学人对于大学的觉解。冯友兰认为，觉解是指人不仅能够觉察和感知事物，而且，能够自觉地了解、认识和理解事物，并在有了很好的领悟基础上自觉去践行它，而且要求觉解之"人不但有觉解，而且能了解其觉解，是怎样一回事，并且于觉解时，能自觉其觉解。"[④]大学人，尤其是办学者而非举办者，必须对于大学的认识与建设处于一种觉解状态，即觉解大学程度越高，办学境界则越会得到提升，所以，既要反对唯命是从的不慎觉解，也要谨防出现做一天和尚撞一天钟的"无明"现

---

① 杜小真，张宁主编. 德里达中国讲演集[C]. 北京：中央编译出版社，2003. 61

② 童世骏. 大学的理念[C]. 杨东平主编. 大学之道. 上海：文汇出版社，2003. 7

③ 丁学良. 中国能不能办出世界一流大学[C]. 杨东平主编. 大学之道. 上海：文汇出版社，2003. 86

④ 冯友兰. 贞元六书[M]. 上海：华东师范大学出版社，1996. 530

象。冯友兰十分看重"觉解"的价值，而反对一切没有觉解的无明状态。[①] 因为"无明"不仅仅是一种变相的平庸，而且还有可能是一种愚昧的变种（愚昧一旦成为力量那将显得更为可怕）。大学人为了寻得觉解，既要仰望头上的星空，又要敬畏心中的法则；既要站到世界文化的制高点上，引领社会文化的发展，又要深入思考与把握大学自身发展的规律，不可为事物的表象所迷惑，还要具有国际化的视野，不可做井底之蛙，即要站得高，想得深，看得远。大学永远属于觉解者，也只有通过觉解才能形成有价值的理念，而无明者是永远没有资格拥有大学的，因此，大学人必须具有很高的觉解性，才能有所创造，有所成就，而缺乏觉解的大学肯定会处于停滞迷惑的状态，也不会有任何出路的，更不会激发出任何活力的。

（三）实践与发展是大学理念形成的目的

大学理念本身是历史思想的继承与现实需要的矛盾统一的产物，历史上每种大学理念的出现都体现着时代对大学的新需求。实践价值就成了衡量大学理念的重要尺度，而理念指导实践的程度决定于理念满足当下现实需要的程度。理论与理念之间的重要区别就是理念比理论更接近于实践，而且理念自身强烈要求付诸实践。理论可以是面对理论的理论，而理念一定是面对实践的知识与思想。我们的大学理念应该是服务于当下大学现实需要的，既不是经院式的理论，也不是"空中楼阁"式的幻想，但是"理论要求是否能够直接成为实践的要求呢？光是思想竭力体现为现实是不够的，现实本身应当力求趋向思想。"[②]也就是说，理念与现实之间应该相互接近，而非相互疏离。这就要求我们形成的理念既不能脱离现实，也不能无限超越现实，现实的需要或者说是实践的需要是理念形成的目的，也就是说，理念的价值当体现于此。但是，大学的内在精神品质要求大学与社会之间也要保持适当距离，即大学应在社会中坚守住自己的疆界。这种距离不是说落后与超前的问题，而是该固守的时候就应该固守，该自由的时候就应该自

---

① 冯友兰根据人觉解程度的不同而划分出不同的人生境界，并认为"由于有高度的觉解，他所做的事对于他就有不同的意义"，而大学同理。（冯友兰．中国哲学简史[M]．涂又光译．北京：北京大学出版社，1985：376～378）

② 马克思恩格斯选集[C]（第1卷）．北京：人民出版社，1972．7

由,该保守的时候就应该保守,该激进的时候就应该激进,总之要符合人类发展与生存的"节拍",要符合历史发展的方向与趋势。

任何一个有价值的大学理念最终目的都是为了大学的发展,既包括横向的延伸式进展也意味着纵向的水平提升。背离了大学发展这个主题,任何理念的价值将会受到质疑。建设与改革只是一种实践活动而已,为了避免实践活动出现偏差与谬误,我们方才需要最优理念的指导与引导,反过来说,我们的最优理念是应该经得起实践活动的检验的。一切真知来源于实践,实践又是检验真理的标准。真正有效的实践一定是在系统理论指导下的实践,缺乏理论指导的实践一定是处于低级阶段的行动。因此,检验我们理念需要实践,而理念与实践的共同目的应该是为了大学的发展。反思我们的理念,反思我们的实践,这些都不是目的,而真正的目的是为了形成一种新的大学理念,来指导我们当下的大学现实发展。

我们每所大学都应该进入具有理念的时代,我们不能够再忍受自己在无数的想法中、经验主义中的浅层次地度日子,我们的大学今后应该是在思想中、哲学中、理念中经历自己的未来的历史。我们应该是本世纪的大学理念的同时代人,而不仅是本世纪的历史同时代人。我们的大学是有"头脑"的大学,我们大学的一流,不仅是追赶他人的一流,而是富有自觉性和思想性的一流,是引领他人前进的一流。现在看来,我们大学隐匿着一些最为危险的因素,如缺少理念的文化;缺少人性的教育;缺少人文的科学;缺少道德的说教;缺少价值的知识;缺少独立的精神;缺少自由的学术;缺少学术的校园;缺少秩序的运转;缺少质量的规模。一所大学只要有了最优的理念,就有可能弥补大学的许多的缺失,在推进大学向理想的目标迈进的过程中克服障碍!我们应在大学理念建设上体现中国意识、中国方案、中国风格,这也应该是当代中国知识分子的高调要求。

三、大学理念的作用

奥利弗·文代尔·小霍尔姆斯认为:"每一个思想都可以推动变革。"①

① (美)托马斯·A.斯图尔特."软"资产——从知识到智力资本[M].邵建兵译.北京:中信出版社,2003.5

理念是无形的，但中国传统哲学理论则认为“天下万物生于有，有生于无”，“无极生太极”，此乃谓之大道。世界大学发展的经验反复证明，有什么样的大学理念就会有什么样的教育实践。先进的理念一定是有价值的理念，也肯定是建设大学的思想支柱。蔡元培“兼容并包，思想自由”的理念造就了北京大学的一段辉煌，将北大办成了中国第一所真正意义上的现代大学。大学一旦没有好的理念的支撑，只能陷于一种简单的模仿性运行状态，简单的模仿或简单的运行，哪怎么会产生优秀的大学精神与文化？因此，在建设“世界一流”大学的过程中，我们可以借用经济学界那句经典话语——除理念是资本外，其余都是资金——作为自勉。杨东平说：“办好中国大学缺些什么？现在只知道缺钱，给……（大学）一拨就是十八个亿的人民币。但是还缺一些东西，就是理念、制度。”丁学良则认为，在缺乏理念与制度的情况下，结果只能是：钱拨得多的，浪费大；钱拨得少的，怨言大。[①]

（一）理念可变成物质力量

马克思曾指出：“理论一经掌握群众，就会变成物质力量。理论只要说服人，就能掌握群众；而理论只要彻底，就能说服人。所谓彻底，就是抓住事物的本质。”[②]历史地看，文艺复兴、宗教改革、启蒙运动，实质上都是一种思想解放运动，最终都轰轰烈烈地推动了历史的前进的步伐。理念常常有能力为人们观察世界、分析问题预设思想立场和逻辑方法。实际上这正如凯恩斯指出的那样：“经济学家和政治学家们的思想，不论它们在对的时候还是在错的时候，都比一般设想的要更有力量。的确，世界就是由它们统治着。讲求实际的人自认为他们不受任何常理的影响，可是他们经常是某个已故经济学家的奴隶。”[③]理念的力量是强大的，如果你问爱斯基摩人，想成为百万富翁吗？他搞不懂百万富翁是什么意思，那么爱斯基摩人就不会有百万富翁。弗雷德·霍伊尔曾做过这样一个比较：“摩洛哥和加利福尼亚是地球上几乎同纬度的两小块地方，在具有同样气候的大陆的西海岸上，而且

① 丁学良.什么是世界一流大学[M].北京：北京大学出版社，2004.45

② 马克思恩格斯选集[C]（第1卷）.北京：人民出版社，1972.9

③ 凯恩斯.就业、利息和货币通论[M].徐毓枬译.北京：商务印书馆，1977.396～397

可能有很相象的自然资源。然而它们目前的发展完全不同,与其说是因为人不同,不如说是因为居民头脑中所存在的思想不同,这是我希望强调的要点。我们环境中最重要的因素是我们自己的思想状态。”[①]轻视甚至无视理念的价值,就会陷入失去理论指导的盲目实践,往往浅薄而难以持久;缺乏充分的理论自觉和自信,常常使办学者失去明确的方向和目标。如果我们照搬照抄他者的理念,生吞活剥,不求甚解,那就如同“富人的减肥药成不了穷人的救命粮”一样,不但无济于事而且还可能出现水土不服现象。当然,没有理念的执行力,可能是盲目的行动;一旦执行力富有理念的指导,可能就是伟大的实践。世界上活的最久的组织是宗教,因为有一本“圣经”让其教徒持久分享;世界上封建体制存在最久的是中国,因为有半部《论语》就可以治天下。

(二)理念决定大学的高度

文化是一所大学的厚度,而理念则是一所大学的高度。大学发展的高度超不过大学人整体理念的高度,提高大学发展的水平必须提高大学的理念水平,这理念的高度就像是“玻璃天花板”,制约着学校不能到达较高水平,即大学整体理念高度有多高,水平就只能有多高了。这也就像艺术创作的逻辑,即当处于“眼高手低”的时候,艺术的创作水平还是可以继续提高的;而当处于“眼低手低”状态时,艺术的创作就会止步不前了,但是绝对不会出现“手高眼低”之现象的,而且往往出现的情况是:“取法乎上,仅得其中;取法乎中,仅得其下;取法乎下,其下下矣。”中国大学在普遍缺乏理念的状态下,更缺少的是“理性”,按分量,“理性”重量不足;按尺度,“理性”高度不足;按弥散度,“理性”浓度不足,而“感性”却显得有余,时而充斥着“世俗”与经验主义。党国英认为:“蔑视理性,把一堆教条奉若神明,是顽固的蒙昧主义;若走到另一个极端,以为人的一切行为均绝对地由理性来支配,则是另一种无知与狂妄。但是,若以现实论,对中国发展的威胁尚不是理性主义走过了头,而是蒙昧主义还在肆虐。”所以他呼吁:“让理性之光亮起,我们心

① 弗雷德·霍伊尔.人和星系[C].新概念英语:流利英语.上海:上海外语教育出版社,1985

存希望。”[①]这样，缺乏理性的大学，又如何能够成为高水平的大学呢？帕金曾讽刺大学人：什么都研究就是不研究大学自己。实质上，大学有三大科研，即自然科学研究、社会人文科学研究与教育教学研究，这是科研的三驾马车，而且教研离大学的本质最近了，然而，最应该重视的研究常常被忽视了。1977年哈佛大学之所以能够发表《核心课程报告》，那是因为教育专家、哈佛大学文理学院院长罗索夫斯基组织“七人工作组”对包括核心课程在内的大学教育的各主要方面进行深入调查研究的结果。由于此项成果，罗索夫斯基还扬言，耶鲁大学或芝加哥大学请他去当校长都不去。

（三）理念相合于大学的文化

理念相合于文化，并能引领文化的发展，理念总是潜在的、无形的、似隐似现的，然而其价值却是不可低估的。什么可以使人成为一流，文化或许可以使人成为一流；什么可以使国家成为一流，文化或许可以使国家成为一流；什么可以使大学成为一流，也只有文化或许可以使大学成为一流。这就是常言说的，一流大学靠文化，二流大学靠制度，三流大学靠人治。但是我们应该明白，文化最基础、最核心的部分是具有思想性的理念，主要涉及两个方面：一个方面是价值取向，一个方面是思维方式。有人说一个人什么都可以没有，但是不可以没有文化，对于一所大学来说同样如此。而理念就是大学文化的灵魂，没有了灵魂的文化那是不可想象的。这正如黄梨洲所说的“宗旨”：“大凡学有宗旨，是其人之得力处，亦是学者之入门处。天下之义理无穷，苟非定以一二字，如何约之使其在我！故讲学而无宗旨，即有嘉言，是无头绪之乱丝也。学者而不能得其人之宗旨，即读其书，亦犹张骞初至大夏，不能得月氏要领也。……杜牧之曰：‘丸之走盘，横斜圆直，不可尽知；其必可知者，知是丸不能出于盘也。’夫宗旨亦若是而已矣。”[②]在现代社会，一个知识经济社会，人与人之间的竞争是文化的竞争，企业与企业之间的竞争是文化的竞争，族群与族群之间的竞争是文化的竞争，国家与国家之间的竞争也是文化的竞争，实质上，隐藏在文化背后的是“理念”之间的竞争。只有

① 党国英．让理性之光亮起[J]．社会科学报．2011-12-15(8)

② 黄宗羲全集(第七册)[M]．杭州：浙江古籍出版社，2005．5

蕴含理念的文化才是一种终极竞争力。每所大学都有自己的文化形态，我们常常会感受到来自自身文化形态的制约，而且这种制约可谓是铺天盖地，无处不在，无时不在；文化处于一种泛存在状态，文化制约同样处于一种泛制约状态。文化形态的制约可能来源于两个方面，一是缺乏理念的引领，一是文化自身的有限性。不改变大学理念而企图改变文化形态是一件不可能的事情，改变文化的起点就是要建立起一种具有价值的理念，去引导文化形态或文化模式的发展。

我们现在提出了建设世界一流大学的目标并付诸实际的行动，这是值得的，因为有了目标我们就不会迷失方向，更会有前进的动力。但是，建设一流的高等教育理念比建设世界一流大学更为迫切。实质上，按照中华民族的胸襟与气魄，我们大学建设的最终目标应该是实现整个世界的大学的重心转移到中国，并引领世界大学的发展。从大学发展历史来看，自从大学诞生于意大利之后，世界大学的重心就以此为起点，起先转移到英国，后来转移到德国，再转移到美国，而每次重心的转移都是大学理念作为先导，从博洛尼亚的理念，到纽曼的理念，到洪堡的理念，到威斯康星理念。倘若我们中国大学能够形成属于自己的大学最优理念，世界大学的重心肯定就会转移到中国，到那时我们必将能够办出具有中国特色、中国风格、中国气派的大学教育，也必将能够为世界提供可资借鉴的中国大学模式，而且这种模式一定能够转化为一种世界大学的传统，传至久远，惠泽人类；到那时世界又会回响起宗教唱诗班的声音："为了追求知识，虽远在中国，也应该去。"①

① 穆罕默德《古兰经》中的话语。(参见张广达.海舶来天方，丝路通大食—中国与阿拉伯世界的历史联系的回顾[C]//西域史地丛稿初编.上海：上海古籍出版社，1995:438)

附录七 回归与守望:大学应面对的问题

在社会大众眼里,大学既是一片净土,也是一块复杂之地。在日益忙碌的世界里,大学被裹挟其中,向世人呈现出的也是一派纷繁忙碌的景象以及一直向前冲的发展态势,既在短期之内创造了高等教育大众化的世界奇迹,又在打造“世界一流高等教育体系”的口号下表现出奋力前行的热情与勇气。然而,时代发展的速度与世界迅猛的变化使大学对于平凡的琐屑兴趣予以太多的重视,现实上的一些短期利益和为了这些利益而作的努力大大地占据了大学的精神和力量以及外在的手段,因而大学往往显得无心与无力去理会与关心自身的本体性存在,以至于甘受各种环境的束缚,甚至部分地被牺牲在里面。同时,速度似乎也改变了当代人们对于大学期许的耐心,大学机构以及大学教育现状往往成为社会舆论的焦点,在赞美声中也不乏质疑、抱怨、指责,似乎都在担心大学的灵魂跟不上大学发展的速度。大学在轰轰烈烈的改革与发展中确实遇到了许多复杂而棘手的问题,有时也不免会陷入彷徨与困惑的境地;大学人在静静地回首来时路的时候,同样也不免会陷入如何让大学行为不背离出发时初衷的沉思。大学确实到了需要把握发展节奏的时候了,“知止”方可走得更远,《礼记·大学》早已告诉我们:“知止而后有定,定而后能静,静而后能安,安而后能虑,虑而后能得。”大学人确实也到了需要追问的时候了,我们在行进的途中是否忘记了根本的使命?是否丢失了我们珍贵的东西?是否一时找不到适合的方向?要寻找到这些问题的答案,我们就需要回归与守望。回归与守望既是一种蕴含思想与方法的理论,也是一种现实的实践,既要回归到科学的发展轨道上来,又要回归到大学的本体;既要守住大学的家园,又要瞭望大学的未来。复旦大学杨玉良校长呼吁:"当前来讲,回归和坚守,比改革更重要,回到大学应该担负的使命,回到大学应有的状态。"回归与守望成为大学应该面对的现实问题,无论是著名大学还是不起眼的大学现在都回避不了。

一、回归与守望的意义

大学在历史的发展过程中,总会出现这样或那样的问题,究其原因主要是背离了大学的本质而远离了大学的家园,如德国大学在17世纪至18世纪之际沉落到了谷底,美国哈佛大学也曾忘记教育的宗旨去追求失去灵魂的卓越,但是每一次偏离发展轨道之后,大学都具有自我修复与更正的能力,而每一次修复与更正的主要办法就是回归与守望。大学每次回归其本体,就是大学的一次进步,然后大学人就会发出大学本该如此的感叹;每次守望其家园,就会获得许多意想不到的收获,然后大学人显得无比踏实而安心。于是,时时地回归与守望也就成了大学自我完善的法门与正途。

(一)回归与守望是大学逆向发展之道

回归与守望是大学一种必要的生存方式,也是大学的逆向发展之道。回归与守望的目的也是为了大学真实的建设与发展,只是通过这种特定的方式与方法、渠道与途径而已。一般看来,回归的方向是逆向的,但是这种逆向带来的同样是推动大学的健康发展;而守望的行为是相对静止的,但是守望的静止是为了发展得更为稳定和选择性的增长。回归与守望也是一种积极的而非消极的发展方式,某种程度上采用了以退为进、以守为攻的战略与战术,正如《老子》云"进道若退"。该退的时候就得退,该守的时候就得守,这既是为了把握好发展的节奏,也是为了取得更好的发展。在大学发展的过程中,我们应该更多地需要逆向发展的方式,比如说,大学灵魂需要静养的维护,而非焦躁的喧嚣;学科的建设需要长期的积累,而非短时的拼凑;人才的培养应该从长计议,而非临时急就。越在大学轰轰烈烈发展的时期,我们越应该谨守回归与守望的逆向发展之道,《老子》云:"万物并作,吾以观复。夫物芸芸，各复归其根。归根曰静，静曰复命。复命曰常，知常曰明。不知常，妄作凶。知常容，容乃公，公乃全，全乃天，天乃道，道乃久，没身不殆。”

（二）回归与守望有利于校准大学的走向

大学在当下发展的过程中背离教育本质、偏离正轨主要有两种表现：一是有价值的大学理念的缺失，导致大学随波逐流，不知所以；一是冠以各种“工程”与“项目”的行动不断，而“对于行动的本质，我们还远远没有充分明确地加以深思。人们只把行动认作某种作用的产生”，结果常常导致大学浮躁与焦虑，肤浅地重复着自己的行动。大学发展中的异化现象时有发生，不知道发展是为了什么？为什么要发展？将发展形而上学化对待，变成了一种外在的异己的力量，这种发展的意义将大打折扣，大学的利益也决不应该成为抽象的发展的这一概念或具体的发展的时务的牺牲品。我们大学都在不同程度地片面强调教育的工具性，甚至将工具性视为大学教育的主要价值乃至唯一价值，结果就会产生不少的危害。今天恐怕没有那所大学能够自诩自己不需要回归与守望。只有回归，才能找到自己出发时的起点；只有找到自己出发时的起点，才能确定自己现在的位置；只有确定了自己现在的位置，才能重新找准自己前进的方向。只有回归，大学才能真正地认识自己，发现自己，找到自己；只有找到了自己，才可以名实相副；只有名实相副，才可以言顺事成。大学偏离了大学的本质有多远，大学需要回归的距离就有多大。大学人现当吟起东晋大文豪陶渊明的《归去来兮辞》：“归去来兮！田园将芜胡不归？”

（三）回归与守望是大学精神家园建设之有效方式

现在大学不同程度上出现了精神家园失落的现象，大学人十分担忧大学精神贫血与虚脱，有时校园内嘈嘈杂杂，不再像知识的圣殿；有时死寂沉沉，萎靡不振，不再像是充满生机的青年人成长的场所。而大学建设过程中最可怕的事情就是失去精神家园，失去安身立命的精神支柱，失去大学发展的动力源泉。精神家园不能丢失，一旦丢失就会无家可归，流浪荒野。印度影片《三个傻瓜》中如此评价印度理工学院：“学校不再是一个育人的地方，而是一个工厂，批量生产蠢驴。这些蠢驴在这里先学工程学，然后去读

MBA，接着在美国当银行家，就为了敛财，生活对他们而言，就是一张利润报表。”日本的大学曾经培养了冷漠的奥姆真理教教徒，德国的大学也曾培养了嗜血成性的纳粹分子。当一所大学精神家园完全丧失的时候，大学就只能培养出成批的知识怪物，其危险性与危害性更是不可小视。大学防止精神家园失落的最好做法就是守望好自己的家园。大学越是善于守望自己，像《麦田里守望者》主人公霍尔顿守望的愿望一样，就可能会越具有良性的品质，而一所办学成熟的大学，肯定是善于自我守望的大学。“大学精神是高尚的，是圣洁的，她无时不受到世俗的、功利的甚至公共权力的扭曲和蚀剥，要抵御各种社会侵袭，有时甚至需要守护者作出牺牲。”远离其本真状态的大学也必将会迷失自己，最终会处于一种自我消解或被解构的状态。我们回归与守望了我们大学的精神家园，“那前此向外驰逐的精神将恢复到它自身，得到自觉，为它自己固有的王国赢得空间和基地，在那里人的性灵将超脱日常的兴趣，而虚心接受那真的、永恒的和神圣的事物，并以虚心接受的态度去观察并把握最高的东西。”

（四）回归与守望可以增强大学守成能力

回归与守望表现为大学的一种守成能力，而大学的守成能力与创新能力是处于同等重要的地位的，有无守成能力是大学能否受人尊重的重要因素，“世界上（包括中国）一些历史悠久的名校，地位之所以越来越低，甚至越来越不像自己的过去，不是因为其创新能力下降了，而是因为其守成能力丧失了”。倘若说回归与守望具有保守性的一面，这也是一所大学所必需的，因为必要的保守并不等于墨守成规、凝滞僵化，而是要守住大学该守住的东西，既不能像大狗熊掰棒子一样掰一个丢一个，也不能如插花少女满街乱跑而没有边界；必要的保守也是大学聚气凝神的一种方式，守住丹田气然后方可发功。世界上哪一所著名大学不是经过无数次的回归与长期的守望中生存与发展？哪一个优势学科又不是长期坚守的结果？无论是英国的牛津、剑桥还是美国的哈佛、耶鲁皆具有很强守成能力，从这些名校产生或传出的许多美妙的故事无不显现出其守成的一面。1928 年耶鲁大学发表的《关于博雅课程的报告》（简称“耶鲁报告”）在实用主义盛行之时一定程度上捍卫了博雅教育，使得那些过分注重实用教育的美国高校不得不重新弥补失掉的通识教育。而今,我们经受不住各种诱惑,既不知道自己应该需要什么,也不知道自己应该舍弃什么,时常表现出极浓的功利色彩,如争取一些急功近利的项目,急于出所谓的学术成果,而不知道约翰·罗尔斯积20年时间只写就了一本蜚声世界的《正义论》。我们有些大学忙于建设,急于发展,就像是无大后方的三千里急行军,绝没有给人稳操胜券之感,《孙子兵法·军行》云"不可胜者,守也",我们常常是"守则不足,攻则有余"。大学要做到可持续发展就必须具有可持续的稳定的核心动力源,而这个动力源就必须得到养护与维持,现在大学发展的结果要么是大而不强,要么是粗而不精,特色不明,传统淡化,怎么能够不需要回归与守望呢?

(五)回归与守望可以显示出大学的本分

大学回归到自己的本体,不但无可厚非,而且找回了自己,否则大学守不住自己的底线,坚守不住自己的阵地,回归不到自己的本真状态,大学将不是大学了。由此看来,大学回归不但是大学应有的一种态度,而且处于回归状态应是大学的一种本分;态度决定出路,没有这种态度就不会有回归的结果;本分是生存之道,没有了这种本分大学就不会有生存的余地。守望是大学的责任与使命,这是大学从诞生的那天起就已经向世界作出的庄严的无声的承诺;守望也是大学的一种意志力的表现,大学注意力能否集中是大学能否成功的关键;守望更是大学的一种高尚的品格,可以赢得社会的尊重与爱戴,赢得世界与未来。我们要按照一所传统的大学的标准与要素塑造自己,使自己更像一所新古典主义大学,这是大学的自身规定性所决定的。在改革与创新的浪潮中,大学人更需要冷静下来思考一些当下的问题,我们总不能为了科技而科技,以至于忘记了对科技目的的人文拷问;总不能为了发展而发展,以至于忘记了发展的根本与要义;总不能为了特色而特色,以至于忘记了本应遵循的原则和前进的方向。大学应该守住自己的德,方可"明明德";守住自己的真,方可"亲民";守住自己的善,方可"止于至善";守住自己的美,方可"近者说服而远者怀之"。大学坚守了自己的本分,才不会在这个高速运转、令人缭乱的世界里迷失自己,才不会在困惑中发出这样的哀叹:"我是谁?""我从何处来?""我向何处去?"

在今天的中国,资金不是发展中的问题,大学才是重要的问题。为了实现大学的理想，我们必须是理想中的大学。倘若我们要成为理想中的大学，那么我们就应该领会与践行回归与守望之道。只有如此，我们方可通过大学，“创造更加美好的未来，让我们的子孙后代以及全人类在不久的将来过上和平、繁荣和有意义的生活”。

二、大学回归与守望之要务

大学需要回归与守望大学的逻辑起点与精神之源，需要回归与守望大学的本真状态与价值体系，无论回归与守望的是大学的根本出发点还是落脚点，我们都应该明白大学当下该回归与守望的要务是什么？这就需要我们现在作必要的检视。

（一）捍卫高等教育标准

随着我国高等教育进入大众化时代后的快速发展，高等教育质量问题已经成为社会关注的焦点，也成为大学主流意识之一。从某种角度来说，我们要保障高等教育质量，就要捍卫高等教育标准，如素以保守著称的英国高等教育署每次出台高等教育质量报告时都强调捍卫高等教育标准。在日益变革的环境下，不管遇到何种挑战，大学都应做到坚守自己的质量标准，以赋予学生、用人单位及更广泛的公众一种信心——大学证书具有被普遍认可的价值。质量的保障以及标准的维护，有利于促进大学的进步与水平的提高。倘若大学降低了教师的准入门槛、教学的标准、学生毕业的要求，那么大学就必然降低了教育质量，也就不会取得公众对高等教育标准和质量的理解。在捍卫高等教育标准的过程中，要满足学生的需求并得到他们的尊重，为学生带来更好的学习和生活体验。学生是高等教育最重要的参与者，是所有质量保障工作的出发点和落脚点，保障学生的权益并得到他们的认可是非常重要的。捍卫高等教育标准，是每所大学的责任与使命，我们大学做到了吗？

（二）回归与守望大学之道

毋庸讳言，现代社会处处弥漫着权力与资本运作和影响，大学既然生存其中就很难与之完全隔离，但是，大学却不可以简单地沿用权力和资本的逻辑。大学需要遵循大学的逻辑，回归到大学之道。大学逻辑主要包括三大规律：一是遵循大学办学规律。这既不同于行政体制运行程序，也有别于产业市场运作之规则，大学就是大学，既不是官府衙门，也不是公司企业。国内某著名大学在申请加入国际工程师培养的“华盛顿协议”的时候，由于提供的申报材料忽略了育人的主旨，只是在显摆自己的办学硬实力，结果可想而知，申报材料被“华盛顿协议”组织打了回来，因为这所大学没有遵循育人的办学规律。我们提出的大学去行政化、反对大学产业化，实质上就是为了向大学本体回归；我们与其说推进大学体制机制变革，倒不如说回归到大学应有的体制机制上来。二是遵循大学教育教学规律。这条本来是大学人应该最为敬畏的规律，然而事实上却在遵循方面大打折扣，甚至带头破坏，如因材施教是千古不变的教育原则，我们却像制造产品一样采用工业化流程的方式培训人才；“不愤不启，不悱不发”是教学的千古祖训，我们却采用令人生厌的僵化的灌输式教学方式；教学本是教授的第一要务，我们却“持之有故、言之成理”地置教学于不顾。我们现行的教育教学组织、方式、方法阻碍了创新人才的培养，成为中国教育的一大弊端。要振兴中国大学的教育，大学就必须回归到教育教学的规律上来。三是遵循人才成长规律。人才的成长需要自由的环境，现实里我们却对人才规制得很死；我们应该培养高素质的人才，现实里我们却将人才作工具或半人而非全人培养；人才成长过程中应该扬其长而避其短，这种个性化差异是由人的天赋素质、后天实践和兴趣爱好所形成的，应该受到尊重，然而现实里我们却不能满足学生自主选择专业的需求。要培养出创新的人才，大学就必须回归到人才成长规律上来。回归大学之道，既是一个理论的问题，更是一个实践的问题。

（三）回归与守望大学传统

在大学蓬勃发展的今天，大学传统的守望问题应该引起大学人的高度关注，这既是现实的需要，又是为了大学未来更好地发展。大学越是重视传统的支撑，发展可能会越具有良性的品质，就可能越具有迎接各种挑战的能力，因为“传统并不是一尊不动的石像，而是生命洋溢的，有如一道洪流，离开它的源头愈远，它就膨胀得愈大”。一所办学成熟的大学，肯定是善于守望传统的大学；一所具有厚重感的大学，肯定是表现在大学的传统中而非仅局限于办学的时间上。大学是被世人公认的最具有悠久传统的“最卓越的机构”，因为在人类历史的长河中，除教会之外，没有任何机构的生命力能够超过大学。何谓大学传统呢？简单地说，大学传统就是大学在历史发展过程中积淀下来的、对当下及未来产生影响的、诸文化因素构成的有机系统。大学无论如何不能没有传统，没有传统就会缺乏那份大学应有的厚重与底蕴。因此，我们大学办学者在改革与创新的浪潮中，还需要静下来反思一下大学的传统，然后守望着这种传统，弘扬这种传统。

（四）回归与守望大学精神家园

一提到大学这个名字，在大学人以及有教养的人心中，自然会引起一种精神家园之感。何谓精神家园？就是“由文化认同所引发的精神上的归属感、思想上的一致性和思维上的一贯性”。大学精神家园就是大学人的心理、情感、精神的统一，是大学人的世界观、人生观、价值观的体现，是大学人在文化认同基础上产生的精神寄托和心灵归宿。大学精神家园是由崇高的理念、高尚的道德情操、健康向上的生活方式、矢志不渝的学术追求所构筑的，是大学立校之本，是大学保持伟大的品格力量的精神源泉。大学精神家园也代表大学应该具有的一种意蕴，大学呈现给世界的一切中应包含这种意蕴，指向这种意蕴，要显现出一种内在的生气、情感、灵魂、风骨和精神。只有这样，我们才能按照大学的真实性来理解大学，认识大学，才能实现《老子》所说的“自知者明”。大学的精神家园应该具有理想主义的色彩，因为大学要实现自己的使命，就必须具有理想主义。然而，我们的精神太忙碌于这个现实的世界了，前哈佛学院院长哈瑞·刘易斯在《失去灵魂的卓越——哈佛是如何忘记教育宗旨的》中指出，大学的真正职责应该帮助人认识到心灵的最高旨趣。回归与守望大学精神家园，大学才会有旺盛的精神状态，才会有创新的精神力量。

（五）坚守办学特色

何谓特色？简单说来就是事物在比较中呈现出的正向的、善意的差异化，其反面则是同质化。在各种竞争场中，特色能够凸显一种比较性的竞争优势，而令参与竞争者脱颖而出。大学只要有了特色，就可能意味着在竞争中具有了可以取胜的实力（包括硬实力、软实力与巧实力）以及正确使用这种实力的方式与方法。因此，特色办学是大学建设与发展的一种战略，一种选择，一种出路，一种优势，乃至一种品牌，可以有效地防止大学陷入一种肤浅的平庸的泥潭。在现实中，我们缺少什么就有可能会强调什么，目的是为了弥补不足乃至修正缺陷。现在我们强调特色，也就意味着我们缺少特色。办学特色是我们期盼的结果，只有期盼是不够的，需要我们培育特色。如何培育特色？选准特色方向是必须的，但是选准之后，坚守住这个方向显得就更为重要了，而我们缺乏特色的一个重要原因是我们不能够长期坚守住一个特色方向。因此，在特色培育上，坚守与改革同等重要，只有坚守才会有特色，改革不是目的，不能为了改革而改革，从某种角度说，改革也要为了坚守，也要为特色服务。特色办学需要大学从现在做起，从自身做起，不埋怨、不动摇、不懈怠、不折腾，找准方向，埋头苦干，大道之行，勇往直前，坚信大学通过特色办学一定能够办出特色，以致整个高等教育呈现出百花齐放、丰富多彩之局面！

（六）回归与守望纯粹的学术生活

在学术建设方面，我们常常不顾学术研究规律，要么急功近利，要么揠苗助长，要么论量不论质，制造出一大堆的冠以各种名目的工程、项目、论文，导致整个学术在低水平、低层次徘徊。要出高水平的学术成果，大学就必须回归到学术研究规律上来。我们应该反思，我们的学术巨额投入换来的是否是学术能力的提升？我们的学术创新文化氛围是否缺失？我们的学术评价体系是否扭曲？我们学术人是否缺乏批判、质疑和探究科学真理的精神？我们的学术评奖是否已异化为追逐名利和荣誉的游戏？我们学术的功利化管理是否引发恶性循环？没有了真正学术的大学也将不会产生真正的思想，没有思想的大学，将显得无比的苍白、无力与干瘪，要知道大学是由思想外化出来的，属于领悟的思考的领域。我们应该坚守住学术的底线，坚守学术规则，守望一种纯粹的学术生活方式。

三、正确看待回归与守望中的几个关系

在实施回归与守望的逆向发展中，我们需要运用唯物辩证法去分析与看待各种矛盾，并在实践中处理好这些既对立又统一的关系，避免出现治丝益棼之结局。

（一）"出世"与"入世"的关系

"出世"是大学精神层面的要求，是一种境界，大学要有超然平和的心态，不趋利，不从俗，潜心治学，潜心育人，更要有"十年坐得板凳冷"的品性。"入世"是治学方法与治学服务社会的要求，应多关注时代，关注现实，经时济世，适应国家和社会对于大学的需求。"出世"与"入世"是传道与济民的统一；若只有"入世"之行动而无"出世"之情怀，大学将变为简单的行动主义者而可能会落入肤浅的市井；若只有"出世"之超虚而无"出世"之致用，大学可能将变为空中楼阁而忘记自己的根本使命。大学应该有"出世"之心与"入世"之行，"出世"是为更好地"入世"，"入世"反过来又要反哺于"出世"，"入世"是必须的，"出世"是必要的，两者缺一不可。

（二）变革与守成的关系

大学在开疆拓土的过程中并不是不要其根本与故土家园；在改革图新中也并不是可以随意地翻新与折腾；变革中应该有所守成，守成中应该有所变革，守成与变革具有同等重要的价值与意义；变革是一种建设与发展的方式，守成同样也是一种建设与发展的路径；变革能够赢得社会的欣赏，守成同样可以赢得社会的尊重；变革能够对大学有所作为，守成同样也可以对大学做出贡献；当然这些都是建立在正确的变革与正确的守成基础之上的。在现实中，我们变革的确不少，但守成有时却乏善可陈，因此，我们需要变革，也需要守成。

（三）开放与边界的关系

耗散结构理论告诉我们，系统封闭是没有出路的，只有开放的系统方可与外界交流能量，因此对于大学这个系统来说开放才是避免衰退的前提条件。但是开放存在的前提条件却是系统应该具有的边界，倘若系统没有了边界也就不存在开放之说了。大学是有边界的，无论边界是有形的还是无形的，这样我们方可寻找与发现我们大学的领地所在。倘若没有这种所谓的边界，大学也就无所谓大学可言了。没有了边界也就等于消除了大学的内在规定性，抹杀了大学的存在，也就是说，开放不是不需要边界，反而是有了边界之后才可有开放。因此，我们在开放中又要守住自己的边界，好让内外能量能够顺利地交换；在边界守护的情况下加强开放，好让自己与外界产生必要的联系。

（四）速度与节奏的关系

当今迅速变革的时代，一切都讲究速度，人们的普遍愿望是世界最好产生线性加速度的惯性，全然不顾一旦超过第一、第二宇宙速度之后的危险后果。速度改变了当代人们的耐心，人们也不再欣赏一路的风景，也就是说，人们的审美耐心也正在失去。由于追求发展速度的需要，大学似乎也忘记了驻足，忘记了检修一下自己的马鞍，忘记了领略一下世间的风景。实质上，大学现在更需要常“回家看看”，调整一下自己的精神状态，体会一下人世间的温情。我们不再懂得“知止”的意义了，为了速度而速度，为了发展而发展。大学若没有了耐心与恒心，能做出高水平的学术成果，育出合格人才吗？浮躁是魔鬼，多动是病症，我们到了调适一下生存与发展的节奏的时候了。驻足是为了更好地前进，留守是为了更好地出发，一时的退却是为了更好地进攻，我们需要把握发展的节奏，改变一下前进的模式，要知道“少即是多”、“慢即是快”的道理，一步一步地走好内涵发展的道路。

（五）“内圣”与“外王”的关系

大学如果要达到觉解与仁慧，就需要具有一定的定力与内修。从某种程度来说，社会对于大学的尊重程度如何，表现的就是大学的内修程度如何；社会对于大学的信服程度如何，表现的就是大学济世程度如何。大学应该知道自己需要什么，舍弃什么，诫敕什么，应该在“天下之人，各为其所欲焉”的情况下做到“以自为方”。按照《大学》中说法，格物致知、诚意正心、修身为内圣之业，而齐家治国平天下则为外王之功。我们现在大学需要内外兼修，但是在“内圣”上多下工夫还是很有必要的，至于“外王”则应该建立在“内圣”基础之上，否则也不会有“外王”之功业，也不会实现我们大学的一些宏伟目标。

总之，对于大学来说，大学的回归与守望是一种态度，是一种哲学，是一种方法，是一种行动，是一种发展。我们要坚守住大学的底线，要知道大学之所以是大学的规定性所在；要把握住大学的边界，以免大学在各种势力的侵蚀中消解；要回归与守望大学之道与大学精神家园，保持大学自身的纯洁性以免少走弯路；要把持住自己的发展速度与节奏，以免大学出现缺钙性骨折现象;要增强自己的守成能力,以免像个武人只知马上得天下而不知坐江山。大学既要知道脚下的路又要仰望天空,既要知道奔向未来又不要忘记回首来时的路,既要知道弄潮又要知道收起行囊,既要有所作为又要赢得社会的尊重,那就需要大学人手持智慧之火把,既要照亮回归之路,又要守望好自己的家园。

后 记

世界近现代意义上的大学发展到今天，已经历了近千年的历程，既有风风雨雨，也有阳光灿烂；既有高潮迭起，也有低谷徘徊；但是大学却成为了人类历史上唯一能同教会抗衡的具有最长历史的机构。面对这一具有近千年历史的机构，要拂抹去其身上所有历史的尘埃，揭示其内在的本质，检视其当下的现实状况，预示其未来的发展走向，确实不是一件容易的事情。中国大学的历史虽然百余年，但是其所处情况似乎比世界上的其他国家的大学来得更为“差异化”，正如辜鸿铭比较中西文化那样有趣，他说中国人的性格和中国文明有四大特征：深沉（deep）、博大（broad）、纯朴（simple）、灵敏（delicacy），而美国人博大、纯朴，但不深沉；英国人深沉、纯朴，但不博大；德国人深沉、博大，但不纯朴；而且它们的共同特点就是缺乏灵敏。① 中国的大学未来发展的状况又何尝不是如此呢？因为一国之大学就是一国人民的性格和文明的体现。但是，现在的中国大学还没有成熟到足以代表中国及中国人的地步，所以大家呼吁要变革，要创新，要全面提高质量。变革谈何容易，创新更是难上加难。现在每所大学都有自己的积淀，这种积淀无论如何都已沉积了下来，沉积下来的东西就像一块天然璞石，再雕琢起来就得多动脑筋，既要不废料，又要完美，那就只有匠心独运了。这可不是一张白纸，可以画最新最美的图画，由得画家自由发挥。所以，许多大学干脆随着大学发展

---

① 辜鸿铭．中国人的精神[M]．黄兴涛，宋小庆译．海口：海南出版社，1996．5～6

的“惯性”前行，正好达到了“无为而治”的愿望。聪明的人都知道塑造一个新的大学模型，可能会挨累不落好，甚至自讨没趣。北京大学、清华大学对于中国的贡献是有目共睹的，但是社会仍旧感到最为不满意的大抵就是育人模式，因为教学育人是高等教育的中心，是所有大学的核心行动，也是公众观念里大学的角色和成就最为突出的特征。但是，谁又愿意去做顶层设计？谁又愿意去变革呢？北京大学张维迎改革的遗产可能就是自己出版了一本《大学逻辑》而已，许智宏刚一退休就只能无奈地宣布“中国没有一流大学”而已。大家都知道，改革是要冒风险的，无论是中国宋代的王安石，还是哈佛大学的艾略特、萨默斯，争议与困惑都是可想而知的了。但是查尔斯·达尔文早就指出：“能够得以幸存的物种不是那些最强壮的，也不是那些最聪慧的，而是那些最能适应变化的。”

高等教育发展与改革成为了社会与国家的焦点，教育部对此也是紧锣密鼓地准备各种发展与改革方案，笔者参加“人才培养模式改革方案”起草小组的多次会议，无论是北京还是武汉、南京会议，都感觉到改革的压力很大，改革的路径难觅，但是肯定会有一个结果。国家层面尚且如此，每所大学的情况就可想而知了。大学存在的最大的问题就是任何问题都作研究就是很少研究大学自己。大学都是按照一种“自然”或“自在自发”的方式在前进，而很少按照“自觉自为”的方式在前行。所以，有人说中国大学没有自己的教学模式，有的只是中学的翻版而已。大学一旦从自在自发走向自觉自为，这就成了中国大学自身的伟大革命了。

本世纪以来，济南大学一直处于一种更强劲的发展与改革过程中，首先着眼于顶层设计，然后整体推进。继各种大学排行榜名次连续飙升后，2011年7月19日，教育部高教司张大良司长对于济南大学的人才培养模式改革给予充分的肯定，紧接着大学招生一路飘红。这给予大学的人才培养模式改革带来信心，信心比黄金还贵，济南大学恰好正处于黄金发展期。

梳理这篇稿子，虽然显得仓促，但是却经历了近八年的积累，捡拾起平时理论学习的体会，收拢一下断续的感悟，总结一下工作中积累的点滴经验，同时，还凝聚了众多人的智慧与心血，尤其是现供职于济南大学的杜斌副校长、财务处王君处长、教务处杨丽颖副处长、教育与心理学院的宋尚贵院长、高教研究所的王希普所长以及该所的王玲博士，还有华东师范大学的胡耀宗博士。时间是客观存在的，时间是构成生命的材料，但是我们没有足够强大的力量去掌握它；时间是整体的，但是我们发现自己的时间常常被切割成碎片，使人无奈与悲伤。捡起这些残存的碎片，自己试图一片一片地将其缀合在一起，虽然惨不忍睹，但是也倒还成个样子。只有如此，方才觉得人生更接近于完整一些。

整日在一种现实的忙碌中度过，这就是社会，就是我们不能够脱离的社会，一旦脱离，任何人都会失掉社会的属性，变得孤独而无意义。痛并快乐着，这真的就是人生一种恰当的悖论式的描述，也是人生硬币的正反两面。在这个喧嚣而热烈的社会中，在这个高速运转且迅速推进的社会中，放置下一张安静的书桌确实不是一件很容易的事情。平时的职业状态完全可以塞满自己的精神世界，只有假期的时候，精神世界方才可以得到短暂的放松，方才可以挪出一小块属于自己的自由的空间，然后想自己所想，做自己所愿做的事情。假期时间的分配也是各种欲望间较量的结果，旅游花费时间太多，从时间角度来说显得太奢侈与昂贵了，“休息”那才真的在浪费生命，倘若打个盹那是在做梦，因为人生总得有个梦；一旦醒来，那就是在实践自己的梦想。

短暂地谢绝任何造访，蜗居于书屋，听着窗外的蝉鸣，精神世界似乎也宁静了起来，可以想自己所想，写自己所要写的文字了，这是一种难得的人生惬意，尽管这是难得的“偷闲”。由此我更为理解海德格尔为什么要跑到小乡村去生活与写作的举动，看来“思”是需要安谧的环境的。

说了这么多不知所云的话语之后，应该沉默了。沉默是金，先说的话语可能就是寻找金矿必须经过的过程吧。话是不说了，但炎热的天气却让人直冒汗，可能是这个稿子太羞于见人乃至于此吧！期望读者及方家指正与见谅！

蔡先金

2011 年 7 月 23 日星期六，溽暑

匆草于无影山上碌碌轩